云南省社会科学院资深专家丛书

范祖锜 / 著

YUNNAN MINZU
GONGZUO TANSUO

云南
民族工作探索

云南人民出版社

图书在版编目（CIP）数据

云南民族工作探索 / 范祖锜著. -- 昆明 : 云南人民出版社，2023.11
（云南省社会科学院资深专家丛书）
ISBN 978-7-222-20856-8

Ⅰ．①云… Ⅱ．①范… Ⅲ．①民族工作－研究－云南 Ⅳ．①D633

中国国家版本馆CIP数据核字(2023)第198341号

责任编辑：陈　迟
责任校对：和晓玲
封面设计：熊小熊
责任印制：马文杰

云南民族工作探索
YUNNAN MINZU GONGZUO TANSUO

范祖锜　著

出版　云南人民出版社
发行　云南人民出版社
社址　昆明市环城西路609号
邮编　650034
网址　www.ynpph.com.cn
E-mail　ynrms@sina.com
开本　787mm×1092mm　1/16
印张　21
字数　330千
版次　2023年11月第1版第1次印刷
印刷　云南美嘉美印刷包装有限公司
书号　ISBN 978-7-222-20856-8
定价　56.00元

如有图书质量及相关问题请与我社联系：

审校部电话：0871-64164626
印制科电话：0871-64191534

目 录

contens

云南民族区域自治六十年的启示　//　1

调整民族地区产业结构　大力发展商品生产　//　14

论云南边疆民族地区的特殊政策　//　24

云南政治建设概述　//　32

云南沿边民族地区社会主义初级阶段的主要特征　//　60

"三江并流"地区少数民族传统文化和生物多样性的保护　//　70

哈尼族布孔人社会形态试析　//　82

墨江瑶族社会调查　//　91

墨江挖墨寨布朗族社会习俗考察　//　96

云南高原的蒙古族　//　106

《当代云南水族简史》绪论　//　117

昆明西山区团结彝族白族乡调查报告　//　135

迪庆藏族自治州发展报告　//　148

云南石屏县哨冲彝族的"德培哈"祭典　//　163

原始宗教对拉祜族文化的渗透　//　172

傈僳族的原始宗教与原始文化　//　182

布朗族宗教的演进及其影响　//　193

马曜先生访谈录 // 202

方龄贵先生访谈录 // 223

汪宁生教授访谈录 // 244

杜玉亭先生访谈录 // 255

明王朝的民族政策与徐霞客的民族思想 // 271

关于民族形成问题讨论撮述 // 284

近年来汉民族研究述要 // 291

铜鼓研究学术讨论会述要 // 301

志宏意远 情深谊长
——《王连芳云南民族工作回忆》读后 // 308

厚积薄发 求真创新
——《马克思主义民族理论与中国解决民族问题的实践》评介
// 314

后 记 // 324

云南民族区域自治六十年的启示

凝结着中国共产党和中国各族人民实践经验与政治智慧的民族区域自治制度，与人民代表大会制度、中国共产党领导的多党合作和政治协商制度、基层民主制度，共同构成了我国基本的政治制度。

民族区域自治制度的建立和不断完善，对云南省有着特殊的重要意义。云南省是一个多民族的边疆省份，是我国以至全球民族多样性分布的典型地区：全省有人口在5000人以上的世居民族26个，其中15个为云南特有少数民族；全省少数民族人口有1500余万，约占全省总人口的三分之一；全省民族自治地方共有8个民族自治州、29个民族自治县、150个民族乡，自治地方辖区面积占全省总面积的70.2%；25个世居少数民族中，有18个实行区域自治。所以，云南省是全国世居民族最多、特有民族最多、民族自治地方最多、实行民族区域自治的民族最多的省份。因此，云南民族工作在全国民族工作中具有十分重要的地位和影响。云南要做好民族工作，坚持和完善民族区域自治制度就是必然的选择。

早在新中国成立之初百废待举、百业待新之时，云南省就开始实行民族区域自治的准备工作。1951年5月12日，全省第一个县级民族自治地方——峨山彝族自治区（1956年改为峨山彝族自治县）建立；1953年1月24日，全省第一个地区级民族自治地方——西双版纳傣族自治区（1956年改为西双版纳傣族自治州）建立。1954—1958年，先后建立怒江傈僳族自治州、大理白族自治州、迪庆藏族自治州、红河哈尼族彝族自治州、文山壮族苗族自治州、楚雄彝族自治州。至此，全省8个民族自治州全部建立。至20世纪90年代，共计建立29个民族自治县。[①]

---

① 云南省民族事务委员会：《云南民族工作大事记（1949—2007）》，云南民族出版社2008年版。

从第一个县级民族自治地方建立至今，云南民族区域自治走过了60年的历程。总结这些成就、经验和教训，至少给了人们以下启示。

一、必须深刻认识云南民族问题和民族工作的长期性、复杂性、重要性和紧迫性

民族是一个历史范畴，民族问题是一种社会现象，民族问题与民族的存在相伴生，只要有民族和民族差别存在，就有民族问题存在。随着时代的进步，各民族交流频繁，相互影响加深，必然使共同因素增多。但是，各民族在语言文化、生活方式、宗教信仰、风俗习惯等方面的差异以及经济社会发展上的差距将长期存在。缩小和消除经济社会发展的差距，是一个十分漫长的历史过程。云南民族众多，关系复杂。各民族之间、民族内部的不同支系之间、同一民族分布于不同地区的各个部分之间，经济社会的发展是不平衡的，其语言、习俗、宗教等也有差异。"在现实生活中，我国的民族问题往往表现为经济问题与政治问题交织在一起，现实问题与历史问题交织在一起，民族问题与宗教问题交织在一起，国内问题与国际问题交织在一起"[1]，矛盾纠葛，纵横交错，处理困难。解决好民族问题，不仅事关各民族的切身利益，而且事关祖国统一、民族团结、边防巩固、社会稳定，事关中国特色社会主义大业的成功。只有充分认识到民族问题的长期性、复杂性和做好民族工作的重要性、紧迫性，增强做好民族工作的责任感和使命感，才能把解决民族问题作为一项长远的战略性任务，才能始终把民族工作放在事关全局的重要位置，才能始终不渝地贯彻落实党的民族政策，推进我国民族团结进步事业，促进民族地区实现全面建设小康社会的宏伟目标。

新中国成立以来，历届云南省委、省政府高度重视民族问题和民族工作，提出了"在云南工作，不重视民族工作，不研究民族问题，就是不称职的领导干部"[2]等一系列重要观点，坚定不移地贯彻党的民族政策，使民族地区发生了翻天覆地的巨大变化。进入21世纪，民族问题和民族工

---

[1] 胡锦涛：《在中央民族工作会议暨国务院第四次全国民族团结进步表彰大会上的讲话》，载《人民日报》，2005年5月28日。

[2] 云南省社科院编：《云南改革开放30年》，云南人民出版社2009年版，第156页。

作面临错综复杂的新形势。随着改革开放的深入和社会主义市场经济的发展，各种利益关系更为复杂。尽管云南民族地区经济增长速度多年快于和高于全省平均水平，但基础差、底子薄、起点低，与全省发达地区乃至全国的发展差距仍在继续扩大，与少数民族群众实现脱贫致富奔小康的强烈愿望不相适应，成为影响民族团结、边疆稳定、社会和谐的不稳定因素。要解决这些问题，需要我们长时间的艰苦努力，不可能一蹴而就。随着冷战结束后国际形势的变化，民族因素和宗教因素在国际政治中的影响力明显上升。民族分裂势力、宗教极端势力、暴力恐怖势力在我国周边一些地区仍然相当活跃，它们通过各种手段对我国进行渗透、破坏活动。地处边疆的云南民族地区面临着反渗透、反分化、维护稳定、巩固边防的艰巨任务，不能有丝毫松懈。云南毗邻世界著名的"金三角"毒源地，随着对外开放的扩大，云南边境民族地区因特殊的地理位置而成为境外毒品的过境通道和受毒品危害的重灾区。

总之，我们要以马克思主义民族理论为指导，紧密结合云南民族地区的实际，充分认识到云南民族工作的长期性和复杂性，从党和人民事业发展全局的高度，深刻认识做好民族工作的重要性和紧迫性。

二、必须一切从各民族的实际出发，充分尊重各民族的意愿，因地因民族制宜，促进各民族社会进步和经济发展

马克思主义认为，一切民族都将走向社会主义，这是不可避免的，但是一切民族的走法却不会完全一样，各个民族都有自己的特点。各民族的发展道路，既存在共同性，也存在特殊性。云南省委、省政府历来重视各民族的个性特点，坚持一切从各民族实际出发的思想路线，根据不同民族、不同地区、不同历史发展阶段的特点，采取特殊的政策和方法进行工作。20世纪50年代土地改革和社会主义改造时期，云南从边疆民族地区的实际出发，制定了与内地不同的方针和办法，采取了和平协商土改和不分土地、不划阶级直接向社会主义过渡等特殊政策措施，成功引导发展不平衡的各兄弟民族走上社会主义道路，民族自治地方的工作和各民族的发展出现了第一个"黄金时期"。

1962年后，正当全党、全国在贯彻党的八届十中全会"以阶级斗争为纲"时，云南省的领导同志从客观事实出发，认为没有必要也不应该在农村从开展两条道路斗争入手，通过这样一个政治运动来解决目前存在的问题，而应该改善集体经济的经营管理，以发展生产为中心，结合对农民进行正面的社会主义教育，以达到巩固集体经济的目的。经省委批准，省委宣传部下发了《关于今冬明春在农村中进行社会主义教育的意见》，提出当前的云南农村，"不需要以阶级斗争为纲去开展一次社会主义教育的群众运动"①。云南省的观点是从多民族边疆地区的客观实际总结出来的，是经得起实践检验的。在当时的历史条件下，这一科学论断犯了"以阶级斗争为纲"的大忌，遭到了严厉批判。此后不久，特别是"文化大革命"时期，某些主持云南工作的人不顾云南民族地区实际，大批"民族落后论""边疆特殊论"，撤销了4个民族自治州，强制推行"政治边防"，大搞"一步登天""跑步进入社会主义"，在变革生产关系方面不断折腾，导致社会生产力不断下降，经济长期处于停滞状态甚至出现衰退，人民生活水平下降，边民外出，边疆动荡。这种不从民族实际出发的做法造成了很大的恶果，留下了深刻的教训。

党的十一届三中全会以后，云南省委、省政府恢复了实事求是的思想路线，在实施民族区域自治制度的实践中，坚持一切从各民族的实际出发，因地制宜，实行分类指导，采取不同的政策和举措，全面贯彻落实党的民族政策，民族地区的经济社会等各项事业出现跨越式发展，迎来了又一个"黄金时期"。在20世纪90年代建立社会主义市场经济的进程中，云南民族自治地方从各地实际出发，努力把资源优势转化为经济优势，发挥各族群众的积极性、创造性，探索了一系列发展民族经济的新路子。中共云南省委对此做了总结，主要有：新平彝族傣族自治县鲁奎山铁矿把国家开发资源与带动民族地区经济发展、提高各族群众的科学文化素质结合起来；元江哈尼族彝族傣族自治县把山区、坝区的优势和生产要素优化配置，山坝结合，联合开发，共同发展；宁蒗彝族自治县把经济发展与智力开发相结合、治穷与治愚相结合，依靠科技进步和提高劳动者素质促进经济发展；德宏傣族景颇族自治州等边境地区充分发挥沿边区位优势，扩大

---

① 当代云南编辑委员会主编：《当代云南简史》，当代中国出版社2004年版，第239页。

开放，内联外引，通过发展边境贸易带动边境民族地区经济发展；思茅地区（今普洱市）实行城乡结合、科技与经济相结合、开发与开放相结合，农工商一体化的"三结合一体化"推动经济发展。这些经济模式得到大力推广，加快了市场经济条件下民族地区经济发展的步伐。进入21世纪以后，省委、省政府在总结历史经验、多年探索研究的基础上，对"因地制宜、分类指导"的方针进行了补充，新增了"因族举措"，将全省民族地区划分为民族自治地方、贫困民族地区、散居民族地区、边疆民族地区、人口较少民族地区、未识别民族聚居区，并对这6类地区进行分类指导，有针对性地采取对策措施，探索总结"一族一策""一山一策""一族多策"等成功经验，克服"一刀切"、一个样的做法，防止工作中的重大失误。

三、必须坚持各民族共同繁荣发展，把发展作为民族自治地方的第一要务，以改革开放推动发展，以发展解决前进道路上的问题

云南民族地区长期贫困滞后，迅速改变这一状况，是各民族的强烈愿望；云南民族地区存在着各种困难和问题，彻底解决这些困难和问题，是各民族的迫切要求。"发展是党执政兴国的第一要务，是解决中国所有问题的关键，也是解决民族地区困难和问题的关键。"①贯彻落实党的民族政策，最重要的是以科学发展观为指导，切实抓好"发展"这个执政兴国的第一要务，千方百计地加快民族地区的经济社会发展，通过发展逐步解决民族地区的困难和问题，从根本上改变云南民族地区贫困滞后的面貌，实现各族人民共同富裕、共同繁荣。

新中国成立初期，云南省委、省政府十分重视民族地区经济社会的发展。坚持马克思主义民族观，从各民族的实际情况出发，按照慎重稳进的方针，实行分类指导，成功进行了土地改革，废除了封建剥削制度，极大地解放了农村生产力；派出民族工作队深入各族群众中，与他们交朋友，帮助他们修水利、垦荒田、办学校、建医院，密切了党同各民族、各阶层的联系；发展互助组、试办农业生产合作社，推进了民族地区的生产建

---

① 胡锦涛：《在中央民族工作会议暨国务院第四次全国民族团结进步表彰大会上的讲话》，载《人民日报》，2005年5月28日。

设。边疆地区人心舒畅、社会稳定，各族群众生产积极性空前高涨，出现经济社会迅速发展的大好局面。

改革开放是推动各民族和民族地区发展的强大动力。云南民族自治地方的改革如同全国一样，首先在农村取得了突破，建立了家庭联产承包责任制，改变了不适应生产力发展的生产关系、管理方式、劳动方式、分配方式，极大地激发了农民的生产积极性，极大地解放了生产力。嗣后，又不断解放思想，推动改革向纵深发展：坚持按经济规律和市场规律办事，有效配置资源和各种生产要素，推进经济结构和发展方式转变；切实搞好公有制企业改革，鼓励和支持非公有制经济发展；发展特色经济和优势产业，培育新的经济增长点。在民族自治地方改革不断向纵深发展、取得新突破的同时，对外开放的步伐也不断加快，对外开放领域不断扩大。云南民族自治地方把原有的封闭型经济改造成开放型经济，把自己从对外开放的末梢变为对外开放的前沿。在云南，无论是建设连接东南亚南亚国际大通道，还是参与大湄公河次区域合作和中国—东盟自由贸易区的建设，无论是发展与沿海发达地区的对口支援，还是开展与西部兄弟省区市的经济技术合作，民族地区都发挥着越来越大的作用。改革开放方针的贯彻执行，解放了生产力，发展了生产力，冲破了数千年来形成的壁垒，把民族自治地方与全国乃至世界紧密联系了起来，民族自治地方的经济社会出现了史无前例的历史性飞跃。

加大投入是加快民族自治地方经济社会发展、实现区域协调发展、改善各民族生产生活条件的重要举措。多年来，云南省委、省政府在财力、物力、人力等方面，给予民族自治地方巨大的支持，并随着全省综合实力的不断增强而加大投入力度。不仅帮助建设对带动经济社会发展起重大作用的基础性项目，也帮助建设与各族群众生产生活密切相关的中小型公益项目；不仅扶持民族自治地方的经济建设，也扶持教育、文化、卫生等各项社会事业；不仅投入资金和物力，也投入智力支持，提高各民族的知识文化水平、科学技术水平、经济管理水平，增强其自身"造血"机能。进入21世纪以后，在加大经常性投入的同时，还有针对性地采取了其他投入措施，解决了民族地区的特殊问题。例如，从2000年开始，云南率先在边境沿线行政村小学实行"三免费"（免除学杂费、教科书费、作业本费）

教育，累计安排资金2.04亿元，后来扩大到边境乡镇、边境县，有力地推动了民族教育发展，并为全国义务教育"两免一补"（免除学杂费、教科书费，补助生活费）政策的出台提供了借鉴。为加强边境地区民族工作，从2005年起，云南省全面实施"兴边富民工程"，到2008年的3年内，各级财政累计投入资金54亿元，实施了通水、通电、通路、安居、安全饮水、清洁能源、村卫生室等项目，25个边境县的生产生活条件大大改观。从2008年5月起，省委、省政府启动实施新3年"兴边富民工程"，计划争取国家和省支持资金107亿元，实施了基础设施、温饱安居、产业培育、素质提高、社会保障和社会稳定、生态保护与建设等六大工程，将进一步改变边境民族地区的面貌。①在实施"兴边富民工程"的同时，还实施"扶持人口较少民族发展规划"，帮扶独龙族、怒族、阿昌族、德昂族、基诺族、普米族、布朗族等7个人口在10万人以下的民族。至2008年底，共投入国家、省级和上海对口帮扶资金12.7亿元，帮助7个民族加强基础设施建设，培育特色产业，发展社会事业，使他们得到跨越式发展。

四、必须坚持各民族共同团结奋斗，发展社会主义新型民族关系，维护祖国统一、民族团结，实现社会稳定、边防巩固

云南各族人民与全国人民一道，在几千年的历史中共同缔造了统一的多民族国家，共同反抗压迫和抵御外侮，共同创造和传承灿烂的中华文化。在漫长的历史进程中，各民族相互依存、密切交往、互相支持，这就使云南民族自治地方的民族大团结具有了深厚的历史根源和广泛的现实基础。新中国成立以后，中国共产党的领导和社会主义制度，为实现各民族团结奠定了政治基础，"汉族离不开少数民族，少数民族离不开汉族，少数民族之间也互相离不开"的思想深入人心。60年的经验表明，各民族的大团结是我们能够经受住各种困难和风险的考验、不断胜利前进的根本保证，是民族自治地方各项事业稳步发展的根本保证。早在20世纪50年代初，中央访问团带着毛泽东主席题写的"中华人民共和国各民族团结起来"14个大字的锦旗来到云南，民族团结的种子开始在红土地上播撒、生

---

① 伍晓阳：《谱写民族团结和谐华章》，载《云南日报》，2009年3月4日。

根、发芽。"当时中共中央西南局第一书记邓小平说：'有了民族团结，就有了国防；没有民族团结，就没有国防。'第二书记刘伯承说：'边疆工作如果离开民族团结，就等于离开实际。'"①中共云南省委认真贯彻中央和西南局的方针，坚持"团结第一，工作第二"，把民族团结放在重要位置。1950年7月下旬召开的中共云南省第一次代表会议提出对少数民族"坚持贯彻民族和睦，加强民族团结，消灭历史所造成的民族隔阂，工作稳步前进的方针"。1950年11月，省委发出《关于少数民族中反霸、减租、退押问题的指示（草案）》，更加明确提出少数民族工作的指导方针是"宜缓不宜急，讲团结不讲斗争，反'左'不反右"②。由于采取了正确的方针，疏通了民族关系，促进了民族团结，为建立和巩固新生的人民政权，为清匪反霸、土地改革、社会主义改造创造了良好的政治环境。60年来，除了受"左"倾错误干扰破坏时期以外，各民族"共同团结奋斗"的精神一直得到发扬光大。进入21世纪以后，云南各族人民更深刻地认识到，民族团结进步事业是建设中国特色社会主义伟大事业的重要组成部分。

在我国社会转型时期，各种利益关系十分复杂，各种思想文化相互激荡，这对云南的民族关系产生了深刻影响；在国际上，各类非传统安全问题日趋复杂，特别是民族问题和宗教问题引发了一些地区和国家的动荡以致爆发战乱。面对如此复杂严峻的形势，巩固和发展全省各族人民的大团结，促进各族人民和睦相处、和衷共济、和谐发展就更具重要意义。云南全省开展了形式多样、生动活泼的民族团结创建活动。主要有：在广大干部群众中加强马克思主义民族理论、党的民族政策、民族法律法规、民族基本知识教育，把民族基本知识教育纳入全省中小学德育内容；用12种少数民族文字翻译出版党和政府的重要文献，创办少数民族语言文字的广播、电视、报刊，及时传达党的方针政策，宣传民族团结的先进典型；在全省各地开展民族团结月、民族团结周、民族团结日活动，促进各民族的沟通交流，加强各族人民的友谊和团结；开展民族团结示范村建设活动，在2006—2008年的3年间，围绕入户道路硬化、文化活动场所建设、安居

---

① 马曜：《云南民族工作40年》，云南人民出版社1994年版，第124页。
② 当代云南编辑委员会主编：《当代云南简史》，当代中国出版社2004年版，第107页。

房建设、洁净水源建设加大投入，建成400多个民族团结示范村，推动了这些村寨经济社会的协调发展，融洽了民族关系；省民委系统在全国首创民族团结目标管理责任制，以责任制的形式将涉及民族团结、边疆稳定的各项工作任务落实到各级党政组织和基层组织，形成上下左右、方方面面配合、齐抓共管的系统化、网络化的工作格局，使影响民族团结的矛盾纠纷得到及时排查调处，做到小事不出村、大事不出乡镇，把矛盾解决在萌芽状态。①这些措施，有力地巩固了云南的民族团结，使云南民族自治地方成为全国最稳定的地区之一。2008年拉萨"3·14"事件后，云南迪庆藏族自治州社会安定、生活正常、宗教有序，各民族关系融洽，各项事业稳步前进。迪庆州和其他民族自治地方的稳定受到中央领导的赞扬，也得到国外公正的媒体的好评，成为中国民族工作的一个亮点。

五、必须充分保证民族自治地方依法行使自治权，切实尊重和保障少数民族的合法权益

民族自治地方的自治权，是由宪法赋予并受中央领导和监督的、管理民族自治地方内部事务的地方性权力，是完整的国家权力系统的组成部分。保障民族自治地方的自治权，是贯彻落实民族区域自治法的核心。云南省委、省政府对此高度重视，采取一系列的措施保障各民族行使自治权。

首先，大力培养少数民族干部。这是少数民族当家作主、行使自治权的关键。少数民族干部是党和政府联系少数民族群众的桥梁和纽带，是做好民族工作的重要骨干力量。"要彻底解决民族问题，没有大批从少数民族出身的共产主义干部，是不可能的。"早在新中国成立初期，云南省就于1951年创办了云南民族学院，之后各地州相继办起了少数民族干部学校，加上各级党校、各类学校的少数民族干部培训班，为少数民族干部的培养和成长创造了优越的条件。改革开放以来，省委、省政府注重在改革、发展、稳定的实践中考察少数民族干部，还采取上挂下派、院校培训、出国学习等多种措施，加快少数民族干部的培养步伐，加大对少数民

① 郭家骥主编：《云南民族地区发展报告（2007—2008）》，云南大学出版社2008年版。

族干部培养使用的力度。在坚持干部队伍"四化"方针和德才兼备原则的前提下，在同等条件下优先录用少数民族干部，把众多优秀的少数民族干部特别是年轻干部选拔到各级领导岗位上来，并给予充分信任，大胆使用，一支政治坚定、业务精通、善于领导改革开放和社会主义现代化建设、深受各族群众拥护的少数民族干部队伍正在健康成长。云南民族自治地方不仅按照民族区域自治法的规定，州长、县长由实行自治的少数民族干部担任，而且州县的人大常委会、人民政府和政协的组成人员中也有一定数量的少数民族干部。省委还在全国率先出台两条硬性规定：一是全省25个少数民族必须各有1名以上厅级干部，二是每个省级和厅局级部门必须至少有1名少数民族干部。这两条规定的执行以及对人口较少民族采取"先进后出""小步快跑""破格提拔"等特殊措施，使少数民族干部的总数和比例明显提高。截至2011年，全省党政机关中的少数民族干部占干部总数的32.8%，与少数民族在全省总人口中的比例接近。一代又一代的少数民族的干部成为民族自治地方社会主义现代化建设和改革开放的带头人，他们依法行使自治权，实现了少数民族当家作主，出色地管理本地区、本民族的事务，对于保持和维护民族团结、社会稳定、边防巩固、祖国统一，发挥了不可替代的重要作用。

其次，加强民主法制建设，建立和健全民族法律法规体系。这是充分保证民族自治地方行使自治权、维护各民族合法权益的重要保障。云南十分重视各民族自治地方的法制建设。1984年，民族区域自治法颁布后，省人大制定了《云南省民族乡工作条例》《云南省城市民族工作条例》等4件地方性法规；省人民政府制定了《云南省贯彻〈中华人民共和国民族区域自治法〉的若干规定（试行）》1件规章；8个民族自治州、29个民族自治县均制定了自治条例；全省出台了51个关于禁毒、边境贸易、民族教育、资源保护等方面的单行条例。2001年新修订的民族区域自治法颁布后，云南省于2004年在全国率先颁布实施《云南省实施〈中华人民共和国民族区域自治法〉办法》，同年还颁布施行新修订的《云南省民族乡工作条例》。至此，云南省已经初步建立起一个以宪法为基础，以民族区域自治法为主干，由地方性法规、行政规章、自治条例、单行条例、补充或变通规定构成的具有鲜明地方特点和民族特色的民族法律法规体系。同时，强化执法监督检查力度，使民族法律法规落到实处，推进民族事务管理制度化、规范化，保障民族自治地方各项建设事业顺利发展。

最后，传承和弘扬各民族优秀传统文化，使用和发展少数民族语言文字。这是民族自治地方行使自治权的重要内容。云南省在这方面做了大量工作。在文化方面，从新中国成立开始，就派出文化干部到民族地区开展文化工作。一批批文化工作者和大专院校文科师生深入民族地区抢救濒危的民族历史文化，搜集整理民族民间文学、音乐、舞蹈、美术作品，产生了一批优秀成果。各民族的民间艺人得到重视、教育、培养，在传承民族文化中发挥了重要作用；各民族的风俗习惯、宗教信仰、生活方式得到充分尊重，对本民族文化的保护产生了深远影响。改革开放以来，民族文化的传承和弘扬进入新的阶段。1996年，云南省委六届四次会议首次提出建设"民族文化大省"的目标；2000年，省人大制定了《云南省民族民间传统文化保护条例》；目前，又把建设"民族文化大省"修订为建设"民族文化强省"。全省少数民族文物、古籍和非物质文化遗产的挖掘、抢救、保护力度加大，民族图书出版、民族广播电视电影等文化事业蓬勃发展，民族文化艺术专业人才茁壮成长，一批民间文化传人得到认定。此外，还实施了"千里边疆文化长廊工程"，建设民族文化产业，在发展中保护传统文化，在发展中运用传统文化，使优秀传统文化在物质文明和精神文明建设中发挥作用。在语言文字方面，云南省严格遵守宪法关于"各民族都有使用和发展本民族语言文字的自由"的规定，根据党和国家民族语言的政策和法令，做了大量工作：成立了民族语文工作和编译出版机构，培养了一支民族语文工作队伍；坚持自愿自择和领导、专家、群众的"三结合"的原则，帮助10个少数民族创制、改进和改革文字；推广和使用少数民族语言，包括在不通汉语的地区实行民汉双语文教学、开设民族语文课、运用民族文字扫盲、编辑出版民族文字图书报刊、发展民族语广播和民族语译制电影片事业等。民族语言和文化是构成民族的重要特征，社会主义时期是少数民族语言、文化的繁荣时期，尊重各民族的语言和文化，体现了民族自治地方的自治权。这将提高各民族的自信心、自豪感，激发各族群众建设家乡、建设祖国、振兴民族的聪明才智，加快民族自治地方全面建设小康社会的进程。

六、必须坚持党的领导，保证民族区域自治制度的贯彻执行

中国共产党是中国社会主义建设和中华民族团结统一的核心力量，中国共产党的领导地位是在长期革命、建设、改革实践中形成并巩固起来的，是历史的选择、人民的选择。坚持党的领导是做好民族工作的根本保证，是实施和完善民族区域自治制度的首要政治前提。民族区域自治制度是中国共产党依据运用马克思主义民族理论解决中国民族问题的成功经验而制定的，是党集中各族人民智慧的结晶，是在党的领导下战胜艰难险阻甚至是破坏干扰而不断发展完善起来的。革命和建设的实践表明，只有在党的领导下，各族人民才能应对各种风险考验和复杂局面，才能正确处理民族问题，才能凝聚智慧和力量，才能使民族区域自治制度始终保持旺盛的生机和活力，为各民族自主管理本地方民族内部事务和共同繁荣发展提供制度保障。云南民族众多、分布面广的省情，决定了民族问题在云南不是某一个地区或部门的问题，而是事关全省工作大局的问题；民族问题的长期性、复杂性、重要性，决定了解决这个问题是一项长期的、艰巨的战略性任务，必须持之以恒、常抓不懈。

从新中国成立之初，民族工作就被列入云南省委、省政府的重要议事日程。党的十一届三中全会以后，省委、省政府对民族问题重要性的认识不断深化，全省各级党委、政府把民族工作置于全局工作的重要位置，构建了党委抓政策、人大抓法制、政府抓落实、政协抓监督的民族工作机制。省、州（市）、县（市、区）民族工作机构不断加强；民族地区乡镇设立了民族工作专门干部，村委会设立信息联络员。从省到县形成党政"一把手"亲自抓、分管副职协助抓、职能部门具体抓、各方面齐抓共管的民族工作新局面。进入21世纪以后，云南省委、省政府牢牢把握各民族"共同团结奋斗、共同繁荣发展"的民族工作主题，进一步完善实施民族区域自治的地方性法规，并创新发展思路、创新政策措施、创新工作方法。2009年9月，云南省委常委会又专题研究民族工作，通过了《中共云南省委 云南省人民政府关于进一步加强民族工作促进民族团结加快少数民族和民族地区科学发展的决定》（以下简称《决定》）。《决定》明确提出从2010年开始，有梯次地解决少数民族和民族地区的特殊困难和问

题，重点实施"六大工程"：实施边境民族地区扶持发展工程，使边境民族地区经济社会发展总体上达到全省平均水平；实施人口较少民族地区扶持发展工程，促进人口较少民族聚居区经济社会发展水平达到全省中等以上水平；实施特困民族地区扶持发展工程，使特困民族聚居区群众的生产生活条件得到较大改善；实施散居民族地区扶持发展工程，使散居民族地区的经济社会发展水平达到当地中等以上水平；实施民族特色村寨保护与发展工程，使每个世居少数民族都有一批具有本民族特色、地域特点、时代特征的村寨；实施少数民族劳动者素质提高工程，增强少数民族群众的自我发展能力。《决定》还对进一步加强民族教育，加大少数民族传统文化抢救和保护的力度，进一步拓宽少数民族干部和人才来源、改善人才结构、提高人才素质，加强对民族工作的领导和民族工作队伍建设，加大投入和监督检查等方面提出了要求。[①]这一《决定》以各族人民的根本利益为出发点和归宿，以各民族的发展为第一要务，处处体现着以人为本、科学发展和构建社会主义和谐社会的要求。

科学总结云南民族区域60年的成就、经验和教训具有重要意义，它将深化各级干部对云南民族工作规律的认识，极大地提高各族人民实现民族振兴的积极性和自信心，增强各族人民推动本民族地区经济社会发展的责任感和紧迫感。各族人民坚信，在党中央的正确领导下，云南民族区域自治制度一定能更加巩固和完善，云南民族团结进步事业一定能全面推向前进，云南各民族全面建设小康社会和共同繁荣发展的目标一定能胜利实现。

（原载于《云南民族大学学报》2011年第1期，中国人民大学复印报刊资料《民族问题研究》转载）

[①] 中共云南省委、云南省人民政府：《关于进一步加强民族工作促进民族团结加快少数民族和民族地区科学发展的决定》，载《云南日报》，2009年9月13日。

调整民族地区产业结构　大力发展商品生产

在研究云南解放前处于前资本主义社会诸形态的少数民族的"四化"建设这一重大课题时，有一个亟待社会科学工作者探讨的问题，这就是：如何调整民族地区的产业结构，促进商品生产的发展？1984年六七月间，我们到云南省墨江哈尼族自治县进行调查，各族人民的伟大实践对这一问题的解决做出了可贵的探索，给了我们十分有益的启示。

当时，墨江县产业结构的调整已经显露出良好的端倪，商品生产的发展已经迈出坚实步伐。他们调整大农业内部林业和粮食种植业的结构，突破"以粮为主"的旧框架，实行"以林为主、林粮结合、多种经营、综合利用、全面发展"的战略方针；调整农业与工副业、商业的结构，大力发展民族地区商业和以林为主的各类加工工业，实行生产、收购、加工、销售"一条龙"，理顺流通渠道，繁荣商品经济；大力扶持和发展各民族的专业户、重点户和经济联合体，使各族人民解除"务农才是正业"的旧观念的羁绊，开辟第二、第三产业。墨江县从而由自给半自给的自然经济逐步走向商品经济，由封闭半封闭的系统逐步走向开放型的系统。这个过去远近闻名的穷县发生了可喜的变化，民族经济取得了较大进展。开始推行家庭联产承包责任制的1980年，全县工农业总产值为4794.15万元，人均产值为150元，农村总产值为3915.15万元，农村人均产值为129.2元。经过4年的努力，到1984年：全县工农业总产值达7636.68万元，比1980年增长59%；人均产值为225.6元，比1980年增长50%；农村总产值达6099.08万元，比1980年增长56%；农村人均产值达189.9元，比1980年增长47%；人均有粮达507斤（这是统计数，据抽样调查和有关部门估算，全县人均有粮在600斤以上），比1980年的387斤增长31%。

一

云南省墨江哈尼族自治县拥有哈尼族、彝族、瑶族、傣族、布朗族等少数民族。解放前，虽然绝大多数少数民族都已进入封建地主经济阶段，但封建化程度不一，不同民族的情况不同，同一民族内不同支系也存在很大差别。解放后，中国处于前资本主义社会诸形态的少数民族在中国共产党的领导下，经过民主改革和社会主义改造，从各自所处的不同发展阶段直接过渡到社会主义，实现了跨越若干世纪的伟大飞跃。中国少数民族社会的伟大变革证明，处于前资本主义社会诸形态的少数民族完全可以跨越资本主义阶段而进入社会主义。这一真理已为人们所认识。但是，资本主义阶段可以跨越，并不意味着发达的商品生产阶段也可以跨越。在一段时间内，这一真理未被人们所认识，或未完全被人们所认识，民族地区的社会主义建设走过了曲折的道路。今天，发达的商品经济不能跨越的道理已为越来越多的人所认识。特别是党的十二届三中全会通过了《中共中央关于经济体制改革的决定》，指出社会主义经济是在公有制基础上的有计划的商品经济，这就彻底廓清了过去的种种错误认识，为社会主义商品经济发展指明了道路。现在，民族地区的一项重要任务是，调整产业结构，加速商品生产发展，促进各民族社会生产力提高，使各民族尽快富起来。这里，首先需要制定正确的发展商品生产的战略方针，建立起民族地区生产的新结构。若战略方针制定得符合民族地区的实际，全局就活了。

墨江县调整产业结构、发展商品生产的重点定在哪里呢？县委、县政府反复调查、研究了本县的县情。全县土地总面积为810多万亩，除了县城附近的小坝子有少量较平坦的土地外，其余98%以上的土地几乎都分布在山区、半山区。1985年，全县粮食种植面积达100万亩，其中有水田8.5万亩、"望天田"（靠天下雨才能栽种的田）6.5万亩、园圃地13万亩，一共28万亩，其余的72万亩地多为陡坡地。也就是说，全县将近四分之三的种植面积是陡坡地，这些土地有不少的坡度超过25度，水土流失，土壤贫瘠，产量低下，按规定必须退耕还林。在全县山地中，适合种植粮食的面积只有50万亩。如果还是搞以粮为主，到2000年，即使50万亩土地都建成平均亩产800斤的高产田地，也只能生产4亿斤粮。再加上黄豆等作物的收入，产值只能达到4000多万元。那时，墨江县人口估计有40万左右。那么，人均有粮1000斤，人均收入只有100多元，远远达不到小康水平。不仅如此，墨江县若坚持以粮为主，就要扩大耕地面积，在不宜于种粮的山坡上毁林开荒，这势必把青山绿水变为穷山恶水，造成生态的恶性循环。

粮食生产不是墨江县的优势，那么其优势在哪里呢？墨江县810多万亩土地中，有500万亩以上的土地可以发展林业。据初步测算，1亩地的林业收入可达40元，500万亩可以收入2亿元，为粮食收入的5倍。根据1984年上半年的数字，全县有森林面积370多万亩，活立木积蓄量有1000多万立方米，是可以开发利用的一大资源。

除了思茅松、柏树、樟树、椿树、紫柚木等品种外，墨江县还有适宜发展水果类经济林木的得天独厚的条件。全县属亚热带气候，春早冬晚，雨量充沛，年平均降雨量为1360毫米；多数地方终年温暖，全县一年中的无霜期达324天，年平均气温为17.8℃，最冷的1月平均气温为11.5℃，最热的7月平均气温为21℃。墨江县生长着可放养紫胶的寄主树350万株，宜胶面积达29万亩，有的年份紫胶产量竟占全省的一半。全县的不同地区分别适宜种植橡胶、芭蕉、芭蕉芋，还有可以提供制作栲胶的植物近20种。在发展林业的基础上，全县可以建立起一个初加工和深加工相结合的加工体系，形成一个以林为主的地方工业系统。根据初步预测，墨江县以林为主的工业（包括林化产品工业、热带水果加工业、建筑业、电业、矿业等），到20世纪末年产值可达2.5亿元；加上前述的2亿元的林业收入，合计4.5亿元，为1983年工农业总产值6859万元的6倍多。若再加上粮食、甘蔗、畜牧业、服务行业等方面的收入，到20世纪末要实现年工农业总产值翻两番，要让各族人民过上小康水平的生活，是根本不成问题的。假如不大力发展林业，仅靠粮食收入，翻两番也好，小康水平也好，就只能是缥缈的幻想。

对比是鲜明的是：若以粮为主，经过艰苦奋斗，到20世纪末建成50万亩高产农田，可以收入4000万元；若以林为主，到20世纪末，林业和以林为主的加工业可以收入4.5亿元。如此悬殊令人深思。经过反复调查、分析、论证，墨江县决定重新调整产业结构，确定了"以林为主、林粮结合、多种经营、综合利用、全面发展"的战略方针，把发展商品生产的战略重点放在以林为主的多种经营上，同时也不放松粮食生产。墨江县的设想是：调整粮食种植业和林业的结构，对现有的100万亩农田中不宜于种粮的50万亩土地逐步实行退耕还林，大力发展用材林和各种经济林木；对适宜种粮的50万亩土地进行精耕细作，推广良种，力争平均亩产达800斤，实现人均占有粮食1000斤，确保各族人民有足够的口粮以稳定民心，为从事以林为主的商品生产奠定基础。在此基础上，全县30多万名各族群众从主要经营农业转为主要经营林业，从株守千百年的传统事业——粮食种植业转到新的开拓型事业——林业和林产品加工业，从千家万户只靠粮糊口转为千军万马大搞以林为主的多种经营和商品生产。沉睡千百年的自然资源将被开发出来，资源优势将化为商品优势，习惯于从事自给半自给农业经济的各族人民将变成以林产品为主的商品经营者，民族地区原有的封闭半封闭的自然经济系统将被打破，商品经济将会空前繁荣，社会生产力将会空前提高，各族人民的生活水平也将大幅度提升。这将是历史性的进步。

二

调整产业结构，发展民族地区的商品生产，必须充分调动各族人民从事商品生产的积极性，必须让他们通过商品生产获得较高的经济效益，从而较快地改变贫穷落后的面貌。要做到这一点，有一个重要问题必须解决，这就是民族地区特别是山区民族地区的流通不畅，抑制了各族人民从事商品生产的积极性。恩格斯在论述交换与生产的关系时指出："这两种职能在每一瞬间都互相制约，并且互相影响，以致它们可以叫作经济曲线的横坐标和纵坐标。"交换、流通渠道不畅。这势必制约生产发展；交换、流通渠道顺畅，必然推动生产发展。墨江县的芭蕉芋生产几经波折、几起几落的过程，就很能说明交换流通的重要性。芭蕉芋很适宜在墨江种植，商品率高，是致富的一个宝贝。早在20世纪50年代末，墨江县就提出"让芭蕉芋绿化墨江山河"的口号。但是，当时只抓芭蕉芋生产，不注重芭蕉芋的加工和流通，一味等国家收购。一旦国家不收，找不到出路，实现不了商品价值，各族人民就收不到应有的经济效益，芭蕉芋生产就受到挫折。最近几年，墨江县对酒厂进行技术改造，芭蕉芋酒的质量达到了国家标准，产量由1976年的97吨提高到1983年的784吨，这就为农民生产的芭蕉芋片找到了销售出路。不仅如此，酒厂在赢利后，又让利于民，提高芭蕉芋片的收购价，进一步刺激了各族农民种植芭蕉芋的积极性。可见，生产与交换、流通的关系极为密切。

要疏理流通渠道，繁荣商品经济，调整好产业结构，就必须从实际出发，摸索出一条切实可行的途径，寻找出一种最佳的形式。墨江围绕本县的主要资源，逐步建立深度加工工厂和多层次的收购、销售网点，使生产、收购、加工、销售形成连贯畅通的流通渠道"一条龙"。形成"一条龙"，意味着可以充分开发当地的自然资源，发挥自己的优势，采取各种措施，刺激和保护各族人民发展商品生产的积极性。农民种植芭蕉芋，县上就改造、扩建酒厂，大量收购芭蕉芋片；农民在紫胶寄主树上大量放养紫胶，县上就大力收购，并办好虫胶厂。墨江县有丰富的栲胶原料（如橄榄树、杨梅、鸡树果等），适宜种植号称"世界栲胶原料之王"的黑荆树。县上就发动各族群众种植黑荆树，并组织收购，还新建栲胶厂对收购的原料进行深度加工，以精制产品打入栲胶市场。墨江不少地区适宜种植芭蕉，县上就号召各族群众大种芭蕉，又及时安排县果脯厂引进制作芭蕉干的技术，保证农民的芭蕉有销路。现在，墨江县决定在近期内建成50万亩以橡胶、紫胶、栲胶、芭蕉、芭蕉芋等"五胶（蕉）"为骨干的商品生产基地，办好虫胶厂、栲胶厂、果脯厂、果酒厂、粉丝加工厂、橡胶工作站、茶叶公司、林化公司，形成"五胶（蕉）"生产、收购、加工、销售连贯一气的5个"一条龙"。

在这种"一条龙"的形式中，深度加工工厂是龙头。有了这些加工厂，农民的产品就不愁找不到销路和市场，农民就不会因流通不畅而在经济上蒙受损失。这对于调动和保护各族人民从事商品生产的积极性，将起到十分重要的作用。据我们1984年7月的调查，根据现有生产能力，墨江果酒厂若收购芭蕉芋片2100吨，农民可以靠卖芭蕉芋片收入42.7万元；收购苞谷1000吨，农民可收入40万元；另外，酒厂还可以生产木瓜酒200吨、橄榄酒200吨、山楂酒200吨，只要农民多种、多采集木瓜、橄榄、山楂卖给酒厂，就可以收入190万元。墨江县栲胶厂计划于1985年投产，年产栲胶1000吨，产品收入175万元，税利38.5万元，农民可以收入80万元。紫胶方面，若全县年收购100万斤，农民可以收入132万元。墨江茶厂生产水平的提高促进了全县的茶叶种植。全县茶叶总面积为2.4万亩左右，产量为3000多担，农民可由此收入45万元。

有了"一条龙"的形式，对地方自然资源进行初加工和深加工，能提高产品质量，提升产品价值，增强市场竞争能力。墨江的同志对几种主要产品的产值进行过预测：1立方米原木的价格是36元，加工为半成品后可升为90元，运往外地销售可获利200多元，为原木价格的5倍以上；1吨紫胶的原胶只值2640元，加工成胶片后可值5016元；1吨芭蕉芋片能卖360元，酿成酒可得770元；1吨橄榄皮可卖300元，加工成栲胶后就值613元。加工后的产品其市场竞争力也较强。墨江县的精制茶、虫胶片、果脯、果酒已销到外县、外省，在昆明等地设的展销点、推销点生意十分兴隆。

生产、收购、加工、销售"一条龙"的龙头是县级的深度加工厂。要办好这些工厂，一要靠党的英明政策，二要靠科学技术和人才。这几年来，墨江县认识到，必须彻底摒弃在手工劳动和小生产占优势的生产方式中产生的轻视知识、压抑人才的陈旧观念，必须在全社会形成尊重知识、尊重人才的良好风气。为了改变"一条龙"的龙头——各类加工厂的落后面貌，促进农村产业结构调整和商品生产发展，墨江县把积极引进技术和人才当作大事来抓。他们思想解放，敢于破格，舍得下本钱。不论是省内的还是省外的，不论是专家学者还是年轻工人，不论是墨江籍在外工作的还是从来不知道墨江县的，只要能对墨江的"四化"建设起作用，就以优厚条件招聘其来墨江工作。

最近，墨江县又与北京、上海、江苏、辽宁等地的高等院校、科研单位、国营企业、乡镇企业分别签订技术引进合同，建立经济协作关系，制定培训各种人才的计划。总之，墨江县从开发本县资源出发，千方百计引进技术和人才，办好各种加工厂，形成生产、收购、加工、销售"一条龙"，已取得显著的成绩。事实说明，这种"一条龙"的形式能促进民族地区产业结构的调整，能加快民族地区商品生产发展的步伐。

三

民族地区要发展商品经济，必须是多层次、多渠道、多形式的。在现阶段，专业户、重点户和各种经济联合体是适应农村商品生产发展需要的好形式，积极引导和扶持"两户一体"（专业户、重点户、经济联合体），是调整民族地区产业结构、发展民族地区商品经济的又一条重要途径。专业化是生产力发展和技术进步的结果，社会生产力越发展，社会分工越精细，商品经济就越发达。专业户作为农村生产力日趋发展、社会分工日趋精细的产物，是促进民族地区商品经济繁荣的一个十分重要的积极因素。它的出现，使各族人民不仅在第一产业的基础上开辟了第二产业，还更进一步开辟了第三产业。

民族地区"两户一体"的产生有着特定的前提条件，这就是农村出现了新的内部分工，产业结构发生了新的变化，一部分农民不再把农业作为收入的主要来源，而这种新的内部分工又是农业生产迅速发展的结果。长期以来，我国民族地区商品生产不发达，如前所述，多数地区保留着封闭半封闭的经济体系，一些地区甚至还有不少原始社会经济观念的残余。因此，在民族地区，农业内部分工发展得十分缓慢，商品率很低。党的十一届三中全会以后，党中央实行了一系列新的农村经济政策，农业生产摆脱了长期徘徊不前的局面，实现了持续的全面高涨，为农业内部分工的发展创造了条件。家庭联产承包责任制极大地调动了各族农民的生产积极性，劳动生产率大大提高，农村剩余劳动力和剩余资金越来越多，自然要寻找新的生产门路。有的地区，农民缺钱花，想尽快富起来。

如何尽快富起来呢？只靠传统的粮食种植收入是困难的。从农业人口的经济地位来看，目前农村的非农行业的经济收入一般高于农业经济作物的经营和粮食作物的经营。一般来说，在农业收入中，如果实行按劳分配全年人均只有三四十元，甚至更低；而社队企业职工全年人均收入可达500元左右；专业户的人均收入又高于社队企业职工的收入。在墨江县通关区，我们曾调查了一个粮食加工专业户。夫妇二人把原来承包的4亩田、4亩地转给亲戚种，自己专门搞粮食加工，主要加工面条，也碾米磨面。据他们说，夫妇二人1年可加工2万多斤麦子，仅此一项就有纯收入

3000元，平均每人1500元，为社队企业职工收入的3倍。若加上碾米等项的收入，差距就更大了。农业收入低，社队企业收入高，专业户收入更高，形成了经济效益高低不同的几个阶梯。处于高一阶梯的、收入高的行业，较之处于低一阶梯的、收入低的行业，占有明显优势，专业户在各族农民中颇具吸引力也就不足为奇了。它必然引导人们逐步走出封闭半封闭的系统，步入商品生产的新天地。

专业户的存在和发展，还有一个勃勃动力，就是农村消费水平的提高。近几年来，墨江县农村经济发展很快，农民的温饱问题基本上得到解决。各族人民手头的钱比过去多了，他们对非农产品的需求也不断增强。从化肥、农药、农具等生产资料，到衣料、毛线、民族装饰品和其他日用百货，需求量都大大增加。而民族地区山高坡陡，交通不便，有很多地方恐怕在几十年内也通不了公路，光靠国营企业的运输力量和国家商业网点解决不了困难，还必须依靠民间运输力量和商业网点。这种状况促使运输专业户和经商专业户应运而生。地处山区的墨江县文武区就有不少这样的专业户。文武区安益乡有一家农户，只抽出家中的一个劳动力搞马帮运输，年收入即达到1680元。马帮运输专业户促进了商品流通，对国家、社员和自己都有好处。前些年穷，盖不起房子，现在生活水平提高了，人们积攒了钱，首先想到盖房子。这几年，各地盖房户猛增，对砖瓦的需求量大增，烧砖瓦的专业户又应运而生。其增势历久不衰。我们在墨江的一些深山区见到了一些这样的专业户。他们几个人合资，发挥自己的技术特长，在山头上搭起简易工棚宿舍，筑好砖瓦窑，短时间就烧出了砖瓦。在文武区，有一座由两个回乡知青办起的砖瓦窑。由于他们吃苦耐劳，苦心经营，当我们到那里调查时，已烧出4窑砖瓦。他们忙不过来时，还到附近请几个临时工。在那里干活儿的人，每个劳动日的工资有3元左右。

目前，墨江县的专业户正在发展，经营形式多种多样。这些专业户，完全不同于旧式单纯从事农业生产的农户，他们所经营的是新产业，他们给农村商品经济注入了新的血液。无论哪一种形式的专业户，其所从事的工作都具有投资少、见效快的优点，适合民族地区目前阶段的生产力水平，适合民族地区调整产业结构、发展商品生产的需要，越来越显出旺盛的生命力。

首先，专业户增加了社会财富，也增加了农民的个人收入，是农民致富的好形式。专业户多数由传统的家庭副业生产发展成为家庭农场、工厂式的集约经营，劳动生产率高，商品生产率高，经济效益和生态效益十分突出。墨江县联合区哈尼族社员罗光兴是全县闻名的养猪专业户。1983年，他向国家贷款2万元扩建猪圈，购置加工设备。现在，他有猪圈3排21间300多平方米，饲料加工房1间60平方米，碾米机、饲料粉碎机、柴油机各1台。他用科学的办法养猪，每头猪每天平均增重7公两。1983年4月至1984年4月，他向国家交猪200多头，产值3万多元。他家以养猪为主，兼种粮食。他用猪粪里的蛆喂鸡，又承包了生产队的鱼塘，用晒干的猪粪喂鱼；猪粪使鱼塘底土肥沃，又在鱼塘底部养鳝鱼；他还在水田中养鸭子。"水陆空"综合利用，形成粗具规模的生态农场。

其次，各种形式的专业户把农村分散零星的资金与自然资源集中起来，有利于农村产业结构的调整和商品经济的繁荣。他们经营的项目有种植业（包括种植各种经济林木）、养殖业（养鸡、猪、牛、鱼等）、手工业（烧砖瓦、编竹木器等）、劳务业（建筑、运输等）、粮食加工业、商业服务业（长短途贩运、开饭馆、开商店、开旅店等），许多潜在的经济资源得到开发和综合利用，原来不顺畅的流通领域得到疏通，农业的经济效益和生态效益都得到提高，农村的产业结构也出现了新的格局。

最后，专业户的发展有利于农村人力智力的开发，加快农业科技知识普及的速度，加快农业的现代化进程，从而推动各民族产业结构的变化和商品生产的发展。我们在墨江县访问各类专业户、重点户、经济联合体时发现了一个普遍现象："两户一体"特别是那些"离土"的专业户中的各族农民，多是具有初中文化程度的青年，他们在生产中运用农业科学技术，起到了很好的作用。前面谈到的建立起家庭生态农场的养猪专业户青年，就是其中突出的一例。还有的专业户承包了国家或集体的一些长期亏损的企业，由于他们有科学知识，能吃苦耐劳，善于经营，很快就使这些企业扭亏为盈了。

我们在文武区大沟乡调查过一个茶叶生产联合体。1974年，生产大队办茶场，派了16个劳动力去经营，每个劳动力每年补贴36元，搞了5年，大队支出了几千元，茶场却分文无收，直到1979年茶场才有了70元的收入。1980年，茶场办垮。1981年，生产队的14个彝族知识青年组成一个联合体，承包了这个茶场，利用种植粮食的空闲时间种茶叶。他们建立了严格的责任制，又虚心向墨江县茶厂的师傅学技术，贷款添置了茶叶粗加工设备，使这个已垮台的茶厂起死回生。当年就收入1043元，1982年收入增加到1800元，1983年增加到2800元。1984年收入达3000元，每个劳动日1.25元。这个数字在每个劳动日收入三四角的民族山区，相对来说是高的。1977年，县上曾花10万元办了一个养鸡场，办了几年就经营不下去了，设备、场房闲置，还要花几十元请工看守。现在，县里把养鸡场承包给一个养鸡专业户。这个专业户是一对年轻夫妇，他们到昆明、楚雄等地学习科学养鸡的办法，买了关于养鸡的书籍、杂志，又与县科委、兽医站建立联系，完善了科学养鸡的一整套措施。他们的努力使养鸡场达到了预计年产蛋鸡3000只、鸡蛋6万多斤的目标。他们还喂了40头大猪、10多头小猪，在养鸡场附近的荒地上种了红薯和200多蓬芭蕉。经过他们的苦心经营，昔日暮气沉沉的荒山头上猪肥鸡壮，蕉绿薯红，生机蓬勃。

调整产业结构，发展专业户、重点户，也开发了农村的智力资源，使回乡知识青年普遍有了用武之地。学校里学到的数理化等知识远远不够用了，不少人深感"书到用时方恨少"。墨江县具有初中文化程度的人员有24088人，高中文化程度的有5192人，大专文化程度的有165人。尽管这一状况远远不能适应现代化建设的需要，但只要充分发挥这些人的聪明才智，发挥他们的积极性和创造性，民族地区现代化建设必将出现新的局面。墨江县提出这样一个设想：力争在较短时间内做到1户有1个初中生，以他们作为调整农村产业结构、发展商品生产的骨干力量。这一设想是有根据、有远见的，也是可行的。

墨江哈尼族自治县调整产业结构才刚刚起步，商品生产发展的势头方兴未艾。我们在本文中所描述的情况远未反映出墨江县大好形势之万一，我们所进行的研究或许未探寻到事物的底蕴。如果读者能通过本文而听到民族地区急速前进的脚步声，如果读者能通过本文对于调整民族地区的产业结构、加速商品生产发展这一重大问题有所启发，那么，我们的愿望就实现了。

（作者附记：在墨江县调查时，我们得到墨江县各级党政部门的大力支持，谨致谢忱。）

（原载于北京《民族研究》1985年第5期）

论云南边疆民族地区的特殊政策

一、云南边疆民族地区实行特殊政策的历史回顾

中国共产党创造性地把马克思主义与中国革命和建设的实践结合起来，制定了一整套关于中国革命和建设的正确路线、方针和政策。这些路线、方针和政策完全适合于我国的各个民族地区。但是，由于我国地域辽阔、民族众多、情况复杂，在贯彻执行党的路线、方针、政策时，又必须考虑到各个民族地区的具体特点，采取一些灵活的、特殊的政策。

多民族边疆省是云南的基本特点，是云南的特殊情况所在。解放前，云南民族地区的社会经济结构异常复杂，各民族生产力发展水平参差不齐，大多数少数民族落后于汉族，有的甚至落后几个社会发展阶段。就民族内部而言，同一民族不同地区、不同支系之间，也不同程度地存在着差异。解放后，云南边疆各族人民在中国共产党领导下，经过民主改革和社会主义改造，跨越了一个或几个历史阶段，实现了向社会主义的直接过渡，但各民族之间的社会、经济、文化发展仍旧不平衡：1. 社会生产力发展不平衡，比如一些少数民族在民主改革前依然保存着刀耕火种、游耕狩猎、手工劳动、粗放经营等生产生活方式。2. 有的少数民族中仍残留着旧的社会形态遗迹，如宁蒗县的纳西族支系摩梭人就保存着母系家庭残余，西双版纳州的基诺族保存着父系大家庭残余等。3. 从经济形态来看，各民族发展阶段不同，有的处于从原始经济跨入自然经济、原始经济残余依然存在的阶段，在民主改革前有的处于自然经济阶段，有的处于小商品生产发展但仍保留自然经济影响的阶段，有的处于商品经济有了一定发展但发展水平还不高的阶段。4. 各民族的文化水平悬殊，传统观念和风俗习惯众态纷呈。

客观实际是制定正确政策的出发点。云南边疆民族地区的特殊情况，决定了在边疆民族地区进行民主改革、社会主义改造、社会主义建设必须实行特殊政策。列宁指出："在分析任何一个社会问题时，马克思主义理论的绝对要求，就是要把问题提到一定的历史范围之内；此外，如果谈到某一国家（例如，谈到这个国家的民族纲领），那就要估计到在同一历史时代这个国家不同于其他各国的具体特点。"斯大林强调："每一个民族……都有它自己的，只属于它而为其他民族所没有的本质上的特点、特殊性。"中国共产党一贯遵循马克思主义的认识路线，辩证地看待我国的民族问题，具体地分析我国的情况。毛泽东就曾指出："苏联和中国的民族不同。"因此，我们党根据云南边疆各民族的特殊情况，制定了一系列特殊政策，引导各族人民进行革命和建设，使民族地区取得了历史性的伟大进步。

中华人民共和国成立初期，党中央根据云南边疆内外关系和民族关系复杂、社会发展不平衡、民族隔阂深、民族内部的阶级矛盾为民族矛盾所掩盖等特殊情况，制定了民族工作必须坚持"慎重稳进"的总方针。当时，大部分民族地区尚被反革命武装控制，境内外的敌特分子利用民族隔阂和民族上层对社会改革的疑虑，挑拨民族关系，分裂祖国。为了解决同帝国主义和国民党之间的敌我矛盾，我们党采取特殊政策，大力疏通民族关系，解决民族矛盾，团结包括民族上层在内的一切可以团结的社会力量，取得了对敌斗争的胜利。

在以土地改革为中心的民主改革中，党又根据各民族起点不同、历史基础不同的特殊情况，分别采取不同的政策和方式：1. 对于不同程度地保留了原始公社残余的民族地区，考虑到他们土地占有不集中、阶级分化不明显，没有把土地改革作为一个运动来进行（不分土地，不划阶级），而是采取"团结、生产、进步"的方针，帮助其发展经济和文化，结合社会主义改造，逐步完成某些环节的民主改革任务。2. 对尚处于奴隶制和农奴制社会的少数民族，根据这些地区民族上层人士在群众中有很大的影响力，帝国主义和国民党残匪时常利用民族隔阂和宗教问题挑起民族纠纷的情况，先在这些民族地区进行土改，采取自上而下同民族上层人士和平协商以及自下而上发动群众相结合的方式，解放农奴和奴隶，废除封建领主和奴隶主的土地所有制，废除高利贷和超经济的剥削；与此同时，在民族上层中进行赎买改革，不降低民族上层代表人物的政治地位和生活待遇，使这些地区的民主改革得以顺利完成。3. 对处于封建地主经济阶段的少数民族，在社会改革方面采取了与汉族地区大致相同的办法，但也有自己的特点，如在斗争少数民族地主时，一般在本民族内进行，斗争方式也比较缓和等。

列宁说："一切民族都将走到社会主义，这是不可避免的，但是一切民族的走法却不完全一样，在民主的这种或那种形式上，在无产阶级专政的这种或那种类型上，在社会生活各方面的社会主义改造的速度上，每个民族都会有自己的特点。"中国共产党正是根据马列主义原理，充分考虑到各民族的不同历史条件，在社会主义改造中提出不能要求各民族在同一时间用同样的方式进入社会主义，而必须对不同民族采取不同的政策和方法。具体地说，民族地区的农业合作化，比汉族地区时间要晚一些，速度要慢一些。组织合作社，实行"入社自愿、退社自由"的原则，采取适合少数民族特点的多种形式。例如：针对一些少数民族土地私有观念薄弱、耕牛私有观念强烈的特点，试办"土地不分红，耕牛不入社"等特殊形式的合作社；对尚处于原始社会末期的少数民族，在发展生产和文化的基础上，帮助他们实现合作化，并在发展生产和互助合作的过程中，对妨碍生产力发展的旧制度和原始因素进行改革，从而实现了直接过渡到社会主义的飞跃。

20世纪60年代初期，云南省委排除"反三论"（反边疆特殊论、反民族落后论、反条件论）的干扰，坚持从边疆的特殊情况和稳定边疆大局的实际出发，根据党中央的指示，制定了有利于各民族发展进步的特殊政策。1962年上半年，省委遵照邓小平同志对边疆合作社"能办就办，不能办就不办"的指示，提出"全面审查以所有制为中心的边疆各项政策"，在充分征求群众意见的基础上，把人民公社退回到互助组和初级社水平。对一些分散的山区，允许他们单干，允许社员长期保留自留地、零星果木等；对缺乏劳动力的个体农民，允许其合理雇用短工；组织民族工作队深入农村，交朋友、做好事、带徒弟，教少数民族群众识字看书、炒菜做饭、裁缝衣服、操持家务、买卖商品。这些特殊政策，使不少民族地区的生产和生活发生了很大变化，受到各族人民的热烈欢迎和衷心拥护。

从20世纪50年代末开始，党的民族政策和民族工作逐渐受到"左"倾错误的严重干扰。其主要表现有：忽视甚至否认各少数民族的特点，不认真执行甚至歪曲抵制党的民族政策，特别是民族区域自治制度；在阶级斗争已不是我国社会主要矛盾的情况下，还坚持"民族问题的实质是阶级问题"的观点；在和平协商土改区搞民主补课，在直接向社会主义过渡地区硬划阶级；超越民族地区的生产力发展水平，盲目地不停顿地变革生产关系，强调"一大二公"，实行"一步登天"，有的地方"一年入三社（初级社、高级社、人民公社）"；在经济建设和各项工作中，无视各个少数民族聚居地区和杂居地区的差别，不顾各少数民族群众的意愿搞"一刀切"、一个样；"文化大革命"10年期间大搞所谓的"政治边防"，大批"边疆特殊论"，粗暴践踏党的民族政策，党和各少数民族的亲密关系受到破坏，经济建设遭到巨大损失，生产力下降，人口外流，有的地区甚至发生了动荡。所有这些，都损害了各少数民族人民的切身利益，对边疆民族地区的各项事业造成严重危害。1978年后，党领导各族人民拨乱反正，认真落实党的十一届三中全会以来的路线、方针、政策，平反冤、假、错案，针对边疆民族地区的特点采取特殊政策，包括放宽政策、休养生息、实行家庭联产承包责任制等，调动了各族群众的生产积极性，人们的社会主义建设热情空前高涨。边疆民族地区濒于崩溃的国民经济逐步恢复发展，出现了生产不断发展、各民族日益团结、人民生活年年改善的又一个"黄金时代"。

历史的经验表明，在民族地区进行社会主义建设，只有从各民族的实际出发采取特殊政策，才能成功；坚持特殊政策，就是坚持马克思主义的认识路线，就是坚持唯物辩证法。毛泽东说："对于物质的每一种运动形式，必须注意它和其他各种运动形式的共同点。但是，尤其重要的，成为我们认识事物的基础的东西，则是必须注意它的特殊点，就是说，注意它和其他运动形式的质的区别。"这些特殊性、特殊点的存在，要求人们具体情况具体分析，具体问题具体解决，这是马克思主义最本质的东西、马克思主义的活的灵魂。总之，边疆各族人民从正反两方面的经验中深切体会到，党对民族地区的特殊政策，是各民族发展进步、打开幸福大门的

"金钥匙"。

二、云南边疆民族地区现阶段的特殊政策

党的十一届三中全会后，中国进入了一个崭新的历史时期。要完成党中央提出的新时期的总任务，要建成有中国特色的社会主义，在云南，必须根据新任务、新形势对民族地区实行新的特殊政策，这是加快民族地区社会主义现代化建设的关键。在现阶段，应对云南边疆民族地区着重制定以下几方面的特殊政策，以培植和增强其内在活力，使其更好地在国家的扶持下，主要依靠本地区的力量，加快经济发展和文化建设。

第一，制定特殊政策，发展民族经济。发展经济是各民族的首要任务。边疆民族地区应在国家的指导下，根据本地的特点和需要，制定经济建设的方针和特殊政策。特殊政策包括以下内容：

1. 根据法律规定和地方经济情况，合理调整生产关系，改革经济管理体制。

2. 在国家计划指导下，根据民族地方的财力、物力和其他具体条件，自主地安排地方性的基本建设项目。国家适当增加对自治地方的基建投资，使各种加工业靠近原料产地。

3. 自主地管理本地企业、事业。对民族自治地方新办的企业，按照有关的税收政策并参照农业上休养生息的政策，酌情减免税收。

4. 依照法律规定，管理和保护本地的自然资源，确定本地草场和森林的所有权和使用权。对可以由地方开发的自然资源，优先合理开发利用；对地方开发性事业，应在资金方面予以优先安排，在技术上给予指导，在人才上积极支持。

5. 自主地安排利用国家计划收购、上调任务以外的工农业产品和其他土特产品。上级机关在分配生产生活资料如汽油、钢材等的时候，应当照顾民族地方的需要。

6. 开展对外经济贸易活动。经贸部门要简政放权，税务部门要给予减免税照顾，银行要给予低息或无息贷款，把边境口岸的建设搞上去。

第二，制定特殊政策，增加民族地区的财政收入。民族地区经济落

后、财政困难、资金缺乏，不利于各民族的经济、文化建设，必须采取特殊政策措施，增加民族地区的财政收入，增强其经济实力。

1.对入不敷出的地区实行财政补贴政策。国家对支大于收的边疆民族地区给予财政补贴，而且每年递增10%左右；下拨各项专用资金和补助款，帮助民族地区发展经济和文化事业。

2.民族自治地方在执行财政预算过程中，可自行安排使用收入的超收部分和支出的节余资金，国家给边疆民族地区财政预算安排的预备费高于一般地区。

3.实行特殊的税收政策。在执行国家税法的时候，除应当由国家统一审批减免的税收项目以外，对地方财政收入中的某些需要从税收上加以照顾和鼓励的，经省人民政府批准，可以实行减税和免税。

实行这些政策的目的，是使边疆民族地区在财政方面有较大的自主权并获得国家的帮助以增强其经济活力，为经济文化腾飞奠定坚实的财政基础。

第三，制定特殊政策，发展民族教育事业。边疆地区的少数民族文化水平低，民族教育基础十分薄弱。据近年来的统计，云南省的文盲比重在全国仅次于西藏，苗族、傈僳族、哈尼族、布朗族等族的文盲率均在70%以上，拉祜族则达82.2%。文盲率过高就不可能建设高度的物质文明和精神文明。在今后相当长的一个时期，采取特殊政策发展教育事业，是云南边疆民族地区的一项重大任务。

1.根据边疆民族地区地域辽阔、居住分散的特点，要从根本上改变脱离实际的"一刀切"的办学模式，实行多层次、多规格、多形式办学。既要办正规的全日制小学，也要办各种形式的简易小学、半日制小学、早午晚读书班等，尽力降低文盲率，加快普及初等教育的步伐。为了提高教学质量，要集中一定的人力、财力、物力，下大功夫，抓好寄宿制、半寄宿制中小学。这种新型的学校，可给予少数民族学生一定的生活补助费，较好地解决了民族地区居住高度分散同教学需要相对集中的矛盾，使学生"进得来、留得住、学得好"，提高了入学率、巩固率。实践证明，采取多种形式办学，抓好寄宿制、半寄宿制中小学，是加快民族教育发展、提高民族教育质量的重要途径。

2.根据国家的教育方针，制定本地区的教育计划，决定民族地区学校的学制、教学内容、教学用语和招生办法。应当区别情况、分类指导，提出不同要求，不必与内地先进地方统一：对于社会经济文化水平相当于汉族、能接受汉语教学的民族地区，可采用普通学校的体制和教材，但在录取分数和助学金等方面给予照顾；对于高寒山区的少数民族，除使用统编教材以外，要结合民族地区劳动生产需要增设一两门农、林、牧、商以及产品加工等实用技术课，使教育能直接为欠发达地区提高社会生产力、发展商品生产服务；对边境一带学校使用的教材要根据巩固边防的需要，加强爱国主义、国际主义、社会主义、民族团结的内容；在不懂汉语的地区，小学阶段要推广双语教学，学制可以延长一两年；对边疆和内地高寒山区的少数民族考生放宽录取分数线；在高等院校、中等专业学校举办民族班，实行定向招生，更多更好地培养少数民族高、中级专门人才。

3.加强和发展职业技术教育。云南边疆民族地区的发展滞后突出表现在严重缺乏技术人才方面。不仅缺乏大专人才，更缺乏有一定科学文化知识和专业技能的劳动者。云南民族地区的全日制中小学学生，能升入上一级学校学习的比例不高，而多数不能升入上一级的学生无一技之长，回乡后在劳动致富中不能发挥应有的作用。要解决这一矛盾，可以在中学开设适当的专业技术课，但更主要的是要发展和加强民族地区的职业技术教育，形成一个与经济发展相适应的职业教育体系。各地应创办农业技术学校、职业学校，结合开发本地资源和产业结构调整的需要，开办各种形式和门类的职业技术培训班，培养一批具有农、林、牧、副、渔专业知识技能的人才和管理人才。

4.提高民族地区中小学教师的待遇，鼓励教师安心从事民族教育工作。

第四，制定特殊政策，帮助贫困地区尽快脱贫致富。党的十一届三中全会以来，党的富民政策使濒于崩溃的边疆经济发生了翻天覆地的变化，云南边疆民族地区的贫困面逐步缩小，贫困程度逐年降低。但是，要彻底消除贫困，仍面临艰巨的任务。据有关统计，1985年，人均口粮在400斤以下、人均纯收入在120元以下的贫困乡，全省还有3569个，温饱问题尚未解决的还有400多万人。为贫困地区制定特殊政策，是脱贫致富的一个关键。

1. 减轻群众负担，继续实行休养生息政策，对贫困乡、村、户减免农业税、产品税、营业税、工商所得税等。

2. 给予贫困地区优惠政策，例如对贫困山区出售木材，除应规定保护价外，其他只交育林基金、林区建设发展基金，产品税由经营木材的单位缴纳，其他税费一律取消。

3. 国家从资金、物资、技术等方面扶持贫困地区。国家支援不发达地区的发展资金，扶持"老、少、边、穷"地区的低息贷款和开发性贷款，要集中用于贫困地区，重点帮助还没有解决温饱的地区发展生产，特别是发展商品生产。一个乡一个乡地解决问题，不搞平均分配。

4. 帮助贫困地区培训各类人才。在充分发掘民间传统技术、起用能工巧匠的同时，层层培训各类农村生产实用技术型人才，有计划地培训贫困地区教师，提高其师资水平。免费培训医务人员，创造条件，建立乡村医疗站。

5. 多渠道、多层次搞活贫困地区的商品流通。供销社进一步搞好体制改革，真正办成农民群众集体所有的合作企业，与农民结成经济利益共同体。同时要开拓经营、扩大购销，搞好产前、产中、产后的服务，促进贫困地区发展商品生产。

总之，边疆民族地区现阶段的特殊政策要立足于经济开发、智力开发和资源开发，启动内在活力，增强自力更生能力。只有这样，民族地区的经济文化才能迅速发展起来，云南少数民族才能巍然屹立于世界民族之林。

（原载于《广西民族研究》1987年第3期）

云南政治建设概述

政治建设是中国特色社会主义建设的重要组成部分。云南政治建设经历了漫长的发展进程。中华人民共和国成立后，在中国共产党领导下，云南各族人民对社会主义政治建设道路进行了艰苦探索。既取得了重大进展，积累了宝贵经验，又遭遇了严重挫折，汲取了深刻教训。改革开放以来，特别是党的十八大以来，云南认真学习贯彻习近平新时代中国特色社会主义思想和中共中央关于社会主义民主政治建设的方针，坚持党的领导、人民当家作主、依法治国的有机统一，以保证人民当家作主为根本，以增强党和国家活力、调动人民积极性为目标，扩大社会主义民主，不断推进社会主义政治制度自我完善和发展，加快建设社会主义法治国家，社会主义政治文明建设进入新时期。

一、中华人民共和国成立前云南的政治发展历程

政治作为人类历史发展到一定时期所产生的重要社会现象，是建立在一定经济基础之上的上层建筑的核心部分，随着社会从低级到高级的发展而发展。云南政治自古以来就是中国政治的组成部分。云南政治发展是在国家政治发展的大框架下展开的，既体现了国家政治发展的一般性，又表现了云南政治发展的地域性和民族性。中华人民共和国成立前，云南政治发展历程分为以下几个阶段：

（一）战国秦汉时期

战国时期，楚顷襄王二十年（前279年）前后，楚将庄蹻率军入滇，征服滇部落，统一滇池地区，后因黔中被秦攻占，与楚交通断绝，遂自立为王，通过民族融合，实现了部落政治转化，推动滇中地区进入奴隶社

会。秦昭襄王末年（前256—251年）和秦统一六国（前221年）后，先后派李冰及常頞修通从四川青衣到云南曲靖的僰道（又称五尺道），加强了云南与中原的往来和联系。秦朝建立后，对云南派官置吏，云南逐步被纳入多民族统一封建国家的地方行政区域范围。西汉元封二年（前109年），汉武帝"以兵临滇"，滇王降，"请置吏入朝"，被赐滇王印；汉廷在西南地区设犍为、牂柯、越巂、益州四郡，标志着郡县制在云南全面确立，使今云南大部分地区直属中央王朝管辖。东汉永平十二年（69年），置永昌郡，永初元年（107年）置犍为属国，标志着中央王朝对云南统治的拓展和深化。

（二）魏晋南北朝时期

220—280年，魏蜀吴三国对峙时期，政治制度基本承袭汉制。今云南、贵州西部和四川西南部被称为"南中"，是蜀国的一部分。225年，诸葛亮"平南中"，把南中四郡调整为七郡，巩固了对南中的统治。西晋泰始六年（270年），中原王朝将南中的建宁、云南、永昌、兴古四郡从益州（治今成都）划出，设立宁州，使云南成为中央王朝直接统治的一个大行政区。东晋末年至南北朝，"南中大姓"爨氏控制宁州，但并未脱离中原王朝统治而进行割据，始终向中原王朝进贡且接受刺史的任命，还创造了深受中原文化影响又独具地方民族特色的爨文化。隋文帝开皇十七年（597年），朝廷派兵征讨反隋的爨翫，爨氏势力逐渐衰落。

（三）唐宋时期

唐宋时期，在云南范围内先后建立了南诏和大理国。唐朝初年在云南置羁縻州。7世纪初，今洱海地区有蒙巂、越析、浪穹、邆睒、施浪、蒙舍等六诏（6个部落联盟）崛起。其中，蒙舍诏地处最南部，称为南诏。开元二十六年（738年），在唐王朝的支持下，南诏最终兼并其他五诏，统一了洱海地区，南诏王皮逻阁被中央王朝册封为"云南王"。云南形成一个以大理为中心，由乌蛮（彝族先民）首领建立的相对独立的多民族地方政权——南诏国。南诏政权有完整的行政机构。最高首领是国王，称为"诏"。南诏的中央设清平官、大军将协助国王分别执掌政务和军务，又设六曹九爽分管各方面事务。行政区域分为：畿内区域，设十睒；外域，设七节度、二都督统制。南诏前后共历13王。902年，权臣郑买嗣刺杀南诏王，建立大长和国，后经历赵氏大天兴国、杨氏大义宁国，3个政权合计34年。937年，段思平灭大义宁国，建立以白族为主体的多民族地方政权——大理国。大理国与南诏一样，也有相对完整的中央和地方行政机构。大理国始终保持着对中原宋王朝的臣属关系，向宋王朝称臣纳贡。其首领先后被宋王朝封为云南大理国王、云南节度使、大理王等。大理国设八府、四郡、四镇、三十七部。共传22主，历316年。

（四）元明清时期

1253年，忽必烈率蒙古军攻占大理，次年灭大理国。1255年，平定云南全境。1274年，元王朝正式建立云南行省，"云南"从此正式成为中央直接统治的省级区划名称。云南行省建立后，政治中心由大理移至昆明，下设三十七路、两府、五十属州、四十七属县。云南行省首任平章政事为赛典赤·赡思丁，他统管云南地方行政和军事大权，治滇6年，政绩斐然。明朝建立后，1381年明军入滇，平定云南。次年，在云南设立布政使司、都指挥使司、提刑按察使司，执掌全省军政、司法大权。明王朝在内地设府、州、县，实行以朝廷派遣流官为主的统治。在边疆民族地区实行元代土官流官兼治办法，即：有的地方任命民族上层人士为府、州、县的正职或副职等土官，与流官共治；有的地方任命民族上层人士为宣慰、宣抚、长官等土司职，管理一方政务军事；土官隶属布政使司，土司隶属于都指挥使司。这种"土流兼治"的办法，保证了云南的稳定和发展。清朝建立后，改云南布政使司为云南省，设巡抚。到清朝末年，领府十四、直隶厅六、直隶州三、厅十二、州二十六、县四十一，有土府一、土州三、土司十八。随着经济社会的发展，土司制度的弊端日益突出。雍正帝采纳云贵总督鄂尔泰的建议，在云南大规模进行"改土归流"，削弱土司势力，强化中央集权。但在西双版纳、德宏以及耿马、孟连等边疆地区，仍保留土官，以适应边疆特殊治理的需要。

（五）民国时期

辛亥革命时期，云南政治非常活跃。云南革命党人举行腾越起义，成立滇西都督府；举行重九起义，推翻清朝在云南的统治，成立云南军都督府，组成云南省临时省议会。1912年，中华民国建立，云南成为中华民国的一个省。1913年，省议会正式组成。1915年12月25日，云南在全国率先发动反对袁世凯称帝的护国运动，出兵讨袁。全国各方响应，护国首义成功。1918—1924年，选举产生第二、第三、第四届省议会。1927年，依南京国民政府令，裁撤各级议会。1939年，依重庆国民政府令，成立云南省临时参议会。1943年，选举云南参议会。民国时期，云南还发生了抗日战争、"一二·一"运动等重大政治事件。到1949年，云南全省共置有一市、十三行政督察区、一百一十二县、十六设治局、两对汛督办区。

二、社会主义政治发展道路的艰苦探索

中华人民共和国成立以后，经过近70年的艰苦探索，确立了一个根本政治制度——人民代表大会制度，3个基本政治制度——共产党领导的多党合作和政治协商制度、民族区域自治制度、基层群众自治制度，形成中国共产党领导、人民当家作主、依法治国有机统一的中国特色社会主义政治发展道路。探索、选择这样一条正确的政治发展道路，云南各族人民付出了艰苦努力，从1950年至1978年，经历了曲折历程。

（一）军事接管和建立人民政权

1950年2月24日，云南全境解放，面临的首要政治任务是解决政权问题，即建立和巩固人民政权。根据中共中央1948年10月1日发出的《关于军事管制问题的指示》和中国人民解放军西南军区的命令，1950年3月4日成立中国人民解放军西南军区昆明市军事管制委员会（简称昆明军管会），负责实施军事管制，接收国民党政权、接收官僚资本企业、维护革命秩序、筹建人民政权。3月6日，省级机关和昆明市的政权接管工作全面开展。云南是和平起义的地区，在接管中遵循与起义人员充分商量、达成协议后接管的原则，采取有步骤地自上而下按系统实行接管与自下而上依靠群众相结合的正确方法。省级机关和昆明市的接管工作于5月底结束，共接收原云南省地方政权机关和国民党中央系统的党、政、军、警、财税、金融、工矿企业等单位139个。全省专、县两级政权接管工作从3月中旬开始，至5月中旬结束，共接管12个专署、113个县、15个设治局、2个对汛督办区。在接管的基础上，建立专、县人民政权。

1950年3月10日，云南省人民政府成立，中央人民政府任命省人民政

府主席、副主席；8月，中央人民政府政务院陆续任命一批干部组建省政府各工作部门；12月25日，云南省第一届各族各界人民代表会议第一次会议在昆明举行，代行人民代表大会职权。

（二）完成民主革命的遗留任务

1.清匪反霸和镇压反革命。人民政权建立时，百废待兴，任务繁重，首先是保卫和巩固新生人民政权。云南解放晚，蒋介石妄图在此建立最后的反共基地，因此在这里麇集了大批国民党反动残余分子。他们与各地土匪、恶霸地主结合在一起，疯狂进行破坏活动，严重威胁人民群众安全和人民政权生存。彻底消灭土匪，坚决镇压反革命，是云南各族人民面临的严重政治斗争，是建立革命新秩序、巩固人民政权而必须完成的政治任务。1950年4月，全省一些县出现土匪暴动，在中共云南省委领导下，各级剿匪委员会相继成立，开展剿匪斗争。至1950年底，全省内地军民作战1700多次，缴获各种枪支4.15万支（挺），内地腹心区基本净化。边疆各级人民政府在"团结起来，共同对敌，联防自卫，防匪保家"口号下，建立联防武装（1958年后统称民兵），边疆地区初步建立起革命新秩序。1951年至1954年，全省开展镇压反革命运动，巩固了人民政权，保障民主改革和恢复国民经济工作顺利展开。

2.城市民主改革。1949年以前，全省有1400多个工矿企业，主要分布在昆明、个旧两个城市。绝大多数是小型企业，设备简陋，技术落后。昆明军管会成立后，对官僚资本的工矿企业进行接管，改为国营企业，并向部分企业派出军代表进行整顿。1951年3月，军管会召开城市工作会议，对民主改革和生产改革做出部署。改革旧的管理制度，主要是封建把头制度，建立新的管理制度即民主管理制度，整顿基层工会组织，并在工人中发展共产党员。工矿企业的民主改革在1952年内基本完成，社会主义性质的国营经济开始在国民经济中发挥领导作用。

3.农村民主改革。以土地改革为中心的农村民主改革，是一场改变两千多年封建土地制度的社会革命和政治斗争。云南各民族地区存在多种社会经济形态。因此，除改革晚于内地省区以外，还采取了缓和的政策和多种形式的改革。1951年8月，省委部署土地改革工作。此后，有步骤地进行内地坝区土改、内地民族山区土改、缓冲地区土改、边疆民族地区土改，并把土改与整党建党工作结合起来。云南的土地改革运动前后经7年，从政治上、经济上打倒了地主阶级，彻底废除了封建剥削制度，为进行农业社会主义改造扫清了障碍。

4."三反""五反"运动。按照中央部署，1951年，云南在党政机关工作人员中开展反对贪污、反对浪费、反对官僚主义的"三反"运动，在中华人民共和国成立后云南反腐斗争中开了先河。1952年，在私营工商业中开展反行贿、反偷税漏税、反偷工减料、反盗骗国家资财、反盗窃国家经济情报的"五反"运动，打退了资产阶级进攻，为资本主义工商业的社会主义改造奠定了基础。

（三）完成对农业、手工业和资本主义工商业的社会主义改造

云南的社会主义改造从1953年开始，至1956年基本完成。这一重大变革，实现了对生产资料私有制的社会主义改造，标志着社会主义制度在云南建立，使云南各族人民同全国人民一道由新民主主义进入社会主义。

1.农业的社会主义改造。根据边疆和内地的不同情况，采取不同步骤和方式。在内地农村，1952年开始建立互助组，1953年试办农业生产合作社，办社规模、速度和政策基本上符合云南实际，合作化运动健康平稳发展。1955年下半年后，全省合作化进程加速。全省内地农村在一年内实现了社会主义性质的高级合作化。在边疆民族地区，境外关系复杂，各民族发展不平衡，土地改革从1955年后才陆续开始，进行社会主义改造的基础很差。因此，中共云南省委对边疆民族地区的社会主义改造采取谨慎态度和稳重方针。到1957年底，边疆民族地区合作社发展到1728个，入社农户占农户总数的9.8%。到1958年"大跃进"时，合作化也"大跃进"，一年内从初级社到高级社，再到人民公社，"一年入三社"，实现边疆地区人民公社化。

2.手工业的社会主义改造。1954年1月，第一次手工业会议召开，提出云南手工业社会主义改造的方针、任务、形式。至1955年10月，全省105个县（市）建立了手工业合作组织，组织起来的手工业者有2.16万人。此后，在农业合作化迅猛发展的形势下，省委提出1956年内基本完成对个体手工业和小商小贩的社会主义改造。到1956年10月底，全省手工业生产合作社、组发展到2258个，10万多名手工业者全部参加手工业社会主义改造。

3. 资本主义工商业的社会主义改造。云南资本主义工商业的社会主义改造从1950年到1956年，经历了加工订货、统购统销、经销代销、公私合营等步骤。对资本主义工商业实行全行业公私合营是在1956年上半年展开的。之前向工商业者传达毛泽东主席关于社会主义改造问题的重要讲话，帮助他们认清社会发展趋势和个人前途，学习人民政府的赎买政策。工商业者们普遍要求尽快实行公私合营，并竞相提出申请，形成公私合营高潮，使全省内地的改造在1956年第一季度完成。到年底，全省进行改造的106个县（市）727户私营工业企业中，批准合营的716户，占总数的98.5%；职工1.18万人，占总人数的98.3%。

（四）初步建立起人民当家作主的社会主义政治制度

1. 作为国家根本政治制度的人民代表大会制度。1954年8月6—12日，云南省第一届人民代表大会第一次会议在昆明召开。这是云南有史以来第一次体现各民族团结和人民当家作主的大会。此后，省人民代表大会发挥了云南省最高权力机关的作用：审议政府工作报告，对事关全省全局的若干重大事项做出决议，选举省人民政府组成人员和省高级人民法院院长、省人民检察院检察长，改变了政府、法院、检察院主要领导人由上级任命的做法。

2. 中国共产党领导的多党合作和政治协商制度。1950年12月到1954年，云南省各族各界人民代表会议协商委员会是各族人民、各民主党派进行政治协商的组织形式，并代行人民代表大会的部分职权。1954年，全省各级人民代表大会相继建立，各族各界人民代表会议协商委员会完成了历史使命。1955年，政协云南省第一届委员会第一次会议召开，正式成立云南省政协，专事行使"政治协商、民主监督"职能。

3. 民族区域自治制度。从1950年开始，全省进行民族人口调查和民族识别，做好实行民族区域自治的准备。经认真筹备和省人民政府批准，1951年5月12日，全省第一个县级民族自治地方——峨山彝族自治区（1956年根据宪法规定改为峨山彝族自治县）建立；1953年1月24日，全省第一个专区级民族自治地方——西双版纳傣族自治区（1956年改为西双版纳傣族自治州）建立。1958年4月15日，楚雄彝族自治州建立。至此，全省8个民族自治州全部建立。至1966年，全省共有15个民族自治县。

4.基层群众自治制度。中华人民共和国成立以后，云南省城镇街道居民的组织管理形式是设立街道委员会，后改为居民委员会，实行城市居民对居住地公共事务的管理。在公有制企业建立职工代表大会制度，实现企业的民主管理。1957年后，职工代表大会制度推广到全省的企事业单位。居委会和职工代表大会是建立基层群众自治制度的探索，表明这一制度呈现雏形。

5.人民司法制度。20世纪50年代初期，随着各地人民政权的建立，人民司法制度也开始草创，全省建立100多个人民法庭，审判反革命分子和不法地主。1956年，党的八大提出加强人民民主和法制的任务，全省人民法院、检察院认真贯彻落实，积极推行公开审判、人民陪审、公诉、辩护、合议等制度，司法机关开展律师工作、公证工作。公、检、法、司机关依法分别行使侦查、检察、审判和司法行政的职能，司法制度有了良好开端。

（五）社会主义政治发展道路的曲折探索

一方面，云南的政治建设同全国一样，进入社会主义社会以后，共产党的执政地位和人民民主专政的国家政权更加巩固，人民代表大会制度、中国共产党领导的多党合作和政治协商制度、民族区域自治制度、基层群众自治制度逐步完善，马克思主义在政治思想领域占领阵地，各种政治关系不断调整，民族团结、边防稳固的局面日益拓展。另一方面，由于"左"的错误，全省的政治建设出现失误。

1954年2月，开展批判"地方主义"的斗争，从多方面否定中共云南地方组织（又称云南地下党）和中国人民解放军滇桂黔边纵队（简称边纵）在新民主主义革命时期取得的成绩。云南地下党和边纵的不少干部受到不公正待遇甚至迫害。1957年12月，在一些民族地区开展批判"地方民族主义"的思想斗争，把一些少数民族干部和从事民族地方工作的汉族干部错划为"地方民族主义分子"，伤害了少数民族干部的感情，损害了党的民族政策。同全国一样，1957年的"反右派斗争扩大化"和1959年的"反右倾机会主义斗争"，错误地打击伤害了一大批忠诚于党的和人民事业的干部、有业务专长的知识分子和爱国民主人士、政治热情高但不成熟的年轻人、熟悉本地区实际的地方干部。1958年，脱离边疆民族地区实际搞"大跃进"和人民公社化运动。运动中，不顾云南边疆民族地区生产力情况，超越实际变革生产关系；在农业生产中提出与内地一样的高要求，完不成任务要受处罚。上述做法违背了20世纪50年代初期正确的方针政策，造成粮食减产、牲畜减少、各族人民生活水平下降。

在1966年5月至1976年10月的"文化大革命"中，云南以资产阶级派性严重、动乱大、反复多、武斗持续时间长、冤假错案和非正常死亡人数多，成为全国的重灾区之一。"文化大革命"开始后，中共云南省委贯彻执行《中国共产党中央委员会通知》（简称《五一六通知》）和《中国共产党中央委员会关于无产阶级文化大革命的决定》（简称《十六条》），部署全省开展"文化大革命"。

1976年10月，中共中央政治局执行党和人民的意志，毅然粉碎江青反革命集团，结束了"文化大革命"这场动乱。中国共产党依靠自身的力量和人民的力量，纠正"文化大革命"的严重错误，总结惨痛教训，党的十一届三中全会制定出思想、政治、组织路线和一系列正确的政策，创立了中国特色社会主义的理论、制度，率领中国人民闯出符合中国国情的社会主义现代化建设道路。历史的损失在历史的进步中得到补偿。

三、确立中国特色社会主义政治制度

1978年12月召开的党的十一届三中全会，是中国共产党历史上具有深远意义的伟大转折。这次全会在明确提出全党工作重心转移到社会主义现代化建设上来的同时，提出政治上必须发展社会主义民主、健全社会主义法制的方针，开启了中国特色社会主义政治新的历史时期。在此后的近40年间，云南各族人民在中共云南省委领导下，认真贯彻中央的路线方针政策，对历史经验教训进行深刻反思，逐步确立并不断完善中国特色社会主义政治制度，政治建设取得新的进展。

（一）加强中国共产党的建设，夯实中国特色社会主义政治制度的根基

中国共产党的领导是中国特色社会主义最本质的特征，中国特色社会主义制度的最大优势是中国共产党的领导。确立中国特色社会主义政治制

度，最重要的是坚持中国共产党的领导，加强党的思想建设、组织建设、制度建设、作风建设、反腐倡廉建设，提高党的领导能力、执政能力，提高党员的整体素质，提高党组织的凝聚力、战斗力。

1.思想建设。1978年后，在坚持和继承马克思列宁主义、毛泽东思想的基础上，中国共产党人开创了中国特色社会主义道路和理论。云南省坚持用中国特色社会主义理论武装全省各族人民的思想，坚持不懈地开展邓小平理论、"三个代表"重要思想、科学发展观学习宣传教育。采取了多种形式：（1）组织各级党委理论学习中心组；（2）组织中国特色社会主义理论体系宣讲；（3）实施农村党员现代化远程教育工程；（4）开展"马克思主义大众化"活动；（5）实施马克思主义理论研究和建设工程。2011年底以后，先后开展了"四群"（群众观点、群众路线、群众利益、群众工作）教育活动、党的群众路线教育实践活动、"三严三实"（严以修身、严以用权、严以律己，谋事要实、创业要实、做人要实）和"忠诚、干净、担当"专题教育，号召干部向杨善洲、龚曲此里、高德荣等先进典型学习，努力成为全心全意为人民服务的公仆。党的十八大以后，云南省委、省政府认真组织习近平新时代中国特色社会主义思想主题教育，增强政治意识、大局意识、核心意识、看齐意识，坚定中国特色社会主义道路自信、理论自信、制度自信、文化自信，全省党员和人民群众的政治思想水平有了提高。

2.组织建设。（1）"文化大革命"结束后，云南省调整加强了各级党委班子，整顿纯洁了组织。1983—1987年，全省自上而下分3期5批整党，开展彻底否定"文化大革命"和派性的教育，增强了党组织的吸引力、凝聚力、战斗力。（2）在基层党组织建设方面，1990—1992年，全省开展后进党支部整顿，使广大党员受到系统的"三基本"（党的基本理论、基本路线、基本纲领）和社会主义思想教育。进入21世纪后，又在县、乡镇、村三级党组织开展以"五个好"村党组织、乡镇党委为主要内容的"三级联创"活动。"五个好"的内容是：领导班子好、党员干部队伍好、工作基础好、小康建设业绩好、农村群众反映好。2007年2月，中共云南省委决定向全省每个建制村派驻一名社会主义新农村指导员，为农村基层党组织建设做好组织保障。（3）在干部队伍建设方面，中共云南省委落实中央做出的继续大规模培训干部、大幅度提高干部素质的战略部署，制定加强和改进干部教育培训工作的措施，建立了云南干部在线学习学院、云南农村干部学院等12个干部学院。2008—2012年，根据中央组织部的部署，结合云南实际，以党政干部为重点实施"一把手"培训工程、优秀年轻干部培训工程、基层干部培训工程、少数民族干部培训工程、边境一线干部培训工程等。在抓好培训的同时，更重视开展干部教育实践活动。

3.制度建设。中共云南省委贯彻《中国共产党地方委员会工作条例（试行）》，制定了22项工作规则；制定了贯彻落实中央《建立健全教育、制度、监督并重的惩治和预防腐败体系实施纲要》的意见，明确了构建多层次、多方位惩治和预防腐败体系的目标和任务；落实领导干部诚勉谈话和任期经济责任审计制度，建立起经常性的干部监督工作机制；制定了领导干部公开选拔、岗位竞争、任前公示、述职、述廉、报告个人有关事项、民主评议、民意调查以及问责等制度；制定了常委会票决、全委会票决、破格越级任用、任职试用期、调整不胜任现职党的领导干部等制度。2012年6月，根据中央统一部署，全省开展州、市、县党委领导班子内部制度建设工作，各地对现有制度进行了一次全面清理和修订完善。

4.作风建设。主要解决党员领导干部和党员思想作风、工作作风、领导作风、生活作风以及学风、文风、会风等方面的突出问题，树立与党的性质和宗旨相称的良好风尚。历届中共云南省委高度重视加强党的作风建设，改革开放以来先后开展"领导当楷模、机关作表率、基层树形象"活动、"讲学习、讲政治、讲正气"教育、保持共产党员先进性教育活动、"凝聚力、创新力、执行力"建设等实践活动。2001年，党的十五届六中全会通过《中共中央关于加强和改进党的作风建设的决定》，从11个方面对加强和改进党的作风建设提出新要求。云南省委贯彻落实中央部署，努力把作风建设提高到新水平。要求党员领导干部注重防止和克服思想"偏"的问题，做到求真务实、真抓实干；注重防止和克服行动上"懒"的问题，强化对党的事业执着追求的意识，热爱本职，恪尽职守；注重防止和克服作风上"浮"的问题，减少会议、改进会风，减少文件、改进文风。

5.反腐倡廉建设。云南省各级党委（党组）、纪检监察机关深入贯彻落实中共中央、中央纪委全面从严治党决策部署，深刻汲取发生在云南的严重腐败案件教训，牢牢把握坚持和加强党的全面领导这个根本，坚持党要管党、全面从严治党这个指导方针，以政治建设为统领，坚持思想建党、纪律强党、制度治党同向发力，进一步严明党的政治纪律和政治规矩，层层落实管党治党政治责任。坚持把纪律挺在前面，加大纪律教育力度，强化纪律执行检查，完善配套制度措施，推动党员、干部知敬畏、存戒惧、守底线，习惯在受监督和约束的环境中工作生活。深入贯彻落实中央八项规定和实施细则精神，出台省委实施办法，严厉整治形式主义、官僚主义、享乐主义和奢靡之风，坚决反对特权思想和特权现象。坚持无禁区、全覆盖、零容忍，坚持重遏制、强高压、长震慑，始终保持惩治腐败高压态势，有腐必查，有贪必肃，违纪必究，严肃查处严重违纪违法典型案件，推动云南政治生态实现由"乱"转"治"，反腐败斗争压倒性态势正在形成并巩固发展，风清气正的良好环境正在形成。

（二）巩固人民代表大会制度，各级人大及其常委会依法履行职权

1977年12月，云南省第五届人民代表大会第一次会议召开，在"文化大革命"中被迫停止活动的人民代表大会制度终于恢复。党的十一届三中全会以后，云南省人大工作进入一个新的历史时期，云南省委十分重视人大工作。2005年9月、2010年9月、2015年9月，3次召开工作会议，专题研究人大工作，制定指导人大工作的重要文件。云南省人大及其常委会认真贯彻中共中央制定的路线、方针、政策和云南省委的各项决策部署，把实现好、维护好、发展好最广大人民群众的根本利益作为人大工作的出发点和落脚点，坚持和完善人民代表大会制度，认真行使宪法和法律赋予的职权，开好法定会议，服务好人民代表，加强社会主义民主法治建设，加强人大及其常委会自身建设，为保障和促进云南经济社会发展做出积极贡献。

1.履行法定职权。人民代表大会的法定职权是立法权、监督权、人事任免权、重大事项决定权。

（1）立法权。1979—2017年，省人大及其常委会制定现行有效的地方性法规和法规性决议、决定218件，批准现行有效的设区的市和自治州地方性法规78件。从云南多民族的实际出发，云南省十分重视民族立法，并取得丰硕成果。到2017年，省人大常委会制定了《云南省实施〈中华人民共和国民族区域自治法〉办法》《云南省民族乡工作条例》《云南省城市民族工作条例》《云南省少数民族语言文字工作条例》等法规，批准现行有效的民族自治地方自治条例37件、单行条例165件。（2）监督权。到2017年，共审议省级"一府两院"专项工作报告492项，组织执法检查、专题询问、专项工作评议和代表视察347次，依法做出决议、决定288项。（3）人事任免权。制定了《云南省人民代表大会常务委员会任免地方国家机关工作人员办法》。坚持党管干部和人大依法任免相结合的原则，1997—2013年，省人大常委会依法任免地方国家机关工作人员7102人次。（4）重大事项决定权。为有效行使这一职权，出台了《云南人民代表大会常务委员会讨论重大事项规定》，规定凡属全省范围内政治、经济、教育、科学、文化、卫生、环境和资源保护、民族、民政等工作的重大事项，省人民代表大会或者省人大常委会都应该依法讨论决定。1979—2017年，围绕全省经济建设、政治建设、文化建设、社会建设、生态文明建设的重大事项，省人大及其常委会共做出决议、决定339项。

2. 充分发挥人大代表作用。中共云南省委于2003年6月5日转发《中共云南省人大常委会党组关于进一步加强人大代表工作的意见》，从进一步提高对人大代表工作的认识、密切与人大代表联系、依法保障人大代表执行代表职务、建立和完善代表工作保障服务机制、人大代表要努力发挥代表作用、加强对人大代表工作的领导6个方面做了26条规定。这些规定对全省各级人大及其常委会做好代表工作起了积极的推动作用。云南人大代表工作的制度建设进一步加快，组织代表培训已常态化；定期向代表提供经济社会发展情况和"一府两院"重要工作信息，保障代表的知情知政权；建立常委会联系代表、代表联系人民群众的"双联系"制度；增加代表特别是基层代表列席常委会会议和参加常委会执法检查的人数；建立健全代表建议办理责任制和"先协商，后答复"制度，选择重点建议交有关委员会牵头督办，邀请议案领衔人参加立法和监督议案办理；进一步规范代表在闭会期间的活动。

（三）完善中国共产党领导的多党合作和政治协商制度，各级政协履行职能

中国共产党领导的多党合作和政治协商制度，是在中国长期革命、

建设、改革实践中形成和发展起来的，适合中国国情的政治制度和政党制度。云南各级政协在中共各级委员会领导下，始终高举爱国主义、社会主义旗帜，牢牢把握团结和民主两大主题，稳步推进履行职能制度化、规范化、程序化建设，广泛团结各民主党派、无党派、人民团体和各族各界人士，调动一切积极因素，为云南经济繁荣、社会进步、民族团结、边防巩固做了大量卓有成效的工作。

1.认真履行政治协商、民主监督、参政议政职能。

（1）政治协商。各级政协围绕党委和政府的中心工作以及经济、政治、社会、文化、生态文明建设中的重要问题，认真开展政治协商，形成了以全体会议为龙头，以专题议政性常委会和专题协商会为重点，以对口协商会、提案办理协商会为常态的协商议政格局。2012—2017年，省政协开展调研视察200多次，组织协商会议60余次，形成调研报告150多份，组织大会发言材料1000多篇，协商民主工作呈现蓬勃发展的良好态势。

（2）民主监督。各级政协积极探索民主监督的有效实现形式，努力畅通民主监督渠道。紧紧围绕党委重要决策部署，积极开展民主监督，抓住重点问题专题监督；紧扣脱贫攻坚目标任务，聚焦重点建言献策；就经济社会发展重大问题，在调研基础上召开监督性协商会，提出批评、意见、建议，推动问题解决。综合运用多种监督形式，包括提案、建议案、调研视察、协商会议、大会发言等形式，加强和改进民主监督工作。推荐政协委员担任行风监督员、人民监督员等，直接参与对有关部门工作的监督、检查。

（3）参政议政。各级政协围绕本地区全局性、根本性的重大问题和重点难点问题，组织政协参加单位和政协委员，通过各种会议和调研视察等活动，进行议政建言，促进党和政府科学决策、民主决策、依法决策。对关系全局的建言立论，注重运用政协建议案、提案等形式向有关部门提出，使建言立论成果直接转化为政府决策。仅第十一届省政协的5年间（2013—2018年），政协参加单位和政协委员就提出提案3548件。一些事关云南全局、服务国家大局的重点提案得到吸纳，进入国家和省的决策。

2.充分发挥民主党派作用，加强共产党与民主党派的通力合作。

各民主党派与中国共产党有着长期合作的优良传统。1978年以来，中国共产党领导的多党合作事业在云南取得了长足发展，各民主党派在云南的社会主义现代化建设中发挥出日益重要的作用。

（1）完善民主党派组织，发挥民主党派成员作用。8个民主党派均建立了省级委员会，在部分州（市）、县（区、市）建立了委员会，在一些单位建立了支部、支社等基层组织。云南省充分发挥各民主党派社会联系广泛、人才荟萃的优势，安排民主党派成员在各级人大、政府、政协中任职，倾听他们的声音，接受他们的监督，把"长期共存、互相监督、肝胆相照、荣辱与共"的方针落到实处。此外，8个民主党派还有多位成员担任省政府参事以及各级监察员、检察员、审计员、教育督导员、行风评议员，积极参与民主监督工作；在文化、教育、卫生、科研等单位担任处级及以上干部，为各项事业的发展贡献聪明才智。

（2）加强参政党自身建设。着眼于提高"政治协商、民主监督、参政议政"的能力和水平，云南的8个民主党派十分注重加强自身建设。在思想建设方面，各党派坚持以中国特色社会主义理论教育各自成员，及时组织学习中共中央的有关文件，使广大成员与中国共产党在思想上同心同德、在目标上同心同向、在行动上同心同行；加强宣传阵地建设，创办《云南民革》《云南盟讯》《云南民讯》《云南民进》《农工滇讯》《云南致公》《云南九三》等报刊，宣传中国共产党的方针政策和各民主党派中央、省委的部署，宣传各民主党派成员中的先进典型，交流工作情况和工作经验。在组织建设方面，以政治交接为主线，把领导班子建设作为重点；坚持注重质量、注意数量、保持特色、优化结构的原则，贯彻发展与巩固相结合的方针，稳步地发展成员。

（四）健全基层群众自治制度，扩大基层民主实践

扩大基层民主是完善发展中国特色社会主义民主政治的必然趋势和重要基础。随着中国特色社会主义政治的发展，云南省各地城乡基层民主不断扩大，公民有序政治参与渠道增多，民主实现形式日益丰富。全省已建立了以农村村民委员会、城市社区居民委员会和企业职工代表大会为主要内容的基层群众自治体系。

1.农村基层民主政治建设。村民自治是中国共产党领导亿万农民经多年探索而寻找到的适合国情的农村政治建设途径。它发端于20世纪80年代初期，普遍推行于90年代。1999年12月28日，云南省第九届人大常委会第十六次会议通过《云南省实施〈中华人民共和国村民委员会组织法〉办法》《云南省村民委员会选举办法》；2000年，在全省撤销村公所（办事处），建立村民委员会，实行村民自治。按照《中华人民共和国村民委员会组织法》等法律法规，由村民直接选举村民委员会成员。到2016年，全省普遍完成6届换届选举工作，村民参选率达到92.9%。村民委员会实行民主决策、民主管理、民主监督，保证村民政治、经济、文化各方面的权益不受侵害。

2. 城市社区民主政治建设。城市社区居民委员会是城市居民实现自我管理、自我教育、自我服务的基层群众性自治组织，是在城市基层实现直接民主的重要形式。2002年，中共云南省委、省人民政府颁布实施《关于加强城市社区建设意见》《云南省城市社区建设工作实施方案》，全面加强城市社区居民委员会工作。全省从以下几方面完善社区居民自治制度：一是民主选举制度，二是民主决策制度，三是民主管理制度，四是民主监督制度。

3. 企事业单位职工代表大会制度。职工代表大会制度是保证职工对企事业单位实行民主管理的基本制度。20世纪90年代，云南国有、集体及其控股企业职工代表大会基本建立，职代会制度逐步向非公有制企业推进。2007年3月30日，省第十届人大常委会第二十八次会议通过《云南省职工代表大会条例》，规定本省行政区域内的企事业单位、非企事业单位和其他经济组织，应当依法建立职工代表大会或职工大会。职工代表大会具有广泛的群众基础，代表中不仅有工人，而且有科技人员、管理人员和其他工作人员，能够代表全体职工民主管理企业。改革开放以来，职工代表大会和其他形式的企事业单位的民主管理制度，在实行民主管理、协调劳动关系、保障和维护职工合法权益、推进企事业单位的改革发展稳定方面发挥了不可替代的作用。

（五）实施"法治云南"方略，以法治保障公民权益

中华人民共和国成立后，云南同全国一道，在法治建设的道路上不断探索。党的十五大提出"依法治国，建设社会主义法治国家"，党的十八大以来全面推进依法治国，党的十九大以后进一步深化依法治国。在中共云南省委领导下，全省认真学习贯彻、落实国家的治国方略，不断推进社会主义法治建设，努力创建"法治云南"。

1. 不断完善依法治省的体制机制。按照建设"法治云南"的总体要求，全省建立起党委统一领导、党委依法治省工作领导协调机构统筹协调、各方分工协作、全社会广泛参与的领导体制和工作机制，为全面推进依法治省提供了坚强的组织保障。党的十八大以后，为加强"法治云南"顶层设计，出台了《中共云南省委关于贯彻落实〈中共中央关于全面推进依法治国若干重大问题的决定〉的意见》，制定了《中共云南省委依法治省领导小组关于全面推进依法治省工作的实施意见（2016—2020年）》《云南省法治政府建设规划暨实施方案（2016—2020年）》《在全省公民中开展法治宣传教育的第七个五年规划（2016—2020年）》三大规划，形成了有机统一、相互呼应、协调一致的法治建设规划体系。

2. 立足保障公民权益，开展地方立法执法。1978年以后，云南省立足于保护公民的生存权、发展权、受教育权、健康权、民族区域自治权等权利，开展地方立法和执法工作。逐步完善立法的专家咨询论证、社会公开征集立法议案、第三方立法后评估等机制。聚焦人民群众关心的热点、难点问题，在地方经济发展、扩大对外开放、九年义务制教育、医疗机构建设、历史文化保护、城市建设管理、社会劳动保障、生态环境治理、民族遗产抢救等方面，出台一批具有鲜明地方特色的法规。法规制定后，云南省立法机关加大执法检查力度，加强对法律实施情况的监督。例如，1992年对《云南省计划生育条例》实施情况、1994年对《中华人民共和国教师法》贯彻情况、2006年对《云南省实施〈中华人民共和国民族区域自治法〉办法》执行情况等，先后进行执法检查。2016年，全省16个州（市）开展执法检查50次。地方立法和执法的开展，推动了"法治云南"建设，保障了公民基本权利，促进了社会公平正义，维护了社会和谐稳定。

3. 立足云南省情，在全社会进行法治宣传教育。法治建设的一项重要内容，是对社会公众进行法治宣传教育，在全社会树立尊法、信法、守法、用法、护法的法治精神，建成法治国家、法治政府、法治社会。云南是欠发达的多民族边疆地区，与内地相比，经济文化较为落后，社会发育程度不高，人们的法治观念淡薄。云南省结合自身实际，紧扣需要，突出特色，创新工作方式，坚持不懈地开展法治宣传教育。结合民族众多的特点，大力推行"用民族干部宣讲法治、用民族语言传播法治、用民族文字诠释法治、用民族节庆展示法治、用民族文化体现法治"的"五用"工作法，把法治文化与民族文化相融合。在宗教信众较多的民族地区，组织"法律进宗教场所"活动，广泛宣传中国共产党的宗教政策及相关法律法规，积极引导宗教界依照法律法规从事正常的宗教活动。结合地处边疆、国境线长、多民族跨境而居的实际，启动"法治走边关"活动，与接壤国家地方政府和民间签订双边普法合作协议，建立双边普法协作机制，开展互通普法情况、共办普法宣传活动、共建边境地区民间纠纷联合调解室等工作，深化边疆民族地区普法工作。结合法治观念淡薄的实际，以"法律进机关、进乡村、进社区、进学校、进企业、进单位"的"法律六进"为载体，深入开展"学法律、讲权利、讲义务、讲责任"的主题法治宣传活动，树立宪法和法律的权威，传播社会主义法治理念。

（六）加强政府建设，创新行政管理体制

改革开放以来，云南省贯彻中央部署，逐步开展行政体制改革，政府的各项规章制度陆续出台。进入21世纪以后，全省加快行政管理体制改革步伐，注重各级政府建设。政府经济调节职能逐步完善，市场监督职能逐步加强，社会管理职能不断强化，公共服务职能进一步拓展，依法行政能力和水平得到提高。

1. 建设服务型政府。云南按照建立中国特色社会主义行政体制目标，努力建设职能科学、结构优化、廉洁高效、人民满意的服务型政府。从20世纪80年代开始，多次进行大规模的政府机构改革。改革抓住转变政府职能这个核心，更加注重公共服务，重视国家社会公共诉求。逐步建立服务承诺制，建立和完善公共政策和公共服务体系。2010年以后，按照省人民政府部署，各级政府建立了政务服务中心，作为集行政审批、政务服务、政务公开、政务查询于一体的政务服务平台。至2013年底，省、州（市）、县（市、区）、乡（镇、街道）四级政务服务中心全面建成。

2. 建设阳光政府。为增强政府行为的透明度，保障人民群众对政府工作的知情权、表达权、参与权和监督权，提高政府科学决策和依法行政水平，加强对行政权力的监督，云南省人民政府从2009年3月1日起，在全省县级以上行政机关全面推行重大决策听证、重要事项公示、重点工作通报、政务信息查询的阳光政府四项制度建设。在充分运用政务公开栏、政府公报、公开指南等传统载体的基础上，进一步健全档案馆、图书馆等场所的政府信息查询平台功能；同时，全省建立优势互补、功能完备的"一网（政府信息公开网）、一线（96128政府信息查询专线）、一屏（政务信息显示屏）"政务公开平台，进一步完善公开载体、拓宽公开领域、丰富查询方式。

3.建设法治政府。云南省加强了政府立法，以此作为建设法治政府的重要抓手。自从1979年国家授权制定地方性法规和1982年国家授权制定政府规章以来，云南的政府立法工作取得进展。仅1979—2007年，省人民政府提请省人大常委会审议通过的地方性法规达220件，省政府制定的规章382件。在立法中充分体现对社会困难群体的照顾，使政府行政体现更多的人文关怀；注重结合云南实际，突出地方民族特色；注重法治统一原则和法定权限、法定程序，总结经验、研究规律，发扬民主、集中民智，努力做到科学立法、民主立法；注重提高立法质量，充分讨论，反复协调，力求出精品、定良法。

4.建设责任政府。2008年以后，全面推行行政问责制、服务承诺制、首问责任制和限时办结制四项制度；2008年1月制定了《云南省人民政府关于省人民政府部门及州市行政负责人问责办法》，重点加强对领导干部特别是主要领导干部的监督，并将行政问责与司法问责有机结合，增强问责的震撼力，对失职行为进行惩戒。

5.建设效能政府。云南省人民政府从2010年起在全省行政机关推行行政绩效管理制度，进行效能政府建设。制定了有关效能政府建设的文件，成立了省行政绩效管理领导小组及其办公室，印发《行政绩效管理工作方案》《行政绩效管理考核考评办法》等文件，确定行政绩效管理单位和重点管理事项。按照"全面推行、重点突出、追求实效"的原则，紧扣提高行政效能专题，以省政府每年"20项重点督察工作和10件惠民实事"、部门年度重要工作为管理重点，以行政绩效审计、绩效纠察、绩效评价为重要监督手段，扎实推进行政绩效管理工作。至2013年底，全省纳入行政绩效管理的行政机关事业单位、行业协会、重点高校、重点医院等共计3922

个、重点管理事项6421项。

（七）发展与周边国家的睦邻友好关系，加快对外开放步伐

周边外交是国家外交的重要组成部分，是边疆政治的重要内容。云南对东南亚、南亚的外交，是中国周边外交的重要方向。60多年来，云南贯彻中央的外交工作方针，与周边国家的交往日益频繁，取得了重要成就：20世纪50—70年代，承担支援越南、老挝抗击帝国主义侵略的艰巨任务；多年来，东南亚、南亚国家领导人和政治、经济、文化、体育等方面的代表团多次访问云南，云南省党政领导人和经济、文化代表团也对这些国家进行友好访问，增进互相了解，加深了友谊；在中缅、中越、中老陆地边界勘定工作中，完成国家交给的任务，解决了与这3个国家的陆地边界问题；越南、老挝、缅甸、泰国、柬埔寨、马来西亚等国设立了驻昆总领事馆。20世纪90年代以后，中越、中老关系经历一段曲折后实现正常化，中国与其他东南亚、南亚国家的关系也进入一个新的时期，交往日益频繁。

云南作为一个边疆、偏远、贫困的省份，经济文化落后，思想观念也落后，开放程度低。在祖国改革开放之初，云南赶不上全国步伐，成为对外开放的末梢。随着改革开放的深入和国家西部大开发等战略的实施，云南多次掀起"解放思想大讨论"，人们的思想认识有了巨大转变，对外开放觉悟有了质的提高。人们认识到，云南是古代南方丝绸之路的组成部分，是中国唯一可以同时从陆上沟通东南亚、南亚的省份，"东连黔桂通沿海，北进川渝进中原，南下越老达柬泰，西接缅甸连孟印"，具有独特的地缘优势和区位优势。云南应从对外开放的末梢变为对外开放的前沿。思想的解放是事业前进的先导。20世纪90年代，"建设连接南亚东南亚大通道"成为云南的三大发展战略之一，云南对外开放步入快车道。交通设施建设取得突破，贸易投资较大增长，合作机制不断完善，人文交流日益密切。坚持中央提出的睦邻、安邻、富邻的周边外交方针，突出体现亲、诚、惠、容的理念，云南努力使周边国家同中国的政治关系更加友好、经济纽带更加牢固、安全合作更加深化、人文联系更加紧密，正在成为对外展示中国改革开放形象的窗口，正在成为连接南亚东南亚大通道，正在努力建设面向南亚东南亚辐射中心。

四、具有边疆民族特色的云南政治建设

云南是一个多民族的边疆省份，少数民族人口约占全省总人口的三分之一，是全国世居民族最多（5000人以上的世居民族26个）、特有少数民族最多（15个）、民族自治地方最多（民族自治州8个、民族自治县29个）的省份。与越南、老挝、缅甸3国接壤，国境线长4060千米；与东南亚、南亚国家山水相连相近，交往历史悠久，是祖国大陆通往东南亚、南亚的重要陆路通道。与外国接壤的8个市（州）、25个县（市），全部是民族地区，民族问题、边疆问题紧密联系甚至重叠，在云南具有重要地位。历届中共云南省委认为：在云南不谋民族问题就不足以谋全局；不重视民族工作，不研究民族问题，就是不称职的领导干部。因此，高度重视边疆民族地区繁荣发展和团结稳定，在政治建设中形成了有边疆民族特色的"云南经验"。

（一）坚持实事求是路线，结合云南实际贯彻中央方针政策

云南省是一个欠发达省份。在民主改革前，内地早已进入封建社会，而云南各少数民族社会则呈现复杂状态，分别保存原始社会末期的氏族制和村社制、奴隶社会的家长奴隶制和奴隶制、封建社会的领主制和地主制，有的民族已经产生民族资产阶级或官僚资产阶级。民主改革完成、社会主义制度建立以后，各民族之间、各民族地区之间的差别仍旧突出，经济、政治、文化和社会发展极不平衡。这就要求云南进行社会主义建设时，不能强求一律，不能搞"一刀切"。必须坚持"一切从实际出发，理论联系实际，实事求是，在实践中检验真理和发展真理"的思想路线，在政治建设中把中央方针与云南实际结合起来，制定特殊政策，针对不同民族、不同地区的不同情况，提出不同要求，采取不同措施，探索不同路径，最终取得实实在在的成果。

在中华人民共和国成立初期，保卫和巩固新生人民政权的斗争异常尖锐激烈。中共云南省委针对全省面临复杂的民族关系和紧张的阶级关系交织在一起的局面，执行中共中央"团结第一、工作第二""慎重稳进"的方针，提出"宜缓不宜急，讲团结不讲斗争，反'左'不反右"的边疆民族工作方针，采取"区别对待、分类指导"的措施，建立和巩固民族地

区人民政权。在全国开展土地改革时，云南一方面在内地农村按照中央统一部署进行，另一方面在内地与边疆之间的缓冲地区各民族中，执行较为缓和的土地改革政策。在边疆民族地区，从更加特殊的实际出发，采取了"联合封建反封建"和平协商土改的特殊政策措施，使云南各族人民胜利完成土地改革这一新民主主义革命的任务。在大约有66万人口处于原始社会末期或虽然已进入阶级社会，但阶级分化不明显、土地占有不集中、生产力水平低下的涉及景颇族、傈僳族、独龙族、佤族、布朗族、基诺族、德昂族等民族地区，不划分阶级，不搞土地改革，帮助群众提高认识，发展生产，逐步完成某些环节的社会改革任务，使其直接过渡到社会主义，实现社会形态的历史性跨越。"直接过渡"理论及其实践，是对马克思主义民族理论的灵活运用，表现了干部群众的开创精神。

在云南，"一山有四季，十里不同俗"，各地区自然条件、资源禀赋、民族状况、发展水平不同。改革开放以来，云南省坚持实事求是、分类指导的原则，总结推广"因地制宜、因族举措"和"一山一策、一族一策、一族几策"的工作思路，推动各民族经济社会全面进步。从2001年开始，在全国率先实施扶持人口较少民族发展工程，对人口在10万以下的独龙族、德昂族、基诺族、怒族、阿昌族、普米族、布朗族等7个少数民族采取特殊措施。云南是贫困人口和贫困县数量最多、贫困程度最深、贫困难度最大的省份。30多年来，中共云南省委、省人民政府把中央的路线方针政策与云南实际相结合，在不同时期制定并实施扶贫开发规划，加快民族地区发展进程。党的十八大以后，中央把扶贫开发摆在治国理政的重要位置，制定了精准扶贫、精准脱贫的基本方略，强调"决不让一个少数民族、一个地区掉队"。云南进入扶贫开发的新时期，财政扶贫资金投入稳步增长，贫困地区基础设施和公共服务水平不断完善提高，贫困人口自我发展能力不断增强。2018年，贫困人口从1978年的2000多万人下降到181万人。2013—2018年，88个贫困县农村常住居民人均可支配收入从5300元增加到9263元，贫困发生率从17.74%下降到5.39%，贫困人口100%参加城乡居民基本医疗和大病保险，学龄儿童入学率达97.8%。虽然取得成效，但贫困人口规模大、贫困程度深、发展滞后的状况仍旧存在，仍需加倍努力。

（二）坚持民族区域自治制度，加强民族法治建设

民族区域自治制度是中国共产党运用马克思列宁主义解决中国民族问题的基本政策，是社会主义中国的一项基本政治制度。几十年曲折的探索证明，这是一项符合国情的、促进各民族共同团结奋斗和发展繁荣的制度。1976年10月以后，在"文化大革命"中遭到践踏的民族区域自治制度得以恢复、发展并不断完善。1979—1990年，云南新建14个民族自治县和一批民族乡。各个民族自治地方均设立自治机关，行使自治权，充分尊重和保障各民族自主管理本民族内部事务的权利，最大限度地调动各民族推进社会主义现代化建设的积极性、主动性和创造性。

立足于促进民族地区经济社会发展、保障民族团结和边疆稳定，云南省民族法治建设在20世纪90年代以后取得重大进展，制定了8个民族自治州、29个民族自治县的自治条例以及《云南省民族乡工作条例》（1992年5月）、《云南省城市民族工作条例》（1999年5月）等地方性法规。2004年5月28日，省人大常委会通过了《云南省实施〈中华人民共和国民族区域自治法〉办法》，是全国各省区市中制定的第一个实施修改后的民族区域自治法的法规。到2017年12月，经省人大常委会审议批准现行有效的全省民族自治地方的自治条例、单行条例和变通规定共有208件。这些法规把云南实施民族区域自治制度具体化，把省委、省政府对民族地区的特殊政策措施法规化。云南已初步形成以贯彻实施民族区域自治法为核心，政策性文件、地方性法规和自治条例、单行条例相配套的具有云南特点的民族政策法规体系，确保党的路线、方针、政策和国家法律、法规在云南全面落实。

（三）坚持把发展作为第一要务，在各民族经济社会全面进步的基础上发展社会主义民主政治

国家的政治民主化取决于经济、社会、文化等整体水平，人们的政治权利必须建立在社会的物质基础之上，产生于社会文化的发展之中。云南经济文化落后，在很大程度上制约着民主政治建设的进程。历史证明：经济发展较好，各族人民安居乐业，社会秩序稳定，民主政治建设就会出现良好的局面；经济发展停滞，各族人民生活艰难，社会运行失序，民主政治建设就难有进展甚至倒退。

中共云南省委认真总结历史经验，坚决贯彻党的十一届三中全会的战

略决策，把工作重点转移到社会主义现代化建设上来，把发展作为第一要务，以发展作为解决社会主义现代化建设中各种问题包括民族问题的"总钥匙"，根据不同时期情况，制定相应的发展方针。20世纪80年代，提出"以农业为基础，发展农业促轻工，依靠轻工积累资金，集中财力保证重点建设"的发展思路，因地制宜对产业结构进行重大调整，初步奠定了云南经济跨越发展的产业基础；90年代初，提出城市与乡村结合、科技与经济结合、开放与开发结合、农工商一体化经营的"三结合一体化"改革思路，促进了边疆民族地区生产方式和经营体制向社会化、现代化大生产转变；1998年后，提出建设"绿色经济强省""民族文化大省""中国连接南亚东南亚国际大通道"三大战略目标，实施"可持续发展、科技兴滇、城镇化和全方位开放"四大战略；2006年，提出加快发展是云南最大的政治、最硬的道理、最根本的任务，必须更注重全面协调可持续发展，坚定加快发展的决心不动摇；2011年，提出在新的起点上推动科学发展、和谐发展、跨越发展，关键在跨越，重点在加快、好中求快；2015年以后，贯彻落实习近平总书记对云南提出的"主动服务和融入国家发展战略，闯出一条跨越式发展路子来，努力成为我国民族团结进步示范区、生态文明建设排头兵、面向南亚东南亚辐射中心"的新要求、新定位、新任务，强化规划引领，坚持以供给侧结构性改革为主线，以科技创新为引擎，以改革开放为动力，坚持基础设施建设和"两型三化"（开放型、创新型和高端化、信息化、绿色化）现代产业体系构建两手抓，新型城镇化发展和"三农"工作两手抓，提高改造传统产业，培育壮大重点支柱产业。在一系列正确的发展方针指引下，云南经济稳中有进、稳中向好，为推进民主政治建设奠定了坚实的物质基础，形成经济文化建设和民主政治建设共同稳步推进的格局。

（四）坚持大力培养选拔少数民族干部，实现少数民族当家作主

中共云南省委和省人民政府始终把培养少数民族干部作为政治建设的重要内容。尽管有过曲折，但少数民族干部从少到多，队伍不断壮大，素质不断提高，成为社会主义革命、建设和改革开放中的一支重要政治力量。

中华人民共和国成立之初，全省只有1300多名少数民族干部，而且大部分是内地的白族、回族、纳西族、彝族等少数民族干部，边疆和内地

高寒山区以及人口较少民族的干部很少。省委根据当时的形势任务，提出
"来者欢迎"的口号，大量吸收少数民族人员参与人民政府工作，坚持把
培养少数民族干部作为人民解放军、各级党政机关及民族工作队的重要任
务。1952—1953年，全省组织了约3000人的民族工作队，大量吸收少数民
族人员参加，通过工作实践锻炼、专人"传、帮、带"及到内地参观学习
等方式，促进少数民族干部迅速成长。1953—1956年，在内地进行社会主
义改造、边疆民族地区进行民主改革期间，省委提出"大胆破格提拔"和
"放手使用少数民族干部，把培养共产主义的领导骨干作为民族干部工作
的核心和关键"。到1956年底，全省少数民族干部达2.7万人，占全省干
部总数的15.3%，是1950年的近20倍。1956—1976年，几次政治运动以及
"文化大革命"中"左"的错误思想，干扰和破坏了培养少数民族干部的
工作，使少数民族干部队伍发展缓慢。

　　"文化大革命"结束后，云南省拨乱反正，培养少数民族干部工作
进入新的历史时期。到1990年，全省少数民族干部增加到22.2万人，占全
省干部的比例上升到23%。此后，中共云南省委加大力度，制定特殊政策
措施，加快少数民族干部培养步伐。1999年，在全国率先提出人口在5000
人以上的25个世居少数民族在省直部门都有一名以上厅级干部、在省直各
厅局都有一名少数民族领导干部的目标。到2004年，这一目标已实现，特
别是独龙族、德昂族、阿昌族、布朗族等人口较少民族自中华人民共和国
成立以来第一次有本民族干部担任省直部门领导。2009年8月，省委办公
厅印发《关于进一步加强少数民族干部队伍建设的意见》，提出"六个优
先"原则：德才兼备、政绩突出的，优先提拔使用；具备任职条件的，优
先放到正职岗位；与民族工作相关的部门，优先配备少数民族干部；本地
区本单位急需配备少数民族干部一时又缺乏合适人选的，打破地区、行
业、部门界限，统筹安排，在更大范围内优先配备少数民族干部；少数民
族人口相对较集中的地方，优先配备少数民族干部；同等条件下，优先安
排少数民族妇女干部和少数民族党外干部。

　　（五）坚持把实现民族团结作为政治建设的重要任务，创建民族团结
进步示范区

　　国家的统一、民族的团结、社会的稳定，是社会主义事业成功的根本

保障，是政治建设的重要任务。1951年，云南省就贯彻中共中央、西南局指示，把搞好民族团结作为做好民族工作和其他各项工作的关键。云南省高举"中华人民共和国各民族团结起来"的旗帜，在各民族中传达党和政府对各族人民的关怀，团结少数民族上层并通过他们团结各族劳动人民；充分发挥人民解放军战斗队、工作队、生产队的作用；组织民族工作队，宣传群众、组织群众、武装群众，与各族人民交朋友，做好事，发展生产，建立亲密关系；组织民族参观团到内地参观学习，扩大眼界，增强对伟大祖国的感情，增强保卫和建设祖国边疆的决心和信心；反对大民族主义主要是大汉族主义，树立平等团结互助和谐的社会主义民族关系；调解民族之间和民族内部的历史纠纷，化解民族矛盾，巩固和发展各民族的大团结。在各族人民中，共产党、毛主席、解放军具有崇高的威望。这一阶段被称为云南民族工作的"黄金时期"，为云南几十年的民族团结奠定了坚实基础。

20世纪90年代以后，国际形势尖锐复杂，民族宗教问题引发的矛盾纠纷、战争在世界多地蔓延。云南也存在影响民族团结、社会稳定的历史因素和现实因素。特别是随着改革开放不断深入和社会主义市场经济发展，民族和区域间的差距拉大，各种矛盾纠纷增多，加上边疆民族地区存在境外敌对势力渗透，民族团结面临严峻的挑战。云南省进一步认识到民族问题的普遍性、复杂性、长期性、艰巨性和重要性，认识到随着国际国内形势的变化，影响社会主义民族关系的因素趋于增多和复杂，处理难度加大，若缺乏有效制约机制和抓手，稍有不慎，极易引发事端甚至重大事件。为应对严峻形势和复杂政局，云南省采取多种政策措施，对各级干部和群众进行民族团结教育：在全省开展民族团结月、民族团结周、民族团结日活动，把民族知识纳入全省中小学德育教学内容，命名一批民族团结教育基地和民族团结教育学校，创建民族团结和兴边富民示范村。此外，最重要的举措是，在全国率先实施民族团结目标管理责任制。最初的责任书主要是工作思路和几项主要责任目标，后来总结完善为组织领导、宣传教育、示范带动、协调配合、信息反馈、预警机制、应对措施、督促检查、考核总结、激励表彰等10个方面的工作内容，涉及民族矛盾纠纷排查调处等考核指标。维护民族团结、社会稳定的各项工作通过民族团结目标管理责任制全面落实到基层，实现维护民族团结工作从"虚"到"实"的转变，工作方式从被动到主动的转变，层层有人抓，事事有人管，矛盾就地消化。从实施这一制度以来，云南省连续多年未发生因民族问题而引发的重大群体性事件，有力地维护了全省民族团结、社会稳定的大局。"汉族离不开少数民族，少数民族离不开汉族，少数民族之间也相互离不开"的思想深入人心，平等团结互助和谐的社会主义民族关系日益巩固。2011年5月，国务院在《关于支持云南省加快建设面向西南开放重要桥头堡的意见》中明确提出，"把云南建设成为我国民族团结进步、边疆繁荣稳定示范区"。为推进示范区建设，中共云南省委、省人民政府印发《关于建设民族团结进步边疆繁荣稳定示范区意见》，提出在民族经济发展、民生改革保障、民族文化繁荣、民族教育振兴、生态文明建设、干部人才培养、民族法治建设、民族理论研究、民族工作创新、民族关系和谐等10个方面做出示范，到2020年实现建设示范区目标。全省各级各部门积极推进示范区建设，把建设任务纳入本地区本部门总体规划和年度计划，政策、资金、项目等向示范区倾斜，不断健全党委领导、政府主抓、部门落实、社会参与的工作机制，形成齐心合力共建示范区的良好局面。民族团结进步示范区建设得到中央领导的肯定，在国家的大力支持下稳步推进。

云南的社会主义政治建设走过了60多年的历程，党的十八大后进入新的阶段。2015年初，习近平总书记在考察云南重要讲话中明确提出，要用全面建成小康社会、全面深化改革、全面依法治国、全面从严治党引领各项工作，希望云南主动服务和融入国家发展战略，闯出一条跨越式发展的路子来，努力成为我国民族团结进步示范区、生态文明建设排头兵、面向南亚东南亚辐射中心，谱写好中国梦的云南篇章。云南省把贯彻这一重要讲话精神同深入贯彻落实习近平新时代中国特色社会主义思想和党的十九大精神紧密结合起来，以此作为当前的头等任务和长期的政治任务，牢固树立政治意识、大局意识、核心意识、看齐意识，切实增强道路自信、理论自信、制度自信、文化自信，坚决维护习近平总书记党中央的核心、全党的核心地位，坚决维护党中央权威和集中统一领导，坚定正确的政治方向，严守党的政治纪律和政治规矩，始终在思想上政治上行动上同以习近平同志为核心的党中央保持高度一致，在中国特色社会主义政治发展道路上继续奋斗，不断夺取新的胜利。

（原载于《云南大百科全书·政治卷》）

云南沿边民族地区社会主义初级阶段的主要特征

20世纪50年代，在中国共产党的领导下，经过民主改革和社会主义改造以及发展经济和文化，处于前资本主义诸阶段的云南边境沿线各族人民，建立了以民族区域自治为主要形式的人民民主专政的社会主义政治制度和以公有制为主体的社会主义经济制度，进入了社会主义初级阶段。

40多年来，沿边民族地区经历了曲折的历程，经济建设和社会事业都取得历史性的进步，出现了前所未有的繁荣发展的大好局面。但是，沿边民族地区仅仅处于社会主义初级阶段，而且，与祖国的东部、中部相比，与西部的较发达和次发达地区相比，云南沿边民族地区的发展还是较为滞后的，应属于社会主义初级阶段的较低层次。这种较低层次的特征是：社会进步起点低，经济建设起步晚，经济技术底子薄，社会发育不成熟，贫困面大，贫困程度深。

一、社会进步起点低

在20世纪50年代的民主改革以前，云南边疆民族地区各民族中分别存在着末期原始公社制、奴隶制、封建领主制、封建地主制等前资本主义社会诸形态。民主改革和社会主义改造，使各族人民在较短时期内消灭了剥削阶级、剥削制度和原始落后的社会制度，却不可能在短时期内使社会生产力赶上先进地区。生产关系可以跨越几个社会历史发展阶段，生产力却无法很快实现自身的飞跃。特别是千百年来形成的传统观念，并未随着经济基础的剧变而寿终正寝，它仍长期存在于社会生活的一些角落。

云南沿边民族地区这样的历史起点，与东部、中部和西部许多地区相比，显然不在一条起跑线上。这一情况，决定了边疆民族地区社会主义初级阶段的长期性、发展社会生产力的艰巨性、建设社会主义精神文明的复杂性。

二、经济建设起步晚

云南地处祖国西南边陲，是国防战略要地，险要复杂的地形和热爱祖国的人民，构成了护卫祖国西南大门的坚强屏障。从19世纪后半叶起，英法帝国主义在相继殖民缅甸、越南、老挝等国后，又将魔爪伸向云南。云南各族人民奋起抗击，多次粉碎帝国主义的图谋，胜利地保卫了祖国边疆。第二次世界大战期间，日本侵略军在侵占中南半岛后，继续向北推进，攻占了滇西德宏地区，进而占领滇西重镇腾冲，企图从侧翼包抄中国后方，占领整个大西南。中国军队和滇西民众凭借高黎贡山和怒江天险与日军浴血奋战，保卫了中国的后方腹地，为抗日战争的最终胜利立下了不朽功勋。可以说，新中国成立以前的近一个世纪中，中国东部、中部和西部地区的一些城市已陆续发展起近代工商业和交通运输业，开始了近代化的进程，而云南边疆地区则是抵御帝国主义入侵的前沿，近代经济建设几乎为零。

新中国成立以后，云南边疆民族地区仍然是对敌斗争、保卫祖国的第一线。多年来，国民党军残部和国外各种敌对势力不断地对我国边疆进行骚扰，进行各种破坏活动。境外宗教势力也对民族地区进行渗透，传播反对社会主义的意识形态，制造民族纠纷，破坏民族团结。同时，东南亚国家间长期战火不熄，云南边疆地区一直处于高度戒备状态。

因此，从国家的大局考虑，云南边疆民族地区的首要任务是：守好西南大门，保卫国家安全；促进民族团结，维护边疆稳定。从国家的经济建设布局来看：东部和部分中部地区是重点，重大建设项目集中；而云南边疆民族地区，直至90年代初都无重大项目。从国际环境来看，面对战火纷飞的邻国，云南边疆民族地区长期不能把中心工作转到经济建设上来。在80年代以前，边疆地区的一些城镇驻军多。各族人民节衣缩食，全力以赴支援子弟兵，为反抗帝国主义和地区霸权主义，为内地能安心地、安全地进行经济建设，做出了无私奉献。进入90年代以后，东南亚的战火基本熄灭，国际环境得到根本改善，云南边疆民族地区才真正全力投入经济建设。此时，本已滞后于内地若干个世纪的各少数民族人民，在社会主义建设的道路上，又比先进地区起步晚了近40年。

经济建设起步晚，投资少，基础差，贫困人口多，边疆人民正是以这样的牺牲为祖国的安全和全国经济的高速发展提供了重要保障。加大扶贫和开发边疆、建设边疆的力度，是对边疆各族人民世世代代无私奉献应有的回报。

三、经济技术底子薄

新中国成立以后的近50年间，云南边疆民族地区经济社会的发展是空前的。但是，如前所述，由于起点低、起步晚，与全国较发达地区相比，仍然十分落后，经济和技术的底子十分薄弱。例如：思茅地区的景谷县，1949年，工业总产值为53万元，占该县当年工农业生产总值的3%；1996年，工业总产值达2.1亿多元，占该县工农业生产总值的40%。1996年与1949年相比，工业总产值增加了395倍，年均增长8.7倍，进步不可谓不快。但在全省范围内，1996年景谷县的工业总产值在全省127个县（市、区）中只居第59位。边疆的景谷县在全省范围内是如此状况，云南省在全国范围内也是如此状况。

（一）经济总量和人均水平低

1990年，云南的各项主要经济指标在全国所占比重分别是：工农业总产值占1.8%，农村社会总产值占1.7%，农业总产值占2.8%，粮食总产量占2.4%，工业总产值占1.4%，社会商品零售总额占2%。这一年，云南人口占全国人口的3.67%。再从人均水平来看：全省工农业总产值为556.98亿元，人均1510元，比全国人均收入2801元少了1291元，居第27位；全省国民收入为281.22亿元，人均777元，比全国人均收入1178元少了401元，居第28位；全省粮食总产量为1061.21万吨，人均有粮284公斤，比全国人均有粮393公斤少了109公斤。1995年，云南人口占全国人口的3.29%，而工业总产值仅占全国的1.31%，农业总产值占2.33%，全省GDP占2.1%。全省农民人均有粮300公斤，比全国农民人均有粮387.28公斤少了87.28公斤；全省农民人均纯收入为1010.97元，比全国人均纯收入1577.74元少了566.77元。以上数字表明，云南人均生产水平不仅远远落后于全国先进地区，而且离全国平均水平也有较大差距。

在云南，边疆民族地区与内地发达地区相比，也存在较大差距，而且呈拉大的趋势。

（二）生产技术落后

多年来由于生产技术落后，云南工业多数生产的是初级产品和中间产品，深加工、精加工的产品不多。90年代初，云南磷矿石年产量为485.73万吨，只产磷肥36.64万吨；蔗糖年产量为51万吨，只产糖果1.8万吨；木材年产量为244.86万立方米，只产锯材和人造板43.6万吨。

在农业技术方面：90年代初，全国机耕面积占耕地面积的40%，东部沿海的江苏达75.2%，而云南只占9.9%；全国有效灌溉面积占耕地面积的46.3%，江苏省占76.8%，而云南只占34.9%；全国每亩耕地施用化肥13.9公斤，江苏为25.9公斤，云南为10.6公斤；全国每亩耕地用电量为45.8千瓦小时，江苏为124.0千瓦小时，云南为20.8千瓦小时。

在引进现代生产技术的同时，大量传统的甚至原始的生产技术仍然存在。农作物种植业、林业、畜牧业、乡镇企业中的矿山采掘和建筑建材业、山区的交通运输业等，大都是传统的、使用简单机具和役畜的人工劳动。在怒江、思茅等地区的部分山村中，刀耕火种的原始耕作方式仍然存在。

（三）基础设施不足

云南边疆民族地区首先是农田水利设施不足。90年代初，云南水利化程度为35%，低于全国10个百分点。在思茅地区，1996年水利化只达24%；在怒江州福贡县，88.94%的土地坡度大于25度，其中大于30度的占71.2%，缺乏水利灌溉设施。不仅不能保证农业用水，在很多地区，甚至人畜饮水至今未解决。思茅地区230多万人口中的46.5万人和23.35万头大牲畜仍为饮水问题困扰。在怒江州，不少傈僳族、怒族村寨位于怒江边，由于无电和抽水设备，每至冬春季节都面临缺水的困难。水利设施不足，自然使民族地区抵御自然灾难的能力低下。

交通电力设施差。云南铁路里程少，运输十分紧张，一些产品不能及时外调。全省虽然公路通车里程长，但大量是县乡公路，等级低，路况差，晴通雨阻。90年代初，四级以下的低级路占88.33%，公路完好率只有61.4%，经常有三分之一的路线不通车。在怒江州的怒江沿线南北300多公里的地区，除江边有公路外，山坡上的行政村、自然村几乎不通公路，也大多不通电。思茅地区有140个行政村不通公路，占全区行政村总数的14.1%；348个行政村不通电，占全区行政村总数的35%。交通电力设施不足造成了民族地区长期的封闭和半封闭状态，阻碍着民族地区商品经济的发展和思想观念的转变。

教育卫生设施也严重不足。在墨江哈尼族自治县，至今仍有58%的校舍是使用了二三十年的土木结构房屋，小学危房率为7.53%，中学危房率为5.9%。50%以上的小学无教学仪器。课桌椅配套率，小学为70%，初中为75%，也就是说，有25%—30%的中小学生缺课桌椅。思茅地区"一师一校"的教学点达1000多个，设施更为简陋。农村普遍缺卫生所，乡卫生院也条件极差。福贡县匹河乡的卫生院距公路200多米，为方便病人和运送药品要修一条路，因无资金而10多年未完成。墨江县龙坝乡的卫生院，产房和手术室合二为一，各种器械奇缺。

在边疆山区，峡谷纵横，群峰陡峭，修路挖沟十分困难。这些地区修筑公路，造价超过平原地区若干倍，开挖水渠也需要超常的投入。福贡县匹河乡普洛村欲从10公里外的山箐中引水，将一片近千亩较为平缓的坡地改为水田，亩产可由100公斤左右提高到300公斤以上。但由于山势险峻，岩壁千仞，开挖水沟十分困难，造价预计高达200万元以上。时至今日，祖祖辈辈开沟引水的梦想仍然难以变成现实，不少人家一年中缺粮达半年以上。

鉴于千百年来形成的经济技术底子薄和恶劣自然地理条件造成的基础建设费用高，国家在边疆民族地区对农田水利设施、交通电力设施、科学教育设施的投入，都应加大投入力度，这样才能促使民族地区的生产力有较快的发展，出现质的飞跃。

四、社会发育不成熟

云南边疆民族地区进入社会主义，并非如马克思所设想的是在发达资本主义社会生产力的基础之上实现的，而是在生产力低下的前资本主义诸形态的基础上进入社会主义的。当各民族跨越若干个历史阶段进入社会主义以后，社会发育的不成熟在各方面都表现了出来。

（一）农业在国民经济中占有较大的比重，第三产业不发达

在当今世界上，农业在国民经济中所占的比重，发达国家为3%—5%，发展中国家为15%—20%，中国在20%以上。农业所占比重小，第三产业所占比重大，是发达社会的一个标志。在云南边疆民族地区，距离这一目标还较为遥远。在思茅地区，第一、第二、第三产业之比，1991年为47.3∶16.4∶36.3，1995年为43.7∶25.2∶31.1，1996年为43.3∶24.1∶32.6。1996年，思茅地区工农业总产值为17.3628亿元，农业为10.9302亿元，占工农业总产值的63.0%。在第三产业中，主要是餐饮业、商品零售业、旅店业、修理业等层次较低的行业，而缺少现代发达社会的交通通信、金融保险等产业。

（二）地区发展不平衡

在云南，较发达的滇中地区建成了亚洲最大的、具有90年代先进设备技术的卷烟厂，形成了采用各种现代农业科学技术的发达农业；也有贫穷滞后的怒江傈僳族自治州等地区，那里的工业生产多是弱小的采矿业和初级产品加工业，农业以传统生产方式为主，一部分地区甚至还在实行刀耕火种；还有介于上述两个地区之间的次发达地区。90年代初，比较发达的昆明市人均国民收入达2321元，玉溪地区为2068元，而比较滞后的文山州为426元，昭通地区为492元。昆明与文山之比为5.49∶1，悬殊明显。

不仅地区间存在差异，一个地区内的差异也是十分明显的，其中有城乡差异、山区与坝区的差异、不同民族的差异、同一民族内不同支系的差异、同一支系分布在不同地区的差异。在思茅地区，哈尼族中分布在墨江县的布孔支系无论从社会形态还是经济水平上，都比同民族的其他支系落后；但分布在普洱县的布孔人，则商品经济较为发达，思想观念和生活方

式均大大领先于墨江县的布孔人。同样在思茅地区，既有思茅市发达的城郊农业和投资3.2亿元新建的现代化木材精加工工厂，也存在澜沧、西盟等县山区民族原始粗放的农业和分布于乡村的手工业作坊，二者形成巨大的反差。

（三）人口素质和科学技术对经济发展的贡献率低

90年代初，云南工业产品中的科技含量仅占18.5%，粮食产量中的科技因素只占24%。到1996年，云南的科技贡献率有了很大提高。在思茅地区，科技进步对工业的贡献率为31.54%，对农业的贡献率为36.3%，对国民经济的贡献率为27.97%。应当指出，云南民族地区的科技进步，主要还是适用科学技术的普及推广，高新技术仅在极小领域中得到应用。

科技水平低有历史、社会、自然地理等诸多方面的原因，其与人的文化素质密切相关。据80年代末的统计，学龄儿童入学率全国为97.44%，云南为94.53%，居全国第25位；在校生巩固率，全国为97.12%，云南为91.91%，居全国第29位；万人中的在校初中生，全国为350.1人，云南为283.4人，居全国第27位；万人中的在校高中生，全国为65.3人，云南为49.2人，居全国第26位；万人中的普通高校在校生，全国为19人，云南为12.6人，居全国第25位。

在云南边疆地区，各少数民族受教育的程度仍然很低。1996年，思茅地区学龄儿童入学率达96.4%，但完学率只有76%，很多儿童读到三四年级就辍学了。1996年，澜沧县有小学入学生15000多人，但这一年的六年级学生只有3000多人，高中一年级学生有1000多人，参加高考的考生仅186人。由此可见，澜沧县从小学到高中流失的学生太多。因此，全县人均受教育的年限仅为4.6年，其中，佤族人均受教育1.7年，拉祜族人均受教育1.4年。

（四）社会分工不明显，商品经济薄弱

在云南边疆民族地区，由于生产力低下，大多数农户的经济来源以农业为主。他们首先要种好粮食解决吃饭的问题，其次种植烤烟、甘蔗、茶叶、水果等经济作物或养猪、羊、鸡出售以解决穿和用的问题，各种类型的专业户很少。在思茅地区，农业的商品率至今仅为40%；在怒江州的一些农村，商品率不足10%，基本上是自产、自食、自用的自然经济。

经商办企业的人更少，有资金不足、技术缺乏、管理混乱等问题，也有观念习俗的问题。在怒族、傈僳族地区，由于山高路远，购货不便，略有存款的人家为方便乡亲们办起了购销店。然而由于村中乡亲太穷，经常赊购，店主人垫不起，导致购销店很快倒闭。饮食店等也是如此。

由于剩余农产品不多，农民普遍贫困，再加上居住分散，赶街路途遥远，所以集市贸易比内地冷淡。在墨江县，拥有2.5万人的龙坝乡无固定集市，农民赶街要到邻近的元江县因远镇和红河县三村乡。在澜沧县，有5个乡政府所在地无固定集市，只在天晴时或秋收后有季节性街子。在孟连县，有的乡已建起农贸市场，但因长期无人赶街而长满野草；县内另几个乡的市场也较为窄小，商品单调，成为季节性的黄瓜街、包包菜街、多依果街。

（五）落后习俗阻碍着社会的进步

在社会发育不成熟的各少数民族中，传统习俗的氛围仍十分浓厚。在这些千百年形成的传统习俗中，精华和糟粕并存，一些落后习俗阻碍着各民族社会的进步。

一是敬鬼敬神的习俗。在一些地方，有病不进医院，而是求神拜鬼，祈求禳除病魔；遇到旱涝灾害，也是杀鸡、牛、羊敬献鬼神，乞求神灵消灾免难。这样做，既破费钱财，使本已贫困的各族人民雪上加霜，又制约了科学技术的传播，不利于提高人们的科学意识。

二是早婚早育、近亲结婚的习俗。在有的少数民族中，不到法定结婚年龄就结婚生育的现象较为普遍。还有的民族受历史上"姑舅表优先婚"习俗的影响，实行近亲通婚。这样，既不利于年轻母亲的身体健康，更不利于后代的茁壮成长。

三是酗酒习俗。在有的少数民族中酗酒之风十分普遍。这不仅有害于身体健康，更把辛勤劳动换来的钱全部喝光，财富无法积累，生活条件和生产条件难以得到改善。

四是人畜共居习俗。有的地区，晚上把猪、牛、羊关在家里，次日清晨再放出去，扫除牲畜的粪尿后，拉开桌子又成为饭厅，很不卫生。

（六）落后的思想观念束缚经济社会发展

其一，原始平均主义观念。在一些少数民族中，人与人之间原始的互助合作之风盛行，平均主义观念浓厚，私有观念淡薄。村中有人盖房，大家主动来帮忙，不用付报酬，不招待吃饭，喝几口酒就行。一家杀猪，全村来吃，吃完了事，不准剩余，谁有点儿剩余，会被视为自私。谁家缺粮，有粮者必定前往救济，直至粮食吃完大家都缺粮为止。

其二，轻视商品交易甚至耻于经商的观念。有的少数民族不懂得如何把产品转化为商品，甚至视经商为耻辱，售卖鸡和鸡蛋等不敢公开，而是装在口袋里躲躲藏藏的，或者把产品放在街边，自己则远远站着，不好意思讲价。

其三，容易满足、不思进取的观念。由于长期贫困滞后，一些地区的人们只要有饭吃、有酒喝，就觉得日子不错，不想开创新事业，也不知外部世界日新月异的变化。探索精神、开拓精神非常缺乏。

其四，不重视积累、不重视计划的观念。辛辛苦苦挣到一些钱，不会积累，几天花光。种地时下多少种、施多少肥，盖房子盖多大、用多少钱，都无计划。也不会事先核算成本，精打细算，干到哪步算哪步。

（七）城市化程度低

在云南，城市化进程较为缓慢，城市化程度较低。除昆明这样的大城市外，缺少中等城市支撑。中华人民共和国成立以来，全省的建设重点在昆明，形成昆明一枝独秀的局面。90年代初，昆明的大中型工业企业数占全省总数的44.3%，工业总产值占全省的41.5%；国民收入为全省的23.3%，人均国民收入为全省的2.4倍；社会商品零售总额占全省的25.7%；全省的进出口总额基本上来自昆明；金融、信息及科学技术在昆明的集中程度更高。

五、贫困面大，贫困程度深

截至1997年，全省仍有500余万贫困人口、506个扶贫攻坚乡。在127个县（市、区）中，有73个贫困县。这种贫困状况在全国是十分突出的。在怒江州，90年代中期仍有70%的人口未越过贫困线，其中38.31%的人处于绝对贫困之中。1993年，该州人均纯收入按当年价格算是302元，在全国30个民族自治州中居倒数第一位；没有解决温饱的农户为33963户

178143人，占全州农户数的40%、农业人口的45%。1996年，思茅地区仍有贫困人口65万人，占全地区的32.5%；9县1市其中7个县是国家确定的贫困县；122个乡（镇）中55个被确定为省扶贫攻坚乡；994个行政村中有贫困村521个。脱贫任务在云南仍十分艰巨。

（原载于《云南社会科学》1997年第6期）

"三江并流"地区少数民族传统文化
和生物多样性的保护

　　2003年7月，第27届世界遗产大会正式表决通过将滇西北"三江并流"地区列入《世界自然遗产名录》。这一地区确实是一块神秘的土地，它独有的生物多样性和文化多样性早已引起世人的关注。滇西北少数民族传统文化多样性的形成有着自然、地理、社会、历史、宗教等方面的原因，其中与自然、地理的关系特别密切。同样，生物多样性也与自然和地理有着密切的关系，离开复杂的地形、地貌、气候，滇西北的动植物世界不可能如此丰富多彩。因此可以说，生物多样性和文化多样性是滇西北大地上诞生的一对孪生兄弟，它们有着割不断的联系，谁也离不开谁，互相促进又互相制约，共同维护着滇西北的生态平衡。研究两者的关系，分析传统文化对生物多样性的正负面影响，进而探寻保护生物多样性的对策，对于保护滇西北生态环境，促进这一地区经济发展和人民生活质量的提高，无疑是十分必要的。

一、生产方式——大自然，我们的工具

　　当我们考察传统文化对生态的正面影响时，着眼点是从传统的生产方式中剥离出有利于保护生态平衡的因素。在现实生活中不难发现，居住在滇西北"三江并流"地区的少数民族，凭借着自己的聪明智慧，总结出与大自然和谐相处的经验，以此来指导自己的生产活动。

（一）粮林混作，土地轮歇，平衡生态环境

　　中华人民共和国成立前，独龙族、怒族、傈僳族、白族支系勒墨人等属于生产方式较为原始的少数民族，他们长期进行刀耕火种，年年砍树开

荒，对森林造成威胁。但是，在很长的历史时期内，这些民族聚居区的生态环境并未恶化，独龙江等地至今仍保持着较高的森林覆盖率，实为一个奇迹。奥秘何在？原因在于这些少数民族实行一种在粮食作物轮歇地上种水冬瓜树（学名桤木）和漆树的林粮间作和休耕的方式。

由于砍烧大片森林，刀耕火种的土地第一年肥力足，但以后逐年锐减，更会带来水土流失，威胁人居环境。人们通过实践认识到，在轮歇地上种水冬瓜树、漆树等，可以增强地力、恢复生态。以独龙族为例。他们长期以来喜种水冬瓜树、漆树、桃树、李树、龙竹、金竹等，其中水冬瓜树的面积最大，数量最多。每当春季来临，他们就到山中和河滩采集水冬瓜树苗，背回村放置到水沟或水田中，清明前后再移栽到轮歇地中。开出的荒地，第一年砍树烧光后，灰烬多、肥效高，种植产量较高的玉米；第二年肥力减退，只能种苦荞，同时间种水冬瓜树，形成林粮混作系统；第三年在水冬瓜树苗间再种一年小米或稗子；第四年补种水冬瓜树苗后便不再种粮食，土地进入丢荒地闲期。5年以后，水冬瓜树可高达8米，直径可达15厘米，又可以进行新一轮的刀耕火种。独龙族大量种植水冬瓜树，克服了刀耕火种的弊端，制止了水土流失，保护了独龙江一带的生态环境。

（二）梯田系统，保持水土，保护森林

刀耕火种农业在滇西北仅存于小部分地区，绝大多数地区早已形成固定耕地，停止了轮歇和砍树烧荒，由原始农业阶段进入传统农业阶段。在山区，耕地固定之后，如果仍停留在坡地种植方式阶段，还是不利于水土保持和生物多样性的保护。在千百年的山区开发中，滇西北的白族、纳西族、彝族等少数民族建立了一套与自然生态系统相适应的梯田农业系统。他们采用梯田农耕方式，顺应自然，利用自然，改造自然，在不断满足日益提高的生活需求的同时，也保护了生态环境。在金沙江、怒江、澜沧江和它们大大小小支流的河谷地带及附近地区，在碧罗雪山、怒山、云岭、横断山的千沟万壑中，都有各少数民族群众开辟出的众多梯田。

开辟梯田，一般是先将荒坡辟为台地，种植旱地作物。几年后，土地慢慢熟化；同时，开挖沟渠，从远处引来山泉，把台地改为梯田。在山区造梯田，田埂必须保证不渗漏田水，因此田埂必须坚固耐用。每年要铲修田埂一次，防止老鼠打洞，避免杂草丛生。在高山处，山地陡峭，梯田的田埂既高且厚，不易坍塌；低山处，坡度和缓，田埂虽然矮一些、薄一些，依旧能保持住水土。以梯田、水源、水沟为主构成的梯田农业，与滇西北山区的自然生态构成了一个和谐的系统。

（三）合理用地，谨慎狩猎

根据立体地形、立体气候，各民族充分发挥自然优势，合理利用土地，为保持生物多样性积累了丰富的经验。在高海拔地区，如迪庆藏族自治州，藏族农民普遍种植的粮食是耐寒、热量高、营养丰富的青稞以及高原经济作物。高山草甸牧场特有的优良牧草，虽然看似矮小，但牦牛吃了以后产奶质量大大提高，这些牧草受到藏族牧民的保护。在中海拔地区的荒山坡地，玉米、荞麦、小麦、红薯、马铃薯、旱谷、杂豆以及桃、李等果树被广为种植。而在下半山和河谷平坝地区，水稻成为粮食作物的当家品种，甘蔗、芭蕉等亚热带水果也在一些地区生长。这种合理利用土地、气候条件而形成的立体农业系统，实质上也是一种生态农业。

狩猎在滇西北山地民族中是一项传统的生产活动。在历史上的很长时期内，狩猎获得的食物为人们提供了宝贵的动物蛋白。但并非如有的人想象的，为了获得更多的猎物，生活在滇西北的少数民族就滥捕滥猎。独龙族的生产水平不高，相较于其他许多民族，狩猎曾经在他们的经济生活中有着更重要的地位。但比起那些生产更发达、工具更先进的贪婪的人们来，独龙族对狩猎的"适度"有着超常的理智和清醒的认识。他们向动物界索取食物，但绝不过分，绝不做竭泽而渔、伤天害理的事，在狩猎上采取一种十分克制的方式。在迪庆高原，藏传佛教寺院周围十几里的山林中，不准砍树狩猎。因此，佛寺周围林木繁茂，鸟兽齐乐。但野兽出没，伤及附近农民的庄稼怎么办？由于不准猎杀野兽，因此只能由寺中僧人带领周围村寨的居民，每晚在村边燃起篝火驱赶野兽。老熊来偷吃青稞，也只准敲锣打鼓惊吓，不得用枪打。这样做，既保护了庄稼，又不伤害野兽。因此，杀伤力强的猎枪和钢丝扣被禁止使用，林中鸟兽受到的威胁大大减小。以上狩猎方式，反映了藏族和独龙族的思想观念。

总之，粮林混作、土地轮歇的耕作制度，梯田农业系统，适度的狩猎方式，都渗透着滇西北各少数民族对人与自然必须建立和谐关系的认识。

这种认识是朴素的，又是深刻的。

二、生活习俗——大自然，我们的朋友

滇西北各少数民族在漫长的历史中形成了各自的生活方式和风俗习惯，其中凝聚了他们在适应自然、利用自然、改造自然、保护自然进程中的经验和智慧，其中包含了维护生态平衡、保护生物多样性的丰富知识。普米族说，普米族是森林的朋友。这十分形象地表明普米族与大自然的亲密关系。比起把大自然作为工具的认识，把大自然作为朋友的认识就更加深入了。

（一）对野生植物的合理利用和保护

居住在滇西北高黎贡山、碧罗雪山、小凉山等地的少数民族，生产力发展水平普遍较低，文化科学水平也比较低。但是他们世代代生息在这块土地上，以勤劳的双手开发山区，以智慧的头脑认识自然，积累了合理利用和保护野生植物的丰富知识。

食物利用。生活在这一带的一些少数民族由于从事原始农业，粮食不够吃，森林中丰富的植物资源，为他们补充了食物之不足。他们从切身体验中懂得了，森林是水之源，也是食物之源。

药物利用。在缺少现代医疗条件的年代，少数民族群众只能向大自然求救，到山林中采集草药治病，由此而积累了丰富的药用植物知识。药用植物大量生长于森林中，保护森林就是保护药用植物，就是保护人类的健康。这一经验，强化了各少数民族保护森林的意识。

日常生活品利用。靠山吃山，也靠山用山，各少数民族广泛利用山间草木：炊爨的能源是薪柴和杂草，起房盖屋用松树，烹饪调味用野花椒、大花八角、清香木，造纸用各种纤维植物，染制土布用染料植物，编织生活生产器具用竹、藤等植物，漆树籽榨出的漆油，是怒江流域傈僳族、怒族、白族勒墨人食用油的重要来源，也是当地妇女坐月子期间的重要补品。当地少数民族的经济收入主要来自种植或采集野生植物。他们靠出售药材、生漆、漆油等赚钱，再购回自己需要的生活用品和农具。可以说，当地少数民族的生活须臾离不开大自然造就的野生植物。只有在利用它们

的时候同时保护它们，才能保证人们生活的正常进行。

植物对当地各少数民族的生存意义重大，人们已经不满足被动地利用野生植物了，而是主动地保护和发展野生植物，由此当地少数民族养成了爱种树的习惯。普米族除了保护好大大小小山头的森林以外，更喜欢在村前村后大种核桃树。在福贡县匹河怒族乡，漆树被广泛种植。最为突出的成就是种植油桐。20世纪80年代中期，怒江州福贡县种植了65969亩油桐，成为云南西部河谷油桐生产基地。当人们在陡峭的山坡上大量开荒种粮以致怒江州的生态环境遭到严重破坏时，油桐的大规模种植无疑使生态破坏的趋势减缓了。

（二）对生存环境的巧妙适应和营造

滇西北地理复杂，从河谷到山顶形成了立体气候带。"一山分四季，十里不同天。"山谷或坝子是亚热带气候，往山上去，依次出现暖温带、温带、寒带；或者说，在河谷一带和坝子里已是夏日炎炎，在中山区还是温暖的春天和凉爽的秋天，而在高山区则是冰雪不化的冬天。

高海拔地区，气候苦寒，农作物单位面积产量低；不少地方阴冷潮湿，不适宜人类生活。低海拔地区，气候炎热，虫蛇出没，疾病流行，在医学不发达的年代，那里显然不具备良好的人居环境。而中海拔地区，即河谷两岸的中山区和海拔与此相当的坝区，气候冬暖夏凉，四季如春，宜于人居。由此，上山可猎获野物、采集野生植物，下山可以开辟梯田梯地，是理想的居住地。在怒江峡谷中的福贡、泸水等县，傈僳族、怒族、白族勒墨人的村寨绝大多数都建在中山区的缓坡地带。村寨之上是森林，那里有人们赖以生存的水源及各种野生植物；村寨之下是旱地，也有少量梯田，那里生长着人们赖以安身立命的粮食作物。村寨居中，下可以种地栽秧，上可以管护森林，保护水源，采集野菜，猎获野物，十分方便；同时，村寨避开了河谷的炎热和高山的苦寒，减少了疾病。由于山高谷深、田地分散，为节约路途时间和节省体力，这一带的人家居住较为分散，一个村的100多户人家分散在若干处山坡上。这既有利于农作物的种植、管理、守护，也有利于山林的管理和保护。

（三）对民居村镇的精心设计和建构

民居建筑和城镇的布局与生态环境有着密切的关系。各地不同的地形、土壤、气候对当地少数民族的民居建筑、城镇布局等都有着巨大的影响。建筑文化与生态环境的关系，就是人与自然的关系。人们在建筑时因地制宜，就地取材，这是适应自然；观风察雨，合理架构，这是适应自然；依山顺势，布局城镇，这也是适应自然。更何况为了生活的需要、村落的安全，必须保护水源、礼敬山林，这已成为千百年的传统。

在怒江流域，两岸群山陡峭，难以寻觅适合建盖房屋的平地，利用和扩大房屋的使用空间就成为生活中的大事。世居在这一地区的傈僳族、怒族等少数民族在建筑方面积累了丰富的经验。"千脚落地房"就是当地最具代表性的民居建筑。这种架空楼居式的房屋，是干栏式建筑中的一种。由于支撑楼房的底层木柱间距密、数量多，密如蛛网，有的多达160根，所以被称为"千脚落地"。这类民居顺坡修建，在原地表上不挖土填方，仅依靠立柱的高度调节楼面水平。民居的构件主要用竹篾或藤条绑扎，或用树权做支点。楼面以上的墙体用横竖木杆绑扎成网式承重骨架，内墙以竹席围扎而成。屋顶为悬山式茅草顶或木板顶。为了增加户外面积，傈僳族、怒族还利用悬挑扩大空间，增建阁楼、抱厦。人们使用住房时很注意保护，以延长住房的寿命，从而节约了大量的建房用材。在贡山县丙中洛乡茶腊村，怒族群众充分利用山区地形，建盖了一幢幢高低不等的"千脚落地房"。它们淳朴、简明的外观体现了浓郁的民族风格。这些凝聚着怒族智慧的民居建筑与村后的崇山峻岭、村前万古长流的怒江构成了一个和谐的整体。

迪庆州的藏族民居有两种类型。其中一种是德钦县的碉楼。这种碉楼通常为内院回廊形式，有二层或三层楼房。碉楼背山面水，视野开阔，或是向东、向南，力求阳光充足；西面和北面不开窗或开小窗，以防寒风侵袭。多为独院式，由居室、贮藏间、畜厩和外廊组成；人畜分层，外廊晾晒衣物或作睡眠起居之用；房顶的平台是在木梁上铺木棱，其上再铺柴草和黏土，拍打严实，防雨防寒效果好，还可以用来晾晒食物、柴草、衣被，进行家务劳动，有效地利用了空间和阳光。建筑材料主要是土木、碎石，就地取材，十分方便。白色的墙、深灰色的门窗、屋顶的平台和村寨中浓绿的古树，与蓝天、白云和远处直插云霄的雪山浑然一体，相得益彰。

水磨房建筑是滇西普米族、怒族、傈僳族等少数民族适应自然、利用自然的一大创造。在从崇山峻岭中流下的溪水边，人们挖一个有进出口的大坑，坑边用条石砌好，中心竖一根螺旋柱，柱上设一轮木片做的螺旋桨，螺旋桨的正面水渠口处安一条木水槽。中心柱上方建一间盖有木顶的木棱房，并在中心柱顶格部架一层楼板，装置两盘石磨。溪水被引入坑后直冲螺旋桨，带动中心柱旋转，再带动石磨转动。磨的上方挂一个装粮食的竹篾漏斗，斗口对准磨眼。磨粮食时，漏斗中的粮食随着水磨的振动缓缓流进磨眼，磨成面粉。在怒江旁的茶腊村，怒族、傈僳族群众充分利用溪水落差形成的势能，连盖5个梯级水磨房来加工粮食。这样的水磨在怒江两岸的湍急溪流上处处可见。它们既节约能源、节省劳力，不污染环境，又方便了群众的生活，更是人与自然和谐共处的一道景观。

（四）对婴儿的命名和少年的更名

婴儿的命名和少年的更名是当地各少数民族人生中的大事。如何命名、更名，是在各少数民族的传统观念支配下进行的。兰坪县的普米族是一个以"森林之友"著称的民族，他们对婴儿的命名和少年的更名，蕴含了这个民族对动物、植物崇敬的传统观念。

普米族的初生婴儿要请长辈亲属或族内德高望重的人用普米族语取一个乳名，到上小学时请教师或外地学者用汉语取一个学名。如果一个孩子在成长中体弱多病、发育不良，需要用普米族语更名一次。无论是取乳名，还是成长中的更名，普米族都习惯用动植物的名称，如"夸信祖"（栗树）、"新信祖"（青松）、"查尼祖"（野猪）、"翁祖"（老熊）、"兹珠祖"（山鹿）、"斯坦"（麂子）、"此祖"（小狗）、"行祖"（小树）、"酿伴"（小平角牛）等。这样的命名有以下含义：1.用动物名称命名，是希望孩子长大后，像牛一样勤劳，像熊一样勇武，像鹿一样灵巧，像狗一样忠诚，像麂子一样迅捷。在普米族人眼里，各种动物都有优点，都值得学习，不能轻易捕猎。2.普米族相信，树能保佑孩子平安。每个孩子都要穿上干净的衣服，由父母带着，到林中拜祭一棵树（一般是四季常青、质地坚硬的栗树和松树），向它献上素食和酒，求它保佑孩子平安，并用这棵树的名称作为孩子的乳名。因此，"夸信祖"（栗树）、"新信祖"（青松）就成了普米族男孩的通用名。孩子们拜祭过的树，全村人都知道，以后任何人不能去砍，也不能在附近烧火。这无疑对生态环境的保护起到了积极作用。

（五）对死者后事的节俭安排

滇西北各少数民族对大自然的适应、对野生动植物的保护观念，不仅反映在新生儿诞生后的拜祭树木、以动植物名称作为新生儿乳名的人生礼仪上，也反映在人死后的丧葬习俗中。他们没有忘记自己是从大自然中走来的，也要回归大自然。不应该厚葬，而应该节俭，避免破坏土地和森林。

德钦县藏族的丧葬习俗中有着丰富的适应自然、保护自然、回归自然的意蕴。如果在冬天有人亡故，可根据占卜择定的日期对遗体进行火葬或天葬。如果在夏季，则不举行火葬，因为人们认为火葬会引起气候突变，影响农作物收成；也不举行天葬，因为鹫鹰在此季节不会飞临村寨附近。夏季的丧葬采用水葬或暂时土葬，土葬的待冬季再起出遗体火化。火葬、天葬和水葬，不占用土地，可保持环境原貌。也有土葬的情况，那是为了埋葬患了传染性疾病而死亡的人，而且坑要挖得很深，以防疾病传染。在梅里雪山地区，人们在火葬后把死者骨灰收入袋中，埋在地下，诵念经文。第二年到梅里雪山转经时，人们带上亲人的一部分骨灰，撒在神山的垭口，用作肥催长神山上的树；还有一部分骨灰被撒入澜沧江中，意为向江水做最后的施舍、奉献。从这些葬俗中不难看出藏族对大自然的拳拳回报之心。

在一些实行土葬的地区，人们设立民族或村寨的公共墓地。由于这是祖灵安息之地，所以这一带的草木不能动，植被得到了很好的保护。在云龙白族和兰坪普米族地区，林木茂盛的坟山与神山一样，郁郁葱葱，共同维持着生态平衡。而在怒江、独龙江两岸，山高坡陡，土地极其珍贵，居住在此的怒族、傈僳族、独龙族则不设专门的公共墓地。人们生时在一起，死了也不分离。因此，亲人死后就葬在自家园地附近或者自家的田野里，不立碑，不扫墓，过几年后坟墓复平了，又可以重新种植农作物。福贡县一些村寨的傈僳族把亲人葬于岩石上，有利于防水防腐，是对亲人的敬重，同时也不占用土地。这种岩石葬和不设公墓地的葬俗，都根源于节约土地的需要。怒江两岸土地资源有限，不能让死人同活人争地。在生产力低下、科技水平落后、土地就是生命的年代，如果让坟墓不断蚕食稀缺的土地，后人何以生存？所以，只能实行上述葬法，以保持生态平衡。而生态平衡，人与自然和谐相处，正是当地各族人民一种朴素的理想。在纳西族、怒族、普米族等民族的葬礼中，或念送魂词或念指路经，意图把死去的亲人送回祖先发祥地。在经文中，各民族发祥地的位置、名称是不同的，但却有一个共同点：各民族的发祥地都是水草青青、绿树葱茏、牛羊肥壮、百鸟争鸣、鲜花盛开、人兽和睦的仙境。正是这一朴素的理想，引导人们在生活中采取各种措施，规范自己的行为，从而保护了大自然。

（六）对生态环境的习惯法保护

森林和野生动植物保护的法律法规规范了人们的行为。在滇西北各少数民族的传统文化中，也包含了法律的成分。当地各少数民族在历史早期都产生过自己的习惯法，它们不属于现代意义的法律范畴，但可视为法律的萌芽。它们反映了全体氏族成员的共同意志和利益，对于调整氏族成员间的相互关系和维护氏族社会秩序，产生过重要作用。在原始社会中，习惯法不需要也没有专门的法治机关来执行，它是全氏族成员认同并自觉接受和无条件遵守的。习惯法反映了人们在生产、生活、生理、宗教、道德等方面的要求，其中包括了对自身生活环境保护的要求，从而形成对森林和野生动植物保护的不成文的规定，代代相传，延续至今。

在当地各少数民族中，神山、祖先坟地是神圣不可侵犯的，村寨的水源林、风景林、护道林也是不能轻易触动的。村民们平时自觉服从习惯法的规定，并对那些破坏森林、乱捕滥猎的行为进行监督。村社组织多由有威望的氏族长老负责，他们公道正派，对违反习惯法者，无论尊卑长幼，都一视同仁按惯例处罚。随着社会的进步、文字的普及，不成文的习惯法在大多数少数民族中以文字的形式固定下来，这就是村规民约。其中，白族和彝族把村规民约写在纸上，还有不少村寨把村规民约刻于石碑上，便于传之后世、代代遵守。

村规民约代代相传，成为规范人们行为的准则，也构成社会公德、社会文明的重要内容，对当地生态环境的保护产生了深远影响。

三、宗教信仰——大自然，我们的神灵

滇西北各少数民族具有广泛的宗教信仰，藏族几乎全民信奉藏传佛教，基督教在傈僳族、怒族等民族中广为流行，白族中有不少人信奉大乘佛教和道教，回族信奉伊斯兰教，而土生土长、形形色色的原始宗教也普遍存在于各少数民族中。宗教作为民族文化的重要组成部分，对滇西北自然资源管理、自然景观塑造、自然环境保护，产生了广泛而深刻的影响，在很多方面发挥了积极作用。

（一）自然崇拜与生态环境保护

对大自然的崇拜是人类最早的宗教活动，最普遍的自然崇拜是对天、山、树、水、石的崇拜，至今仍存在于滇西北各少数民族中。彝族、普米族、纳西族等普遍祭祀神树。通常每个村都有自己的神树林，其中多以高大而古老的栗树作为全村崇拜的神树，神树四周长满松柏，从而形成一片郁郁葱葱的神树林。还有固定的祭祀神树林的时间和方式。例如，丽江的纳西族每年正月举行祭天仪式，同时祭祀神树林。祭祀时在神林中搭设祭台，台中央插3根树木，中为柏树，两旁为栗树，作为农作物的象征。对它们进行祭拜，以祈求草木茂盛、五谷丰登。神树林是树神居住的地方，也是天神、山神居留之所，因而神圣不可侵犯，不能随意进入、践踏草木，更不能在里面割草砍树。纳西族人认为，违反规定会给自己或家人带来疾病或灾祸。在水源林祭祀水神，在山林中祭祀山神，也是基于与此相同的观念，祭祀方式也相近。上述崇拜对山林、水源的保护发挥了巨大的积极作用，即使在因政策失误而大规模破坏森林的年代，神树林也得以在传统观念、传统规定的保护下免遭厄运，在被破坏得伤痕累累的千山万壑中留下了一片葱绿。

山、水、树、石都是看得见、摸得着的自然物，对它们的崇拜是很具体的。在纳西族中，还有一个抽象化了的自然神——"署"神。对"署"神的崇拜已超越了对具体神灵的崇拜，它是更高层次的自然崇拜，更能体现纳西族的自然观。纳西族的祭"署"仪式延续了千百年，至今仍有生命力。毋庸赘言，这一仪式及其在纳西族中确立的自然观，对纳西族地区的生态环境保护发挥了积极作用。

（二）图腾崇拜与生物多样性保护

图腾崇拜是滇西一些少数民族原始宗教的表现形式，是在自然崇拜基础上自然宗教的第二个阶段。人们在众多的自然崇拜物中，选定若干种被认为是对集团成员最重要、影响最大的对象，并对它们进行祭祀，以期得到它们的庇护。后来进一步发展成为把这些自然物视为同自身集团有血缘联系的亲族，因而将它们的形象或名称奉为自己氏族或部落组织的神圣标志，并围绕它们进行各种频繁的祭祀活动。

在历史上，怒族的各氏族多以一种动物来命名。他们认为此种动物与本氏族成员间有特殊关系。随着氏族组织的日益松弛，图腾崇拜逐渐失去了它原有的形式而只遗留下一些传说。但是以某种动（植）物为祖先的观念还是普遍存在的。直至20世纪90年代末，笔者前往匹河乡对怒族进行调查时，人们还能说出自己是哪一个氏族的后代。多年来，怒族对自己现实祖先的祭祀比较简单，但对传说中被奉为自己祖先的动（植）物却十分敬重，不准猎食这些图腾物，不准砍伐这些图腾树，违反者将受到惩罚。类似的图腾崇拜在怒江中游两岸的傈僳族中也普遍存在，所涉及的动植物种类更多。图腾崇拜对怒江两岸的狩猎活动、采伐活动给予了限制，很多动物免遭弩箭的杀戮，很多树木免遭刀斧的砍伐，生物多样性得到了有效保护。

（三）藏传佛教影响形成的自然保护区

藏传佛教是一种内涵博大精深的宗教，是藏族文化的核心部分，其中包含了十分丰富的保护生态环境的观念和规定。德钦县东竹林寺管委会主任设孜活佛说，藏传佛教保护生态的观念有：1.动植物均是有生命的，狩猎、砍树是杀生行为，要进行严格的控制。2.动植物多了，家畜与人的疾病将大大减少。这是因为，如果疾病将要流行，山上的动植物首先是一道屏障，它们为人类和农作物挡住了病菌和污浊的空气。3.不能乱砍滥猎。人们认为砍了不该砍的树、打了不该打的鸟，就不得好报。4.对神山的崇拜。人们认为，破坏了神山的生态环境，就会引发泥石流、洪水、地震、干旱等灾害。

基于以上观念，东竹林寺一带有以下规定：1.只要能听到东竹林寺钟鼓声的地方（远至白马雪山垭口），就不能砍一棵树、打一只鸟。2.不准炸鱼，不准捕猎，大到老熊、豹子，小到山间小鸟，都不准用枪或其他猎具捕杀。对违反者，不仅要没收枪支，还要关几天。

藏传佛教不仅是藏族的传统信仰，在怒族、普米族、纳西族等民族中也广泛传布。藏传佛教保护生态平衡的观念和规定，也影响了上述诸民族，促使他们更加尊敬大自然，加倍保护家乡的动植物，从而形成一个个以寺院、神山为中心的自然保护区。

以上三个方面，体现了滇西北"三江并流"地区各少数民族对自然环境长期艰苦探索的精神，记录了他们对保护自然环境的认识逐步提高深化的过程，反映了他们在适应自然环境的历程中，保护生物多样性、保持生态平衡、促进自身发展的强烈意识。当然，在滇西北少数民族的传统文化中，也包含着对生物多样性产生负面影响的多种因素，对其进行研究就是另一篇文章的任务了。

（原载于《云南民族大学学报》2004年第2期，中国人民大学复印报刊资料《民族问题研究》全文转载）

哈尼族布孔人社会形态试析

  云南省墨江哈尼族自治县居住着近20万勤劳淳朴的哈尼族人民。这里的哈尼族，包括卡多、碧约、布都、布孔、西摩洛、阿木、腊咪、切第、卡别、糯咪、哈乌、多塔等12个支系。在调查过程中，布孔支系引起了我们极大的兴趣。民族学界比较多的同志认为，墨江哈尼族在解放前已进入封建地主经济阶段，在政治制度、经济关系和生产力水平诸方面，均与汉族地区基本相同。这种意见从总体上看是符合实际的，然而事物是复杂的，由于墨江哈尼族12个支系之间的封建化程度不同，受汉文化熏陶影响的深浅各异，因此，在生产方式、生活习惯、心理素质、风俗教化等方面呈现出复杂多姿的状态。其中，布孔支系虽然早已进入文明社会，但却保留着较多的原始残余。当一个民族踏着时代的旋律进入高层次的社会后，却仍保存着千姿百态的古朴民风，这值得深入探讨。

一

  截至1984年，墨江哈尼族布孔支系有26502人，在哈尼族12个支系中居第4位。哈尼语属于汉藏语系藏缅语族彝语支，内部又分为哈（尼）�（尼）、卡（多）碧（约）、豪（尼）白（宏）三大支系，布孔人属于豪白支系。"白宏"是自称，"布孔"是他称。

  布孔人有着悠久的历史，以父子连名的方式记诵自己的世系。龙坝区龙宾乡落细寨一位老人能背出61代世系，若以20年为一代计，已有1200多年了。

  勤劳、智慧、率直的布孔人，多住在半山坡水源丰富的地方。居住比较集中，常常一寨一寨全是布孔人，而无其他支系或其他民族杂居其间，也不像其他哈尼族支系那样分散居住。布孔人历来重视农田建设，擅长开垦梯田。他们从山顶或山腰直到山谷中开出层层梯田，造就了"雾霭绕山间，梯田接云天"的高原奇观。梯田的开辟，是以铁质农具使用为前提的。中华人民共和国成立前，布孔人的生产工具已经以铁质农具为主了，包括犁铧、镰刀、锄头等。他们正是带着铁器跨进封建社会门槛的。

按照使用工具、耕作技术、用工量等来计算，一个男劳力可以经营水田10亩左右，年产量可达4000斤。扣除生产垫本150斤和劳动者本人全年生活费用1200斤，还可剩2650斤。有了剩余产品，就为剥削阶级的出现提供了物质基础。布孔社会早已出现了阶级分化，到解放前，"富者田连阡陌，贫者无立锥之地"这种汉族地区的常见现象，在布孔地区也已出现。

应该指出，不少布孔寨子贫富分化不明显，主要原因之一是在附近汉族地主的超经济剥削之下，布孔人普遍贫困。龙坝区娘浦寨有39户人，无地主富农，只有贫雇农和中农。5户中农平均每户占有土地11.5亩（其中水田7.9亩），人均1.98亩；9户贫农平均每户占有土地6.77亩（其中水田2.4亩），人均1.12亩；25户雇农平均每户占有土地1.4亩（其中水田0.4亩），人均0.428亩。水田亩产稻谷一般在400斤左右，山地亩产玉米一般在一二百斤。由于产量低，田地少，多数人家生活是贫困的。

布孔农民所受的剥削主要来自国民党政府和汉族地主。国民党政府的剥削主要有公款、公粮。娘浦寨的5户中农每年要交公款200元（折合谷子2000斤）、公粮2500斤，9户贫农每年要交公款200元、公粮1500斤，25户雇农要交公款150元、公粮1000斤；此外还有其他苛捐杂税。保、甲长多是汉族地主，国民党政府的捐税派下来，他们又浮派很大数字。有的贫苦农民交不起捐税，只有请地主"代垫"，地主便成了农民的债主。有的人家遇到天灾人祸，被迫向地主借债。借地主的债，就意味着跌入了陷阱。年息10%—20%的高利贷，压得农民喘不过气来。不少人无法维持生活，或者沦为当地地主的长工、短工，或者远走普洱、元江等地帮工度日，所受的剥削十分沉重。

我们在描述以上封建经济因素的同时，不能不提醒人们注意，在布孔人的社会中仍残留着原始经济关系的因素，其表现是多方面的。

1.山地、山林为村寨公有。在布孔村寨中，并非一切土地都是私人占有的，山林、山地是村寨的财富，为全寨成员共同占有，任何人都可以开垦种植。但这些山地较为贫瘠，未进行集约化管理，仍采取轮歇抛荒的粗放耕作方式，一般种3年后就丢荒。以后，若有其他人再来种植这块丢荒土地时，无须对以前的耕者付任何代价。寨中人起房盖屋，打制家具，需要木料，可以到村寨公有山林中自由砍伐，无须任何人批准。当然，乡规民约中规定不准砍的风景林、水源林，任何人都不准动一根枝丫。

2. 各村寨的山林间有严格的界线。村寨之间，常以山岭、河谷、大树等为界，属于本村寨的山林，外寨人绝对不能染指。

3. 寨中有事（如修路、祭祀等），需要钱财，均按人头平摊。实在困难者可免，一般人都不愿免，因为他们认为，维护村寨的公共利益是自己的神圣义务。这一点与前两条都是远古村社制的残迹。

4. 一些布孔地主一般不在本村寨、同族内放债。因为是同一村寨，又同是布孔人，所以不愿在感情上留下裂痕。这与汉族地主放高利贷有很大区别。这些布孔地主，是最早定居于寨中的人。他们到村寨的时代早，因此占地多，但一般不出租土地。有的人招几个女婿上门，待女儿、女婿分家出去时，给每家几亩地。为了让他们自立门户，除给固定的土地外，还会划出10亩土地让他们种，且不收租。亲戚无吃用时，也会救济而不要偿还。这样的人家在土改时被划为中农，1955年被划为地主，理由是：土地多，有六七十亩；虽未正式雇长工，却通过招女婿的方式进行雇工剥削，女婿就是长工。

5. 不少村寨阶级分化不明显，如前所述的娘浦寨即是一例。

6. 采集和渔猎经济的存在及其中的平均主义分配方式。过去，由于农业生产不能全部解决一年的温饱问题，就必须辅之以采集和渔猎活动。打猎或捕鱼时，一人出面组织，猎获物平分。猎狗可得一份，出于偶然机会见到打中猎物的外来人也可分得一份。总之，见者有份，布孔语称为"米腊哈"。

以上材料表明，布孔人虽然已被置入封建的藩篱之中，但并未完全蜕去原始社会的特质，在经济关系和生产习俗方面，仍露出不少往昔的烙印。

二

由于布孔地区是封建政治结构与原始社会组织并存的，因而呈现出多元的结构状态。一方面，国民党政府在布孔地区建立保甲制度，主要任命汉族地主为乡、保、甲长，个别的地方也任命布孔人为保、甲长。另一方面，布孔寨子中原有的原始村社组织残余仍有旺盛的生命力。甚至在不少村寨，人们还可见到父系氏族的流风余绪。

每个村寨都有村寨长老，布孔语称为"莫巴"。"莫巴"必须具备以下条件：1. 历史清白，即祖辈不存在非正常死亡的情况；2. 家庭纯洁，即家庭和睦、敬老爱幼、无偷窃者、无污秽行为；3. 本人正派，办事公道，爱护村民，享有较高威信；4. 是一个父系大家庭的长老，儿孙满堂。

"莫巴"的产生十分严肃慎重，又弥漫着原始宗教的迷雾。布孔人一年之中有三大节日，其中一个节叫"普玛途"，汉语称为"祭竜"。这时，由前一个"莫巴"把寨中具备"莫巴"条件的候选人邀集在一起，杀鸡公母两对，用鸡骨进行占卜。占卜的结果显示谁能当"莫巴"，谁就是下一任"莫巴"。"莫巴"的任期为一年，第二年"普玛途"时再杀鸡卜卦，若应由他连任即再任一年，以后也可以再连任。若占卜的结果是应由别人来当"莫巴"，他就自动卸职。"莫巴"身边有几个助手，也是老人，由村寨成员推荐。"莫巴"死前可以立下遗嘱，推荐自己的助手为继承人。如果大家同意，就照此执行；若不同意，必须用鸡骨占卜，以确定谁能担任新的"莫巴"。

"莫巴"的产生，是村寨的一件大事。人们认为，谁任"莫巴"的问题得以解决，就表示寨神会保佑全寨人安居乐业，这是民族兴旺的吉兆，应当隆重庆祝。届时，寨中男女青年捧上喷香的小锅酒，摆出晶莹的糯米饭，割来新鲜的猪肉，向新"莫巴"祝贺。无孩子的夫妇也来向"莫巴"倾诉自己虔诚的心意，并接受"莫巴"的祝福——祝他们早生子女。然后，人们选出一个精干的小伙子背起新"莫巴"先行，敲锣打鼓的人群随后，把他送回寨中。

作为一寨的长老，"莫巴"有很高的威信，他的权力和职责是多方面的。1. 决定节日的具体过法。布孔人有三大节日，"苦扎扎"（火把节）一般在农历六月二十三日至二十六日，"米索扎"（十月节）在农历十月的第一个属龙日，"普玛途"（祭竜）在"米索扎"后一个月的属龙或牛、马、猪日进行。这几个节日定在哪一天，如何度过，都由"莫巴"决定。2.主持祭祀村寨神（如"祭竜"）；在祭祀后，组织村寨成员制定乡规民约。3.监督执行乡规民约，维护本寨公共秩序。若有人违背乡规民约，"莫巴"有权按习惯法和乡规民约给予惩罚。4.调解村寨成员之间的纠纷。5.代表村寨与外界交往，特别是在村寨间发生纠纷时，代表本寨发表意见，做出决策。当外寨遇到灾害，"莫巴"有权决定给予劳力或资金支援，并确定各家各户摊派的数额。当外寨人来侵犯本寨利益时，"莫巴"可令人吹响"波罗"（牛角号），全寨人闻声而动，团结在"莫巴"身边，按他的安排同入侵者斗争。在国民党统治期间，保、甲长管抓兵派款、征粮征税以及其他事务，村寨的内部事务则由"莫巴"管理。

中华人民共和国成立后，各级人民政府相继建立，哈尼族的优秀干部大批涌现。现在，多数区乡干部是新一代的哈尼族。然而，在布孔地区，村寨老人的作用仍然突出，威信仍是高的。我们可以看看以下事例：1.干部们行事前常常要征求"莫巴"的意见，特别是在一些新政策实施之前。例如前几年落实农村各项经济政策时，各寨要划定责任山、自留山，县上工作组与龙坝区大乜多乡的几位村主任商定了划分方案，但是第二天他们却反悔了。了解一番后才知道，因为村寨老人不同意，所以几位村主任又改变了初衷。工作组找到老人，进行了细致的思想工作，老人思想通了，划分方案很快就通过并付诸实施了。2.近年来，有的村寨与邻县发生山林和水利纠纷时，只要老人一发动，牛角号一吹，全寨人甚至与本寨血缘关系密切的几个寨子的人就很快行动起来。3."祭竜"仍由"莫巴"主持；若有人违反乡规民约，"莫巴"即按规矩惩罚。

以上情况十分清晰地显映出布孔人社会中若干政治结构方面所存在的村社制投影。农村公社本身是一种过渡性的社会形态。植根于氏族公社土壤中的农村公社，既有新的社会形态的胚胎，又有原始制度的孑遗，尽管经历了重大变革，成为当时的一种新事物，却未彻底抛弃氏族制度的羁绊，而呈现出多元的结构状态。布孔人的社会组织也存在这样的情况，既有村社的特征，也有父系氏族的影响。

布孔人的村寨常常由几姓人组成，各姓均以父子连名制确立亲属关系，并有一位家族长。家族长一般由辈分高、年龄大、经验丰富、德高望重、善于处事应变的男子充任。例如龙坝区石龙寨的老宗家，4代28人处于一个父系大家庭中，家族长是72岁的阿祖宗披得，他在生活中起决定作用：决定农事活动安排，决定经济开支，主持劳动成果的平均分配，决定家族内纠纷的解决方案，决定年轻人的婚事，决定对违反乡规者的惩处。近年来，选举村主任时，也要征求家族长的意见。显然，这种父系家族是建立在低下的生产力基础之上的，它在意识形态领域中不存在一整套宗法观念，在婚俗和葬俗中却大量保存了原始习俗。在记录世系时，实行父子连名制。这与封建宗法制大家庭不同，其所反映的是父系氏族在近代因素影响下的一种蜕变形态。

三

下面就布孔人的宗教习俗做一个初步的探讨。

布孔人只信奉原始宗教。在经济方面，他们受汉族影响很大；在宗教信仰方面，他们把佛教毫不留情地拒于门外，更让来自异国的基督教牧师空费口舌。当一些山区民族在土墙草顶构成的简陋教堂中高唱赞美诗时，布孔人仍在虔诚地向山神、谷神、猎神、水神等自然神祇顶礼膜拜。原始宗教曾经过自然崇拜、图腾崇拜、祖先崇拜3个阶段，布孔人的原始宗教也包含这3种类型的崇拜。限于篇幅，本文仅分析自然崇拜。

布孔人的先辈们认为，世界上有天神、地神、山神、树神、水神、火神等自然神祇，分别主宰天下万事万物。这些神灵都紧紧附着在具体事物上，人们的吉凶祸福完全是由它们在起作用。要禳除灾害、获得恩赐，就必须祈求神灵。于是，祭祀各种自然神祇的活动相应产生。这些活动已渗进后起的神灵、鬼魂等复杂的信念中，但根源仍是最原始的自然崇拜。

在一系列的原始宗教活动中，最隆重的是"祭竜"，为期3天。当地每个村寨的后山上，都有一片葱绿蓊郁而又庄严肃穆的树林，其被称为"竜林"。"祭竜"的主要仪式就在那里举行。祭祀开始后，"莫巴"口念咒语，亲手杀猪、鸡等，然后由众人脱毛破肚后将其置于竜树前的供桌上，再献上酒、菜、花、果、蛋、糯米饭等供品。接着，铓锣、大鼓轰鸣，"莫巴"唱起"哈巴卡"，祈求竜神保佑五谷丰登、村寨平安。同时，还要唱叙农耕经验。第二天，各家主事的男人带着丰盛的酒菜聚集在草坪上，继续听"莫巴"唱"哈巴卡"，主要内容仍是祈求竜神保佑，并要人们不忘民族的历史和传统美德。唱完后，还要举行欢乐的酒宴，"莫巴"带着人们和着鼓点跳起舞来。年轻人跳，老年人也跳，舞者眼睛微闭、面带微笑，动作舒展自如。围看的人不时给舞者敬酒助兴，互相祝福，"祭竜"活动进入了又一个高潮。

"祭竜"的3日内，人们不参加劳动，不说不吉利的话，还要在路口插木刻，以驱逐寨中邪恶，避免外来人带入灾难。除定期在旧历冬月举行"祭竜"活动外，平时遇到野兽进寨、母鸡学公鸡叫、狗上房顶、发生水火灾害等不吉利的事件，也要举行临时性的"祭竜"活动，以求消灾免难。在解放前，这样的"祭竜"活动是很频繁的。

"祭竜"活动包括了丰富的自然崇拜内容。"竜林"所在的山是神山，"祭竜"首先是向山神表示崇敬之心；"龙竜"本身就是神秘的树林，神圣不可侵犯，若有人进入"竜林"放牧、狩猎、采樵，就会给全寨人带来灾难，因而"祭竜"也是祭树神；"龙竜"又是水源所在，"祭竜"就是希望水神赐给人们生命之泉。布孔人居住在深山，靠山吃山，自然希望山神给予人类恩赐；种庄稼要水，人畜生存要水，而山区缺水，自然祈求水神发慈悲；树林可以保水，可以提供人们盖房建屋的材料，更是当时唯一的能源，自然应向树神祭献以求保佑。不可否认，"祭竜"已不是最初的自然崇拜活动了，在漫长的历史发展进程中，人们对几种自然崇拜进行了抽象概括，竜神已演变成为村寨神。但是，"祭竜"蕴含着丰富的自然崇拜观念，也是确定无疑的，更何况在布孔人中还有深深渗透着自然崇拜观念的祭土地神、谷神等原始宗教活动。

自然崇拜是原始社会中最早产生的一种宗教意识。那时生产力低下，科学知识匮乏，思维方式幼稚，人类认识、驾驭自然的能力处于最低层次，人们认为自然现象是由超现实、超自然的力量主宰和驱使的。正如恩格斯在分析宗教起源时所指出的那样，"在历史的初期，首先是自然力量获得了这样的反映"。

布孔人的这种"历史的初期"的宗教信仰尽管已属于残存形态，并打上了阶级社会的烙印，然而依然在人们生活中异常活跃，在人们心目中占有重要地位。这样的情况与汉族社会存在颇为深刻的差异。信仰、观念是一个民族的文化和心理素质中的深层面，当人们判断一个民族在历史发展的长河中处于什么阶段时，不能不考虑这一深层面的内容和本质。过去，人们把原始宗教信仰在经济生活、文化生活乃至政治生活中占据重要地位的布孔人，置于同封建文化高度发达的汉族相侔的阶梯之上，这一做法今天是否应当重新考虑？

四

在历数布孔人社会如此众多的氏族、村社特征后，人们不禁要思索：这一哈尼族支系在解放前到底处于人类社会发展史中的哪一个阶段？过去，我们着重从外部影响来看问题。来自外部的强大力量固然不容轻视，但决定事物本质的关键乃是其内在的深层结构。从布孔人自身社会内部的经济、政治、文化等要素分析来看，虽然布孔人社会已被置入封建的藩篱之中，但原始的村社制仍是其形态的重要方面。这种制度，从广度来看，其遍布社会生活的各个角落，从深度来看，其渗透到政治结构、民族心理的核心层次。

马克思主义认为，农村公社是从以公有制为基础的原始社会向以私有制为基础的阶级社会过渡的桥梁，它脱胎于原始社会的母体而又注入了阶级社会的基因，它开始形成阶级而逐渐割断原始社会的"脐带"。这就使它既与原生的社会形态产生殊异，又不与次生的社会形态齐一，而成为两种社会形态的中介。我们不能因这一形态中存在原始公有制因素而视其为原始的氏族村社制，更不应因其开始产生私有制而视之为高级形态的封建地主制社会。

人类社会发展有着共同的规律，"历史上依次更替的一切社会制度都只是人类社会由低级到高级的无穷发展进程中的一些暂时发展阶段"。人们常常通过分析云南各民族解放前的社会制度以阐述人类社会由低级向高级发展的共同规律，因为云南各民族中分别保留了氏族公社和农村公社的特征、奴隶制的阶级结构、封建领主制和地主制的经济基础和上层建筑，因而云南各民族社会被称为"活的社会发展史"。但是，云南"活的社会发展史"从纵的和横的角度来看，在共同规律之外有着自己的特殊性。它"既不表示云南各民族都按社会发展规律依次由低级到高级的正常发展，更不表示其中的任何形态都是自然的原生形态"，它"是在历史总轨道内的异变性社会形态"。

布孔人社会正是这种在历史总轨道内的异变性社会形态。布孔人有自己悠久而又特殊的历史，其社会形态的特殊风貌正是在这种特殊的历史中形成的。这里，应特别提及布孔人社会中一个不可忽略的因素——民族文化、心理的深层结构。西方新派语言学家认为，一种语言可以分析出一些基本规则，人脑像电脑一样，通过分析可以抓到语言的基本结构，掌握这个结构就可以造出许多新句子来。这个结构被称为深层结构（deep structure）。法国人类学家列维-斯特劳斯受这一派语言学家的影响，相信文化中也有这个深层结构。各民族或其内部的各支系的文化、心理中确乎存在一种独特的深层结构，并以此而区别于其他民族和民族内部的其他支系。布孔人在经济生活中已出现贫富悬殊，但与汉族相比其贫富分化的原始性是不言而喻的；在婚俗、葬俗、宗教习俗、村社制度等方面表现出的原始观念，与本民族其他支系已经歧异甚明，与汉族相比差距之巨就更加令人震惊。人们过去过多地依据外部影响和易见的表象为布孔人社会定性正名，而不重视他们经济生活、文化结构和心态活动的深层面；习惯于用一种早期的单线衍化论模式来分析民族历史的发展，不注意各民族历史形态的异变和千差万别、五光十色的个性，这就导致对各民族社会、文化的认识同实际状况产生巨大的误差。

（原载于北京《民族研究》1987年第1期）

墨江瑶族社会调查

　　云南省墨江哈尼族自治县境内，居住着哈尼族、汉族、彝族、瑶族、布朗族等民族和拉祜族支系苦聪人。其中瑶族有573人，主要居住在文武区曼兴乡茨竹林瑶家寨。茨竹林位于哀牢山中段，地处墨江、绿春等县交界处，距墨江县城100多公里。这一带峰峦起伏，山谷幽深，气候温和，雨量充沛，林海茫茫，为人类提供了生息、发展的优良环境。

　　茨竹林寨的历史并不悠久。文武区曼兴乡50多岁的瑶族副乡长张文良告诉我们，他的祖辈是在100多年前从广西迁徙到云南来的。他们最先居住在绿春县的牛宏地区，后迁徙到墨江鱼塘区的板靠大山，在这里住了一段时间，又搬到思茅的勋旺坝子。瑶族人民住惯了山区，不适应坝子湿热的气候，加上那里瘴气大，人畜经常生病，因此，他们只住了一年又回到墨江鱼塘居住。以后，他们再迁到墨江安邑的糯泥箐，最后定居在茨竹林。

　　墨江县茨竹林瑶家僻处深山，交通十分闭塞。1984年6月，我们对这里的瑶族进行了十分粗浅的调查，发现了不少原始社会的遗迹。

　　这里瑶族的生产力十分低下，多年来虽然使用铁制的生产工具，但很不完备，而且细小。直到解放前，还只有锄头、镰刀、斧、砍刀等。那里的人们也养牛，却不会用牛犁地。种植的农作物主要有苞谷、黄豆、芋头，到20世纪50年代连旱谷都不会种。后来，一位老人从外地学会了种旱谷的技术，才使这里的人吃上大米。到解放前不久，当瑶族迁到墨江的糯泥箐时，他们学会了牛耕技术，但耕作方式总的来说仍很原始，刀耕火种，不懂施肥。由于耕作方法落后，农作物产量很低。以旱谷为例，播下1斗（15斤）种子，在较肥腴的地上可以收获150斤，在肥力差的地方只能收获70—90斤，若遇到谷子扬花时节吹冷风就颗粒无收。这里还没有"亩"的概念。老人说，那时全寨每人平均每年能播下2斗（30斤）种子，可收获口粮200斤左右。

茨竹林的海拔为1800米左右，年平均气温为17.3℃，基本无雪，日照时间每年在2000小时以上。这样的条件，完全可以种植水稻。但是，这里的瑶族直至前些年还不会种水稻。解放前，茨竹林一带原属瑶族的一些土地被其他民族的地主霸占去，并且辟为水田。土改时，工作队要把这些水田还给瑶族，他们不要，原因是不会栽秧种水田。结果，这些田被分给附近两个乡的汉族栽种。

直到1981年，茨竹林的瑶族才向安邑乡的汉族学会了使用雷管、炸药和开沟渠引山泉水灌溉田地。这样，有3家人开始种水田并获得成功，其家庭的粮食产量迅速提高，生活比不种田的人家好。这样一来，许多人家都决定种水田了。区政府通过做其他乡的工作，把原属瑶族的水田还给了他们。1981年，瑶族人还学会了使用化肥、农药，并收到良好的效果，但因为其经济收入少，买得起化肥的人不多。后来，县政府无偿调给瑶族人家每户化肥1包、锄头1把，还有部分农药等。瑶族人历来用人工舂米，直到1984年初，县民委拨给一台柴油碾米机，粮食加工的落后状况才有了根本的改变。

过去由于粮食产量低，还得靠狩猎和小手工业来帮助解决温饱问题。茨竹林的瑶族男子多是狩猎能手。15岁以上的男子，人人都有一支猎枪。在这里，如果家中缺口粮，这家的女人就会感到脸上无光，如果家中没有挂着兽皮，这家的男子就会被认为无能。由此，我们是不是可以认为，女子从事农业、男子从事狩猎的原始观念，直到解放前还残留在茨竹林瑶寨？现在，瑶族男人和女人一样从事农业。虽然如此，男人们仍然酷爱打猎。正月初一过老年时，寨里的人们要在纸上画一只马鹿贴在墙上，轮番射击，以祈求这一年打猎时能交好运，多猎获一些野兽。而在打猎时，还是遵照见者有份的传统习惯来分配猎获物。

与低下的生产力相适应，解放前茨竹林没有明显的阶级分化。这里山场宽，土地多，种不完。过去，人们采取号地的方式获取土地，谁家开的土地就归谁家种。土地种几年以后要轮歇一段时间，轮歇后这块土地仍然归原来的开垦者耕种。如果别人要种这块地，只要与原来的开垦者交涉，说通了就行，不必付租金或其他形式的报酬。劳动力多的人家可以多开地，劳动力少的人家只得少开地。自然地，地多的人家富一点儿，地少的人家穷一点儿。但是，因为生产力低下，技术落后，农作物产量低，所以贫富差距并不大。所谓富的人家只是粮食有剩余，穷的人家则差几个月的口粮。

解放前，缺粮户也向余粮户借粮。青黄不接时借，新米上时偿还，借一斗，还一斗，不付利息。今年还不出，明年还也行，也不必付利息。互相间借钱，也是如此，"高利贷"一词在瑶族中是不存在的。

作为上层建筑的社会组织，解放前在瑶族地区具有双重性质。一方面，由于受周围汉族政治经济的影响，受国民党统治，保甲制度在当地已经实行；另一方面，瑶族世代沿袭下来的原始公社制度的某些残迹，如"目老"制度依然存在。瑶寨的"目老"，一般有3人，即寨老、寨主和当龙师，统称"龙头目老"，由寨民民主选举产生。寨老为一寨之长，由年高德劭者充任；寨主负责生产事务，由才高正直者充任；当龙师负责宗教事务，由谙熟宗教礼仪、受过戒的男子充任。

茨竹林瑶寨直到20世纪60年代还存在这种"目老"制度，但已经有所变化。茨竹林的3个"目老"，汉话说得好，各方面的能力都比较强，在群众中威信高。他们虽然没有成文规定的权力和职务，但仍为群众所尊重。他们有明确的分工，一人负责全村的生产事务，一人负责宗教事务和解决村中的纠纷，一人负责与外界打交道。20世纪六七十年代，曾在茨竹林工作过的县区干部对我们说，当年工作组进入茨竹林后，若有事要商量，只有找到这3个人，找其他人是根本不行的。如今，这3位老人只有一人在世，且年事已高，寨中事务由他的儿子、50多岁的张文良负责。前不久，张文良被选为管辖茨竹林瑶寨的文武区曼兴乡副乡长。

在婚姻家庭、道德观念和宗教信仰等方面，茨竹林瑶寨也残留着原始社会的若干残迹。茨竹林的瑶族有"夜婚"的习俗，即娶媳妇的时候，新郎要等到天黑以后，才与陪同娶亲的人们一块儿进入女方家接新娘。然后，人们就喝喜酒、吃夜宵，青年男女对歌，尽情欢乐。待到凌晨三四点钟，女方家人招待来娶亲的人吃完早饭后，新郎才把新娘接走。

与其他地区的瑶族一样，茨竹林的瑶族也有群婚残余。表现之一是婚前性生活自由。在草木葱茏的8月，姑娘、小伙子们在山坡上吹起"别哩"（一种用草管制作的简单乐器）。他们通过"别哩"吹出的简单而悦耳的曲调表达自己的衷情，能凭着"别哩"的声音辨认出谁是自己的恋人。在辨认出自己的恋人之后，就可以幽会合欢。一个寨子的小伙子们常常穿起饰有一长串银排扣的上装，结伴到其他的寨子找姑娘们对歌。姑娘们也穿上称心的艳丽服装，迎接小伙子们的到来。她们用平时积攒的物品招待外寨的小伙子们，然后开始对歌。他们在家中唱、在山林里唱，有时一直唱到天亮。在对唱的过程中，即可选中爱侣，然后幽会合欢。这种在短时期内恢复过去性自由的习俗，正如恩格斯所指出的，是"对于从前一个氏族的妇女以另一氏族的所有男子为她们的共同丈夫，而男子则以另一氏族的所有妇女为他们的共同妻子的时代，还保存着一点朦胧的记忆"。茨竹林的瑶族青年男女婚前性自由，婚后则有严格的禁例。如果妻子与外人通奸，丈夫就要邀约丈人去痛打野汉子，或自己抬上猎枪打上门去，甚至烧掉野汉子的房屋。

姑舅表优先婚在茨竹林也是十分突出的。我们在调查中了解到，这里有不少人家是表兄姐妹通婚的。例如，李××的女儿、杨××的女儿就嫁给她们各自舅舅的儿子。还有一种情况是，表兄弟姐妹的子女通婚，即血缘关系未出第三代通婚。这种婚姻状况给瑶族人民带来的危害是不言而喻的，要改变这种状况也非一朝一夕所能办到的。茨竹林瑶族长期僻处深山，不与其他民族通婚。邻县的瑶族村寨距此也至少有几十公里，这种不利条件也是造成寨中近亲繁衍的一个重要因素。如何解决这一问题，是政府部门、社会科学工作者必须研究的。

在原始社会，当母权制向父权制过渡时，婚姻制度中曾出现从妻居向从夫居的转变。在这一历史性的转变中，"抢婚"是一种过渡性的产物。最初，"抢婚"是一种激烈的手段，经过长期岁月的磨蚀，不少民族的"抢婚"习俗仅成为一种象征性的婚礼仪式，或是成为一种淳朴的求偶方式。茨竹林瑶族有这样一种习俗，在青年男女谈情说爱时，小姑娘如果看中了小伙子，就要在他的手臂上咬一口，以此来表示自己的心意。娶亲的时候，新娘故意不肯离开娘家，新郎要做出抢的样子去拉新娘。结婚的当晚，新娘还要哭婚，哭诉自己离开父母亲人的痛苦心情。从以上习俗，人们似乎可以看到母权制向父权制过渡时女性进行反抗的折光。

茨竹林瑶寨有不少宗教活动，其中最重要的是祭村社神。这里有一座小庙，说是"庙"，其实只有一人多高、2.5米长、1.7米宽。庙里有神龛似的土台，供着一块石板。这块石板必须平滑、灵秀，被选进庙前不能被人、畜、鸟、兽踩过，因为石板代表村社神。石板旁还有一个用草纸包着的竹筒，用来装香。这座茅草棚顶的庙虽小而且简陋，但十分神圣。庙旁不准种地，里面只准男人进去磕头，女人是不能进去的。逢到瑶族过年过节时，每户要献出鸡、饭米、糯米、酒等，并派一个男子参加祭祀村社神，祈求它保佑全村平安、风调雨顺、粮食丰收、人畜兴旺、事事顺当。祭祀完毕，大家共同享用祭品，娃娃们去参加，也可以分食祭品。这时，人们又笼罩在原始村社的遗风之中。

同其他地方的瑶族一样，茨竹林的瑶族男子要举行"度戒"仪式。不过，这里一般不称为"度戒"，而称为"掼膘"。这种仪式实际有成丁礼的意义。在八九岁到十六、十九、二十二岁时举行。每个男子都必须举行这一仪式，否则会被认为不是瑶族人，也没有社会地位，不能得到姑娘的爱慕。在举行"掼膘"仪式期间，男子不能出门，不能见天，除主持仪式的师傅以外不得与其他人讲话。师傅要教受戒的孩子如何行善、如何遵守本民族的道德规范。"掼膘"仪式在村寨旁举行，先搭一座巫台，师傅把"掼膘"的人领上台，让他对天发誓要行善，然后，这个人蜷曲身体，手抱膝盖，从台上跳下，跳的过程中两手不能松脱，落地后不能四肢朝天。这一宗教仪式在瑶族中被看得十分重要，以至于举行仪式的几天之中所用的钱财比娶媳妇花费得还多。

墨江瑶族社会尽管还有某些原始社会残迹，但那毕竟是历史的沉积。今天，他们同各兄弟民族一样，在中国共产党的领导下，正在努力改变贫穷落后的面貌，沿着社会主义道路前进。

（原载于《中央民族学院学报》1985年第5期。中国人民大学报刊复印资料《民族问题研究》转载）

墨江挖墨寨布朗族社会习俗考察

在云南省墨江哈尼族自治县，居住着一个古老的民族——布朗族。截至1982年，那里共有布朗族2669人，占全县总人口的0.79%。其所占比例虽然很小，却有着悠久的历史。

景星区太和布朗族乡的挖墨寨是墨江布朗族主要的聚居地。寨里的老人说，他们的祖先是200多年前从大理的蒙化（巍山）和景东一带迁来的。这一支南迁的布朗族先民经镇沅来到墨江，再往南经过普洱到西双版纳。当时，有兄弟二人，弟弟跟着先头部队离开墨江向南边的夷方（西双版纳一带）前进，哥哥没有赶上，只好在墨江县境内的挖墨寨落脚定居。还有的老人说，他们的祖先是从江西来的汉族，后来定居在滇西布朗族地区，融入了布朗族中。大约在200年前从大理向南辗转迁徙，经镇沅县来到挖墨寨，花300两银子买了附近的山场，定居下来，繁衍后代。在他们祖先的坟地上，至今仍保存着一块石碑，上面写着"子阿腊界买成三百艮（银）子之地"的字样。这一支布朗族还有一部分迁到了云南省西盟县。这两支布朗族分离的历史较为久远，漫长的岁月把他们间的亲属关系逐渐磨去。但到现在，这里偶有人到西盟、西双版纳等地办事，碰到那儿的布朗族，互相语言相通，仍感到十分亲切。

一、解放前的基本社会形态

墨江哈尼族自治县在云南属内地县，长期以来，居住在这里的布朗族同哈尼族、彝族、傣族等一样都受到汉族先进经济文化的影响，社会形态发生了深刻的变化。从明末清初开始，他们在经历了氏族公社、农村公社等发展阶段后，先后向封建地主经济形态转化。虽然各民族封建化程度深浅不同，进度缓急各异，但到解放前夕，他们基本上都进入了封建地主经济阶段。当然，处于封建地主经济阶段的各少数民族同汉族仍有众多的不同之处，在他们当中，不少地方还透出原始公社制的折光投影。这一点，我们将在第三部分进行分析。这里，我们先分析解放前墨江布朗族的基本社会形态。

与基本上保持刀耕火种的西双版纳布朗族地区不同，农业在墨江布朗族地区已经占据主导地位。经历了几百年的艰苦创业历程，吸收了周围其他民族的先进生产技术和经验，布朗族的生产力取得了长足的进步，出现了质的飞跃。他们把靠采集、渔猎谋生的时代远远抛在后面，也摒弃了以竹、木农具和刀耕火种轮歇抛荒为主的生产形式，以一种崭新的方式进行生产。首先，他们在使用犁架、耙、掼槽等木制工具的同时，更多地使用了锄头、犁铧、镰刀、斧头、长刀等铁制工具，大大提高了生产力。其次，固定耕地有了很大发展。铁制工具能深耕细作，对于土壤的利用和改造产生了巨大作用，单位面积产量不断提高，人们逐渐抛弃了轮歇抛荒的做法，建立了不少固定耕地。解放前，挖墨寨的固定耕地约占耕地总面积的40%。再次，水田面积扩大。布朗族的粮食作物有水稻、旱稻、玉米、杂豆等，经济作物有花生、棉花等。经营水田、种植水稻，比其他作物产量高得多，水稻亩产可达400斤，一般也在300斤左右，而旱地作物则不足200斤。种水稻不仅有利于解决最基本的生存问题，而且有较高的经济效益。经营水田的技术也比较高，对民族素质的提高有着一种有形的或无形的重要推动作用。因此，能否大量种植水稻，成为民族进步的标志之一。解放前，挖墨寨的水田已占总耕地面积的35%，这个比例在地处崇山峻岭之中的深山区并不算低。最后，耕作技术逐渐精细。很久以前是原始的耕种方式，用竹、木尖棒凿洞下种；现在已实行犁挖撒种，作物生长过程中还要薅锄一至二道。旱谷地从犁地、挖地、下种、中耕直到收打进仓，大约要花20道工序。水田要三犁三耙，要筑秧田、铲田埂，要放水管水，技术更为复杂。肥料也开始用到水田、旱地和园圃地中，对于改造土壤、增加产量起了重要作用。

除了农业以外，挖墨寨的手工业技术也有明显进步，比较突出的是纺织技术。这里在种植粮食作物的同时，还自种棉花。寨里有2户地主和7户富农。有一户姓王的地主有水田30多亩、山地（包括轮歇地）40亩左右，他的田地有三分之二租给无地或少地的贫雇农种，采用活租制，对半分，即收取收获物的一半为租子。他有30头牛，其中力牛3头，其余为闲牛、母牛，专门雇一个长工放养。平时供吃，一年给二三石（300多斤）谷子作为工钱。他自己直接经营三分之一的土地，忙时雇短工，平时自己和父母也参加劳动。他家一年收入谷子七八石、玉米等杂粮20多石（一石约合150斤）。从土地占有状况和剥削方式来看，这家地主有典型性，说明这里确实进入了封建地主经济阶段。另一家地主的土地不如这家多，但高利贷放得多，利率50%—150%。有的人家因还不起债，或因抽大烟，出卖土地，生活日趋艰难。

广大贫苦农民无地或少地，遭受地主的种种剥削。挖墨寨有20%的农民当过长工，有的人为了抵债而当长工，到地主家劳动一年，仅得到一套衣服，得不到工钱。很多农民由于生活困难，又借不起高利贷，只得到处打短工。寨中有10%的人以抬滑竿谋生。当时公路不通，从挖墨寨所属的景星区到昆明要走半个月。布朗族的贫苦农民抬着有钱人，翻越一座座陡峭的高山，蹚过一条条湍急的溪流，栉风沐雨，才能到昆明。他们收入少得可怜，生活十分悲惨。还有的人从家中挑着鸡蛋，长途跋涉到磨黑换盐，再挑到镇沅、墨江卖，以获得微薄的利润谋生度日。也有的人凭借少量资金，从墨江的通关买到坛罐之类的瓦货，挑上百公里到镇沅出卖或换取粮食。总之，农民所承受的主要是封建地主的雇工剥削、地租剥削，他们与地主的关系是比较完全的封建剥削阶级与被剥削阶级的关系。

通过以上分析，不难看出，解放前的墨江布朗族确实在附近汉族以及哈尼族的影响下，发展到了封建地主经济阶段。

二、原始社会的史影折光

墨江布朗族虽然到解放前已进入封建地主经济阶段，但在社会生活的一些角落，仍保存着原始社会的残迹。社会经济向前发展，上层建筑也要有相应的变化。然而，两者的变化并非同步进行的，上层建筑的某些方面往往具有相对的独立性。在旧的经济基础上产生的风俗、习惯、思想文化、心理素质、亲属关系等，其中的某些因素，特别是那些约定俗成的风俗习惯，具有传承的特性，人相袭、代相传，今袭古、古沿今，延续千百年。人们可以通过透视、解剖这些因素，以今溯古，看到原始社会的史影和折光。那么，墨江布朗族社会哪些方面留下了原始社会的残迹呢？

从婚姻关系来看，墨江布朗族地区存在原始群婚制的残迹。解放前，这里虽然已实行一夫一妻制，但有的人家（包括富人和穷人）因妻子患不孕不育症，又另娶第二房，形成一夫多妻。这种现象与附近汉族相同。但是，布朗族青年在婚前却可以与相好的姑娘"两条绳扭成一条绳"。只要不生下私生子，就不会受到社会谴责；若生下私生子，男方会受到村寨的惩罚。每天晚上，伙子们弹起弦子（三弦），来到山坡上、箐沟边与姑娘们对唱，唱生产，唱生活，也互相调情。姑娘们在林子里用叶子吹出调子，与自己看中的小伙子联络（现在是用电筒），联络好以后，就双双上山，直至深夜才归家。这种习俗有历史渊源。《太平御览》卷七九一引永昌郡载，汉代永昌郡一些处在原始社会阶段的群体（包括布朗族先民"濮人"在内），"男女长，各随宜野会，无有嫁娶，犹知识母，不复别父"。解放前的布朗族早已有嫁娶，既知母，更识父，但"随宜野会"这种群婚习俗在稍加限制（不准生下私生子）后，曲折地保留了下来。

考察一个民族的亲属称谓有助于认识其历史上存在过的婚姻制度。

表 1 　墨江布朗族亲属称谓与汉族亲属称谓对照表

汉族的亲属称谓	墨江布朗族的亲属称谓
祖父	塔
外祖父	塔火
祖母	牙
外祖母	牙坡
父亲	鸟
叔父	圭
伯父	弯

续 表

汉族的亲属称谓	墨江布朗族的亲属称谓
母亲	墨
姨父、姑父、舅父	披
姨母、姑母、舅母	吗
兄、表兄、堂兄	吐
弟、表弟、堂弟	波
姐、表姐、堂姐	茹
妹、表妹、堂妹	波
儿子、女儿、侄儿、侄女	阔
孙子、孙女、外孙、外孙女	琅

从表1可以看出：称呼相近的有"祖父和外祖父""祖母和外祖母"两组。称呼完全相同的有"姨父、姑父、舅父""姨母、姑母、舅母""兄、表兄、堂兄""弟、表弟、堂弟""姐、表姐、堂姐""妹、表妹、堂妹""儿子、女儿、侄儿、侄女""孙子、孙女、外孙、外孙女"共8组。其中后3组分属3个不同的辈分。同辈人用同一称呼，没有细致的分别，表明在古代这一辈亲属曾经是一个婚姻集团。这种亲属称谓，正是原始群婚习俗的投影。然而，历史的发展和婚姻制度的嬗变，不可能不在亲属称谓上留下痕迹。因此，在布朗族的亲属称谓中，又出现了同辈人不用同一称谓的情况，例如"父亲、叔父、伯父"，这同辈人的称谓就截然不同，"姨父、姑父、舅父"的称谓虽然相同，但是与父亲的称谓不相同。这就是说，墨江布朗族同辈人的称谓，有完全相同的，有完全不同的，也有局部相同的，错综复杂。这种状况如何理解？笔者认为，婚姻制度在发展变化，亲属称谓也要变，尽管它落后于前者发展的进程，毕竟还是在悄悄地变化。

在墨江布朗族中，存在着自然崇拜，这也是原始社会的遗留物。由于原始人类生产力低下，对世界的认识也处在一个极为低下的层次，他们在自然变化面前束手无策，对于风雨雷电、生老病死、吉凶祸福都感到不可捉摸，难以理解，更无从驾驭，因而对现实世界产生了虚幻的错误观念，认为有各种各样的神灵在主宰世界，在掌握着人的命运。这样，原始宗教观念就产生了。墨江布朗族的原始宗教观念，主要表现在祭山神、猎神、仓神等活动中。1. 在新粮入仓以后，若要尝新，必须先用酒、肉、饭、茶祭仓神，祈求仓神保佑自己家中谷米满仓、年年有余。祭神日子要是属猴日，取"猴攒食"之意。2. 打猎的头天晚上，要祭猎神。人们在村寨中一棵特定的树上挂一个小篾笋，把以往猎物的骨头放在里面象征猎神，然后由专人杀两只鸡祭献，并用鸡骨卜卦。如果是吉兆，就意味着猎神保佑可以多打到猎物，第二天大伙儿就一起出动上山狩猎。3. 每家每户还要祭山神。人们在住房后选一棵树，以这棵树象征山神。一年四季，要经常在这棵树上插一炷香，祭献一杯茶、一杯酒、一碗饭，祈求山神保佑全家人平安无病、六畜兴旺、五谷丰登、野兽不来伤害人畜。除以上原始宗教活动外，墨江布朗族中还有一种变形的图腾崇拜。在过年时，他们要请"白穆"（巫师）把一个完整的牛头骨（有的人家用猪头骨）用竹条拴拢，放在卧室里钉好的树桩上。安好后，"白穆"要念咒语，大意是：老祖公，您安心在这里，不要走了，要保佑您的后代平安，人丁兴旺，万事如意。还要摆一张小桌在牛头骨（或猪头骨）前，敬献酒、茶。我们看到，墨江布朗族把牛视为自己的祖先，虔诚地祭献崇拜，据此推测，在历史上，他们曾把牛作为自己氏族的图腾。当然，在原始时代，如果牛是自己氏族的图腾，那是不能杀的。解放前，墨江布朗族崇拜牛，显然也不是原生形态的图腾崇拜了。

墨江布朗族中还存在着父子（女）连名制。连名制广泛存在于我国的彝族、哈尼族等少数民族中，在世界上的其他一些民族中也不乏其例。当人们越过"只知其母不知其父"的母系氏族阶段，进入父系氏族阶段后，就要以父亲为主来确立世系，父子连名制正是为了这种需要而应运而生的。我们在挖墨寨调查时发现，这里的布朗族已经用汉姓汉名，其中无所谓父子连名，而在他们的乳名中，父子连名的特点异常鲜明。现将乡长王忠成家的父子连名的情况列如下，小括号中为乳名，中括号中为以王忠成为中心的亲属称谓，纵向表示同辈关系，横向表示上下辈关系。

王正康（塔赛依）→王会权（爱赛拉）　王忠良（爱桑）

〔祖父〕　　　　　　〔大伯〕　　　　〔大哥〕〔大侄子〕（爱尼）

王正亮（塔柯拉）　王会能（尼赛拉）　王忠方（尼桑）→〔二侄子〕（竞尼）

〔二叔祖父〕　　　　〔二伯〕　　　　　　　　〔二哥〕（此二人年幼，

尚无汉名）

王正昌（塔中桑）　王会德（桑赛拉）→王忠成（赛桑）

〔三叔祖父〕　　　　〔父亲〕　　　　　　〔本人〕

王忠海（柯桑）

〔四弟〕

王忠科（拉桑）

〔五弟〕

如果我们把上面所列的关系简化一下，可按如下方式表达：

第一代　　　第二代　　　第三代　　　第四代
塔赛依　　　桑赛拉　　　尼桑　　　　爱尼

从中可以看出，下一辈的名字中，必须有一个字是上一辈名字中的一个字。这种连名的方式，不像其他民族中常见的父子连名制那样有规则。较有规则的父子连名制，一般以父亲名字的末尾一字作为儿子名字的第一个字。墨江布朗族的这种方式比较特殊，它仍是父系氏族制的一种残迹，目的是按父亲一方来计算世系，把家谱延续下去。

人类社会经历了母系氏族、父系氏族以后，到原始社会末期，进入了农村公社阶段。墨江布朗族曾经历过农村公社阶段，解放前夕，当他们已跨过地主经济门槛时，仍带着村社的若干残余。

表现之一是村寨中还存在公有的森林、坟地和山场。这些山场土地贫瘠，谁家要去耕地，只要与寨中人协商即可。谁家种、谁家收，收打后把收成的一部分交给"竜头"（"祭竜"的主持人），留作全寨"祭竜"时使用。村寨公共的树林多是"竜树"（神树）林和风景林，那是不准砍的，谁砍了谁就要受罚，毫无例外。所以四周山上森林茂密，青山绿水，走在其间，精神爽快。

表现之二是全寨人要祭祀共同的村寨神。墨江挖墨寨布朗族散居在排山岩子之下的几个山坡上，又分为新寨、旧寨、大寨、小寨等4个寨子。排山岩子雄峙一方，悬崖摩天，气势雄伟，像一个巨人拱卫着挖墨四寨。挖墨布朗族每隔3年，要来到排山岩子下的一棵神树下祭排山神。人们认为，排山神是整个挖墨寨的保护神。老人们讲，古时候，外族来进攻挖墨，被一头花牛用角击退了。这些外来的挑衅者逃到一个山梁子（布朗语称山梁子为"摩"）时，被雷打死了（布朗语称雷打为"拉沙"），于是这个山梁子被命名为"摩拉沙"。后来，每隔3年，全挖墨寨的人就要祭排山神一次。这天，要杀一头花牛，祈求排山神保护村寨，让村外人打不进来。每家出一个人，各带一碗米、一碗酒，聚集在一起吃杀死的花牛，吃剩的肉平分给大家带回家，让家人也能尝到花牛肉的鲜味。

在祭完排山神以后，还要"祭竜"，地点在"竜树"（神树，通常是一棵大栗树）林中。在挖墨，大寨、小寨、新寨有一处共同的"竜树"林，旧寨在另一处有自己的"竜树"林。"祭竜"也是祭村寨神，不过是祭一个比排山神小一些的村寨神。"祭竜"时，人们静坐在"竜树"下。主持祭祀的"白穆"（巫师）向"竜树"献上米和谷子，口念咒语，磕头，祈求"竜树"保佑全寨吉祥平安、六畜兴旺、风调雨顺。"祭竜"时要杀一头猪，杀猪时由"白穆"持刀，不能用铁刀，必须用竹刀。"祭竜"完毕，众人聚餐，剩饭属于主持整个"祭竜"仪式的"竜头"，剩肉分给大家。"祭竜"的3天内严禁外人进入本寨，违者要罚款。所有罚款，留到下一年"祭竜"时公用。"竜树"周围2里内的树木不准人砍伐，因为那都是保护村寨的神圣之物。

表现之三是同寨人之间互相帮助、扶持，关系密切。挖墨寨人很讲团结，这一点在周围一带都很有名。他们外出赶街、帮工时，有困难会互相帮助。挖墨人善良好客，不轻易与外寨人不和，但遇到本寨人被外人欺负，同寨人立即团结一致惩罚欺人者。解放前，为养家糊口，挖墨人到几百里外的磨黑挑盐，或挑瓦货到几百里外的镇沅换粮食，路上常常遭人抢劫。因此，同寨人格外团结，遇事时共同应对。平时，寨中很少有偷盗事件。人们立梁架椽、建盖新房，或是砍柴种地、栽插收割，只要人手不足，尽管可以请同寨人帮忙。这次我帮你，下次你助我，只管饭，不付报酬，有换工的性质。

原始社会是人类历史上最早的社会形态，古老的民族都曾经历过这一历史阶段。从以上分析我们可以看出，墨江布朗族尽管到近代已进入封建社会，但他们的祖先也曾在原始的氏族制、村社制下生活过。历史的发展在布朗族后裔的社会生活各方面镌刻下难以磨灭的印记。这种现象提醒人们，在处置民族问题时，既要从这一民族的现实出发，也要充分考虑这一民族的历史。

三、"蒲满规矩大"

挖墨一带流传着两句话："蒲满规矩大，支锅无米下。"解放前，挖墨布朗族物资匮乏，规矩却格外多。这些规矩就是布朗族的种种风俗。一方面，由于久居内地，深受汉文化的熏陶，布朗族的风俗在较深的程度上蜕去了蒙昧、原始的特质，受到了近代的和汉族风气的影响。另一方面，本民族共同的文化和心理素质仍表现得十分突出。这就使布朗族的风俗呈现出复杂的状态。

1.节日。布朗族的节日，与附近汉族有很多的相同点。（1）过端阳节，五月初五到江边采集粽粑叶包四角形的粽子，还要杀鸡、羊、狗、猪，各家不一。他们不知道纪念屈原，只知清早要祭祖先，各家祭各家的。祭完后，请亲朋好友吃饭，你请我、我请你，请到五月初七、初八才完结。（2）过老年，从大年三十过到正月十六。三十晚上要祭祖先，祭的方法前面第二部分已详述，此不赘述。要特别指出的是，他们不像汉族供奉"天地国亲师之位"或祖先牌位，而是供奉一个牛头。过年期间，人们打秋千、打陀螺。与汉族不同的是，安装秋千的是"祭竜"时的主持人——"竜头"。丢包也是布朗族过年时一项有民族特色的活动。男青年一方，女青年一方，你丢我接。如果有人3次接不住，就算输了，别人就要来抢他的帽子、包头甚至衣服。在丢包的过程中男女青年也可加深了解，建立感情。

2.婚姻。（1）要请媒人提亲。（2）男方要出聘礼和礼银，但分量轻，例如聘礼是26元或36元，女方还要还给男方1元。（3）女方要带嫁妆，分量很重：一个柜子（价值60元）、一床被子（20元）、一领席子、一套衣服、一把锄头、一只背箩以及背绳、镰、碗等。有的人家还在柜子里装46—60斤大米。这说明没有买卖婚姻的成分。（4）婚礼前后3天。举行婚礼期间，客人们弹起三弦对歌、跳舞，通宵达旦，有的玩到第二天日上三竿才散去。（5）新郎到新娘家娶亲时，新娘要用橄榄果打新郎及陪新郎来娶亲的人们。（6）姑舅表婚。有的姑娘嫁给姑妈家的儿子，更多的姑娘是嫁给舅舅的儿子；同姓坚决不嫁。有的姑娘必须优先嫁到舅家，只有舅家不娶，才能嫁给其他人家。（7）童养媳。过去有四五岁的男孩讨十七八岁姑娘的例子。娶媳妇时，新郎由父母背着。（8）布朗族姑娘一般不嫁外族小伙子。

3.丧葬。（1）不论大人还是小孩死去，来参加葬礼的男人，不论老少，都要唱歌、跳舞12天，从太阳落山跳到太阳升起，给主人家散气消愁。（2）来参加葬礼的人一般要带一升杂米，内亲家带6尺白布，嫁出的姑娘带一斗米和一对大粑粑，一般亲戚带一升杂米和一元钱。（3）请"白穆"择日装殓、下葬，并在葬礼期间诵经。（4）过去要杀黄牛或水牛一头，经济条件差的杀猪，现在杀3只羊。过去杀牛时，死者同族的男女要手拿笋壳，哭着争抢接牛粪，接到牛粪的，表示以后日子就好过。（5）择坟地时，由主人或主人请旁人向后抛鸡蛋，碰不烂再抛第二次，直到碰烂为止，即在鸡蛋碰烂处开挖，鸡蛋清流出的方向就是棺材头的方向。（6）人死12天（满一轮）后，要请一个"白穆"背茶、酒送上坟头，家人则在家中祭。亲戚带半斤酒来，每人洒几滴在桌上的酒碗中，接着大家一块儿吃饭。吃完饭后，大家背上镰刀、锄、刀、纺车等丢到坟上。

4.重男轻女。（1）前已叙述，在男娶女嫁时，聘礼轻，嫁妆重。（2）嫁出的姑娘回到娘家，不准上楼，认为如果她们上楼将把娘家楼上的谷米带走；也不能洗碗，认为如果让她们洗碗将把娘家的粮食和财物洗去。（3）妇女不上桌同客人吃饭。（4）儿媳妇不能穿鞋在公公面前走过。

（原载于《民族学与现代化》1986年第3期）

云南高原的蒙古族

通海县兴蒙蒙古族乡是云南蒙古族唯一的聚居地。兴蒙乡位于高原明珠杞麓湖西岸的凤山山麓，距县城17公里。传说很久以前，通海坝子还是一片汪洋，凤山伸入万顷碧波之中，像一只展翅欲飞的凤凰。后来湖水下降，土地现出，到凤山下定居的人日益增多，逐渐形成一些村落。其中，有蒙古族聚居的北阁、中村、下村、交椅湾、桃家嘴等5个自然村。南宋末年，忽必烈统率10万蒙古大军攻占云南（时为大理国统治范围），形成从西南方向包抄南宋的态势。宋亡元兴，封皇族成员为"梁王"，并在云南驻扎大量蒙古军队。元亡，梁王余部落籍于云南各地，600多年间，绝大多数陆续融入其他民族，唯兴蒙乡蒙古族例外，成为一个独具特色的"民族小岛"。云南蒙古族长期居住在南方高原湖泊之滨，在生活方式、生产方式等方面早已不同于内蒙古草原上的同胞，但他们仍是蒙古族。他们与自己祖先的发祥地相隔千山万水，与其他民族相处多年，虽然不断吸收其他民族的物质文化和精神文化，但始终未融入其他民族而独立于世。这是中国历史上的一个奇迹。

一、云南蒙古族的特点

（一）语　言

蒙古族语言原属阿尔泰语系。云南蒙古族长期生活在通海的彝族、汉族之中，与其交往频繁，语言发生了质的变化，基本上和汉藏语系藏缅语族彝语支诸语言（彝语、哈尼语、纳西语等）相同。其特点是：有声调；大部分的词以单音节的词根为基础；有量词，词序和虚词是表达语法意义的主要手段；词序比较固定；形容词修饰名词时，一般是名词在前，形容

词在后。（和即仁《试论云南蒙古族语言的系属问题》）

在历史上，彝族曾是通海、河西一带的主要居民。在彝族语言影响下，蒙古语出现了质变。当然，云南蒙古语并不等同于彝语，它仍保有北方蒙古语的一些基本特点。在语音系统方面，大多数短元音和辅音与北方蒙古语基本相同；在语法构造方面，名词有格的变化，名词分单复数以及主语谓语宾语的顺序等，都与北方蒙古语相同；在词汇中，云南蒙古语保有古代北方蒙古语的一些特点。

（二）生产与生活特点

通海蒙古族的生产有如下特点：

1.渔业。兴蒙乡一带原是水乡泽国，5个自然村紧傍杞麓湖。近水识鱼性，蒙古族人民练就了一套捕鱼的卓越本领，积累了丰富的经验。有的捕鱼能手潜入水中，凭手可捕捉10余斤重的大鱼。在田头沟边捉鳝鱼也是蒙古族的特长。他们凭经验一眼就能看出洞中有无鱼及其爬行路线，有人一天曾捉过70多斤鳝鱼。"男捕鱼，女撮虾。"妇女下深水捕虾也是突出的。在旧社会，他们被汉族统治阶级蔑称为"臭渔夫"。

2.种植业。杞麓湖边长满水草，水退后即露出肥沃的沼泽地。几百年前，蒙古族人民迫于生计，开始围湖造田。他们打桩垒埂、移石筑坝，然后在陆上挖土，在水中捞泥，填高沼泽地，造出新田。现在他们进行精耕细作的农业，农作物单位面积产量已经接近周围汉族的水平。

3.建筑业。兴蒙有"建筑之乡"的美称。蒙古族工匠既能建盖雕梁画栋、檐牙高啄的中国古式楼阁，也能建盖水池喷泉、明窗落地的西式别墅；既能建盖器宇轩昂的大楼礼堂，也能建盖小巧玲珑的民居庭院。他们工艺先进、技术精湛，既重视内部质量又重视外表的装饰。20世纪50年代以前，他们建造了通海秀山上的古楼、县城中心的聚奎阁以及省内一些著名建筑物。50年代后，他们建造了昆明、玉溪、红河等地一些政府机构的办公大楼、电影院、医院、宾馆。近几年来，又引进新设备、新技术，可以承包七八层新式办公大楼的建设任务。

通海的许多乡镇大办建筑队，缺技术就聘请蒙古族师傅来指导。全县几十个建筑队中，几乎都有蒙古族工匠。现在，除农忙季节赶回家中帮助栽种和收割以外，平时几乎有上千名蒙古族工匠在外搞建筑。他们当中男女老少均有，其中有3人获助理工程师职称，有18人获技术员职称。一些女青年也能砌七八层高的砖墙。有几位云南蒙古族的能工巧匠先后应邀到非洲的马里、东南亚的老挝等国家参加施工，为祖国争得了荣誉。

生活方面的特点反映在服饰、饮食、住宅等方面。

1. 服饰和头饰。通海蒙古族的服饰与内蒙古的蒙古族服饰已大不相同。几十年前，男子穿长衫、腰间扎带子，近似于内蒙古的蒙古族。50年代后，男子的服饰逐渐与汉族无区别，只是到节日，才有人穿上蒙古族服装。独具特色的是妇女的服饰，她们既不穿蒙古族传统的长袍，也不同于周围其他民族妇女的穿着。云南蒙古族妇女穿三件颜色不同的"三叠水"外衣。第一件是贴身衣，高领，袖长及腕，衣长及股；高领做工精细，用五光十色的丝线和金银线绣成，耀眼夺目；衣边袖口也镶有花边图案。第二件衣服比第一件稍短，无领，袖口里面镶有花边，穿时把袖子反卷到肘关节以上，露出花边，与第一件的花边图案相连。第三件无袖、无领，衣长及腰，是对襟式的夹布褂子；白色面子，蓝色里子，钉上36颗银纽扣。裤子多为青、蓝色。年轻姑娘们腰间还要扎一条布腰带，两端从第二件外衣下露出精美的花纹，以显示自己的手艺。妇女们的头饰也独具一格。少女戴凤冠帽，将两股发辫绕在帽边，辫尾扎两条丝线红缨并结在帽尾上，称为"喜毕"。结婚后，妇女们的头饰有了明显变化，此时不再戴帽子，而用一块青布折成包头，叫"聪兀思"（蒙古语"人众"之义）。生孩子后，发辫全部盘在头顶上，用头帕盖严。

2. 饮食。兴蒙是鱼米之乡，主产大米，也产小麦、玉米、蚕豆等作物。50年代前，贫苦农民"半年糠菜半年粮"；50年代后，生活大大改观。特别是80年代初实行家庭联产承包责任制以来，全乡温饱问题已经解决。现在，当地的蒙古族以大米为主食，有时也吃一点儿面食，玉米、蚕豆仅作为牲畜饲料。副食以猪肉为主。50年代前，一般人家只能在过节时吃到少量猪肉，现在则成了家常菜，每人年均食肉量达40斤以上。同时，鱼、鸡、鸭的食用量也大大增加。蒙古族人民喜食"太极黄鳝"，即不将活鳝鱼剔骨，放入锅中加大蒜黄焖，吃时撕去肠子，然后放花椒盐和油辣子调味。

3. 住宅。当地蒙古族的房屋与周围汉族相同，为土木结构，顶部铺瓦。解放前，地主住的是三坊一照壁的院落或大四合院，贫苦农民住的是狭窄的土基房。现在，普遍盖起了"三间四耳倒八尺"的农舍。一些人家已开始建盖混凝土结构的砖房，外表装饰讲究，院里的水泥地面平整光洁，再在院中培植各色花木，为劳作后的休息提供了良好的场所。

（三）社会习俗

1. 婚俗。云南蒙古族实行一夫一妻制。过去，孩子七八岁时父母就为他们订婚，十八九岁正式结婚。这一习俗与内蒙古的蒙古族相同。从订婚到结婚，礼节烦琐，开销很大。现在，人们认真贯彻婚姻法，恋爱自由，按法定年龄结婚。早年，虽然同姓不能通婚，但却通行民族内婚，对嫁给外族的妇女微言颇多。现在，人们逐渐认识到通婚范围狭小对民族人口素质提高不利，也由于社会的不断开放，因此与外族通婚不再遭非议。目前，已有40多位外族妇女嫁到兴蒙，有30多位蒙古族姑娘嫁给其他民族。

2. 葬俗。云南蒙古族实行木棺土葬，习俗基本与汉族相同。不同之处是，死者装殓时要念"入棺经"，发丧前一天晚上要举行"转花"仪式，在送葬路上要举行"送花"仪式，叙述死者生平，歌颂死者的品行，以提醒后代不忘前辈功德。父母去世后，长子继承门户，主持遗产分配。出嫁的女子无财产继承权，长子可多分一点儿。近几年，当地成立了老年人协会，进行丧葬习俗改革，简化了烦琐的礼节，用献花圈来寄托哀思，节省了大量的人力、财力。

3. 宗教信仰。云南蒙古族的宗教信仰较为复杂，既有自然崇拜和祖先崇拜，也有儒、道、佛三教的深刻影响。全乡5个自然村，有10余座庙宇，供奉着天王、山神、土地、土主、龙王、太白金星、财神、关圣公、鲁班等。家庭内供有灶君、祖先牌位和"天地君亲师位"。同姓的家族各有宗祠。进入80年代以后，云南蒙古族与内蒙古同胞的交往增多，他们共同追溯本民族悠久的历史，缅怀本民族杰出的人物，为云南蒙古族的祖先崇拜注入了新的内容。他们把关圣宫中供奉的关羽改为成吉思汗、蒙哥、忽必烈，并将关圣宫改为三圣宫。宫内正殿挂着几副歌颂祖先功德的对联，其中一副为："蒙族人民骄傲自豪反思千秋祭典；圣祖英勇创建元朝荣载万古史册。"

大的庙宇每年还要举行定期的庙会，形成群众性的宗教节日，其中以农历二月十九日的观音会和四月初二的鲁班节最为盛大。逢观音会时，人们要抬着观音像巡游各村，聚集宴饮，还要请戏班来唱戏。而当鲁班节到来时，在外地打工的泥工、木工、石工，不论路程远近都要赶回来。如果有人3年都不回来，人们就认为他已经死亡了。云南蒙古族的建筑技术精湛，他们把鲁班视为祖师，所以鲁班节十分隆重，要过3天，以第二天最为热闹。这一天，人们迎鲁班神像，祈求祖师多传技艺，然后相聚一堂，交流经验，畅叙情怀。供奉鲁班的正殿内挂着一副对联："风云常护构屋架；日月同悬工艺表。"

4.节日。除带有宗教色彩的节日外，云南蒙古族还与汉族同过春节、清明节、端午节，也与彝族同过火把节。云南蒙古族过去在11月要举行祭祖活动，祭奠成吉思汗。1981年以后，他们把这次祭祖活动改称为"那达慕"，并充实了其中内容。在节日期间，既有蒙古族独特的摔跤、跳面具舞、唱民歌，也有向其他民族学来的彩灯、蚌壳灯、虾灯、凤凰灯。"那达慕"大会在秋后举行，人们满怀丰收的喜悦，身着节日盛装，参加各种文艺表演和体育竞赛，欢庆五谷丰登、六畜兴旺。

二、四十年来经济与社会的变化

（一）经济发展概述

1949年以前，当地蒙古族人民耕种的3800余亩土地中，租种地主、祠堂、庙宇、学校的就有3200余亩，占总耕地面积的84%以上。农民只有自耕田约600亩，人均0.2亩。一年的粮食总产量为121万斤，交给地主50万余斤，交给祠堂、庙宇、学校16万斤，人均占有粮食130斤，仅够吃4个月。七八个月无粮，只得捉鱼摸虾糊口，或外出帮工度日。当时，生产力水平低下，工具、技术落后，保水田肥料不足，粮食年均亩产仅315斤。

1949年以后，摧毁了封建土地所有制，砸碎了束缚生产力发展的枷锁。土地改革的完成，使兴蒙全乡人民分得了土地，人均1.2亩。经过农业社会主义改造，广大社员的生产积极性高涨。1957年粮食大丰收，总产262万斤，比新中国成立前增长116%；亩产625斤，比新中国成立前增长98%；人均占有粮食784斤，比新中国成立前增长506%。短短7年时间，全乡基本解决了吃饭问题。

1958年以后，兴蒙人民先后参加通海县甸苴坝水库、人民大坝、红塔沟水库、小村水库、沙沟嘴抽水站等工程建设，为全县水利化做出了贡献，同时也从根本上改变了本乡的水利设施状况。1957年，在人民政府支持下，蒙古族人民兴建了40匹马力的机械动力抽水站。60年代初通海县通电后，这里先后修建了电力排灌站6个，使3000亩大田变为保水田，大春的水稻、小春的小麦和蚕豆，都不怕天旱的威胁了。1990年，国家投资4.1万元兴建水浇地，使80%以上的山地成为旱涝保收的水浇地。这样一来，烤烟就可以种到山地里，让出大田种水稻，既保证了粮食作物有足够的种植面积，又保证了经济作物产量不减少。

60年代以前，兴蒙乡没有拖拉机、汽车，耕种、收割、运输都是靠人力、畜力。70年代也发展缓慢。1980年后，情况发生了变化，全乡有大拖拉机1台、手扶拖拉机13台。1990年，全乡已有汽车1辆、大拖拉机2台、手扶拖拉机36台。碾米、磨面早就实现了机械化。机械耕作面积也扩大了，大春种植面积达4132亩，其中机耕面积达3538亩。特别是在大田泡水后，90%以上用拖拉机耙田，大大减轻了劳动强度。

化肥和农药用量的增长幅度十分惊人。70年代，全乡每年用化肥约30吨、农药约3000斤；到1988年，全乡化肥用量达458吨，农药用量达5736斤。在增加化肥用量的同时，农家肥的用量也没有减少，每亩达300斤。

水利设施配套，机耕面积扩大，肥料用量增加，使全乡粮食总产量稳步上升。1980年为338.75万斤，成立民族乡前的1987年为323.54万斤，成立民族乡后的1989年达到434.18万斤。1989年比1987年增长了34.2%，比1980年增长了28.2%。

10年来，全乡在不放松粮食生产的前提下，结合本地实际发展烤烟。1980年，全乡仅种植烤烟282亩，总产量为10.25万斤。1989年，种植面积扩大到625亩，总产量为18.28万斤，比1980年增长78.3%。

畜牧业也有长足进步。1989年，全乡总收入为371238元，比1987年的284952元增长了30%。生猪存栏数达2889头，比1980年的2078头增长了39%，比1987年的2213头增长了31%。

80年代以前，兴蒙几乎没有乡镇企业，蒙古族人民在建筑方面的卓越才能被埋没了。1970年，生产队虽然组织副业队到外面从事建筑业，但却是畏首畏尾，甩不开臂膀。70年代末，全乡乡镇企业产值仅有15万元。进入80年代以后，随着党在农村各项经济政策的贯彻落实，兴蒙的乡镇企业（主要是建筑业）发展很快，在原来副业队的基础上，扩建为两个建筑队。第一队有120人，第二队有135人，两个建筑队长年在外承包工程，享有较高的声誉。1986年，全乡乡镇企业总产值达242万元，为1979年的16倍多。近两年，国家压缩基建投资，建筑队产值下降，1988年为137万元，1989年为122万元，但是也比1980年的19万元高得多。

除了参加建筑队的200多人以外，还有80多人在农闲季节外出从事建筑业，每年每人获得的纯收入都在千元以上，为农业生产条件的改善和群众生活水平的提高积累了大量资金。乡上办了小五金修理厂、采石场，还有一些人成为从事交通运输、碾米磨面、饮食服务的个体户。他们活跃了农村经济，方便了人民生活，为剩余劳力的转移开辟了新的门路。

经济的发展带来了人民生活的改善。从人均有粮情况来看，1989年达到756斤，自给足够并略有结余。从人均总收入来看，1957年为62.5元，1980年为221元，1987年上升到650元，1989年又进一步达到965元。1980年至1989年的10年间，人均总收入增长了3.37倍。

（二）教育科技与卫生

20世纪50年代前，兴蒙办有一所初级小学，开设有一至四年级4个班，有学生100人左右（无女生），由蒙古族教师担任教学工作。1941年，与附近汉族聚居的解家营、石山嘴合办蒙汉高级小学，名为河西县仙崖乡中心小学。该学校有2个班、学生60人左右。广大贫苦农民渴望学习文化，但受教育的机会却很少。

新中国成立后，党和政府十分关心蒙古族人民文化素质的提高，重视在兴蒙乡发展教育事业。1950年，初级、高级小学合并，改名为河西县仙崖乡人民小学，蒙古族学生剧增。1968年后，这个学校主要招收蒙古族子女，全校有蒙古族学生769人，占全校学生总数的80.78%。60年代，兴蒙创建了民办的农业中学，乡上划给学校山地50亩，实行半农半读，教文化知识、农业技术和会计知识，培养了一批人才。党的十一届三中全会以后，教育事业受到更大的重视，全乡有完全小学一所，并附设初中班。1984年，全乡普及初等教育，正在向普及九年义务制教育的目标迈进。1989年，全乡入学率达98.6%，巩固率达97%，毕业率达99%，普及率达97.6%。80年代以前的30年中，蒙古族中有高中生53人、中专生17人；80年代以来的10年中，培养出高中生53人、中专生48人；新中国成立后的40年中，培养的大学生达31人，他们已成为社会主义建设的生力军。

值得重视的是蒙古族女学生、女教师的数量大量增加。过去，受重男轻女思想的影响，妇女几乎被完全剥夺了受教育的权利。1949年，全乡学校中仅有女生1人，无女教师。1949年以后直至1956年7月才有2名女生。1961年，始有蒙古族女教师1人，女生人数仅50人。然而到1988年，全乡已有蒙古族女教师12人、女生315人。教育方面的重男轻女思想根本改变了。

在搞好中小学教育的同时，乡上还抓学前教育、技术教育和扫盲教育。现在全乡有幼儿园1所4个班、入学儿童170人、教职工4人；有技术培训班2个、学生140人，由有关农业技术人员举办不定期的讲座；有扫盲班4个、兼职教师4人、学生109人，其中男生5人，女生104人，多为三四十岁的妇女。

10年来，随着国家经济实力的增强，办教育的条件大大改善。从解放前直至70年代末，都是将旧时的建筑适当修茸后作为校舍。1980年，乡上选择中村与白阁交界处为校址，拨了25亩土地建盖新校舍。几年来，省教育厅、省民委等部门先后拨款26万元，兴蒙乡自筹9万元，建筑队捐款0.45万元，总计35.45万元，建成一幢两楼一底钢筋水泥结构的教学大楼，建筑面积3300平方米，使学生们能在宽敞明亮的教室里学习。国家拨经费为学校购买了包括彩色电视机、录像机在内的现代教学设备，内蒙古自治区也援赠了教学仪器，大大开阔了师生们的视野，促进了教学质量的提高。

学校还突出自己的民族特色，从实际出发，在中低年级实行双语教学，帮助中低年级学生尽快地掌握文化科学知识。同时，还与内蒙古同胞加强交流。1980年到1985年，内蒙古锡林郭勒盟师范学校先后派出4批蒙语教师到兴蒙乡学校的蒙语班教蒙文。1980年以后，兴蒙乡也先后派出34

名初中生赴内蒙古自治区学习蒙文、师范、农机、农技、民族艺术。这些学生毕业回到兴蒙后，在社会主义建设中发挥了作用。其中学蒙文的回乡当了教师，学校专门在各年级开设蒙文课，让蒙古族学生掌握自己民族的语言和文字。

1978年后，乡里成立了农科站，设置了专职农科人员，培养具有专业知识的水稻、烤烟、牲畜、科技辅导员。为提高广大社员的科学技术素质，发挥他们的积极性、创造性，1988年建立了群众性的科学普及协会，下设经济作物、粮食作物、畜牧兽医、林果、生产、建筑、文教卫生等10个小组，共有会员84人。1989年，又兴建生猪饲养研究会，有会员15人。专业人员的研究与群众性的科学普及活动相结合，使全乡农业科技推广工作取得了可喜的成绩。

在粮食栽种中，化肥、农药的施放技术水平不断提高，新品种和塑料薄膜育秧技术也为越来越多的人所喜爱。1983年刚开始推广塑料薄膜育秧技术的时候，人们并不欢迎它，推广困难，到1987年才推广了4亩。后来，有的社员在农科人员指导下掌握了此项技术，培育出的稻秧健壮、整齐、多苗、成熟期早，节省了秧田，增强了秧苗的抗病力，提早栽插可以避开8月份常见的低温天气，保证粮食增产。人们看到成果，纷纷效法，采用薄膜育秧的社员越来越多。1985年推广61亩，1989年达146亩，1990年达206亩。在推广新技术的同时，国家还从财力上大力扶持，每亩秧田补助37.50元以用于购买塑料薄膜，提高了社员的生产积极性。

在进行烤烟栽培新技术的推广时，也遇到类似的情况。通海是"云烟"的主要产地，红塔山、阿诗玛等名牌烟就靠这里提供原料。为了保证质量，必须以营养袋育苗，采取不同常规的主料烟栽培方法，技术较一般方法复杂。仅营养袋育苗就必须按科学配方，加入一定比例的农家肥、复合肥、农药，配成营养土，然后一袋袋装好。把育好的苗移到袋中，再种到烤烟地里。开始时，有人看到技术较复杂，还要费钱买营养袋、复合肥、农药，不愿接受，甚至说风凉话——政府无事找事做。但实际上，用营养袋育苗，不必像传统方法移栽后那样一周内天天浇水，这就大大节省了劳动力。主料烟的新栽培方法一亩可育苗1000棵，看起来比传统方法一亩1600棵苗少，实际上却长得更好，产量有很大提高。为推广此项技术，烟厂和县人民政府又拨专款补助社员。现在，所有农户都积极采用科学方法栽培烤烟，使烤烟质量大大提高。1988年，上等烟比例为57%，比1987年增加20%。兴蒙乡十分重视科技培训工作，除了办好技术培训班外，还在春耕栽插、中耕管理、秋收秋种等时候及时召开现场会，教社员施肥、打农药、认识新品种等农业科学技术，使科技兴农的观念深入人心，使各种农作物单位面积产量逐步上升。

在医疗方面，培养了蒙古族医生、护士，乡上办起卫生室，各村均有卫生员，常见病不出乡就可以治疗。为广大群众及时接种各种预防疾病的疫苗，大大减少了发病率，一些旧社会常常出现的急性传染病如霍乱病等已经绝迹。为了更好地保证蒙古族人民的身体健康，玉溪地区和通海县决定拨款13万元，在兴蒙新建一个乡级卫生院，并配置一些现代化的医疗设备，从根本上改变兴蒙乡卫生事业的落后面貌。

（三）社会风尚

云南蒙古族具有良好的社会风尚。在漫长的历史岁月中，他们勤劳淳朴、团结互助、尊老爱幼、遵守社会公德，一些古规展现了蒙古族美好的心灵。例如"接柴"，规定凡是有人上山挑柴，家里人必须去接：弟弟挑柴，兄长去接；妹妹挑柴，姐姐去接；妻子挑柴，丈夫去接；老人挑柴，子女去接。如果不去接柴，这家人会被认为家人间互不关心、不懂礼貌。又如盖房，只要备好料准备动手，立即就有人来帮忙，而且不要报酬。再如洗衣服，妻子从不要丈夫动手，如果让丈夫洗衣服，妻子就会被认为不勤快，会被人讥笑。

与周围兄弟民族交往时，蒙古族既保持独立的民族意识，又与人为善，尊重他人，多年来很少与其他民族发生大的纠纷。蒙古族人民善于捉鳝鱼，到附近田中捉鳝鱼时，从不糟蹋别人的庄稼；相反，把鳝鱼捉去，可以防止田埂漏水，从而保护了庄稼。所以，捉鳝鱼受到其他民族的欢迎。上山打柴，也从不乱砍滥伐，不因自己打柴而毁坏别人的森林。所以，其他民族的人民看到蒙古族人民上山打柴，都比较放心。

乡上进行社会主义精神文明建设，特别注意发挥老年人的作用。1989年，兴蒙蒙古族乡建立，随即成立老年人协会。这个协会以从外面机关、工厂、学校等单位退休回来的老干部、老工人、老教师为骨干。他们既熟谙本民族的传统，又接受了外界的新事物、新思想、新知识；既保留着民族特点，又不封闭保守。这些老同志人虽退休，但时时关心本民族的发展。他们以辛勤的工作，促使全乡的社会风气发生了良好的变化。10年来，人们的生活逐步提高，但同时也出现大操大办红白喜事的现象。乡政府刚刚建立，想改变这种风气而缺乏人手。于是，老人们出面，宣传新事新办，并协助乡政府制定措施，抵制铺张浪费的倾向。现在有章可循，又有老人的监督，大操大办的风气开始转变。

实行家庭联产承包责任制后的一段时间内，人们不太关心村里的公益事业。路面泥泞无人管，桥梁失修无人问。老年人协会在乡政府的支持下，发动全村男女老少出义务工，把村中500多米的道路铺上水泥。老人们还凭着自己的力量，把村前失修的大桥重新修好，保证了全乡各种物资运输的安全。前些年，凤山上的树减少了，生态环境被破坏。老年人协会成立后，决心要恢复良好的生态环境，为子孙后代造福。1988年和1989年两年，他们植树造林，现已成活20000多棵。1990年，计划成活25000棵。老人们热爱家乡和本民族，关心集体，为全乡人民树立了风范。人们向他们学习，尊老的气氛更浓了。

现在，兴蒙乡正气上升，歪风邪气下降，社会秩序非常好。清晨，广播室播放高亢浑厚的蒙古族民歌，人们开始了一天的劳作；傍晚，收工回来，家人团聚，略微小酌，别有一番情趣；入夜，人们或到广场上看电影，或在家中看电视，或到文化站看书报，或到老年人协会活动中心打牌、对弈，消除了一天的疲劳，又提高了精神文明水平。

1990年8月于兴蒙

（原载于《云南社会科学》1992年第2期）

《当代云南水族简史》绪论

一、水族的人口分布和地理环境

（一）人口分布

水族是中华民族大家庭中的一个成员。根据2000年中国第5次人口普查的统计，全国共有水族406902人。其中，贵州省有369723人，占全国水族总人口的90.86%；在贵州省境内，水族主要聚居在黔南的三都水族自治县，共计有189128人，占全县总人口的63.58%，占全省水族总人口的51.15%；与三都水族自治县邻近的荔波、都匀、独山、丹寨、雷山、从江等地共有24个水族乡，是连成片的水族聚居区。广西壮族自治区有水族9995人，散居在南丹、河池、宜山、融水、环江、都安、来宾等地。在北京、上海、重庆、广州、成都、贵阳、昆明等城市也有零星散居的水族。

云南水族分布于富源、彝良、宣威等县市，是云南省世居少数民族之一。在1990年第4次全国人口普查时，云南水族人口为7971人，其中富源县6824人，彝良县486人，宣威市135人，昆明市126人。富源县水族占全省水族总人口的85.6%，是云南水族的主要居住地。这里形成了世代聚居的水族村落，最著名的是黄泥河两岸的5个较大的村寨——补掌、都章、热水、大寨、咚喇，俗称"水五寨"。1984年，"水五寨"设置补掌乡（小乡），1988年与沙营、古敢两个乡（小乡）共同组建古敢水族乡。1998年，富源县有水族7633人，其中古敢水族乡有4563人，占全县水族总人口的59.8%。在古敢水族乡，"水五寨"有水族2529人，占全乡水族总人口的55.4%。除古敢乡外，黄泥河、老厂、富村等地也有水族分布。2000年第5次人口普查时，富源县有水族10567人，占全省水族总人口的85%以上。

在历史文献中，关于水族的记载十分缺乏。据1923年《平彝县（今富源县——引者注）地志资料》中的记载，"仲类"（包含历史上的水族）"有人口约三千七百四十有九"。新中国成立后的历次人口普查表明，富源县水族人口在不断增加：1953年为2025人，1964年为2515人，1982年为3598人，1990为6824人。

（二）地理环境

中国水族的主要居住地贵州省三都水族自治县以及毗邻县市，位于云贵高原苗岭山脉以南的都柳江和龙江上游一带。这一带地区海拔在500—1000米，群山由北向南延绵而去，有时在山岭环抱之中，出现开阔的平坝。山间溪流不断，山坡上遍布松柏等常绿树木，蕴藏着丰富的森林资源。这一带地区气候温和，雨量充沛，年均气温18℃，年均降雨量1384毫米，宜于植物生长。农作物一年可以两熟，主要农产品有在云贵高原上常见的稻谷、小麦、玉米、红薯等粮食作物和油菜、花生、苎麻等经济作物。林产品也十分丰富，有松杉等木材，麦冬、杜仲等药材，油桐、油茶等经济林木，蘑菇、木耳等林副产品。名木古树、奇花异草、珍禽怪兽、昆虫鱼类，显示出生物多样性特征，形成一个完整的生态系统。

云南水族的主要聚居地富源县，是曲靖市的下辖县，位于云南省东部；东、东南与贵州省盘县、兴义市毗邻，北与云南省宣威市相连，西与麒麟区接壤，西南与罗平县紧依。水族聚居在富源县南部，其主要聚居地古敢水族乡东、南、北三面与贵州省兴义市相邻，西面与富源县的黄泥河镇及贵州省的威舍镇接壤，全乡总面积82.6平方公里。地势西北高、东南低，主要山脉为乌蒙山南支的十八连山山脉，最高峰黑牛山海拔为2410米，最低处特土峡谷海拔为1110米。万山丛中流淌着云南水族的母亲河——黄泥河。

黄泥河发源于贵州省盘县，大致沿贵州与云南交界处由北向南而流，在云南省罗平县八大河三江口汇入珠江上游的南盘江，在富源县境内全长98.7公里，由普衣河、古木河、拖竹河、补掌河、五乐河等支流汇合而成。黄泥河干流和支流的流经之地是云南水族世代生息繁衍的地方，水族人民把它视为母亲河。这一带为低中山河谷槽区，平均海拔1300多米，呈岩溶地貌，峰林绵延，溶蚀洼地随处可见，与广西桂林地貌多有相似之处，风光十分秀丽。黄泥河及其支流灌溉着两岸农田，养育了两岸的水族人民；同时，蕴藏着丰富的水能资源，著名的鲁布格水电站就建在黄泥河下游。

古敢水族乡气候湿热，属于北亚热带湿润季风气候类型。夏季高温多雨，冬季阴冷潮湿，多雾多阴雨；大体上雨热同季，但由于降雨分布不均匀，有时会出现春旱秋涝的现象。土壤主要为黄壤石土、冲积土和水稻土相间的土壤类型，因此开垦出来的耕地熟化程度较高，有机质含量高。良好的气候、肥沃的土壤，使古敢水族乡生物资源丰富：有以松树、杉树为主的用材林和以银杏、油桐、板栗、樟木等构成的经济林；有鱼腥草、两面针、车前草等野生药材，龙爪菜、野藜蒿等野菜，野生兰草等野生花卉；粮食作物以水稻为主，同时还种植玉米、小麦、大豆、蚕豆、红薯、洋芋等；经济作物有烤烟、油菜、甘蔗等；蔬菜有白菜、青菜、辣椒、大葱、韭菜、茴香、茄子、黄瓜、南瓜、萝卜等；水果有桃、李、梨、杏、枇杷、柑橘、柿子等。

除古敢水族乡外，云南其他水族聚居地也多依山傍水，村寨平均海拔在1300米左右，自然环境优美。例如富源县老厂镇的乐额下寨，与罗平县接壤，位于块泽河与普鲁河交汇处，海拔1400米，东南是狮子山，南面是狮子垴，北面是小石岩山，山下是奔流不息的块泽河，村中清泉流淌，绿树掩映，景色宜人。

二、历史源流

（一）水族的族称和历史源流

水族的族称和历史源流，在水族民间和水族研究中有不同的认识。

成书于20世纪80年代的《水族简史》提出，水族自称"虽"，"虽"在水语中有"篦子"及"疏通和理顺"的含义，汉语音译为"水"，与水族的"虽"不是一个含义。水族的汉译称呼较早为明代王阳明《月潭寺公馆记》中的"休"。其后，明末学者邝露在《赤雅》一书中记述自己游历广西民族地区见闻时，称"休亦僚类"。从历史发展的脉络和语言、文化、习俗等方面考察可以确认，水族是由古代百越族群中的骆越人发展衍化来的。水族古老的民间歌谣告诉人们：水族的先民骆越人原来居住在广西邕江流域的"岜虽山"，即今广西南宁的邕江流域一带。汉代文献《淮南子》记载，公元前221年秦统一六国后，派尉屠睢领兵50万进攻岭南，遇到西瓯、骆越等南方民族的顽强抵抗。秦军遭到了沉重打击，主将尉屠睢被杀，"伏尸流血数十万""三年不解甲弛弩"。后来，秦始皇派兵增援，打败了西瓯、骆越，统一了岭南，置南海郡、桂林郡和象郡。其中，桂林郡和象郡为西瓯、骆越故地。抗秦斗争失败后，水族先民骆越人往黔、桂边境迁徙，最后定居于今贵州省三都、都匀等县市。当时，被称为"南夷"的贵州中西部分布着夜郎、且兰等小国，水族迁入地属且兰国范围。

2004年出版的《中国水族文化研究》综合了学者们的研究成果后提出另一种说法：水族自称"睢"，居住在古代中原的睢水流域。睢水因睢人而闻名，睢人又由于睢水显著的地理特征而为人所知。后来，族称"睢"被"水"取代，与唐代开元年间在黔桂交界的环江一带设置的安抚以水家人为主体对象的羁縻州——抚水州有关。这是中央王朝正式确认水家为单一民族的开始，并由此出现他称的水、水家、水苗家、水仲家、水边等称谓。

水家人的先民是殷商时期就居住在睢水流域的睢人。睢水故道在今河南省开封市一带，睢水现在虽已名存实亡，在历史上却是水族文化的发祥地。老一辈学者曾提出水族为"殷人后裔"之说，这一观点得到当代水族研究者的认同，其理由是：1.水族历史久远的水书及古文字的形体与甲骨文、金文相似，"疑其先人与殷人有关"；水书最初创制于西北地区，后来才传入南方又传入黔省。2.水家多信鬼，与"殷人尚鬼"吻合，"今水家之所以'鬼名'繁多，所以尊崇巫师，所以有为咒术用之'反书'，皆可为殷代文化遗留之铁证"。3.水族创世女神"牙娲"，与华夏民族创世女神"女娲"，不论在构词法及读音上都有相通之处；水族的第一位男神"公殷"（或译为"恩公""拱恩""殷公"），就是汉语"殷公"的音转。4.水语是遗存中原古语音的活化石，直至今日，水语中还保留了大量古汉语的读音；水语与汉语同源，其根本原因就是水家先民生活在睢水流域一带，正处于中原夏商周文化圈之中，故具有特殊的发展历史。

水族为"殷人后裔"说，衔接了水族"两广迁来"说，追溯了水族先民进入两广以前的历史。二者结合起来，使水族的源流脉络清晰地显现出来，这就是：水族发祥于中原的睢水流域。殷商亡国后，水族先民第一次大迁徙，由中原睢水流域一带南迁到两广地区，逐步融入早先居住于此地的百越族群之中。公元前3世纪，秦王朝在统一中原以后派兵征伐岭南，水族先民反抗失败，被迫进行第二次举族大迁徙，由南溯江而上，进入黔桂交界的龙江、都柳江上游一带的夜郎、且兰等小国生息繁衍，大致形成后世水族分布的格局。

西汉初年，中央王朝无暇顾及边疆。汉武帝元光五年（前130年），唐蒙出使夜郎，与夜郎统治者达成协议，"约为置吏，使其子为令"。在夜郎的影响下，且兰等国也依附于汉王朝。汉王朝将且兰等"夜郎旁小邑"，"收以为犍为郡"。元鼎六年（前111年），汉王朝废且兰国，改为且兰县；将原"南夷"地区从犍为郡中划出，另置牂牁郡，管辖且兰县在内的17个县。其中，水族先民聚居的今三都、荔波一带，为牂牁郡下毋敛县的属地，水族地区被纳入中央王朝直接统治的范围。

西汉末年，阶级矛盾尖锐，社会形势动荡。牂牁地区的大姓"龙、傅、尹、董氏及郡功曹谢暹，保境为汉，乃遣使从番禺奉贡"，受到中央王朝奖励。其中的郡功曹谢暹，可能与后来在唐代统治水族地区的东谢蛮有关。谢氏控制牂牁地区达700余年。谢暹的后裔谢恕任牂牁太守时，割据巴蜀的成汉政权派兵攻牂牁，久攻不下只得退去。谢恕"保境独为晋"，受到东晋王朝重用。南北朝时期，滇东一带的乌蛮爨氏崛起，割据南中地区，其势力达于今贵州中、西部。此时，牂牁谢氏控制的水族地区没有依附爨氏而背离中原王朝，仍与南方的梁、陈等政权保持政治联系。隋朝建立后，隋文帝杨坚派史万岁南征，平定爨氏割据势力，南中恢复中央王朝的统治，水族所在的牂牁也回归中央王朝版图。在唐代，谢氏与中央王朝的关系更加密切，武德三年（620年），谢氏首领谢龙羽遣使朝贡，唐王朝以其地置牂州，授谢龙羽为牂州刺史，封夜郎郡公。贞观三年（629年），东谢蛮首领谢元深入朝，唐王朝以其地（今贵州省三都水族自治县一带）置应州，任谢元深为刺史，隶属黔州都督府。同年，南谢蛮首领谢强入朝，唐以其地置庄州，任谢强为刺史。开元年间，中央政府又在水族地区增设劳州、莪州（今贵州荔波）和抚水州三州。这些州属于唐王朝设立在边疆地区的羁縻州，谢氏子孙的地位世袭罔替，皆臣属于中央王朝，并朝贡不辍。

水族地区在谢氏的统治下，从东汉至唐开元年间，经济社会有了进步。早在西汉王朝，为解决牂牁地区郡县官员及驻军的供应问题，就"募豪民田南夷，入粟县官，而内受钱于都内"；后来，巴蜀的一些大姓和汉族劳动人民迁入今水族聚居区三都等县，带来了先进的生产工具和技术，推动了水族地区经济社会发展。魏晋时期，各地战乱频繁，而谢氏管辖下的牂牁水族地区受战争影响较小，社会秩序相对稳定，经济持续发展。进入唐代，水族聚居的东谢蛮地区已是人口殷实、"地方千里"，个别自然条件较好的地区，"土气郁热，多霖雨，稻粟再熟"。粮食一年两熟，人们有了较多余粮，可以酿造更多的酒、饲养更多的牲畜。同时，家庭手工业也有了长足的进步，纺织技术、兽皮制作技术、蜡染技术有了很大提高，能生产精美的服饰、花被、皮帽、毡袭。以上是较先进的平坝区水族的状况，而山区的水族则较为落后、原始。

唐代开元以后，谢氏式微，其他大姓势力先后崛起，其中蒙氏尤强。宋朝建立后，承袭了唐朝制度，继续在水族地区推行羁縻政策。从太祖开宝三年（970年）起，先后在今水族地区设置荔波、陈蒙、合江、抚水等州，加强对这一地区的统治。其中，抚水州下辖的抚水、京水、多逢、古劳4县，委任蒙姓各层首领为州县官吏。这表明蒙氏代替了谢氏在水族中的统治地位。

根据《水族简史》的研究，蒙氏统治时期，水族已进入封建领主统治时代。土地为封建领主占有，劳动人民通过传统的村社组织"洞""寨"，领得一份土地，又以村寨为单位向封建领主缴纳贡赋和提供无偿劳役。基层的村社组织保留着诸多原始遗风，有关村社集体的事务仍由德高望重的"都老"主持；村社还拥有一些荒地、山林、牧场，村社成员可以自由使用。蒙氏封建领主在辖区内享有巨大的权力，并聚敛财富，生活奢侈。不仅如此，他们还有强烈的扩张欲望，以求向周边地区掠夺更多的财富和人口。宋太宗雍熙年间到宋真宗大中祥符年间（984—

1016年），抚州领主蒙令地、蒙令札、蒙组、蒙承贵等人多次骚扰宜州、融州、天河（今广西宜州、融安一带）；宋仁宗庆历四年（1044年），荔波领主蒙赶联合其他领主攻破环州、镇宁州（今广西环江一带）。尽管蒙氏封建领主多次与宋王朝发生冲突甚至战争，但唐代以来实行的羁縻州县制度一直未变。在这一制度下，中央和地方、内地和边疆的政治、经济、文化联系不断加强。内地商人到水族地区经商，促进了当地的物资交流；内地生产技术和工具的传入，推动了水族经济的发展；内地先进文化的传播，提高了水族的教育水平和文化素质。这些都促成了水族的正式形成。

元明时期，中央王朝改变了对包括水族在内的西南少数民族的统治方式，实行土司制度。元至元二十八年（1291年），在今水族聚居的三都烂土"立定云府，改陈蒙洞为陈蒙州、合江为合江州"；至元二十九年（1292年），八番都元帅言"新附洞蛮十五寨，请置官府以统之"，于是"诏设陈蒙、烂土军民安抚司"。大德元年（1297年），"罢南丹州安抚司，立庆远南丹溪洞等处军民安抚司"，下辖4州6县，包括今水族聚居的荔波等县。在上述地区，元王朝授予归附的水族等民族首领土官官爵，通过他们实现对各民族的统治。从此，水族地区确立了土司制度。水族土司可以世袭，在其辖区内具有最高的统治权力，并有一定的独立性，但必须按期向中央王朝进贡，听从征发调遣。明朝在元朝土司制度的基础上，把民族地区土官的名号固定了下来。在这些地区，除了任用水族上层担任土官外，还任命随征的其他民族将士为土官。土司的民族出现多样化，其中最著名的是烂土土司。清乾隆《独山州志》和民国胡羽高《三合县志略》记载，明洪武二十四年（1391年）三月，湖广襄阳人张均随傅友德征黔有功，被题授"合江陈蒙烂土长官司，颁给印信号纸"。从张均被封为烂土土司至清雍正六年（1728年），烂土土司共传16代。在清政府大规模改土归流时，烂土土司奉调征讨其他土司立下战功，深得朝廷好感，烂土土司因此而得以保留至民国时期才被废除。

土司制度实行之初，与水族社会的经济发展水平相适应。大量汉族的迁入，带来了先进的生产工具和农耕技术，土地得到大规模开发，农作物产量不断提高；汉族土司还带来了封建地主制的生产方式，逐渐改变了水族原有的封建领主制土地关系，放松了领主制下对农民的人身束缚，提高了生产者的积极性，促进了水族地区封建地主制的确立和水族社会的进步。但是，土司制度的实行有一定的历史条件，随着时代的发展，其弊端日显。土司势力相对独立，有时甚至割据一方，与中央王朝对抗，阻碍了全国政令的统一推行；土司残酷压迫剥削各族群众，老百姓痛苦不堪。改土归流就成为历史的必然。明朝初年，中央王朝将水族地区的3个巡检司改为县，委任流官代替土官，开水族地区改土归流的先河。清雍正朝进行大规模的改土归流，水族地区也在这一行动范围内。清王朝派兵进攻今黔南至黔东南的苗族、水族、布依族等各民族地区，新置古州、台拱、清江、都江、丹江、八寨等6厅，分属都匀、镇远、黎平3个府管理，以武力完成了改土归流。

改土归流削弱了土司的势力，加强了水族地区与中原地区的政治、经济、文化联系，推动了水族经济社会的发展；但是，与中原地区和东部沿海地区相比，水族地区仍然十分落后，自给自足的自然经济依旧占据主导地位。土司、土目、地主占有大量土地，他们把土地租给无地或少地的贫苦农民耕种，坐收地租；还通过高利贷剥削和雇佣剥削方式，榨取农民的血汗。拥有一定数量土地的农民被固定在土地上，使用简单的农具生产自己需要的粮食、棉花、油菜籽等农产品；同时自己加工生产酒、油、棉布等生活用品，自给自足。从清王朝到国民党统治时期，广大水族人民要承担政府沉重的捐税。《水族简史》记载："从清初到鸦片战争二百年间，有的地区农民负担仅田赋一项，就增加了五倍。有的地区甚至出现农民的土地被强占，而田赋仍归农民缴纳。"国民党统治时期，"在水族地区所征的税已达四十多种。至于附税和乡保人员自行摊派的'乡兵捐''清乡费''自卫班食米'等苛捐实在无以数计"。政府的苛捐杂税和土司、地主的高利贷、地租，使贫苦农民不堪重负；加上残酷的政治统治和民族压迫，使阶级矛盾和社会矛盾日趋尖锐。这些矛盾屡次引发农民起义。

水族是一个具有革命斗争传统的民族。远在秦王朝时期，水族先民就与其他民族一道抗击秦王朝的征伐。唐宋元明时期，水族人民多次举行反抗斗争，沉重打击了封建王朝的统治。近代以来，水族人民频频开展革命斗争。其中，清代咸丰、同治年间爆发的潘新简领导的农民大起义是水族历史上规模最大、范围最广、时间最长的农民革命。这次起义坚持了18

年，水族起义军与附近各民族起义军同太平天国起义军配合呼应，驰骋千里，攻破清军守卫的多个府、州、厅、县，取得了一个又一个胜利。起义军在九阡设立王府，建立农民政权，威震黔桂边区。在近代反抗帝国主义侵略的斗争中，水族人民也表现出了坚强的斗争精神和爱国精神。鸦片战争以后，帝国主义利用宗教对中国进行文化侵略，遭到中国人民的强烈反抗。清光绪三十三年（1907年），贵州都匀水族和其他民族人民以"灭洋兴汉""联团灭教"相号召，掀起反洋教斗争。他们攻陷甘为教会服务的都匀知府潘家怿盘踞的都匀府城，释放无辜被押的民众；捣毁都匀城内欺压各族人民的教堂，惩处一些假借教会威风凌辱百姓的恶劣教徒。大长中国人志气，大灭帝国主义威风。水族人民反对封建主义和帝国主义的斗争先后被镇压，但是先烈们的革命精神和英雄业绩代代相传。

在中国共产党成立后，水族人民的斗争进入了新的时期。党的一大代表中，来自山东的邓恩铭就是水族人民的优秀儿子。1901年，他出生在贵州省荔波县水浦村的一个水族劳动人民家庭。1917年，因生活困难投奔山东的亲戚，进入济南省立一中读书。两年后五四运动爆发，邓恩铭深受影响走上革命道路，在革命斗争中接受了马克思主义。1920年，他与王尽美在济南发起组织了马克思学说研究会，在此基础上于1921年初秘密成立山东共产主义小组，开始有组织地宣传马克思主义。1921年7月，中国共产党第一次全国代表大会在上海召开，中国共产党诞生。邓恩铭和王尽美作为山东共产主义小组代表出席了会议。年仅20岁的邓恩铭是13名代表中年龄最小且唯一的少数民族代表。党的一大后，邓恩铭回到山东，从事党的组织宣传、工人运动的领导工作，先后担任中共中央直属的山东区支部负责人、中共青岛市地方执行委员会书记、中共山东地方执行委员会书记、中共山东省委书记。1928年12月，山东省委机关因叛徒告密而遭到破坏，邓恩铭不幸被捕。在狱中和法庭上，他面对敌人的严刑折磨和巧言利诱坚贞不屈，表现了共产党人的崇高气节和刚毅精神。从被捕到牺牲的两年多时间里，邓恩铭领导狱中党组织和党员及其他难友进行顽强的斗争，其中两次组织越狱，均不幸失败。1931年4月5日，邓恩铭等21名共产党党员高唱着《国际歌》，高呼着"打倒帝国主义""打倒反动军阀""中国共产党万岁"等口号，在济南英勇就义，为共产主义事业和中国人民的解放流尽了最后一滴血。

在中国共产党领导下，水族人民前仆后继，积极进行革命斗争。1930年，邓小平、张云逸领导的左右江革命根据地的红军由广西驰攻贵州军阀王家烈。红军路过水族地区时，一些水族子弟参加了红军，很多人为红军带路，运送粮草。红军长征北上抗日以后，国民党军队在水族地区进行多次清剿，给水族人民带来了深重灾难。国民党政府对水族群众大肆征收包括大烟（鸦片）税在内的各种赋税，以各种名目摊派粮款，抽丁修筑黔桂铁路，抓壮丁当兵。残酷的政治经济压迫，逼得水族人民不断奋起反抗。1943年2月，水龙、牛场和都江等地的水族5000余人起义。1944年春天，都匀的水族和其他民族人民起义，提出"不当兵、不纳粮""反贪官、反压迫"等口号。1944年6月，九阡地区的水族人民为反抗国民党政府加倍征粮征款举行武装暴动。这些反抗斗争先后被镇压，但它们都打击了国民党的反动统治。抗日战争后期，日本侵略军由广西北上，进犯水族地区，一路烧杀抢掠，残害各族人民。水族和各族人民同仇敌忾，共同打击日军。他们用土枪、土炮、梭镖、大刀等简陋的武器与日寇厮杀，凭借熟悉的地形，机智勇敢地打击敌人，消灭日寇多人，缴获敌人的小炮、机枪、步枪、骡马和各种军用物品，为抗日战争胜利做出了贡献。

1948年7月，在解放战争决战的关键时刻，水族和其他民族共同举行月亮山起义，建立月亮山农民起义纵队，下设3个支队，其中第二支队以水族为主。这次农民起义虽然被国民党政府镇压了下去，但是为水族地区解放做了很好的准备。1949年10月1日，新中国成立，11月初，人民解放军第二野战军第五兵团由湘入黔。水族和其他民族人民组成的荔波人民武装游击队及时取得了人民解放军的支持，于1949年12月16日攻克荔波县城。遵照上级党委指示，游击队召开各界人士会议，正式成立荔波县人民解放委员会，水族人民迎来了当家作主的新时代。

（二）云南水族的族源

1. 云南水族与贵州省三都水族自治县的水族有着渊源关系。

根据富源县水族的民间传说，其祖先是从贵州龙江、都柳江上游地区西迁到云南和贵州交界的黄泥河中游一带定居下来的。云南水族在生活习俗、宗教信仰、语言文化等方面，与贵州水族有很多相同相似之处，只是由于较早离开祖居地来到云南，与汉族和其他少数民族相处日久，受到影响而发生了一些变化，因此与贵州水族有了相异之处。水族向西迁徙的原因，主要是战乱和不堪忍受封建统治者的压迫剥削。在历史上，水族地方势力与中央王朝为争夺对本地的控制权，多次爆发战争。特别是在宋代，抚水州的水族领主蒙氏集团与宋王朝长期发生冲突，水族人民屡遭兵燹之害，苦不堪言。不少水族民众为躲避战乱和朝廷的报复，不得不离开世居地而另谋生路。在清代雍正年间改土归流的过程中，清王朝采取"先剿后抚"的方针，在贵州水族地区和其他民族地区用兵五六年，焚烧村寨，杀戮百姓，逼得水族人民四处逃难。于是，有一部分人溯红水河、南盘江而西来到滇黔两省交界的穷乡僻壤开创新的生活。

清康熙《平彝县志》对黄泥河流域的"仲家"（水族）有这样的记载："习俗俭约，男女皆事犁锄。短衣长裙，好水滨构楼居。好食犬鼠。病不服药，唯务祭鬼。相传，系宋时因罪投荒者。祀祖犹类华族。"此处"仲家"的耕作方式、饮食服饰、居住条件、尚鬼习俗，均与三都水族极为相似。其中所言"相传，系宋时因罪投荒"，或许这些"仲家"人在宋代因反抗朝廷而获罪逃至此蛮荒之地。这部分人的祖先是骆越人，迁到滇黔交界处已千余年，受到汉文化影响，所以"祀祖犹类华族"。

2. 明代"调北征南""调北填南"后，一部分汉族融入云南水族。

在水族发展史上，存在着水族融入其他民族和其他民族融入水族的现象。汉族融入水族的史实有比较可靠的依据，其中最有代表性的就是烂土张姓土司（在今贵州省三都县）。明朝初年，湖广襄阳人张均随傅友德征黔有功，被封为烂土土司。征讨结束后，来自江南、江西的一部分随军汉族将士仍保留其汉族身份，也有众多人与当地苗族、布依族、水族等少数民族通婚，从而融入这些民族之中。张姓汉族中，在三都县水龙的融入水族，在独山县和三都县大河的融入布依族，在雷山县的融入苗族，在黄平、麻江两县的保留汉族身份。这些汉族在融入水族后，始终不忘自己的祖籍之地，不忘祭祀自己的祖先（祀祖犹类华族）。他们或通过口授的方式，或通过文字记录的方式，或通过勒石刻碑的方式，把祖籍地传诸后世。这就是水族族源的"湖广籍说"和"南京籍说"。

融入汉族的这部分水族，也有人辗转迁徙到滇黔交界的黄泥河流域，他们把自己祖籍湖广或南京的说法带到了此地。云南富源县水族的张、郎等姓人家都说自己的先人是明初洪武年间"调北征南""调北填南"之际，由湖广随军来到黄泥河流域（今属云南省富源县古敢水族乡、黄泥河镇和毗邻的贵州省兴义市威舍镇等地，自称"水家""水户"。因早于其他民族在此聚居，又称"老户"）的。他们在汉族古代地方文献中被称为"仲夷""仲家"。1982年全国第3次人口普查时，云南省人民政府有关部门将富源县的"水家"正式识别为水族。贵州省兴义市的"水家"则改称布依族。

上述两地保留着两块墓碑，记载了水族先民入滇的时间和祖籍地。其中一块碑存于富源县古敢水族乡都章村北面的郎氏故地，是郎应禄于清乾隆辛巳年（1761年）为其爷爷郎文奇、奶奶张太君所立。碑文中有这样的记载："厥先系发迹荆楚，自洪武时来滇，（创）业于平彝安边营，于兹二百余年，历世凡几代矣。"另一块碑存于兴义市鸭池田上寨村旁，是郎氏后人于1948年为逝世于光绪庚寅年（1890年）的先辈郎东汉重新立的。碑文中有这样的记载："盖□为人子者□其属本水，□□□追远源考谱系，吾家祖籍湖广省城北门外猪市巷鱼塘边人氏。……洪武末年，南蛮作乱，始祖奉旨从军，自楚来黔。于蛮清泰，移为贵州省兴义县，居鸭池田上寨。……生祖厚，系有三分枝，各传其脉房，族之更新耳。"根据口碑传说，碑文中的"三分枝"是指郎姓先祖三兄弟。他们于明初由湖广随军到达滇黔交界之地，在亦佐县（今富源县南部）屯田于安边营（辖区包括今古敢水族乡、黄泥河镇一带）。后来，老大郎明义迁至曲靖改姓为蓝；老三郎明厚移居黄草坝（在今兴义市）鸭池田上寨；老二郎明有留居安边营碧峒寨，是为今古敢水族乡郎姓人家的先祖。郎姓落籍于黄泥河中游一带以后，其后裔与原先居住在那里的水族通婚，接受了水族的文化，逐步融入水族，成为水族的大姓。融入水族的汉族还有张姓等姓氏，几百年来，他们作为水族中的一员和同族兄弟姐妹团结奋斗，为水族地区的开发和水族的发展进步做出了贡献。

三、中华人民共和国成立前云南水族的基本情况

（一）行政建制

云南水族的主要聚居地古敢水族乡和黄泥河镇以及老厂、富村等镇均属富源县管辖。富源在秦始皇统一中国后，属夜郎且兰县地。汉代属牂牁郡宛温县。魏晋南北朝时，北部属宁州兴古郡宛温县，南部属漏卧（今云南罗平县），爨氏统治时期属阿芋路部。唐初属西平州辖地，南诏时为摩弥部。宋代大理国时为夜苴部。元代，古时被称为平夷乡的北部地区，于至元十三年（1276年）置罗山县；被称为巴兰乡的南部地区，于（后）至元二年（1336年）置亦佐县。亦佐县编户二里（慕风里、向义里），辖区包括今富源县富村、老厂、雨汪、古敢、黄泥河等地，由罗雄州（今云南罗平县）管辖。至明代洪武十五年（1382年），居住有水族先辈的亦佐县划归曲靖军民府。清康熙五年（1666年），亦佐县所辖地被编为里甲，隶属沾益州。清初"三藩之乱"时，背叛清王朝的吴三桂自立亦佐县；康熙平定吴三桂叛乱之后，将亦佐县仍归罗雄州。康熙三十四年（1695年），废亦佐县与平夷卫，合置平彝县，平彝县建制由此一直存在于有清一代。辛亥革命后，国民政府仍保留平彝县。民国初期，古敢水族地区属向义区；1937—1939年属第八区、第九区，1939年后属平黄镇。

1950年3月，平彝县人民政府正式成立；1954年9月1日，经中央人民政府内务部批准，平彝县改为富源县，并延续至今。新中国成立后，1950年，古敢水族地区属第六区安边乡；1952年，属黄泥河区古敢乡；1955年，属黄泥河区古敢乡、补掌乡；1958年，属黄泥河人民公社；1961年，调整社队规模，增加区的设置，古敢水族地区设黄泥河区古敢人民公社；1965年，缩小公社规模，古敢水族地区设古敢、补掌两个人民公社；1970年，全县的区改为公社，之前的公社改为大队，古敢水族地区设黄泥河人民公社古敢、补掌、沙营3个大队；1984年，撤销公社建区，大队改为乡，古敢水族地区设古敢、补掌、沙营3个（小）乡；1988年，改区为乡，经省人民政府批准，黄泥河区的古敢、补掌、沙营3个（小）乡合并，建立古敢水族乡。

（二）经济生活

新中国成立以前的云南水族社会是典型的农业社会，经济活动围绕农业开展。

在种植业方面，水稻种植是主要的，它构成了水族经济生活的基础。水族先民——百越民族是稻作文化的创造者，云南水族继承了前辈的文化传统。他们迁徙到云南定居时，就注意选择傍水的地方，即选择黄泥河等河流流域为主要居住区。这一带属北亚热带湿润季风气候，日照时间长，降雨多；土壤主要是黄壤和石灰土、冲积土、水稻土相间的土壤类型，熟化程度高，有机质含量多，适宜种植水稻。水稻一直是水族的主要食物。此外，在旱地里还种植玉米、小麦等粮食作物，蔬菜主要有白菜、青菜、辣椒等，水果主要有桃、李等，经济作物主要有烤烟、油菜、甘蔗等。

在养殖业方面，首先是牛、马、骡等大牲畜的饲养。水牛是水族地区犁田耕地的主要劳动力，当地人也使用少量黄牛在山地上耕作。水牛实行放养和厩养相结合。水族民居原是干栏式建筑，楼下即为牛厩；改为落地房后，牛厩设在耳房、偏房里，或单独建盖牛厩。白天放牛多在山上，晚上赶回家中。马、骡在水族地区也有不少人家饲养，主要用于赶街或走远路驮物资。新中国成立前，水族地区交通不发达，普遍无大车道，马、骡就成为山间道路上的重要交通工具。其次是生猪饲养。水族地区气候条件较好，粮食生产有一定的发展，再加上芭蕉芋的大量种植，为生猪饲养提供了丰富的饲料，因此养猪业较为发达。生猪不仅为水族群众提供了重要的肉食品，而且出售生猪也成为其重要的经济来源。最后是家禽饲养。水族地区是高原水乡，大河流淌，小河纵横，村村寨寨有沟渠、水塘，构成养鸭、养鹅得天独厚的环境。在"水五寨"，家家户户养鹅养鸭，一方面自养自食，另一方面也是副业收入的来源之一。牧鹅放鸭是水族儿童的家庭劳动项目。鸡的饲养也是水族养殖业的重要项目，农户家家养鸡，多的近百只。

捕鱼是水族具有特色的生产活动。河边塘畔，常常有手持渔网、身背鱼篓的小伙子在捕鱼。早年，捕鱼曾经是水族经济生活中的一种方式，能补充食物之不足。随着种植业、养殖业的发展，捕鱼的收入已变得微不足道，仅成为对传统经济活动的追忆。采集活动在水族历史上也曾占有一席之地。特别是在几十年前，水族很少种蔬菜，主要靠到山上采集各种蘑菇、龙爪菜、野藜蒿、折耳根、野胡葱、树花等野菜佐餐食用。后来受汉族影响，并学会了种菜技术，采集活动大大减少。

水族的手工工艺主要是竹编工艺。水族地区竹子栽种较多，很多人学会用竹子编制各种生产工具和生活用具。生产工具有盛物用的畚箕、晒粮用的竹地笆、隔墙用的竹墙笆，生活用具有簸箕、竹箩、米箩、储粮用的墩箩、夏天垫床的竹篾席。竹制品最初是自用，后来也拿到市场上出售，成为受到各族人民喜爱的商品。水族有木制的纺织工具，用来制作土布和苎麻织品。水族妇女具有土织土纺的手艺，她们织出的"水家布"有平布、斜纹布等，布纹紧密，结实耐用。土布织成后，用自制的蓝靛（是一种有机染料，用一种名为蓼兰的草本植物掺石灰水浸泡制成）染成宝蓝色或绀蓝色，再用蓝布自己缝制衣裤。此外，水族妇女还擅长刺绣，她们使用绣花、挑花、梭花、补花等技巧，在背兜、鞋面、胸襟、袖子、围腰、枕套、荷包等处绣上雀鸟花卉、狮子戏球、双龙抢宝等多种图案，美化了生活。

水族地区的集市贸易已有一两百年的历史。由于与汉族、彝族、布依族等民族杂居相处，与这些民族的经济交往日益密切，从最初的各民族间以物易物的交往，发展到近代以来的集市贸易。水族地区附近形成了集市，水族群众把自己生产的粮食、纺织品等运到集市上出售，购回自己需要的食盐、煤油、铁农具等。他们赶集的地方，近的有威舍、兴义，远的到富源县城乃至曲靖市。

（三）经济关系

云南水族地区的土地原是荒地，水族先民迁徙到此以后开始垦荒，土地归开垦者所有。历经千百年的发展变化，水族地区先后实行原始的村社制、封建领主制，到新中国成立前已确立了封建地主制。云南水族人口较少，长期受汉族封建统治者的压迫、剥削，很多农民失去土地，成为贫农和雇农。水族中的地主富农很少，且占地不多。以水族聚居的古敢水族乡都章村为例：新中国成立前，全村有30多户村民120多人，有田地80多亩，人均0.7亩。在新中国成立后的土地改革中，村中有3户被划为地主，有6户被划为富农，每户有土地五六亩；自耕农每户有1—3亩土地。

1949年以前，多数水族农民因耕地不足，粮食不够吃，不得不租种地主的土地，主要是租种附近汉族地主的水田，并向地主缴纳以实物为主的田租。田租多少视土地状况而定：保水田（由龙潭水、坝塘水灌溉的稻田）的田租为产量的一半，秋收后先将稻谷晒干扬尽，再按实际产量对半平分；雷响田（靠打雷下雨才能栽种的稻田）的田租则是先行估计产量，按估计产量对半平分。遇上风调雨顺的好年成，雷响田收成好，农民的所得就比原先估计的高；遇上灾年，农民的所得就比原先估计的低。

除了当佃农以外，水族农民为解决自己的生计问题，还到地主家当雇工。当地的雇佣关系有3种：长工、月活儿和零工。长工多为土地太少的农民，他们长年累月为地主割草、放牛、砍柴、犁田、耕地、收割庄稼。长工的生活十分艰苦，白天吃剩饭，晚上睡稻草铺的床，盖破烂的棉絮；遇到地主不满意时，连饭都吃不饱。平时赶集天，地主会给长工几个铜板，让他们去集市上买点儿零食。年终腊月二十四，地主根据长工劳动力的强弱和干活儿的情况，支付四五百斤稻谷作为报酬，也有支付上千斤的。长工带着稻谷回家过年。有的地主比较恶劣，年终时只给长工两三斗米，甚至不给。正月十五后，地主视自己的需要，会主动到长工家请他来继续干活儿。月活儿和零工为短工。月活儿指一年中为地主干一个月或几个月的农活，零工一般是在农忙时为地主干一天或几天的农活。长工、短工都不同程度地受地主的剥削。

（四）社会组织

在历史上，从唐代设置羁縻州以后，少数民族的土官成为王朝统治的代理人。中央政府既任命土官也任命流官。土官向流官负责，流官向中央王朝负责。但水族最基层的社会组织仍是以家族为核心的同姓聚居的村社组织，这是保留在水族中的原始社会组织的孑遗。在云南水族地区，家族长老有很高的威望，他们负责村社的管理，帮助官府收缴税赋，处理村社内部的日常事务。他们虽然是本民族村社的领导人，却未被任命为土官，当地土官多由汉族或彝族地主担任。水族长老在稳定社会等方面起了很大的作用，虽然在经济生活上比一般农民好，但也有人因缺少耕地而成为汉族或其他民族地主的佃农。

新中国成立前，国民政府在云南水族农村实行保甲制，以此来加强对水族地区的统治。民国时期，古敢水族地区先后属平彝县向义区、八区、九区、平黄镇管辖，下设古敢一保、都章二保，保之下又在各村设甲。保长由有钱有势的人担任，负责到水族村寨催交公粮、抓拿壮丁、调解纠纷、维持治安等。实行保甲制度以后，政府任命的区（镇）长、保长掌握了农村社会的行政权、司法权，水族社会传统的族权被大大削弱。例如调解民间纠纷时，过去是由水族的村寨长老主持调解，此时则由保长主持调解。如果发生纠纷的双方不服，可以上诉到平黄镇；如果对镇上的调解还不服，可以上诉到县政府。在调解过程中，水族长老仍起一定的作用：镇长、保长有时要请几位德高望重的长老参与调解；长老们听完纠纷双方的陈述后，对纠纷的是非进行讨论并判定谁输谁赢；镇长、保长一般会采纳长老们的裁决，宣布最终结果。保甲制度已取代了水族社会中传统的由本民族长老管理地方公共事务的方式，但是它仍与水族有影响的人物相结合，以强化对整个社会的控制。

（五）语言文字

水族有自己的语言，属汉藏语系壮侗语族侗水语支。水语与毛南语、侗语、仫佬语在同源词、音节结构、声调系统、语法等方面有许多共同点。云南水族由于很早就脱离了原生地，与汉族和其他少数民族杂居，受异族语言的影响极深。经过几百年的变迁，汉语已成为其通用语言。到新中国成立前，能说水语的人已不多。但也有个别村寨一直保留着较为完整的水族语言。2005年，云南省开展民族民间传统文化普查工作，发现：富源县老厂乡水族聚居的乐额下寨中60岁以上的老人全懂水语，能用水语说唱；50岁以上的人懂大部分水语，30岁以上的人能讲一些水语，29岁以下的人不会讲水语；大部分年轻人外出打工，不会说水语。为避免乐额村水族语言灭绝，富源县、曲靖市人民政府先后发出文件，将老厂乡乐额村水语列为县、市两级传统文化保护项目。

水族有以自己语言认读的古文字，称为"泐虽"，义为"水家的文字"或"水家的书"，汉译为"水书"或"水文"。关于"水书"的来源：20世纪40年代著名的社会学家、中山大学教授岑家梧认为，"水书"与殷商甲骨文有姻缘关系，其创始地在西北，后辗转传入贵州，是一种被压迫民族的文化；张为纲先生通过深入水族地区调查，撰文指出"水书"

是殷墟文字的文化遗存，后来由于战乱灾荒等，水族先民离开中原地区向南迁徙，"水书"的发展受到了制约。

水族的古文字主要是用来书写"水书"的，而"水书"又是水族古文的主要载体。"水书"是水族先民的一部古巫书，是水族的《易经》；水族古文字之所以能流传至今，完全依托于"水书"的传承。在水族社会中，"水书"和水族古文字的书写都是由水族民间巫师代代手抄口授传承下来的。目前，仅有的木刻本是在贵州省荔波县发现的明朝弘治年间的木刻本。水族把掌握"水书"并能进行巫事活动的人称为水书先生。水书先生认为，水族文字是写给鬼看、用鬼进行巫事活动、能与鬼神沟通的文字。在水族的丧葬、婚礼、营造等活动中，均要依照"水书"的规定择吉避凶、驱邪禳魔。在水族人民的社会生活中，水族文字的功用与地位和"水书"一样至高无上，具有经典性质；其书写过程极其慎重和严谨。现在保存下来的水族古文字共500多个，其中包括象形字和图画文字、会意字、形声字。

新中国成立以前，云南水族中还有从事原始宗教活动的水书先生。后来，随着老一辈水书先生的相继作古，"水书"在云南水族中已难以寻觅。近年来，古敢水族乡派人到贵州省三都水族自治县学习传统水族文化，其中就包括学习水族的语言文字，在乡政府办公大楼等处也挂出装裱精美的水族文字条幅，在一部分群众中教授水族语言。

（原载于《当代云南水族简史》，云南人民出版社2015年版）

昆明西山区团结彝族白族乡调查报告

经过20多年的发展，我国社会主义现代化建设取得了举世公认的成就。我国采取的是由浅入深、先易后难的渐进改革模式：改革由农村起步，进而向城市推进；经济体制改革为先导，再进入政治体制改革。这样做，有利于处理好改革、发展、稳定的关系，保证经济社会的持续、健康、快速发展。但随着改革的深入，改革已进入攻坚阶段，各种深层次矛盾日益显露，渐进改革积累下来的成本逐次增加，改革遇到了前所未有的困难。当初，是改革推动了发展；现在，改革遇到了一定困难又制约了发展。我们选择了昆明市西山区团结彝族白族乡，就其居民对目前改革的评价、对现阶段改革的关心和认同情况、对未来改革的希望和预期进行调查研究，以求推动改革理论的深化，推动民族地区改革向纵深发展。

一、调查样本基本情况

昆明市西山区团结彝族白族乡（以下简称团结乡）是一个少数民族人口占绝大多数的山区乡。2002年，全乡总面积为254.8平方公里，其中耕地2.5万亩。有10个村民委员会64个村民小组，农户5340户2.1万多人，其中彝族1.05万人，白族0.41万人，汉族0.59万人，苗族0.04万人。在历史上，团结乡是贫穷的地方，田瘦土薄，老百姓半年糠菜半年粮。1949年以后，人民生活得到逐步改善。20世纪80年代实行改革开放政策以后，这里出现了巨大的变化，以下数字可以说明这一点。

粮食总产：1980年为455万公斤；1987年为551万公斤；2000年为1048万公斤，比1980年增长130％。

人均有粮：1980年为266公斤；1987年为310公斤；2000年为450公

斤，比1980年增长69％。

农业经营收入：1980年为332.7万元；1987年为566.6万元；2000年为2083万元，比1980年增长5.26倍。

乡镇企业收入：1980年微乎其微，无统计数；1987年为2078.1万元；2000年为70568万元，比1987年增长33倍。

财政收入：1980年无统计数；1987年为76.8万元；2000年为2007.5万元，比1987年增长25.1倍。

农民人均纯收入：1980年为136元；1987年为423元；2000年为3510元，比1987年增长7.30倍。

以上数字从一个重要侧面表明团结乡改革的巨大成就。应该进一步强调的是，团结乡在改革推动下的进步是全面的，变化是深刻的：

狠抓农田水利基本建设，夯实农业这个基础，保证粮食稳产高产。首先是资金保障，乡政府年年都要拨出资金进行农田水利建设。以2000年为例，全年共投入299万元，完成水利工程12项，架设各型管道39.23公里，新增水浇地720亩，改善水浇地600亩，解决深山区528户2704人及651头大牲畜的饮水困难。

深刻认识到科技是第一生产力，高度重视农业科学技术的推广运用，把农村经济的发展建立在科学技术进步的基础上。1981年，成立乡农业科技站，各办事处均配设农科员，及时推广农、林、牧、渔各业的先进技术和优良品种。2000年，投入农业科技推广资金69万元，完成高产样板田（地）2600亩，优良品种率达100％；推广玉米良种、地膜覆盖种植1.37万亩，推广率达100％；推广完成水果套袋213万个，完成果实贴字25万个，铺设反光膜2.2万平方米，仅龙潭办事处的优质水果产值就达135万元。水果套袋技术是从日本引进的，采用这种技术后，苹果的外观和内质有了大变样，特别是利用光的作用在果实上留下"福、禄、寿、喜"字样，深受消费者欢迎。前两年一公斤苹果只能卖1.5元左右，现在可卖到6—8元，还供不应求。1988年，团结乡企业经济研究所成立，聘请云南大学经济学院、昆明市政府经济研究中心、云南人民广播电台的专家学者为顾问和兼职研究人员，调查本乡的经济资源，研究发展经济的对策、途径和具体措施，搜集市场信息，制定发展规划等，使乡党委、政府的决策建立在科学的基础之上。

调整产业结构，大力发展城郊型生态农业。长期以来，团结乡为解决温饱问题，只有精力和能力抓粮食生产。团结乡距离昆明只有10多公里，具有发展城郊型生态农业得天独厚的条件，但未得到充分利用。改革开放解决了人们的温饱，奠定了调整产业结构的物质基础；同样，改革开放也解放了人们的思想，更新了人们的观念。20世纪八九十年代，全乡充分发挥储量达10亿吨的石英砂的优势，着重发展建筑业、建材业、运输业。以开采石英砂为主的工业收入，从1985年的421.5万元增加到1991年的2014.5万元；私人运输用的货车从无增加到300多辆，运输业收入从1985年的104.6万元增加到1991年的860.6万元。到90年代末，全乡确立了依托昆明这一中心城市、充分发挥本乡区位优势和资源优势的思想，决定发展以粮、林、果、菜、花、牧、渔为主要内容的城郊生态农业和以乡村民居旅游为特色的生态旅游业，努力实现农民增收致富奔小康的目标。根据市场变化和新的需要，团结乡压缩了粮食播种面积，大力发展经济价值高、市场销路好的经济作物和养殖业。2001年，新种植菜用型玉米1500亩，油菜600亩，野生蔬菜400亩，优质脱毒马铃薯20亩，新、特、稀水果300亩，香椿100亩，进行水果套袋300万个、水果贴字30万个。针对城市居民的口味，推广土法养猪，已出栏1万头，土法养鸡3万只（其中果园放养1万只）。在全省首创"农家乐"旅游项目。1998年，仅有10多户100多个床位；2000年，已发展到100多户1300多个床位。2001年，新建400亩滑草场，在西南地区首创滑草运动，广泛招徕游客。预计当年到团结乡的游客可达10万人次以上，营业收入约1200万元。

坚持以教育为本，深化教育体制改革，有效提高了劳动者素质。到2000年，全乡适龄儿童入学率、小学巩固率和升学率均达100%，初中巩固率达99.5%、升学率达90%。

加强交通、通信、生态文明建设，打好经济发展的基础。仅2000年，全乡就投资7000万元修建公路，为全乡经济特别是旅游经济创造了条件。到2000年底，在电信部门的支持下，全乡共安装程控电话2088部、磁卡电话12部，有6个办事处（村委会）成为电话村。为促进生态旅游业发展，切实改善全乡生态环境，乡人民政府在已消灭荒山的基础上，积极组织全乡人民植树造林，绿化美化家园。2000年，全乡共投入植树造林经费70万元，完成荒山造林500亩，义务植树31.62万株，"四旁"植树18.03万株，力争森林覆盖率达62%，实现青山长绿、碧水更清、经济可持续发展。

此项调查选点在团结乡的龙潭办事处（现改为龙潭村民委员会）。该办事处是全乡改革起步早、力度大、效果明显的单位。改革开放前，这个村贫穷落后；近20多年来，全村发生了很多人做梦都想不到的变化。仅以上缴税收而言，过去只有象征性的少量农业税。但近几年来，仅仅开采石英砂，一年就上缴国家税收300多万元；运输业一年上缴税收100多万元。前所述全乡的变化，很多是龙潭村带头的。我们在龙潭村调查，想借此了解在改革中较为成功的民族地区，人们在想什么，希望党和政府做什么，对改革的评价和预期是什么。

调查的方法是问卷调查、个别访问和小型座谈会。其中，问卷调查共发放问卷34份，由34户的主要家庭成员填写后，回收率达100%。调查样本的基本情况如下：

1.性别。男性21人，占61.8%；女性13人，占38.2%。

2.年龄。25岁以下的3人，占8.8%；25—35岁的10人，占29.4%；35—45岁的11人，占32.4%；45—55岁的5人，占14.7%；55岁以上的5人，占14.7%。

3.文化程度。小学5人，占14.7%；初高中23人，占67.6%；中专大专6人，占17.6%。

4.职业。农民24人，占70.6%；机关一般干部7人，占20.6%；专业技术人员3人，占8.8%。龙潭办事处是乡政府驻地，经济文化发达，居民素质较高，外出读书、当干部和技术人员的较多。因此，在34个调查对象中干部、技术人员占了一定比例。

5.个人收入。年收入在1000元以下的1人，占2.9%；1000—5000元的9人，占26.5%；5000—10000元的17人，占50%；10000—20000元的7人，占20.6%；20000元以上者没有。这些统计数与实际情况不尽相符。实际上一些调查对象是从事交通运输的专业户，年收入都较高。他们大多盖有价值10多万元以至几十万元的私人住宅，还有如汽车等价值不菲的资产。

二、居民对生活状况的感受

在问卷调查中，人们回答各种问题，抒发了对改革开放带来今天生活变化的种种感受。

1. 居民对自己目前生活状况的总体评价。1978年以后，改革开放的春风吹绿了团结乡这个昔日的穷乡僻壤。改革政策的落实和产业结构的调整，促进了生产力的解放和发展，推动了经济的全面振兴和社会的整体进步。人们甩掉了贫穷落后的帽子，腰包逐渐鼓了起来，生活条件大大改善。方方面面的实惠是人人看得见、摸得着、拿得到的。因此，在回答"你感到改革给你带来多大好处"时，无一人说"没有得到多少好处"；说"得到很大好处"的有5人，说"得到不少好处"的有8人，说"得到一些好处"的有15人，共计28人，占82.4%；只有6人回答"说不清楚"，占17.6%。可见，绝大多数人从改革中得到了好处。但由于改革的措施不完善、不配套，人们对自己的状况并不太满意。在回答"你对自己目前状况是否满意"时：说"非常满意"的有2人，说"比较满意"的有17人，共19人，占55.9%；说"不太满意"的有13人，说"不满意"的有2人，共15人，占44.1%。由于社会生活中的分配不公，贫富悬殊加剧，政策导向上未处理好公平与效率的关系，加之有些人对生活改善期望值过高，因此不满意和不太满意的占了很大比例。在"对自己收入水平的评估"方面，认为自己是"上"和"上上"的为0，认为自己是"中上"的有2人、"中"的有7人、"中下"的有14人，"下"的有8人、"下下"的有3人，总体评价偏低。

在"对自己社会地位、受尊敬程度的估价"方面，普遍认为比较恰当，这与普遍认为经济收入偏低形成对比。在"对自己社会地位的估价"中：有20人认为"恰当"，占58.8%；认为"较高"的为0；认为"偏低"的有11人，占32.4%；认为"太低"的有3人，占8.8%。在"对自己受尊敬程度的估价"中：认为"恰当"的也是20人，占58.8%；认为"较高"的有6人，占17.6%；认为"偏低"的有7人，占20.6%；认为"太低"的为0。这种情况表明，通过20多年的改革开放，人们的思想发生了重大变化，旧的等级观念、尊卑观念受到冲击，民主和平等的观念、尊重个人自由和人格的观念以及新的价值判断标准，使人们的社会地位出现了前所未有的变化，人们在更广阔的社会背景下受到了应有的尊重。在回答"在您所处的工作氛围中有何感受和体验"时：有34人次选择了"充满使命感""有荣耀感"或"有自尊感"，占总计62人次的54.8%；而选择"有无可奈何感""有失落感""有不安全感"的有28人次，占45.2%。无疑，长期贫困闭塞的山区少数民族，凭着改革的强大动力焕发了生机，赢得了人们的尊敬，提高了自信心，增强了主人公的责任感。

2.居民满意和不满意的事情。问卷中有一项问题是"你对自己目前状况最满意的是什么"，列举了8项内容让被访者任选2项。结果"经济收入可观、社会地位较高、子女表现大有希望"3项无人选择。选择"文化层次较高"的有1人，是当地的农业科技人员；选择"人际关系好"的有7人；选择"住房条件改善"的有9人。这也符合近年来当地居民普遍建盖新房的实际。当然，居民最满意的2项是：家庭和睦，有26人选择，占被调查者的76.5%；身体健康，有23人选择，占被调查者的67.6%。团结乡是少数民族聚居区，民风淳朴，人们都懂得家和万事兴的道理。特别是改革开放的政策使团结乡的居民丰衣足食，在全省率先进入小康，这就为人们的健康奠定了物质基础，更为家庭、邻里关系增添了祥和气氛。人们普遍对"家庭和睦、身体健康"感到满意也就不足为奇了。

问卷的另一个问题是"使你最伤脑筋的是什么"，列举了7项内容让被访者任选2项。这个问题实际上是想了解人们不满意的事是什么。结果有7人未选择其中任何一项，有6人只选择了一项。其中：选择"文化和技能偏低"的有13人，占被调查者的38.2%；选择"信心不足"的有11人，占32.4%；选择"工作不顺心"的有7人，占20.6%；选择"经济困难"的有7人，占20.6%；选择"身患重病"的有5人，占14.7%；选择"下岗失业"的有3人，占8.8%；选择"婚姻破碎"的有1人，占2.9%。从选择"文化和技能偏低"的人最多这一事实可以看出，民族地区的科技教育水平不高，人们的科学文化素质较低，这是制约当地经济社会进一步发展的关键因素。

3.居民最担心的事情。改革开放带来了国家和民族的巨变，带来了个人和家庭的实惠，但伴随改革开放，也出现了一些新的问题。群众最担心的问题是什么呢？问卷设计了"近几年内，你最担心的事情是"一问，并在"个人和家庭""社会"两个方面各设6项，请被调查者各选2项。从调查情况来看：

在个人和家庭方面，人们最担心的3件事是：第一，担心生病住院的有20人，占58.8%，这反映出医疗费用上涨过猛，人们承受不起，同时，生病住院还会影响工作、影响生计。第二，担心人身和人格受到伤害的有14人，占41.2%，这反映出人们对社会治安状况恶化的忧虑。第三，担心子女误入歧途的有12人，占35.3%，人们重视下一代成长的心情是显而易见的。另外3项的情况是：担心"家庭经济困难、入不敷出"的有7人，占20.6%；担心"失业下岗"的有7人，占20.6%；担心"家庭和睦遇到挑战"的有2人，占5.9%。

在社会方面，人们最担心的3件事是：第一，担心贪污腐败升级的有21人，占61.8%。可以看出，即使在山区民族地区，人们对贪污腐败这一社会毒瘤危害的蔓延也有清醒深刻的认识。第二，担心社会风气败坏的有20人，占58.8%。在座谈中我们了解到，由于精神文明建设这一手还不够硬，市场经济带来的一些负面影响凸显出来，以至于有的人担心人心不古、世风日下，把本民族的优良道德传统抛弃。因此，担心社会风气败坏的人占了很大比例。第三，担心社会治安状况恶化的有12人，占35.3%。这与个人和家庭方面担心人身和人格受到伤害占较大比例相呼应，突出反映了近年来堪忧的社会治安状况。其他3项的情况是：担心就业危机加剧的有8人，占23.5%；担心环境污染的有3人，占8.8%；担心社会发生动荡的有2人，占5.9%。

居民最担心的事，还可以透过对"目前亟待解决的问题"的回答（每个人可选3个答案）进行分析。在34个被调查者中，27人选择了"从严治党，反腐倡廉"，占79.4%，为第一位；选择"改善社会风气"的有18人，占52.9%，为第二位；选择"农民负担过重"的有12人，占35.3%，为第三位；选择"调整农村产业结构"的有10人，占29.4%，为第四位。

4. 居民依靠什么来改变现状。选择"靠自己奋斗"和"靠自身，也靠自身以外的因素"的人最多，各有12人，各占35.3%；选择"靠国家政策"的有8人，占23.5%；选择"靠亲友"和"靠单位、企业兴旺"的各有1人，各占2.9%。人们懂得了"打铁要靠本身硬"的道理，也切身体验到政策等因素的重要性。

三、居民对现阶段改革的态度

1. 对改革的关心程度。就这一问题，问卷设计了"你是否关心我国现阶段的改革"一问：选择"非常关心"的有12人，占35.3%；选择"比较关心"的有9人，占26.5%；选择"不那么关心"的有9人，占26.5%；选择"不关心"的有4人，占11.8%。

调查数据表明，改革给不少人带来了很大好处或不少好处；也有很大一部分人仅得到一些好处，或者不愿说得到很多好处，也不愿说未得到多少好处而无奈地选择"说不清楚"；有些人认识到改革给群众带来了好处，又对改革措施的不完善和改革目标未彻底实现心存焦虑甚至不满。但是有一点很清楚，这就是没有一个人否认改革带来了好处。与此相应地，人们普遍关心改革，希望改革能深入进行下去，以期给老百姓带来更多的实惠。因此，有61.8%的人非常关心和比较关心改革。

2. 对改革措施的评价。为了解居民对政府各项改革措施的评价，问卷设计了一个表，排列出16项改革名称，对每项改革给出"非常好""比较好""不太好""不好""不了解"5种评价供选择。我们根据被调查者的填写情况进行评分，方法是："非常好"得5分，"比较好"得4分，"不太好"得2分，"不好"得1分，"不了解"不参加评分，最后计算出平均得分（见表1）。

表1　居民对各项改革措施的评价

改革措施	评分
住房制度改革	3.15
医疗制度改革	3.06
养老保险制度改革	3.75
再就业和失业保险制度改革	3.43
教育体制改革	3.93
科技体制改革	4.00

续　表

改革措施	评分
分配体制改革	3.76
国有企业改革	3.45
政府机构改革	3.61
金融体制改革	3.56
财税体制改革	3.45
电信体制改革	3.94
农村基层民主建设	3.32
反腐廉政建设	3.27
司法制度改革	3.83
精神文明建设	3.64

　　得分最高的4项依次是科技体制改革、电信体制改革、教育体制改革和司法体制改革。这一结果并非偶然。一项改革若能满足人民群众的需要，自然会赢得人们的拥护。20多年来农村的巨变，如果说前期主要靠政策的改革，那么进入20世纪90年代以后，在很大程度上是靠科技。科技进步保持了粮食的高产稳产，解决了温饱问题；同样，科技进步促进了团结乡的产业结构调整，靠着先进的农业科技，优质水果、蔬菜、畜禽、水产品等被大量生产，并被源源不断地运往城区市场，换回了钞票，提高了人们的生活水平。所以，人们给了科技体制改革最高分。电信事业的迅速发展，使这个昔日非常闭塞的山乡在近几年内迅速普及了闭路电视和电话。因此，人们给了电信体制改革第二高分。

　　得分最低的4项依次是医疗制度改革、住房制度改革、反腐廉政建设、农村基层民主建设。医疗费用上涨过猛、医疗服务质量差是群众反映强烈的问题。人们对医疗制度改革的评价最低不足为奇。对住房制度改革评价低，在很大程度上是与对反腐廉政建设评价低联系在一起的。对农村基层民主建设评价不高来自两个方面：有的干部认为中国农民尚不具备民主知识和民主精神，现在搞村民自治属于发扬民主过火，在选举中可能会出现拉选票、家族势力起作用等不正之风；有的群众认为还未真正发扬民主，民主选举时群众有顾虑，村务公开尚待完善。

3. 对改革成效的评价。从总体上看，人们对改革的成效给予了积极的评价（见表2）。

表2　居民对改革成效的态度

改革成效	态度							
	赞同		基本赞同		不赞同		不知道	
	人数	%	人数	%	人数	%	人数	%
整体国力增强	21	61.8	11	32.3	0	0	2	5.9
经济发展较快	8	23.5	22	64.7	2	5.9	2	5.9
人民生活提高	16	47.1	14	41.1	2	5.9	2	5.9
中国国际地位增强	17	50.0	12	35.3	0	0	5	14.7
老百姓关心改革的程度普遍提高	13	38.2	15	44.1	1	2.9	5	14.7
思想观念较前解放	13	38.2	15	44.1	3	8.8	3	8.8
精神风貌较前改善	11	32.4	11	32.4	6	17.6	6	17.6
科技教育事业备受重视	15	44.1	15	44.1	2	5.9	2	5.9
物资充足、市场繁荣	17	50.0	12	35.3	3	8.8	2	5.9
政府机构改革、精兵简政	8	23.5	11	32.4	7	20.6	8	23.5

持"赞同"和"基本赞同"态度的人比较多的5项依次是：整体国力增强（占94.1%），人民生活提高（占88.2%），经济发展较快（占88.2%），科技教育事业备受重视（占88.2%），物资充足、市场繁荣（占85.3%）。而持"不赞同"态度较多的是政府机构改革、精兵简政（占20.6%），精神风貌较前改善（占17.6%）。

4. 对改革的承受能力。关于居民对改革的承受能力，问卷所列出4项的具体情况如下：

（1）关于医疗费用个人承担部分（农民是个人承担全部），38.2%的人负担不起，41.2%的人勉强能承受，5.8%的人能承受，14.7%的人无所谓。

（2）关于承担子女上学的费用，26.5%的人负担不起，55.9%的人勉强能承受，14.7%的人能承受，2.9%的人无所谓。近几年子女教育费用大幅上升，给农民带来了较重的负担。教育费用在家庭支出中所占比重增大固然是好事，但对于不太富裕的农民来说，还是希望增大幅度小些。

（3）关于个人出资改善住房条件，23.5％的人负担不起，14.7％的人勉强承受，5.8％的人能承受，55.9％的人无所谓。其中："负担不起"的主要是机关干部和技术人员；"无所谓"的人其实多数已盖了宽敞的新房，他们从事运输业或多种经营积累了盖房资金，大大改善了住房条件。

（4）关于个人购买补充养老保险，17.6％的人负担不起，32.4％的人勉强承受，14.7％的人能承受，35.3％的人无所谓。因为农民未曾享受城镇职工的退休待遇，他们早已形成了一套适合农村实际的养老方式，所以对是否购买补充养老保险，很多人尚未考虑。

5. 对改革的预期。问卷设计了"你对下列正在进行的重大改革有何预期"一项内容，被调查者的看法如表3所示。

表3 居民对改革的预期

改革内容	预期							
	会成功		需要很多时间才能成功		不容易成功		很难成功	
	人数	％	人数	％	人数	％	人数	％
发展和完善社会主义市场经济，实现公平竞争	16	47.1	15	44.1	0	0	3	8.8
实现国有企业改革，建立现代企业制度	9	26.5	20	58.8	4	11.8	1	2.9
改革经营者分配制度，建立有效的激励和约束机制	8	23.5	18	52.9	8	23.5	0	0
加强社会主义精神文明建设，社会风气明显改善	8	23.5	16	47.1	8	23.5	2	5.8
加强民主法制建设，实现民主的制度化、法制化	6	17.6	21	61.8	4	11.8	3	8.8
加强廉政建设，有效控制腐败现象的蔓延	1	2.9	15	44.1	14	41.2	4	11.8
加强政府机构改革，切实转变政府职能	12	35.3	13	38.2	8	23.5	1	2.9

从总体上看，人们对目前正在进行的改革还是有信心的，多数人认为改革能成功，或者需要很多时间才能成功。持这种态度较多的3项改革依次是："发展和完善社会主义市场经济，实现公平竞争"（占91.2%），"实现国有企业改革，建立现代企业制度"（占85.3%），"加强民主法制建设，实现民主的制度化、法制化"（占79.4%）。人们信心不足的首先是"加强廉政建设，有效控制腐败现象的蔓延"，认为这项改革"不容易成功"和"很难成功"的竟占被调查者的53%；其次是"加强社会主义精神文明建设，社会风气明显改善"，认为"不容易成功"和"很难成功"的占29.3%。

6.对深化改革的意见和建议。在问卷的末尾，请被调查者发表对改革的建议和意见，留下几句想说的话。我们原来以为被调查者或者因为忙，或者认为问卷调查与己关系不大，或者对问卷的意义不清楚，因此没有几个人会写下意见。结果出乎我们的意料，有19人写了意见，占55.9%。这些意见主要涉及以下问题：

（1）希望从严治党，反腐倡廉。这方面的意见有10人提到，其中有人写道："把反腐败这一条抓好，国家就会有更好更高的预期，农民就有希望。"

（2）希望加强治安管理，促进社会风气好转。

（3）希望加强法制观念和法制建设。有人写道："以法治国，则国必然强盛；以人治国，则国必然衰落。""一定要反对权大于法，要实行在法律面前人人平等。"

（4）希望加快党政机构改革的步伐，密切党群关系和干群关系。

（5）希望深化教育科技体制改革，提高农村教师待遇。

（6）希望稳定农村政策，让农民有一个宽松的环境。

（7）希望减轻农民负担，其中，有的农户特别提出应减轻自费住院医疗费用。住院费动辄几千元，甚至上万元以至几万元，有几家农户能负担得起？

（8）希望缩小贫富差距，实现共同富裕。近10多年来，团结乡确实有一批人富裕了起来，有的人光是盖的小洋楼价值就以百万元计。但就在同一个乡内的两个较贫困的办事处，人均年收入仅1000多元。

（9）希望抓住机遇，深化改革，奋力拼搏，做出贡献。

综上所述，20多年来山区少数民族从国家、家乡和个人的巨大变化中深刻地认识到，四项基本原则是立国之本，改革开放是强国之路。他们享受着改革带来的福祉，希望通过改革的深化带来更大的发展和更光明的未来。尽管改革还有诸多不尽如人意之处，但只有坚持改革、深化改革，中国才有出路。

（原载于《中央民族大学学报》2002年第6期）

迪庆藏族自治州发展报告

一、概　况

　　迪庆州是云南省唯一的藏族自治州，是全国10个藏族自治州之一。迪庆州位于云南西北部滇、川、藏三省接合部，是一个"一眼看三省"的地区。全州下辖香格里拉、德钦、维西3个县29个乡（镇）。到2002年底，全州总人口为333919人。其中，少数民族285864人，占总人口的85.61%；藏族115299人，占总人口的34.53%；傈僳族97842人，占总人口的29.30%；纳西族44056人，占总人口的13.19%。此外，还有普米族、白族、彝族、怒族、独龙族等民族。1957年，经国务院批准，云南省迪庆藏族自治州成立；1985年，经国务院批准，设立维西傈僳族自治县。在历史上，迪庆州是西南茶马古道的要冲，是云南、四川、西藏三地交会的藏族聚居地区的重要物资集散地和中转站，是云南省进出西藏的咽喉。今天，在迪庆高原，多个民族共同发展，多种文化相互交融，多种宗教和睦相处，呈现出一派民族团结、宗教有序、经济繁荣、社会稳定的局面。

　　位于"三江并流"腹心地带的迪庆高原，为金沙江、澜沧江、怒江并流奔腾南下走出青藏高原的最后一站，梅里雪山、云岭雪山、中甸雪山三大山脉横亘天际，是云南海拔最高的地方。境内海拔4000米以上的雪山有百余座。三山间有金沙江、澜沧江自北而南穿越全境，形成"三山夹两江"的壮丽景象。其中被称为"云南第一峰"的德钦县梅里雪山卡瓦格博峰海拔6740米；而境内河谷地带最低海拔为1486米，相对高差达5254米。这种在较小范围内的巨大高差，使州内出现"一山分四季，十里不同天"的立体气候，并形成相应的立体生态环境、立体农业布局、立体民族分布等状况。

特殊的地理位置和立体气候，为多样生物的繁衍提供了丰富多彩的生存环境，呈现出生物多样性的奇特景观，使迪庆州获得"天然植物王国"和"天然高山花园"的美誉，也成为生物产业奠基的天然基础。以金沙江、澜沧江为主干，全州江河密布。无数雪山和冰川如同天然水库，为江河储存了取之不尽、用之不竭的水源，水位的落差蓄积了巨大的势能，使迪庆州成为人们艳羡的水电开发地。截至2004年，全州有森林2422.5万亩，森林覆盖率达65.5%，是长江上游保护较好的原始林区之一。有天然草甸、草山和草坡913万亩，占全州总面积的18.8%。这些天然牧场加上被称为"高原之舟"的牦牛这一特殊畜种，为畜牧业开拓出广阔的前景。同时，保护和建设好迪庆州的生态环境，对保护"两江"上游植被，实现全省以至全国的可持续发展具有重要意义。

大自然的鬼斧神工在迪庆高原留下了雄奇壮丽、绚烂多彩的自然景观。雄踞滇藏交界处的卡瓦格博神山，惊涛裂岸的金沙江虎跳峡，东巴文化发祥地的华泉奇观白水台，密林深处静如处子的"高原明珠"碧塔海、硕都湖，为迪庆高原旅游业展开了巨大的空间。蓝天、白云，雪山、草甸，青稞、羊群，犬吠、鸡鸣，人与自然和谐相处的景观吸引着千千万万的游客。再加上以藏文化为主千姿百态的多民族文化，使迪庆州的旅游业具有独特的、深厚的文化内涵。

1997年，云南省人民政府在迪庆建州40周年暨第二届滇藏川青毗邻地区文化艺术节期间向世界郑重宣布：人们寻觅已久的人间仙境——香格里拉就在中国云南迪庆藏族自治州。2003年7月，第27届世界遗产大会正式表决通过，"三江并流"地区被列入《世界遗产名录》。地处"三江并流"腹地的迪庆州更加声名远播，经济社会发展翻开了新的一页。

二、2002年至2003年9月的经济社会发展成就

2002年，全州各族人民在州委、州政府的领导下，从实际出发，解放思想，开拓创新，积极采取有力措施，克服前进道路上的困难，实现了全州国民经济持续、稳定、健康发展和社会各项事业的全面进步。

1.国民经济持续增长，综合实力明显增强。

2002年，全州实现GDP119073万元，按可比价计算，比2001年增长14.2%。其中，第一产业完成增加值34693万元，增长3.10%，对GDP增长的贡献为1.03个百分点；第二产业完成增加值31661万元，增长27.50%，对GDP增长的贡献为6.37个百分点；第三产业完成增加值52719万元，增长15.6%，对GDP增长的贡献为6.8个百分点。人均GDP达3566元，比2001年增长12.21%。全年完成地方一般财政收入7419万元，比2001年增长32.55%；财政支出77238万元，比2001年增长13.78%；人均地方财政支出在全国10个藏族自治州中居第二位。1996—2002年的7年间，是迪庆州经济发展较快较好的时期，全州GDP年均增长达11.85%，主要经济指标年均增速均超过10%，高于全省平均水平。

2003年1—9月，全州实现GDP105157万元，累计比2002年同期增加22.90%，增长势头强劲。

2.结构调整取得成效，旅游产业突飞猛进。

州委、州政府认真贯彻国家产业政策，特别是在1998年中央做出天然林禁伐的决策后，及时调整发展思路，大力发展生态农业、生态旅游业和以生物资源开发为重点的生物产业。经过几年的努力，一些新兴产业得到迅速发展，产业结构发生显著变化。第一、二、三产业比重，1995年为45∶28∶27，2001年为33∶24∶43，2002年为29∶27∶44。1995年以后的7年间，第一产业比重降低16个百分点，第三产业上升17个百分点；2003年1—3季度三种产业的比例又变为25∶23∶52，产业结构更趋合理。

第三产业所占比重明显上升，在很大程度上得力于旅游业的迅猛发展。1994年全州接待国外游客仅4000多人次，2002年已达10.29万人次，增长了20多倍；1994年接待国内游客3万多人次，2002年达139.73万人次，增长了40多倍；1994年旅游总收入为1200万元，2002年达111334万元，增长了90多倍。以上3项指标2002年与2001年相比，也分别增长了22.35%、20.87%、26.01%。在全国10个藏族自治州中，旅游者人数和旅游总收入均居第二位。由于香格里拉品牌日益走红，以旅游业为龙头的第三产业对经济增长的贡献率达58.6%。

当然，毋庸讳言，旅游业的发展并非一帆风顺。2003年由于受"非典"影响，全州旅游业遭受重创。2003年1—9月，全州共接待国内外游客67.1万人次，比2002年同期下降46%；旅游业总收入44478万元，下降51%。其中，接待海外游客6.65万人次，下降22%；旅游外汇收入2712万美元，下降22.4%；接待国内游客60.45万人次，下降47.4%；国内旅游收入28194万元，下降53.7%。随着抗击"非典"的成功，景点景区基础设施的完善，旅游市场的规范，游客逐步增加，旅游业恢复了增长的良好态势。

3. 重点工程进展顺利，基础设施不断改善。

州委、州政府抓住西部大开发的良好机遇，积极争取建设项目，努力实施一批交通、旅游、市政等重点工程，固定资产投资大幅度增长。2002年，全社会固定资产投资跃上10亿元新台阶，达112356万元，比2001年增长59.58%，拉动GDP增长3.2个百分点。其中，基本建设投资94306万元，比2001年增长60.58%；更新改造投资2615万元，比2001年增长59.94%；其他投资9123万元，比2001年增长364.04%。

在重点工程建设方面，桑那水库、旅游东环线四级旅游公路、香格里拉至德钦和维西的柏油路均已竣工并交付使用，农村电网改造工程如期完成，国道214线松园桥至香格里拉县城二级公路二期工程、开发区工业园区、绿色园区、机场扩建、梅里生态区等一批重点工程建设进展顺利。从"九五"以来的7年间，全州新建和改造公路里程1545公里，新增农田有效灌溉面积6.63万亩，新增水电装机容量10.4万千瓦，一些城市基础设施项目建成投入使用，移动通信和广播电视覆盖全部乡镇，大大缓解了经济社会发展的瓶颈问题。

4. 支柱产业初步形成，拉动经济彰显效益。

近几年来调整经济结构的进程中，州委、州政府根据本州实际，确定以旅游、生物、水电、矿产四大产业为支柱产业，予以重点扶持，并取得初步成效。旅游业异军突起，成绩骄人，前已述。以下分述其他三个产业。

（1）生物产业。生物资源开发创新产业。重点建设了香格里拉花园、高山植物园、绿色产业园3个园区；实施饮品、药品、食品、观赏品4个品牌工程；建立青稞、荞麦、高原春油菜等特色农产品基地，核桃、木瓜、梅子等经济林果基地，当归、木香等中药材基地，郁金香、百合、兰花等花卉基地。目前，香格里拉藏秘、香格里拉藏药、香格里拉藏雄、格桑花卉、智圆松茸加工厂、香格里拉野生菌综合加工厂等一批新兴生物企业正在茁壮成长，成为全州生物开发的龙头企业。其中香格里拉藏秘是生物创新产业的"领头羊"。2002年，该企业实现产值1.2亿元，上缴利税1000多万元。据州国税局的统计，2002年来自生物创新产业的税收占全州国税收入的60%，成为税收的重要来源。

农业。由于加大退耕还林（草）力度而耕地减少，加之自然灾害频繁，2002年粮食总产减至128267万吨，比2001年减少7.36%；人均粮食产量由415公斤减至384公斤，但在全国10个藏族自治州中仍居第一位。值得指出的是：由于生产条件的改善和旅游业发展的需要，2002年蔬菜瓜果的产量达到18713.9万吨，比2001年增长131.8%；2002年农业总产值达28266万元，增长4.88%，是农民增收的主要渠道。

畜牧业。这是全州经济发展的优势所在。2002年，总产值达15371万元，增长1.88%；肉类总产量达3870吨，增长8.44%。畜牧业的发展，为农民增收做出了较大贡献。据调查：1995年农民人均纯收入的511元中，畜牧业收入仅为153元，占29.94%；2002年农民人均纯收入的999元中，畜牧业收入达486元，占48.65%，有的牧民收入中，畜牧业收入高达70%以上。

（2）水电产业。迪庆州是水能富集地区，金沙江、澜沧江两大干流及其支流水量稳定，落差很大，全州水能理论蕴藏量达1650万千瓦，占全省的15%。截至2004年，已开发15.4万千瓦，不足10%。州委、州政府深刻认识到水电开发的重大意义，把水电产业确定为本州的支柱产业。1996年，州政府与云南电力集团有限公司、省投资公司共同组建云南硕多岗河发电有限责任公司，联合开发建设州内目前最大的螺蛳湾电站，现已投入运行。2002年，云南滇能集团控股公司与州人民政府签订了关于开发迪庆州水电资源的协议，由该公司为主整合全州的水电存量资产，并开发硕多岗河和岗曲河。2003年，开工建设装机容量10万千瓦的吉沙电站，投资5.8亿元；扩建冲江河电站，新增装机容量4.8万千瓦，投资2.5亿元。水电业对全州经济发展做出了重大贡献。2002年，全州规模以上工业企业的利税总额为2698.6万元，其中水电企业的利税为1683.3万元，占总数的62.4%。

（3）矿产业。迪庆州处于三江有色金属成矿带，矿产资源十分丰富，特别是铜、铁、钨等有色金属的储量可观，其中羊拉、红山铜矿已探明铜金属储量达260万吨。随着水电的开发力度加大，把迪庆州建成全国最大的铜金属基地的条件日趋成熟。2003年5月22日，州政府与云南铜业（集团）有限公司达成矿产资源开发协议，一致同意对本州的铜、黄金、白银等矿产资源进行统一勘探和开发，共建迪庆州矿产支柱产业，实现双赢发展；并决定由云南铜业（集团）有限公司先期出资5000万元对羊拉铜矿进行加密勘探，对普朗、卓玛铜矿进行风险勘探；州政府将着力改善羊拉、普朗的交通条件，首期着手修建、改造奔子栏至羊拉的沿江公路，为尽快启动羊拉铜矿开发创造条件。

5. 生态保护措施落实，扶贫攻坚稳步推进。

迪庆州全面落实国家关于天然林的保护政策，采取有力措施保护生态环境。这些措施包括：按照国家部署，坚持退耕还林、退牧还草；"九五"以来改灶3.21万户，建沼气池3397口，加上发展水电业，启动"以电代燃"项目，减少生活用柴，保护了森林。经过几年努力，取得了一定成效。2002年，全州森林覆盖率恢复到65.5%，比1995年的34.5%提高了31个百分点。虽然新增林木多未成材，但已开始发挥涵养水源、改善环境、减少水土流失、维护生态平衡的作用，为长江流域的生态保护和经济建设做出了积极贡献。

在生态保护初见成效的同时，扶贫攻坚工作也稳步前进。迪庆州的3个县都是国家扶贫开发的重点县，是典型的边疆民族贫困地区。州委、州政府先后制定了"'七一四'扶贫攻坚计划""'九五'扶贫攻坚意见"，进入"十五"以后，又制定实施了《迪庆藏族自治州农村扶贫规划纲要》，采取切实有力措施，狠抓扶贫攻坚，使贫困地区生产条件逐步改善，生活水平逐年提高。2002年，全州农民人均收入达999元，比1995年的511元增长了95.50%，年均增长13.64%；累计解决13.4万人的温饱问题，贫困面由70.2%下降到23.3%；全社会的消费品零售总额由1995年的19669万元增加到2002年的37236万元，年均增长9.6%。2003年，全州倾力狠抓扶贫三项重点工程，即安居温饱工程、异地开发工程、劳务输出工程，使扶贫攻坚工作又上了一个新台阶。

6.实施科教兴州战略，保护开发民族文化。

州委、州政府坚定不移地实施科教兴州战略，在加快经济建设步伐的同时，加强社会主义精神文明建设，推动社会的整体进步。在科学技术方面，从州情出发，围绕资源开发组织实用技术培训，对传统农业进行提升改造，为支柱产业寻求科技支撑，取得了一批科研和科普成果，使科技对农业生产的贡献率达39%。在教育方面，全州29个乡镇普及了六年义务制教育，小学适龄儿童入学率由1995年的90%提高到2002年的97.3%，青壮年文盲率由1995年的31.5%下降到2002年的5%。此外，农村三级医疗卫生网络基本形成，人口自然增长率由1995年的9.73‰下降到2002年的7.61‰，广播、电视覆盖率分别达到79.4%和80.9%。

以藏文化为主的各民族文化是迪庆州的宝贵精神财富，州委、州政府充分认识到各民族优秀传统文化在迪庆州"三个文明"建设中的重要地位，严格执行省人大通过的《云南省民族民间传统文化保护条例》，加大了保护、开发民族文化的力度。一是抢救老一辈文人、艺人掌握的藏族、纳西族、傈僳族等民族的传统民间文学、歌舞、绘画资料，搜集、整理藏文古籍，防止其失传；二是加强对新一代文化、艺术人才的培养，提高他们的素养；三是加快州博物馆、图书馆的建设，努力改善乡镇文化站条件；四是加大文化产业开发力度，增加旅游产业中的文化含量；五是利用民族传统节日，开展丰富多彩的文艺、体育活动；六是积极开展少数民族语言文字的推广工作，提高藏语教学、藏语播音质量，解决藏文版《迪庆日报》的出版经费问题，改善民族小学和德钦县私立藏文福利学校的办学条件；七是继承和弘扬民族医药医疗事业，特别是在藏医、藏药开发方面取得了较大进展，受到州内群众和国内外游客的欢迎。为了更好地挖掘、研究、保护、弘扬优秀传统文化，州政府决定在藏学研究所的基础上建立藏学研究院，此项目已正式启动。

7.加强管理，维护稳定，做好全州宗教工作。

迪庆州是多种宗教并存的地区，宗教问题处理得是否得当，是关系全州民族团结、社会稳定、对外开放、经济发展的大事。特别是面对境外敌对势力利用民族、宗教、贫困等问题对我国进行分裂和渗透活动的严峻形势，处理好宗教问题具有特殊且重大的意义。州委、州政府认真贯彻党的宗教政策，深入细致地开展工作：一是加快宗教立法步伐，制定地方性法规，使宗教活动在法律法规和政策范围内进行。二是做好活佛转世工作，严格按政策程序和宗教仪轨办事。三是扎实开展宗教活动场所登记，保护宗教界合法权益。四是积极培养爱国爱教的佛学人才，选送具有一定佛学造诣的年轻僧人前往西藏三大寺学习深造。五是在藏传佛教寺院开展爱国主义思想教育，维护民族团结和祖国统一。六是经省宗教局批准，着手筹建云南佛学院迪庆分院。七是做好基督教、伊斯兰教等信教群众的工作，引导宗教与社会主义相适应。由于工作到位，全州保持了各民族共存共荣、友好相处，各种宗教活动正常有序的良好局面。

三、2004年至今后一个时期面临的困难和问题

"九五"以来，特别是近两年来，迪庆州经济社会发展的成就是十分明显的。但是，由于历史、社会、自然地理等方面的因素，全州的发展还面临诸多困难和问题。特别是作为僻处祖国西南边疆的少数民族自治州，起点低，底子薄，贫困面广，贫困程度深，比内地存在更多的制约因素。其中重要的一条是，从20世纪50年代开始，迪庆州从封建农奴制一步跨入社会主义社会，虽然实现了社会制度的跨越，但社会发育程度仍然很低，生产力较为落后，无论是经济基础还是人们的思想观念，无论是科技知识还是管理体制，都远远落后于内地发达地区。今后一个时期主要的问题和困难是：

1.基础设施薄弱落后。

交通运输方面，全州目前尚无一条高速公路。截至2002年底，全州公路通车里程为3531公里，大多数公路等级低，还有不少晴通雨阻、狭窄艰险的路段；现有机场不适应迅速发展的旅游业和整个社会的要求。能源方面，如前所述，水电理论储藏量大，但已开发的不足10%。农业方面，水利化程度低，80%的耕地分布在山区、半山区和高寒坝区，有效灌溉面积为12.3万亩，有旱涝保收农田9万亩，人均0.3亩，抗御自然灾害能力弱。卫生事业方面，乡村卫生院（室）设施设备陈旧落后，农牧民缺医少药的现象严重。教育方面，截至2002年底，全州尚有18701万平方米的校舍是

危房。城镇设施方面，虽然近几年有了较大改善，但仍然滞后，城镇化水平仅为16.9%，比全省平均水平低了近10个百分点。

2.经济实力十分薄弱。

迪庆州经济总量小，综合经济实力无论是与全省16个地、州、市相比，还是与全国10个藏族自治州相比，都居于后列。2002年，地区GDP在全省16个地、州、市中排第16位，为全省倒数第一；在全国10个藏族自治州中排第8位；人均GDP和农民人均纯收入为全省平均水平的65.8%和62%，排在第9位和第15位，其中农民人均纯收入为999元，在10个藏族自治州中居第9位。2002年，地方财政收入为7419万元，在全省居末位；财政支出77238万元，居全省第15位；这两个指标在10个藏族自治州中，分别为第6位和第4位。财政自给率仅为9.61%，难以依靠地方财政谋求发展。

3.经济结构不尽合理。

如前所述，经过几年的调整，第二、三产业，特别是第三产业在全州GDP中所占比例有了较大提高，但仍有较大调整空间。第二、三产业还可以做大、做强。其中以工业而论，迪庆州是落后的。2002年，工业增加值在全州GDP中的比重为16.9%，居全省末位；规模以上工业企业只有13家，占全省总数的0.64%。实现工业化任重道远。从所有制结构来看，非公有制经济发展不快，其经济增加值仅占全州GDP的25%，调整所有制结构应引起高度重视。在农业方面，2002年，全州农业总产值为50535万元。其中，农业（种植业、野生植物采集、农民家庭商品加工）产值为28266万元，占55.93%；畜牧业产值为15371万元，占30.42%；林业产值为6696万元，占13.25%；渔业产值为202万元，占0.40%。从迪庆州的实际情况来看，农业内部结构比例不尽合理，畜牧业和林业的比重偏低，不利于增加农民收入。

4.扶贫攻坚任务繁重。

迪庆州是云南省扶贫攻坚的重点地区，全州的3个县都是国务院扶持开发的贫困县。到2002年底，全州有低收入贫困人口15.98万人、绝对贫困人口6.86万人，分别占全州农业人口的55%和24%，贫困面很大。绝大多数贫困人口分布在偏远、自然条件差的高寒山区和半山区，贫困程度很深。到2003年，全州仍有2个无电乡，18个行政村和461个自然村未通电，分别占行政村和自然村总数的10%和23%、有38个行政村和1027个自然村不通公路，分别占行政村和自然村总数的21%和52%；坡度在25度以上退耕还林需搬迁的人口达5.3万人，其中失去生存条件的有3.1万人。以上情况表明，全州扶贫攻坚的难度相当大。

5. 教育科技发展不快。

经济实力弱，生活和生产条件差，再加上落后观念的制约，给科教文卫事业带来不利影响。贫困地区适龄儿童入学难，小学辍学率达5.8%，中学辍学率达7.4%。虽然完成了"普六"的任务，但巩固成果很难。"普九"目标还没有实现，初中入学率仅为51.2%。目前，全州尚无一所大专院校。现有的945所小学中，一师一校的教学点达586所，教师学历合格率仅为63.5%。教育落后的后果是劳动者素质低，各类人才缺乏，科技推广受到制约，加上科技投入不足，使科技对经济发展的贡献率较低，粗放经营的情况普遍存在于工农业之中。

6. 生态环境亟待保护。

20世纪末实行天然林保护工程后，全州生态环境恶化的趋势得到遏制，但形势仍不容乐观。由于地质结构复杂，受喜马拉雅山造山运动的影响，特别是来自印度板块的推挤，使"三山夹两江"的迪庆地区岩石破碎风化，土层松散瘠薄，容易造成滑坡及泥石流等灾害。20世纪50年代毁林炼铁，60年代毁林开荒，70年代森工企业大肆开采，导致境内植被破坏严重。现在实行天然林禁伐非常及时，但两江流域山高坡陡、高寒缺氧，植物生长缓慢，生态恢复难度相当大，建设成本高，必须投入较大的人力、物力、财力才能奏效。

7. 民族宗教工作艰巨。

迪庆州民族宗教问题比较复杂。全州有寺院和教堂69座，有信教群众142056人，占总人口的43%。其中藏传佛教分布广、影响深。长期以来，国外敌对势力的渗透、分裂活动一直没有停止过。他们采用多种伎俩离间信教群众与党和政府的关系；利用僧尼住房简陋、深造机会少等因素，以优惠条件引诱他们外逃学经；插手活佛转世工作；在境外用大功率电台对藏族群众进行反动舆论宣传，煽动民族情绪；选派人员以合法探亲、观光为名，暗中进行渗透活动；利用州财政困难，通过各种渠道向寺院提供各种援助，力图拉拢信教群众。这就使迪庆州面临反分裂、反渗透、维护社会稳定、巩固民族团结的艰巨任务。

四、厘清思路，发挥优势，加快发展，创建全国最好的藏族自治州

迪庆州在云南乃至全国10个藏族自治州中都具有独特的战略地位，中央和省委、省政府高度重视迪庆州的工作。在中央和省委的领导、支持下，经过几十年来一代又一代干部、群众的艰苦探索，对州情认识逐渐深化，对经济社会运行规律把握得越来越准确，因而发展思路和发展战略也越来越清晰、越来越切合实际。2003年6月召开的云南省人民政府迪庆现场办公会同意实施《迪庆藏族自治州全面建设小康社会规划纲要》，确立了以下战略思路："高举邓小平理论伟大旗帜，全面贯彻'三个代表'重要思想，按照党的十六大提出的战略部署，生态立州、文化兴州、产业强州，巩固经济发展、民族团结、社会稳定的大好局面，与全省同步实现全面建设小康社会目标，把迪庆建设成为全国最好的藏区之一。"制定了正确的发展战略："提升品牌，强化基础，优化结构，团结稳定，协调发展。"根据上述思路和发展战略，应采取以下对策措施：

1. 提升品牌。

发挥香格里拉独特的自然资源优势和民族文化优势，提高香格里拉品牌的文化含量和科技含量，扩大香格里拉品牌的知名度，做大做强旅游产业和文化产业，把香格里拉品牌提升到一个新的高度。

香格里拉已有一定的知名度，但比起全国一些著名的风景区，包括毗邻的丽江，尚有较大差距。要使更多的人认识香格里拉，渴望到香格里拉旅游，除了加强宣传力度外，很重要的是苦练内功，提高香格里拉品牌的文化含量。我国旅游业在近些年获得长足进步，已经从初期的观光游向体验游转化。人们关注的是具有高质量唯一性的旅游标的物，是高文化含量的过程体验，是对旅游景观的历史和文化的探究，其旅游的目的是获得精神上的享受与心理上的满足。这样，文化内涵就成为旅游业的核心。旅游者的旅游行为是一种文化消费行为，文化旅游是文化产业的重要内容。因

此，迪庆州的旅游业要有一个大的发展，必须进一步深入挖掘旅游资源的文化内涵，从文化层面上对旅游资源进行提炼和包装，充分展示其文化价值、文化意蕴、文化情趣，以独特的藏文化、各民族各宗教和谐共处的多元民族文化提升旅游层次，以旅游产品传播各民族的优秀文化，把香格里拉品牌推向更广阔的市场。

具体的措施有：加快独克宗古城的开发，把香格里拉县城建成10万以上人口的中国优秀文化旅游城；把德钦县建成3万人左右的藏文化旅游城；把维西县建成6万人左右的兰花城和傈僳文化城；有计划地建设一批民族文化生态保护村；推出一批具有民族特色的影视、书画精品和音乐、歌舞节目；积极保护宗教文化遗产，推进旅游业与文博业的合作。

具体的建设项目有：梅里雪山生态旅游区、维西塔城森林生态旅游区、香格里拉东环线、尼汝森林生态旅游区、松赞林寺湖泊恢复。具体的工程有：中国大香格里拉生态旅游区游客集散中心工程、具有本地区特色的精品旅游区工程、旅游商品工程、藏族特色餐饮工程、以藏文化为主的多民族优秀文化开发工程。

通过以上措施，同时加大旅游宣传促销和市场开发力度，再配以高质量的各种旅游设施和高水平的服务体系，香格里拉品牌必定能在国内甚至国际旅游、文化市场成为最响亮的品牌之一。

2.强化基础。

强化基础设施建设，是实现迪庆州经济社会持续、健康、快速发展的关键。只有加强农业、交通、通信、市镇、科教、生态等方面的基础设施建设，才能使整个经济社会充满活力、保持后劲。

交通是迪庆州发展的瓶颈，改变交通基础设施落后的面貌是发展旅游业和其他各项支柱产业的先决条件。从迪庆州的实际出发，首先要搞好公路建设，近期项目有：尽快完成国道214线香格里拉至松园桥二级柏油路段，加快建设国道214线德钦至西藏芒康盐井段，积极推进香格里拉至宁蒗县和四川省乡城、德钦至贡山、维西至福贡等段的公路建设，加快德钦至维西、香格里拉县城至碧塔海、奔子栏至里农、香格里拉双桥至普朗等段公路的改造，进一步改善旅游景区和全州乡村的通达条件。其次，要对迪庆机场进行改扩建，开辟新航线，争取把迪庆机场建成云南、四川、西藏三地交会的藏族聚居地区的重要口岸机场。此外，还应积极筹划丽江至迪庆的铁路建设，建设连接滇川藏的通道。

农田水利设施是事关全州大多数人脱贫致富奔小康的重大基础建设，是关系解决"三农"问题，保证国家经济安全、粮食安全的大事。在今后长时间内，应加大投入，加强农田基础设施、乡村道路、人畜饮水、农村新能源等项目的建设，改造中低产田，实行山、水、田、林、路综合治理，彻底扭转农田基础设施薄弱的状况。近期要抓好金沙江、澜沧江干流和硕都岗河、纳曲河、朱巴洛河等一级支流的防洪工程，建设好小中甸水库，做好牧区水资源保护，改善农村的生产和生活条件。

除了上述两大基础设施必须得到高度重视以外，以下几方面也必须予以关注：能源基础设施方面，落实与省内、国内有关单位的合作协议，加快境内水电站的建设。在信息基础设施建设方面，抓紧政务信息化工程、企业信息化示范工程、农村通信传输光缆化工程和县城城域网工程建设，促进电信、电视、电子计算机三网融合。在市政基础设施方面，抓紧中小城镇建设，加快3个县城供排水、供电、供暖、绿化、污水垃圾处理、道路等设施的建设，进一步完善和提高城镇功能，推动城市化进程，充分发挥城市的辐射作用。在教科文卫设施方面，加大投入，改造危房，增加设备，改善学校、卫生院（室）、文化站（室）、农技站的条件，推进各项社会事业发展。

3.优化结构。

按照"两江、三带、四区"的思路调整和优化生产力布局。"两江"即在保护生态环境和民族文化的前提下适度开发金沙江、澜沧江流域的水电资源。"三带"即香格里拉、德钦、维西3个县城辐射的城镇经济带，分别以旅游业、矿产业、绿色产业为建设重点。"四区"即精品旅游区、生态保护与建设示范区、铜矿产业区、绿色工业区。

与上述思路相配套，优化产业结构，培育旅游、生物、水电、矿产四大支柱产业，把迪庆州建成全省重要的水电基地、矿产业基地、生物产业基地和旅游业基地。

优化城乡结构，加快城镇化进程。全州的城镇人口由2002年的5.9万人增加到2003年的7万人，2010年为11万人；城镇化水平由2002年的16.9%

提高到2010年的30%以上，2020年力争达到50%。

优化所有制结构，放手发展非公有制经济，为非公有制经济的壮大成长创造环境，拓展空间，清除障碍。鉴于迪庆州生产力水平低、经济实力单薄、科学技术落后等实际，特别要注重发展非公有制的中小企业，对它们应该有更宽松的政策、灵活的形式、足够的胆量、服务的热心。这些中小企业将为全州经济社会发展注入新的活力。

4.团结稳定。

没有一个安定团结的局面，现代化建设就无从谈起。在多民族、多宗教并存的迪庆州，做好民族宗教工作，加强民族团结，实现宗教有序，维护社会稳定，确保长治久安，是具有重要意义的头等大事。

在民族工作方面，要认真贯彻中央和省委、省政府关于加强民族宗教工作的决定，制定本州的实施意见。要以经济建设为中心，积极组织建设项目，发展民族地区经济，改善生产生活条件，促进扶贫攻坚；开展民族团结进步活动，完善团结稳定目标管理责任制，及时缓解和消除不稳定因素；组织好各民族传统节日的庆祝活动，弘扬优秀传统文化，推进民族团结；加强对藏文化和各民族文化的研究，进一步挖掘、抢救、继承、发扬传统文化的精华，使其服务于民族发展繁荣的伟大事业；做好少数民族干部的培训、培养、选拔工作，造就一批政治强、业务精、品质好、身体健、胸襟阔、目光远的少数民族干部。

在宗教工作方面：要严格执行党的宗教信仰自由政策，加强对宗教事务的管理；维护宗教界的合法权益，团结广大宗教爱国人士和信教群众，积极做好反分裂、反渗透工作；落实分级管理责任制，帮助搞好寺院、教堂等宗教活动场所管委会班子建设，使领导权掌握在爱国爱教的教职人员手中；认真对宗教活动进行年检，保护合法活动，制止违法活动，打击非法活动。

5.协调发展。

按照党的十六届三中全会提出的"五统筹"的思想，努力实现物质文明、精神文明、政治文明协调发展，经济、社会、生态协调发展，城乡和区域协调发展。在迪庆州，要特别强调生态环境的保护，这是关系长江、澜沧江流域生态安全、经济安全的大事，是党和国家领导人以及全国人民关注的一个焦点。因此，在谋划全州经济发展的蓝图时，要坚持生态优先、保护优先的原则。当然，保护也要有新的思路和举措，要按照生态保护产业化、产业开发生态化的要求，把保护环境和加快发展结合起来，积极发展生态农业、生态旅游业、生态城镇。当前，要抓紧实施天然林管护工程、公益林建设工程、小流域水土保持综合治理工程、退耕还林和退牧还草工程、农村新能源工程等，努力把迪庆州建成全国生态环境最好的藏族自治州，实现经济、社会、生态的协调发展和可持续发展。

（原载于《云南民族地区发展报告》，云南大学出版社2004年版）

云南石屏县哨冲彝族的"德培哈"祭典

滇南红河哈尼族彝族自治州石屏县是彝族的重要聚居区。截至1993年，云南彝族人口上万的市县共74个，石屏县名列第一。石屏彝族多自称"聂苏泼"，这一支系分布在云南省红河、玉溪、思茅等地州的山区，人数约10万人。在石屏县境内，聂苏泼主要分为"三道红"和"花腰"两部分。其中，"花腰"因其妇女服饰艳丽，全身缀以精巧的人工刺绣而得名。"花腰"人口约有6万，分布在县内北部山区。过去，这一带较为闭塞，生产力低下，文化落后，经济发展十分缓慢，原始宗教在人们的生产和生活中占有重要地位。

一、"咪嘎哈"和"德培哈"

"咪嘎哈"是聂苏泼人较为盛大的原始宗教祭典。彝语"咪嘎哈"，汉译为"祭龙"。实际上并非祭祀龙这种神兽，而是祭祀传说中的彝族英雄始祖阿倮。因彝语中"倮"的读音与汉语"龙"的读音相近，所以"祭阿倮"被误译为"祭龙"。经过历史变迁，这一活动不断增添新的内容，除祭祀阿倮外，也祭祀其他众多的自然神灵。尽管如此，祭祀阿倮始终是"咪嘎哈"中最重要的内容。

阿倮是彝族传说中的始祖，是一位有着非凡智慧和巨大力量、能镇妖驱邪的英雄。他有6件宝物：铁锤、铜镜、铁扫帚、铁马鞭、飞马、经书。古时候，天神规定人妖同住、羊狼共处，不得互相侵犯。后来，妖魔起来作怪，7个妖精变为7个美女，到处伤害彝家人民。"妖火遍烧山，万物皆焚尽""魔水冲川谷，万物遭水患"。阿倮决心救民于水火之中，凭着无与伦比的本领和宝物同妖魔搏斗。他捏铁饼充饥，炼铁水解渴，打死了众妖。众妖之魂到阴间告状，阎王不分真伪善恶，派勾魂鬼杀了阿偻，并肢解了他的身体。阿偻身亡后，仍不忘百姓，他的心脏变成圣洁的石头，四肢变成神圣的树林。以后，人们每年都要举行隆重的"咪嘎哈"活动，以纪念这位拯救人类的英雄。

"咪嘎哈"的场地是一片龙树林，彝语称为"咪嘎丹"，"丹"即树林。"咪嘎丹"内绿树苍苍，神圣庄严，不许放牧，不许随意铲伐草木。彝族祖先建寨时，首先要确定何处为"咪嘎丹"，并挑选高大粗壮、枝叶繁茂的一棵树为主要神树，彝语称为"龙丁宰"。"龙丁宰"下用石头砌一座"龙宫"，放置两块猪心大小的椭圆形石头，彝语称这两块石头为"龙福"。"龙福"象征阿偻的心，供奉"龙福"是对英雄始祖的纪念。水瓜冲村供奉"龙福"的"龙宫"修成亭阁式样，四角呈葫芦状，顶部也是葫芦状。在聂苏泼人的传说中，是葫芦救了人类和万物。"龙宫"正面的横幅和左右的对联用彝文写成，横幅汉译为"神石居住的地方"，上下两联汉译为"村子未出现前，这棵龙树就已定下；人还未出现前，这块石头就已存在"。

"咪嘎哈"在农历正月、二月、三月间举行。具体日期各地不一：有的在正月第一个属牛日，有的在二月第一个属马日，有的在三月第一个属鼠日。在石屏县哨冲乡水瓜冲村一带，"咪嘎哈"被选在正月立春后的第一个属马日举行，如果这个属马日正好处于正月初一、初二、初三的春节期间，"咪嘎哈"就得推迟12天，到下一个属马日再举行。各地选择不同的日期，与"咪嘎哈"中的农业祭祀（祭谷神、土地神等）有关。由于各地海拔不同，气候殊异，春耕播种节令或前或后，祭祀的时间自然也不可能一致。

"德培哈"是与"咪嘎哈"紧密联系而又有较大区别的原始宗教祭典。第一，"咪嘎哈"在石屏等县的聂苏泼人中普遍流行，"德培哈"只流行于石屏县哨冲乡的莫测甸、水瓜冲、上寨、中寨、坡龙山腰等5个自然村的"花腰"彝中，共300多户人家。据传说，这5个村的祖先属于一个部落。第二，两者虽然都祭祀阿偻，但是"咪嘎哈"年年举行，而"德培哈"要12年才举行一次。阿偻的诞辰在午年午日午时，所以，"德培哈"定于午年午日举行。第三，由于12年才举行一次，"德培哈"的规模比

"咪嘎哈"盛大，祭场庄严，仪式隆重，程序复杂，内涵丰富。第四，"德培哈"必须从大自然中获取3件非同寻常的物品：一是一块天然通洞石块（彝语为"阿俅飞"），洞的直径不能小于20厘米，要使象征阿俅心脏的椭圆石块"龙福"能从中穿过，表示祖先曾居住过溶洞，常从洞中穿出；二是一棵筑有"左西丽"鸟巢的幼龄松树，贝耄逐户念经时要带上它；三是一根长约36丈（约119米）的名为"早康"的藤篾条，用它缠绕"龙树"。在聂苏泼人的传说中，"左西丽"是一种神鸟，能造福于人类。它曾筑巢于松树上，因此松树也成为神物。也有的传说认为，阿俅是神人，天上生，地上长，曾在松树上住，因此，松树成了崇拜的对象。

二、"德培哈"的准备活动

"德培哈"是比"咪嘎哈"更为隆重的祭典，事先要做充分的准备。首先要选择好祭场。

"咪嘎哈"的祭场主要在"咪嘎丹"（龙神林）中，仅设3个神龛，而"德培哈"的祭场则在"咪嘎丹"的山脚下。人们选一块视野开阔、平坦宽大的大田设祭场，即使田里有庄稼也无妨。大家相信，设过祭场的大田，庄稼被人踩是件好事，踩得越多越好。

祭场由三部分组成：

1. 青松林曲折游道。由144棵幼龄松树和80棵幼龄杉树布阵而成。80棵幼杉围在四周，每边20棵，呈长方形；144棵幼松排在长方形中，每行12棵，共12行。12×12的阵式，表示1年有12个月，12年举行一次"德培哈"。所选幼松和幼杉，必须无病虫害；每棵都有3层树枝，每层有3根树杈；松树上不能有松香，否则人会有创伤，不能有松球，否则人要生疮；每棵树都要完整，树尖不能缺。布成阵形的所有树之间用青藤、尖刀草串联，使12行青松间形成一条曲折的游道，让进入祭场的队伍在游道中穿行。祭场内的尖刀草是神异物品。传说洪水滔天时，彝族祖先阿普杜姆被天神拯救，他乘着马樱花树制成的木舟随水漂浮，7天后水降下去，木舟停在了马樱花树上，下面尽是尖刀草。以后，阿普杜姆决定把马樱花、尖刀草当神物供奉。

2.牌坊楼阁。设置于青松曲折游道的出口处,当祭祀队伍穿出青松曲折游道后,就来到牌坊楼阁。牌坊楼阁用圆木做支架,用彩纸装饰,上有匾额和图案。图案有窗花、火焰等,必须一刀剪成。搭楼阁时,要通过占卜进行分工,5个村分别负责搭阁楼的下层、中层和顶部。顶部与供奉"龙福"(龙神)的"龙宫"一样,呈葫芦形。有时,牌坊和阁楼分别由两个自然村负责。

3.十二祭坛。包括1个主祭坛和11个小祭坛。主祭坛用12张八仙桌重叠搭成,高约8米,四角用4棵松树固定。每张桌面上摆1石谷子,表示一年一祭,12张表示12年。11张桌子脚朝下,只有一张脚朝上,表示午年已经开始。主祭坛左侧设临时"龙宫"和3个神龛,后面竖"左西丽"鸟巢树。事先将搜寻来的天然通洞石和一个新甑子放在"龙宫"前。此"龙宫"与"咪嘎丹"(龙树林)的"龙宫"之间,由2根红丝线相连接,表示血脉相通。祭场边是几层梯田,人们在田埂上开出11个小祭坛,供上各种祭品,祭祀不同的神灵。

祭场的布置和祭祀人的选择是十分重要的大事,村寨长老们半年以前就要开始商议。主祭者必须是年过花甲、德高望重、精通彝文典籍的贝耄,11个小祭坛的祭祀者也必须品行端正、知识丰富、家中平安。他们中有中老年贝耄,也有青年贝耄。

举行"德培哈"的半个月以前,祭祀者和工作人员就集中到"咪嘎丹"附近住宿。为了保持住地的圣洁,离家来此时须沐浴更衣,除去污垢和世俗气息。集中住宿期间,人们进入斋戒状态,不得用低俗语言取乐,不得回家同房,不得吃荤菜。

炊具、餐具一律要重新置办,做豆腐用的石磨要重新凿齿。饮用水要绝对清洁,须到村外龙潭挑回。挑水时有4人参加:一人举旗前导,一人鸣锣警示妇女回避,一人挑水,一人持鞭吆喝殿后。妇女闻声后自觉回避,一旦挑水人见到她们,就要将水倒了重挑。

集中住宿期间,人们要制作祭场上的各种用物。有用黄连木削成的金色木刀(彝语为"谷"),有用五瓣子木削成的银色木刀(彝语为"撒马"),有用尖刀草搓成的神鞭。这些用品均须用左手制作,人们认为这样才具有神奇的力量。祭祀后这些用品被分发给各家各户以祛除凶邪。贝毕毛们穿的衣服是新制的丝绸长衫。帽子用竹篾编成，以黄红相间的花纸贴于表面，有的还裱上金龙，帽檐儿镶上彩色纸花。贝毛们的帽顶皆呈葫芦形，主祭者在葫芦顶上饰以鲜艳夺目的箐鸡毛，因为箐鸡不吃庄稼，形象美丽，是象征吉祥如意的益鸟；其他贝毛的葫芦形帽顶或饰以红绒球，或饰以彩色丝带，都预示着村寨兴旺昌盛。贝毛们用的木杖、铜铃、铁圈等法器要准备好。木杖要从林中获取，状如虬龙，上敷以厚重庄严的色彩。祭场上牌坊阁楼的彩顶、匾额等也在这里制作。干活儿时人们不能向手中吐唾沫和用脚夹材料，以免亵渎神灵。

贝毛们在住宿处设一神龛，把12个祭场供奉的祭品集中起来，饭前都要进行虔诚叩拜。在此期间，每日还要集队到"咪嘎丹"中向"龙宫"供3次，入时正向前进，出时背向倒退。绝不能用臀部对着"龙宫"，认为这样会冲撞祖先阿保。祭场在布置期间，有藤条为警戒线，还有值班人员，不许穿白衣戴白帽、身带武器的男人和任何女人入内。

三、"德培哈"的具体程序

"德培哈"12年举行一次，内容丰富，程序复杂，具体安排如下：

第一，取福水。事先要选8名"龙子"（彝语为"龙若"），条件是当年新婚、德行端正、父母双全、家无丧事。"德培哈"的第一天凌晨鸡叫头遍以前，"龙子"要沐浴更衣，4人一行，离开本村，到外地风景清幽的龙潭用壶取福水。每人选一块椭圆形石头（象征"龙卵"）扔在盛满福水的壶中，返回时要沿路洒水，同时抛撒带去的松毛。取回福水后，"龙子"隐藏于迎龙队要经过的迎龙树后面，不能让妇女看到自己，等待迎龙队的到来。

第二，迎龙。当天中午，分别由莫测甸、水瓜冲和上、中寨男子组成的3支迎龙队从村中出发，前往"咪嘎丹"迎龙。先经过各村的迎龙树，鸣鞭炮迎接藏于树后的"龙子"，再往前进入"咪嘎丹"，"龙子"抱出"龙宫"中的龙神石（"龙福"），用取来的福水冲洗。剩下一点儿福水，倒入本村的龙潭中，象征本村财富在增加。随后，把龙神石放置于新制的木雕彩金的"龙宫"中，在浩浩荡荡的迎龙队护送下前往祭场。迎龙队阵容宏大，包括以下各队：1.旌旗队，每支迎龙队有一二十面彩旗；2.武器队，有金瓜锤、龙头杖、阿俸巨手等；3."龙宫"、香案队，有用竹纸裱的和木雕彩金的"龙宫"、香案；4.长老队，由4—10位老人组成，手提竹篮，内装酒、茶、饭、果品、糕点作为祭品；5.乐队，有号角、锣鼓等；6.爆竹队，负责放地炮、鞭炮；7.脸谱队，有头戴孙悟空、猪八戒、牛魔王、弥勒佛等脸谱的人；8.舞队，表演龙、虎、鸟、鱼等舞蹈；9.武术队，舞动刀、剑、矛、鞭等武器。此外，身着节日盛装的群众也紧跟迎龙队。

第三，比舞。3支迎龙队来到祭场附近后，在大道上和河堤上各展雄姿，互相比舞。舞蹈千姿百态：有模拟禽兽动作形态的龙舞、狮子舞、蚌壳舞、翠鸟舞，服饰逼真，形象生动；有再现犁地过程的农耕舞，一人扮牛，戴牛头（用竹篾扎成，糊上彩纸），穿牛衣（用布缝制而成），另外两人牵牛犁地，表演真实而又诙谐；有表现狩猎活动的打猎舞，一人扮演猎人，一人扮演猎物，猎人做种种追捕动作，猎物四处躲藏，舞蹈构思巧妙；还有各种类型的纹面舞，舞者脸上绘上多种多样的花纹，有的头插羽毛，有的身背令旗，有的手握长刀，有的双手持短剑，威武雄壮，表演激烈的战争场面。也唱汉族的花灯、踩高跷，把"德培哈"活动推向一个新的高潮。

第四，占卜。比舞结束后，3支迎龙队进入祭场，进祭场的先后顺序靠占卜定。占卜用的托盘中盛有2碗红糖、2碗糕点，还有1个剖成两瓣的松树节。通过看两瓣松树节的情况，确定莫测甸、水瓜冲两支迎龙队谁先谁后。在占卜地点搭"占卜门"。人们写对联称赞这一古规："占卜先后，自呈兄弟深情；迎龙有序，更显民族和睦。"上、中寨是小村寨，像是阿俸的幼子。体恤幼小是社会公德，因此，上、中寨的迎龙队可以自由选择先后，不受占卜的限制。

第五，穿越松林阁楼。通过占卜，迎龙队按顺序进入祭场。但并不是整支迎龙队都可以进入祭场，只有"龙子"、送祭品的长老、"龙宫"、香案、阿俸打鬼用的金瓜锤这些人和祭品，在经过净化后才能进入。净化人和祭品，须在祭场入口烧红一块板瓦或石块，上放青荷叶，再浇上清水，于是香烟蒸腾，迎龙队从上跨过，高喊"好！好！"进入祭场。此时，鞭炮声、土炮声大作，迎龙队在硝烟中热烈起舞，穿过一条条青松曲折游道，跨过牌坊楼阁，来到12个祭坛前。

第六，"龙福"穿石。迎龙队把木雕彩金的"龙宫"放下，由"龙子"（抱龙人）取出"龙福"（龙神石），放在原先准备好的天然通洞石前叩拜、供奉，再将"龙福"从洞中穿过。人们认为，阿倮是从岩洞中来的，所以"龙福"要穿石而过；也有人认为，"龙福"穿石而过有交媾之意，祝愿人丁兴旺。

第七，诵经。12个祭坛的贝耄开始念经。1990年正月十五的主祭者是70岁高龄的贝耄张保和。他身体康健，精神矍铄，熟知其他11个祭坛的经文。他从第一张桌子开始，一台一台往上，上一台念一次经文，直上到第12台，端坐于8米高的顶部，右手摇铃，左手持经吟诵不止。先诵阿倮的英雄事迹，再诵天的东、西、南、北，祈求民族繁荣、五谷丰登。与此同时，11个小祭坛的贝耄也开始摇铃诵经，一时间铃声、诵经声交相呼应。祭场气氛庄严肃穆，显得格外神秘。

第八，逐户诵经。从"德培哈"的第二天起，12个贝耄分别到全村各家各户诵《福禄招财经》。诵经时，筑有"左西丽"鸟巢的松树立于堂屋中央，贝耄左手拿小旗，右手摇法铃，一人领唱，众人合唱，音乐徐缓，铃声苍劲。接受诵经的人家要置一香案，点燃3炷香，青烟袅袅，准备4碗供品（瓜子、花生、糕点、香烟）摆在一旁，也有的人家摆6碗供品。诵经完毕，主人要送给贝耄豆腐、蔬菜、粑粑、花生、糖果、糕点等，感谢他们。贝耄逐户诵经约需半个月，届时"德培哈"才算真正结束。

四、"德培哈"12个祭场的名称和祭祀内容

"德培哈"的12个祭坛有不同的含义。平时人们根据遇到的种种情况，请贝耄诵不同的经，"德培哈"的12个祭坛把这些经文集中起来念。它们的名称和祭祀的内容如下：

第一，"扎点热"，即主祭坛。祭祀情况如前所述。"扎"义为"轮"，"点"义为"升、登"，"热"义为"塔"，"扎点热"就是"登轮塔"，即主祭者登上12台的主祭坛。

第二，"脱特间代"。此祭坛位于祭场入口处，意在使进入青松林曲折游道的人和物净化除污。贝毫和助手站在那里，贝毫念经，助手拿草绳，进入祭场的人都要剪断一段草绳，以示与邪恶一刀两断。

第三，"出赛莫典"。义为"祝愿人们免遭自然灾害、安康幸福"。

第四，"护德木"。义为"祝愿人畜平安、财产保险"。平时路见大蛇以及其他怪异现象，或家中发生婚变，都要请贝毫念"护德木"经。

第五，"左衣左火厄"。义为"祝愿风调雨顺、五谷丰登"。念此经专主粮食丰收、经济发展。家中粮食歉收，牲口长不好，鸡鸭长不大，要把庄稼魂、牲口魂叫回来，就必须念"左衣左火厄"经。

第六，"几乃莫皂"。义为"劝人言行正直，遵守公德，禁止莽撞行为"。通过诵"几乃莫皂"经，可以祛除使人做坏事、说坏话的害星，让人从此言行端正。

第七，"核喜咪喜典"。义为"祝愿人们安居乐业"。在乔迁新居前，要念此经文，祭祀屋宇和土地神，祛邪咒魔；甚至在建房过程中也要念，以保证在开山伐木、挖地基、下石脚、架梁起屋时不使任何人受到伤害。

第八，"邪抄"。义为"铲除非正常死亡的阴气，祝人们吉祥如意"。祭坛设在祭场之外，祭物是一只山羊、一把破犁及其他破衣物、家具。人们常常碰到非正常死亡的情况，如因雷击、水淹、服毒、上吊而死等等，为避免这些情况，就须诵"邪抄"经。

第九，"伙库"。义为"招魂，祝人们延年益寿"。人们出门在外遭遇不测之事，魂不附体，可念"伙库"经，即认为能招回失去的魂魄，恢复健康。

第十，"结网行"。义为"消除对立，祝愿双方化解隔阂、和睦相处"。世间事物相生相克，夫妻、母子、父女之间，常有属相、性格等相克的情况，念了"结网行"经后，双方即相生而不相克，可亲密共处。

第十一，"田摆行"。义为"祈祷夫妇婚后优生优育，后代香火旺盛"。此祭坛设于祭场外，以使妇女能够参加。有的女子婚后不孕，或早产、生死胎，就需念"田摆行"经。

第十二，"左白捕"。义为"惩治妖魔，祛邪扶正，保证社会安定团结"。通过祭祀，诅咒妖魔和社会上作恶的人，营造良好的社会环境。

"德培哈"原是原始宗教的祭典，随着时代的发展，它逐渐成为促进民族团结进步的节日。20世纪90年代第一春，笔者身临石屏哨冲彝乡调查，目睹了"德培哈"的盛况。勤劳淳朴的彝族人民欢度节日，丰富多彩的民族歌舞和体育表演，商品琳琅满目的物资交流会，各民族兄弟亲密无间的畅谈，绘出了一幅具有浓郁民族色彩的画卷。

在调查过程中，得到普璋开（彝族）等同志的热情帮助，谨致谢忱。

（原载于北京《世界宗教研究》1993年第4期）

原始宗教对拉祜族文化的渗透

宗教是文化的重要组成部分。在各民族历史的早期，宗教的影响遍及文化领域的各个层面，原始宗教意识成为建构原始文化的主要支柱，哲学、科学、艺术、道德、礼仪等，无不与宗教存在不解之缘。可以说，缺乏宗教，原始文化的古朴画卷难以绘制，原始艺术的神秘殿堂无法矗立于人类文明发展长河的源头。原始宗教信仰有时就是人们的理想，人们虔信笃奉、执着追求；有时又表现为潜意识，伏流暗藏，隐行潜移。原始宗教给人们带来了心灵的恐惧和精神的锁链，人们创造的宗教理想又给自己的苦难生活带来了缥缈的期望，抚慰着人们的心灵，鼓舞人们与自然搏斗的勇气。而融汇于感情、思想、欲望中的宗教意识，更是无孔不入地影响着人们的言行。在对云南边疆一些少数民族的宗教与文化进行考察时，上述情况并非罕见。

拉祜族是一个云南边疆的古老民族，其先民属于古代羌人族群。在漫长的历史进程中，由于种种复杂因素，拉祜族社会进步十分缓慢。直到近代，一部分拉祜族在周围其他民族的影响下进入了封建社会，而另一部分拉祜族虽然产生了贫富差别，但仍在原始社会末期徘徊。拉祜族主要信仰原始宗教。清代初年，佛教传入拉祜族地区；20世纪初，基督教、天主教开始传播，对拉祜族的政治、经济、文化产生了影响。但是，即使在佛教、基督教、天主教势力所及的地区，原始宗教还是占有重要地位。这一重要地位的集中表现是，原始宗教的影响特别是天神"厄莎"的影响广泛存在。

一

同许多民族一样，拉祜族中存在万物有灵的观念。他们认为人是有灵魂的，自然界的万事万物也是有精灵附着其上，拉祜语把这些精灵称为"尼"。家神称为"耶尼"；主管自然界的有"厄尼"（水鬼）、"哈尼"（石鬼）、"厄筒尼"（箐鬼）、"米比尼"（山鬼）、"牟厚尼"（风鬼）、"牟哈西厄尼"（虹鬼）、"迷拜尼"（火塘鬼）、"厄交尼"（路鬼）等；主管生产活动的有"谷尼"（谷鬼）、"厦尼"（猎鬼）等；主管疾病的有"斗尼"（野鬼）、"叶比尼"（屈死鬼）、"比那"（头晕鬼）、"那苟尼"（肚痛鬼）、"阿塔"（眼痛鬼）等；另外，还有主管刀、锄、镰、犁、铧、犁架、风箱以及房屋的"鬼"。

原始宗教是自然宗教，崇拜多种神祇，因而又被称为多神教。拉祜族的原始宗教中对各种各样"尼"的崇拜，就是多神教的特征，人们只是根据现实生活中的情况和自己的主观需要来对众多的神祇举行不同的宗教仪式。随着社会向前发展，宗教也向前发展。蒙昧时代的中级阶段，人类社会出现了氏族组织，以后又发展成部落和部落联盟。同时，产生了氏族酋长、部落和部落联盟的首领。这些首领知识渊博、智力过人、智慧超群。这些首领只是一个氏族、一个部落或部落联盟的大人物，他们生前是本民族部落的领袖，死后成为管辖自己氏族部落的神祇。因此，在原始社会中，不同的氏族部落崇拜不同的神灵，再加上自然界的神，神的种类实在是太多了。那时还没有出现全民的最高统治者，宗教观念中也未出现主宰一切的至高无上的神。当人类进入阶级社会以后，国家产生了，国王、君主、皇帝等人间的最高统治者出现了，在宗教中了也有了至高无上、主宰一切的神。这时的宗教已不是多神教了，而是一神教；是人为宗教，而不是自发宗教。宗教里至高无上的神，是现实世界中最高统治者的复制和翻版。

拉祜族的原始宗教中出现了一种十分复杂的现象。在崇拜多种神灵（"尼"）的同时，出现了一位至高无上、主宰一切的天神，名叫"厄莎"。"厄莎"创造一切、主宰一切、洞悉一切，"厄莎"没有家庭，性别也不明。在处于父系家庭公社阶段的拉祜族支系中，"厄莎"是位男性天神，他有一位妻子叫"密纳玛"。"密纳玛"是地神，主宰大地上一切生物的繁衍。

关于天神"厄莎"的传说，对他创造世界过程的充满神奇色彩的幻想，形成了原始的创世神话。神话产生于人类还没有进入科学的理性思考的时代，它曲折地映射出远古人类的生活，描绘了人类早期文明发展的生动图景。早期人类的生活是原始的，早期神话也是原始的，这正是神话的价值所在。拉祜族的"厄莎"创世神话经过若干代人的加工，原始性逐渐淡化，并衍生出创世史诗《牡帕密帕》，而"厄莎"仍然占据着史诗中主神的显赫地位。

拉祜族创世史诗中的天神"厄莎"蕴含着的众多的祖先崇拜的因素，表明人们期望以原始宗教的力量，其中主要是共同崇拜的创世祖先的力量，加强、巩固氏族内部的联系和团结。在原始社会后期，氏族、部落间战争频繁，一些氏族部落胜利了，一些氏族部落失败了。祖先崇拜与氏族部落的胜败共命运。胜利了的氏族部落，其祖先的神灵就成了失败部落的保护神，失败部落的祖先神灵则被废弃。不同血缘的氏族部落共居在一块地域之内，崇拜同一个祖先的神灵。这样，祖先崇拜就冲破了原来的血缘关系，成为地域性的宗教信仰。当一个强大的部落战胜了若干部落之后，新的人们共同体形成，或者是获胜部落的祖灵成为共同的祖灵，或者是在新的人们共同体基础上产生了新的祖灵。拉祜族的"厄莎"，可能是在新的人们共同体基础上形成的新的祖灵。这一祖灵经过长期的流传、加工、改造，终于成为一位创造大神，成为全民族信仰的对象和维系新的人们共同体团结一致的纽带。创世史诗《牡帕密帕》是拉祜族共同的精神劳动成果，其中的主神"厄莎"是原始宗教崇拜的对象，同时也是史诗中的艺术形象。人们以唱诵史诗来表达对祖先神灵虔诚的敬仰，又歌颂了人类战胜自然、创造世界的伟大力量。作为神的"厄莎"和作为艺术形象的"厄莎"是一致的，他深入拉祜族的各个角落。

二

　　史诗可以说是原始宗教的经典，它一般只能在庄严的原始宗教祀典上由有威望的巫师来演唱。巫师是能背诵创世史诗的人，是创世史诗的保存者；宗教祭台则是创世史诗的舞台，它使创世史诗得以传扬。在祭祀时，宗教活动与文学艺术活动浑然一体，创世史诗依赖原始宗教得以保存，同时原始宗教的祭司、巫师们又在传唱过程中对创世史诗进行加工改造。祭典的不断进行，创世史诗的世代传唱，使宗教的个体情感与群体情感融为一体，两者的融合构成当时民族内聚力的核心。

　　创世史诗的产生和流传与原始宗教关系密切，创世神话就更是如此。有的西方人类学家指出，神话是一种"与祭祀活动的进行相关的陈述"。这一派理论认为，神话是祭礼仪式的重要构成部分，因为祭礼的一项重要内容是背诵本民族的创世神话和英雄神话。在背诵的过程中，整个民族沉浸在缅怀祖先的肃穆气氛之中，每个成员十分具体地感到自己从属于氏族群体。他们跪拜于充满神力的创世祖先的神灵之下，为自己是氏族成员而庆幸。这样，祭礼、神话同时促成宗教感情向氏族感情转化：既发展了宗教，也保存和发展了原始文学；既巩固了宗教意识，也巩固了氏族群体意识。

　　创世史诗和神话的地位重要，其中诸神所表现的创造力是非凡的。而非凡的创造力首先在开天辟地的惊人壮举中表现了出来。纵观各民族的神话，"创世"是最为普遍的主题。早期人类几乎都是首先探讨自己头顶上的天空和日月星辰是从哪里来的，自己脚下的大地是怎样产生的，其次才考虑人类自身是如何产生的。这种思考问题的一致性启示人们，早期人类意识的发展有着共同的方向。罗素说过："各门科学发展的次序同人们原来可能预料的相反。离我们本来最远的东西最先置于规律的支配之下，然后才逐渐及于离我们较近的东西：首先是天，其次是地，接着是动物，然后是身体，而最后（迄今还未完成）是人的思维。"[①]原始思维与现代科学思考的方向如此相似，确实令人惊讶。

　　按照从远到近的思考方向，拉祜族创世史诗中的主神"厄莎"创造了世界：从天上的日月星辰到地上的山川湖泊，再到林中的飞禽走兽、水中

---

　　① 罗素：《宗教与科学》，商务印书馆1982年版，第24页。

的蛙蟹虫鱼，然后才到人类自身。应该看到久经岁月磨蚀的创造大神"厄莎"后来已经变形，既是人化的天神，又是神化的英雄。他无比的创造活力，是拉祜族人民理想的折光。千百年来人们歌颂他、把他奉为神灵崇拜，是为了鼓舞自己树立开拓世界、创造新生活的信心和勇气。天神"厄莎"以巨大力量和智慧创造了世界，也以高尚的品德成为拉祜族最高道德的体现者。在这里，宗教精神和世俗精神汇合了。

首先，他充满了献身精神。《牡帕密帕》中唱道："天做成了，地做成了，可是天没有骨头是软的，地没有骨头会下陷。厄莎辗转思索，不知道想了多少时间。他忍痛抽出自己身上的骨头。头骨架在天上成天骨，脚骨架在地上成地骨。天有天骨硬铮铮，地有地骨不下陷。"天地有了，但是若无日月星辰，万物不会生长，"厄莎"又用左眼做太阳、右眼做月亮。日月造成了，但不会发光，"厄莎"拔下头发当银针、呵出口气当金针。银针插在月亮头上，金针插在太阳头上。太阳有金针保护，豹子怕烫躲到林子里；月亮有了银针保护，青蛙怕冷往水里藏。"厄莎"的这种献身精神，是氏族社会所提倡的。氏族成员与氏族紧密联系在一起，有了氏族才有个人，一旦氏族遭难，个人也难以逃脱。为了氏族的生存，每个人都必须准备献出自己的一切。这一行为的理想化，就形成了"厄莎"的高贵品德。而这勇于献身的品德，又为人们在现实生活中所效仿。

在原始社会中，生产力十分低下，人们从自然界获取生活必需品，同自然灾害进行斗争，靠的是健壮的体魄和勤劳勇敢的精神。天神"厄莎"即是这方面的表率。《牡帕密帕》这样塑造他："厄莎的手茧变成了白云，"厄莎"的汗珠变成了星星。"为种好人类需要的食物，"厄莎""大汗流满了塘子，大汗滋润着种子，大汗抚育了芽子"。"厄莎"超群的吃苦耐劳品德，是拉祜族先民道德风貌的真实写照。

由此看来，"厄莎"几乎成了文学形象而非神灵了。这并不奇怪。如前所说，岁月磨蚀，世代加工，特别是近代以来人们把自己的理想追求、道德观念、价值取向、审美情趣寓寄于"厄莎"身上，"厄莎"的神性日益淡化了。然而植根于创世神话中的"厄莎"仍是天神，人们对他的崇拜和礼赞仍受着强烈的宗教心理的驱使。在历史的早期，原始宗教的情感曾经是天神"厄莎"和创世神话的沃土；近代以来，人们仍旧怀着深厚的宗教心理加工、传扬自己民族的创世史诗。宗教与拉祜族古代文学就是这样难舍难分。

三

随着社会演进，文明程度不断提高，宗教与人类文化逐步分离，但这却是一个十分漫长的过程。在被原始宗教渗透得广泛而深入的拉祜族中，天神"厄莎"作为人们崇拜的主要对象，除了文学以外，其对拉祜族文化的其他重要方面——习俗、观念也产生了十分深远的影响。马林诺夫斯基曾指出，原始宗教信仰者心目中"有复杂的二重心理，有希望和恐惧交互错综着"①。人们在生产活动中，对大自然一方面寄托了希望，一方面又心怀畏惧。在自然界的灾变面前，诚惶诚恐的拉祜族先民求助于非人间的力量——天神"厄莎"。这样，对"厄莎"的崇拜首先渗透到生产活动中，形成了独特的习俗。

每年种地前，人们要选一块地，在地头放置一碗水或一碗酒，插一对香，供献一对粑粑，撒一把米到地里以后才开始祈祷："我家生活困难，来种这块地，请'厄莎'保佑风调雨顺、粮食丰收。"只有祭过"厄莎"，人们才敢下种。种子的取得，也必须祭"厄莎"，称为"取神种"。每年春节，全寨人集中在广场上举行盛大的跳歌会，一是欢庆丰收，二是分取吉祥的神种。场地中央放一张桌子，桌子上一个簸箩装着各种粮食种子。人们献上鲜花、点燃香火、吹响芦笙、弹起三弦，围着种子唱歌跳舞。唱词的内容是感谢"厄莎"保佑今年获得好收成，祈求"厄莎"让人们来年再获丰收。歌舞完毕，也就是祭祀完毕。村寨头把簸箩中祭过"厄莎"的神种分给各家各户，各家各户将神种拌入自家的粮种中，等待来年撒播。人们相信，只有播入这样的神种，庄稼才会得到"厄莎"庇护。

天神"厄莎"对拉祜族的其他习俗也产生了广泛的影响。这里，我只考察节日习俗，就可以看到"厄莎"的重要地位。春节过年，拉祜语叫"科泥哈尼"。从农历腊月二十四开始，人们打扫卫生，准备过年。大年初一这一天，鸡刚叫，人们就背着葫芦到山泉边抢新水。人们认为谁家先

---

① 马林诺夫斯基：《巫术科学宗教与神话》，中国民间文艺出版社1986年版，第33页。

抢到水，谁家的谷子就会先熟。新水抢回来要放在神桌上献给"厄莎"，然后将做好的粑粑献给"厄莎"。拉祜族过年分为大年和小年，大年是正月初一到初四，小年是正月初九到十一。过小年时，全寨要集体过年，祭祀"厄莎"，跳芦笙，取神种。小年完毕，春耕生产就开始了。拉祜族的重大节日还有新米节，拉祜语称为"扎四俄扎"，时间在农历七八月新谷成熟之时。谁家的新谷先熟，谁家就先过新米节。过节时新米煮熟，首先献给"厄莎"，再献给祖先，然后由在世的老人先端碗，晚辈跟着端碗。献新米饭时，要唱新米歌，歌颂"厄莎"的功德。这一切表明，对"厄莎"的崇拜已成为拉祜族节日习俗的重要组成部分。

不仅在拉祜族习俗中大量存在天神"厄莎"的影子，在拉祜族的观念中也处处可以看到"厄莎"的形象。考察历史上和现实生活中存在的平均主义观念、团结互助观念、血缘观念、敬老观念等，人们强烈地感到这一点。当宗教文化发展到高级水平时，宗教一般并不非常直接地进入人们的生产活动，也不要求人们从宗教中寻找生活模式，而是将宗教精神潜移默化到人们的精神世界中。显然，拉祜族的宗教文化尚未进入这样高的层次。

四

原始宗教是原始社会各种文化的混合整体，它不仅包含了民族的精神、道德、习俗、观念，也包含了民族哲学、艺术、科学。

原始宗教的产生，原是为着消除对自然力量的恐惧，并进而认识、控制自然，但是宗教最终却与科学对立。然而，宗教又是一个十分矛盾的事物，它反对科学，又在一定程度上容纳科学，在人类社会早期尤其如此。原始巫术与医术常常难以区分，原始的占星术与天文学的诞生关系紧密。一些科学史研究者指出："从开始时，天文学便离不开宗教。"[1]"实际知识是和巫术观念密不可分地交织在一起的。"[2]科学认识与宗教的对立在处于原始社会末期的拉祜族中没有形成。原始宗教中包含了不少历史知识和自然科学知识。这些知识未必能如实地反映民族的历史和事物的本来

---

① J. D. 贝尔纳：《历史上的科学》，科学出版社1959年版，第69页。
② W. C. 丹皮尔：《科学史及其与哲学和宗教的关系》，商务印书馆1979年版，第36页。

面目,却是拉祜族先民艰苦探索的精神成果。巫师是掌握知识最多的人,在他们世代传诵的宗教经典史诗中,积淀了丰富的对自然和人生的认识。在拉祜族的传说中,"厄莎"造好天地,又造好日月,可是太阳、月亮不会运行。"厄莎"就给太阳骑马、月亮骑猪,太阳、月亮就绕着天地转了。"厄莎"又告诉人们,太阳绕天走一圈是一年,月亮绕地转一圈是一月。史诗《牡帕密帕》对年月的解释与此不同:"厄莎告诉月亮,十二天是一轮;厄莎告诉太阳,十二个月是一年。"这些不甚准确的说法反映了人们对年、月的认识,应该是最早的历法知识。历法知识与人们的生产、生活密切相关,因此很早就产生了。火在原始时代也有着重要的地位。在原始宗教观念中,是天神发明了人工取火技术:"厄莎捡来火石,用火链来打火。三个火星飞起来,火草燃着烧起来,搓搓揉揉吹三下,明晃晃的火焰冒出来。"这种取火方式,直到解放前还在云南一些民族中通行。原始宗教经典——史诗对于钻燧取火技术的传播和保留,不能说没有起过作用。在原始落后、封闭贫困的西南边疆万山丛中,取得火种对一个民族的生存和发展所起的影响是十分深远的。《牡帕密帕》中还有气象、人体等方面的知识,特别是生产知识。天神"厄莎"教人们打猎、盖房子、制造农具、种植谷物,实际上这些生产知识、技能都是拉祜族劳动人民实践经验的总结、智慧的结晶,不过是人们通过原始宗教把它们传给后代。

哲学与宗教的关系更为复杂。有时哲学服从于宗教。倘若回到人类社会早期,情况就不同。宗教与哲学是一对双生子,从某种意义上来看,宗教甚至是一些哲学思想孕育的母腹和成长的摇篮。在拉祜族的原始宗教中包含着拉祜族先民探索世界奥秘的原始哲学思考。前已提及,他们探索天地是怎样产生的,世界上万物是如何"发生"的。这种与原始宗教活动同进的探索虽然得出了非科学的结论,但其中的"发生"观念却是他们原始的哲学思考的成果。拉祜族的创世史诗开篇唱道:"在很久以前,天地混沌未分,没有风和雨,日月星辰都不见。"这里又提出"混沌"的概念,它是人类追溯历史、思考万物起源时产生的重要观念,在世界上不少民族的原始思维活动中都存在过。

拉祜族先民的思维成果是多方面的。这些成果往往弥漫着原始宗教的迷雾,万物有灵观、混沌观念、发生观念、生命观念如此,对于现象和本质这一对哲学范畴的思考也是如此。拉祜族先民认为事物有两个方面：一方面是人的感官能感受到的表面现象，如日落月出、春华秋实、电闪雷鸣、暴雨倾盆、山崩地裂、生老病死等；另一方面是隐藏在现象后面的主宰该事物的神灵，实际上是把这些主宰事物的神灵视为了事物的本质。这种认识无疑含有宗教的偏见，但不能否认，它对哲学的萌芽是有作用的。

除了自然科学和哲学以外，拉祜族的艺术（绘画、舞蹈、音乐）受原始宗教——天神"厄莎"的影响也是很深的。限于篇幅，此不涉及。

五

原始宗教势力如此巨大，它对拉祜族物质文化和精神文化产生了如此大的影响，起着如此重要的支配作用，因此，在解放前，一种外来文化想在拉祜族地区站住脚跟，不得不借助拉祜族的原始宗教，在尊重拉祜族原始宗教信仰的旗号下偷梁换柱，注进新的内容。

17世纪末，佛教传入拉祜族地区，在澜沧县、西盟县建立了5个佛教中心，每个佛教中心都有一部佛经，称为"五佛五经"。在佛教普遍传播的地区，村村寨寨都有佛房（敬神之地），有的几个或十几个山寨还特别建一座大佛房，供奉释迦牟尼和观音像。佛教之所以能在这些地区深入拉祜族人民的生活，是因为传教者把佛教与拉祜族传统的原始宗教结合了起来。他们向拉祜族人民宣扬：释迦牟尼就是"厄莎"，主宰世间万事万物，决定人间的吉凶祸福；观音是"厄莎"手下的神，是"厄莎"的助手；如果得罪了释迦牟尼，也就等于得罪了"厄莎"，将导致灾难降临。佛教教义比原始宗教规范，也可行。例如不杀生，避免了原始宗教祭祀中的大量杀牲，节省了费用，受到不少人的欢迎。佛房内供奉的"厄莎"像，实际上是释迦牟尼像，把"厄莎"这一抽象的神灵具体化了；佛房中的佛爷多由村寨头担任，他们教人诵读佛教经典。每年春节，佛房要举行盛大的庙会，就是拉祜族传统的跳笙会。会上由摩巴（巫师）唱史诗。这史诗是原始宗教的经典。佛教充分利用了拉祜族的原始宗教，并根据拉祜族传统的心理文化对佛教教义做了适当的变通，从而使佛教植根于拉祜族地区。

20世纪初，基督教也传入拉祜族地区。为了使基督教在拉祜族地区扎根，英国传教士吸取了佛教传入拉祜族地区的经验，把基督教教义中的上帝与"厄莎"结合起来。他们宣称：上帝就是"厄莎"；人们向上帝祷告，请求赎罪，就是向"厄莎"祷告，请求"厄莎"原谅自己的罪过；如果不信奉上帝就是不信奉"厄莎"，就得不到保佑，得不到幸福。传教士抓住了拉祜族的心理特点，还借用原始宗教的力量，再辅以其他措施，大大扩散了基督教的影响。

佛教文化和基督教文化在拉祜族地区的传播确实令人深思。

在研究各民族宗教时，人们十分重视马克思主义创始人揭露宗教本质的重要论断，重视他们对宗教的社会历史根源、认识根源、阶级根源的分析。为着向资产阶级做斗争、争取无产阶级的解放、批判宗教维护旧制度的消极作用，鞭挞宗教反科学、反理性的行径，毫无疑问是十分重要的。然而，马克思主义创始人并不简单地否定宗教，他们注意到与宗教消极作用相对的另一面。恩格斯就曾经中肯地指出："对于中世纪所作的巨大成就，如欧洲文化领域的扩大，在相邻地域上形成的各富有生命力的大民族，以及十四和十五世纪巨大的技术进步，都没有任何人加以注意。"对中世纪宗教文化可以作如是观，那么，对云南边疆民族中影响深远的原始宗教就更应该全面地、客观地进行研究，如此才能得出科学的结论。

（原载于《云南社会科学》1988年第6期）

傈僳族的原始宗教与原始文化

傈僳族历来信奉原始宗教，至今仍有孑遗。原始宗教是傈僳族传统文化沉积中的重要组成部分，而且对这一古老民族传统文化中的其他部分，如文学、艺术、科技、道德、法律等，产生了深远的影响。

一、图腾传说与原始神话

这里，我们先考察傈僳族原始文化中一个举足轻重的侧面——神话。傈僳族中的不同氏族有不同的图腾崇拜，并产生了不同的图腾传说。"腊扒"（虎）氏族的传说是这样的：很久以前，滇西北地广人稀，山高林密，猛虎成群。这些猛虎并非人们想象的那样凶残，有的还挺通人情。一天，有位傈僳族姑娘上山打柴，碰到一个小伙子。他威武英俊，心地善良，见姑娘打柴困难，就来帮助她。姑娘爱慕小伙子的威武英俊，更爱他乐于助人的品德，于是两人相好了。小伙子来自何方？原来，他是一只猛虎变的。他们结了婚，生下的后代就被称为"腊扒"（虎），即虎氏族的成员。虎氏族的成员上山打猎，都不准伤害老虎，因为祖先是不准冒犯的。每逢虎年，氏族长老要率全体成员祭祀木刻的虎图腾，祈求祖先神灵保佑全氏族平安兴旺。"弥扒"（猴）氏族的神话传说同虎氏族的神话传说异曲同工，虽然所崇拜的是猴子而不是老虎，但他们同样把某种动物视为自己的祖先。此外，傈僳族还有一些崇拜植物图腾的氏族，传说如荞氏族（"括扒"）、竹氏族（"马打扒"）、木氏族（"拉古扒"）、麻氏族（"直扒"）、菌氏族（"党采扒"）等。这些氏族关于图腾的传说与植物有关。例如荞氏族，传说在很遥远的古代，其氏族的女始祖因食了荞子而受孕，故她的后代被称为荞氏族。

图腾崇拜是原始宗教中的重要内容，神话是最早的文学样式之一。上述关于傈僳族图腾的传说，就是原始的图腾神话。在这里，两者是难以分开的。它们都是原始社会的产物，是在极端贫瘠土地上同一棵精神之树结出的果实。图腾崇拜，既是原始宗教的重要形式，又是原始神话的滥觞。从宗教的角度来看，这些传说是在解释图腾，是表达了一种对祖先的宗教信仰；从文学角度来看，对图腾的解释就是动人的神话，是原始人类最初的文学创作成果。原始宗教也好，原始神话也好，都是后世的宗教学家和神话学家概括出来的。在史前人类的观念中，根本不存在神话与宗教的划分。傈僳族动植物图腾崇拜的有关传说，是想象力丰富的神话，无论是虎还是猴，无论是荞还是竹，或是熊、羊、鸟、鱼，它们既是本民族原始宗教的神，也是原始神话中的神。人们对氏族图腾虔诚地崇拜、深沉地思念，既是宗教感情，也是神话的思想内涵；对图腾的解释是最早的宗教经典，也是神话的内容；图腾崇拜仪式是最早的宗教祀典，在祀典上讲述对图腾的解释，使这种原始宗教经典代代相传，这就保留了神话，保留了本民族的历史。傈僳族的原始宗教与原始神话就是这样紧密结合的。

到氏族社会末期，社会生产力出现了巨大的进步，各种研磨精细的石器使农业生产出现了新的格局。以后，金属器的出现使手工业逐渐与农业分离，人类征服自然的能力空前提高。人们不满足于只是解释自然，强烈地希望支配自然，于是，一种新的神话就产生了。在这种神话中，压迫人的自然力量被制服了，当然还不是被人制服，是被一种神力制服。但是这种神是一种正面的神，他们身上已扫去原始宗教的迷雾而洋溢着氏族社会人们敢于同自然斗争的气魄和不屈不挠的顽强精神。这时，原始神话以奋进的气势、乐观的态度以及浪漫主义的手法闪耀着艺术的光华；原始宗教则随着专职祭司的出现和宗教仪式的复杂化，越来越成为阻碍社会进步的因素。两者分道扬镳了。

傈僳族神话也出现了与宗教分化的趋向。神话《怒江为什么山箐多》歌颂了一位开天辟地的创造大神。这位大神是力大无比的青年，为了给人类创造大地，他辞别阿爸阿妈到很远的地方。他用泥巴捏成高山、平坝、河谷，为人类造出许多有山有水的美景。正当他造到云南西部的丽江地区时，得到阿爸生病的消息。他很伤心，但为了创造大地，他忍住悲痛继续苦干。当他造到澜沧江时，又接到阿妈生病的消息。他还是强忍悲痛，加紧营造大地，一直造到怒江。这时，阿妈病死的噩耗传来，他悲痛欲绝，把捏好的泥山、箐沟扔向四方。所以，傈僳族居住的地方山多箐多，很少有平坦的地方。在这里，神话中的创造大神具有了浓厚的人情味。他热爱父母，更爱人民。他有创造世界的巨大力量，还有匡济天下的善心，更有舍己为人的精神。这位创造大神既是人们理想的化身，又是有血有肉的活生生的人。在他身上，宗教的神圣光环已开始消失。不仅如此，神化的因素也在削弱，现实的因素得到加强，人性渐渐取代了神性。傈僳族《古战歌》以古代英雄木必扒领导傈僳族人民开辟怒江河谷的历史事实为题材，铺叙阶级剥削和民族压迫给傈僳族人民带来的苦难，歌颂了傈僳族人民不畏强暴、英勇斗争的精神。为维系本民族的生存，木必扒指挥人民抗击异族凶残的统治阶级。当他们被迫迁徙时，木必扒和另一位英雄由字扒率领人们穿过猛虎出没的原始森林，翻越终年积雪的重重山峦，走过蟒蛇栖息的深山幽谷。他们最终获得了胜利，在怒江一带扎下根，繁衍后代。这位木必扒成为人民崇拜的对象，他是傈僳族祖先崇拜的圣神，又是一位领导人们渡过重重险关的英雄。作为祖先崇拜的圣神，他与原始宗教有千丝万缕的联系；作为英雄，他是本民族的一员，当然，是特殊的一员，是能统率人民同民族的敌人、同大自然斗争并夺取胜利的领袖。他们身上的宗教色彩越来越淡薄，文艺的特色却越来越鲜明。

应该看到，尽管两者远非彻底分化，原始的信仰仍旧渗透在神话之中，神话中的英雄和领袖依然与神界有着联系，但这些神话毕竟同以往的图腾传说不同，它们同原始宗教有着根本区别。它们有着坚实的客观基础，满怀对人类生活的热情，形象地反映现实，而不是远离现实，要人们去盲目追求虚无缥缈的天国世界；它们借助想象征服自然力，支配自然力，激发人们生活和斗争的勇气，而不把自然力视为一种不可征服的异己力量，进而拜倒在它脚下；它们塑造的神崇高而具有魅力，却又是可亲可即、充满人情味、毫无神秘主义色彩的，而不像原始宗教的神灵那样充满神性和神秘主义色彩并神圣不可即。这些神话鼓舞傈僳族人民在罕见的艰苦环境中战胜困难，引导他们为民族的生存、发展、繁荣而斗争。

二、宗教道德化与道德宗教化

宗教和道德都是社会意识形态，属于上层建筑的范畴，它们共同的源泉是社会经济。离开社会经济这一深厚的土壤，宗教和道德之树无以获得生命，更无以发育完善。与宗教相比，道德更接近于社会经济基础，它产生的年代更早。马克思和恩格斯在《德意志意识形态》一书中指出，人类社会中有3种最基本的关系：物质生产、需要、人与人的社会伦理关系。"从历史的最初时期起，从第一批人出现时，三者就同时存在着。"物质生产活动是人类赖以生存的根本前提。在人类社会历史初期，这种活动以最原始的方式进行着。原始人类为着维系和调节人与人之间的社会关系，调整彼此的活动和行为，必然要形成相应的行为规范、社会舆论和生活习俗，道德于是产生。而更高的即更远离物质经济基础的意识形态——哲学和宗教，则是产生于道德之后。道德伦理关系表明了人们之间的物质联系，这种联系"完全不需要似乎还把人们联合起来的任何政治的或宗教的呓语存在"。

在傈僳族历史的早期，在还未存在宗教呓语的时代，就产生了原始道德意识和道德规范。由于生产力十分低下，个人无力单独获取生活必需品，也无力单独抵御自然灾害和各种敌人的袭击，因此形成了生产资料归氏族成员集体占有、人们共同劳动、平均分配产品的生产关系。在这种原始经济基础之上，产生了团结、互助、平等的道德观念。到解放前夕，傈僳族还处于工具简陋、耕作粗放、刀耕火种的生产阶段，社会分工不明显，商品交换不发达，原始农业占主导地位；土地私有制虽已确立，但家族伙有共耕制、家族村寨公有制仍广泛存在。这样的经济为原始道德的存在提供了沃土。在生产劳动中，傈僳族有互帮互助的观念，即人们在一块土地上共同劳动，要互相帮助。在生活中，同一氏族、村社的成员活动于共同的地域之内，每一个成员的困难就是大家的困难。尊老爱幼，扶贫济弱，是人人应尽的义务。建房架屋，大家相助；过往客人，提供食宿；缺乏劳力，众人代耕。他们认为，自己拒绝帮助别人，也就等于断绝了别人对自己的帮助，结果将孤立无援。在个人的道德品质方面，傈僳族没有偷盗观念，不拿别人的东西是公共道德准则。在见到别人遗失的物品时，他们就会高声呼叫；若无人认领，即把失物放在醒目的地方，以便失主尽快找到；旅途中常将食物挂在树上，返回时再吃，因为其他人是不会偷吃的。

"一切已往的道德论归根到底都是当时的社会经济状况的产物。"傈僳族的原始道德并非出于个人的天赋和本性，也非神的晓谕和启示。它们的产生不取决于宗教呓语，是低下的生产力、险恶的自然环境和原始的生产关系决定着上述行为规范和传统习俗的形成。这样分析问题，并不意味着原始宗教和道德无关。在宗教发展史上，宗教与道德的关系十分密切和复杂。有时，人们把宗教观念列为信徒的主要信条和行为准则，而把神灵视为真善美的最高典范，这就使宗教道德化了；有时，人们把世俗道德规范纳入宗教范畴，使道德经宗教核准而日益神圣化，这就使道德宗教化了。宗教与道德互为因果、互相影响的例证，在各民族生活中屡见不鲜。例如，关于性关系方面的道德，包括傈僳族在内的很多民族最初出于生理上的原因都有性隔离的规定，即要求青年们举行成丁礼。傈僳族女孩子到十三四岁要举行"穿裙礼"，之后才能到公房，否则将被视为违背了氏族的道德规范。随着原始宗教的发展，成丁礼的过程深深烙上了原始宗教印记，性道德的传授要经纯粹的宗教观念核准，因为宗教神灵被看成这类仪式的监督者，巫师成为仪式的主持人。此时，宗教成了道德的主人。又如在原始宗教中占有重要地位的祭祀神灵仪式，最初与道德中的善恶观念无缘，它只不过是与人世间赠送礼物、请求帮助的行为有相似之处。以后，这种宗教仪式被注入了新的含义：祭祀神灵者献出祭品后，失去物而得善名，失去物而表诚心。当被祭献的神灵地位日益显赫时，祭献者更可以因祭献而被宽宥道德上的罪过。此时，宗教成了道德的工具。

原始宗教在一些处于前资本主义社会诸形态的民族中影响深远。在这些民族中，一旦某种道德出现宗教化的倾向，这一道德规范就会产生巨大的力量。而这种力量的大小，很多情况下与民族繁荣和社会进步成反比。过去，傈僳族中流行血族复仇之风。当氏族、家族和村寨间发生纠纷而难以和解之时，就会发生血族复仇的械斗事件，傈僳语称为"奢来合"。根据"一人之仇即全家之仇，一户之仇即全寨之仇"的观念，全体成员为了本氏族、家族、村寨的利益和荣誉，同仇敌忾，不怕牺牲，勇敢杀敌。参加血族复仇是神圣的义务，是最道德的行为。实践这一道德原则者被视为英雄，违背这一道德原则者为氏族所不容。血族复仇后来注入了愚昧的宗教观念，涂上了原始宗教的浓重油彩：械斗前，双方要求巫师祷告，祈求神灵保佑；双方首领要持鸡血酒祭山神，还要用一斤树叶把酒蘸洒在战士身上，然后连呼三声"墨苏"（义为"请求一切神灵保佑"）。一番宗教仪式，为传统道德罩上了一层宗教灵光，挑起人们的斗志，煽动人们去厮杀。血族复仇这种宗教和传统道德的混合物造成了械斗双方人员和财物的重大损失，严重破坏了生产力，破坏了民族团结，阻碍着民族的发展进步。

当然，真正的宗教道德化和道德宗教化在文明社会才能完成，原始社会中出现的不过是这两个过程的发轫阶段。这个阶段形成的原始宗教道德意识既调整人与神灵的关系，也调整人与人之间的关系。傈僳族的原始宗教道德包含了很大一部分世俗道德，是世俗道德升华的虚幻反映，它要求人们遵守氏族共通的行为规范、信仰氏族的传统原则，对氏族的团结和社会系统的正常运行发挥了特殊的作用。

三、神明裁判与法律萌芽

随着生产力水平的提高，剩余物的增加，私有制的出现，阶级的产生，原始社会已走到了它的尽头。新的社会是怎样揭开序幕的呢？恩格斯指出："最卑下的利益——庸俗的贪欲、粗暴的情欲、卑下的物欲、对公共财产的自私自利的掠夺——揭开了新的、文明的阶级社会，最卑鄙的手段——偷窃、暴力、欺诈、背信——毁坏了古老的没有阶级的氏族制度，把它引向崩溃。"傈僳族经历了长期缓慢的发展之后，也来到阶级社会的大门之前。与社会发展迅速的地区相比，傈僳族的土地不很集中，社会财富贫乏，阶级分化尚处于初始阶段。然而，古老的氏族制度毕竟在崩溃，原始淳朴的道德开始沦丧。偷窃他人财物、破坏公共财产的行为出现了，违背氏族道德的行为日益增多，社会生产和生活秩序受到破坏。

在氏族社会早期，"公共关系、社会本身、纪律以及劳动规则，全靠习惯和传统力量来维持，全靠族长或妇女享有的威信和尊严……来维持"。到原始社会末期，母权制为父权制代替，原来维系社会正常运转的风俗习惯已经失去原有的约束力量，而如果缺乏对社会成员的约束机制，任何社会都是无法正常运转的，因此，应该寻找一种新的力量。当时，国家政权没有建立，成文法律没有产生，裁判是非曲直的完整法律程序不可能建立，人类社会尚未达到依靠法律力量的境地。那么，用什么样的力量来填补这一段空白呢？同世界上的许多民族一样，傈僳族从原始宗教中去寻找神的力量。他们相信：神灵伟大而公正，它能洞幽烛微，判明是非；有过者可以在世俗社会中蒙混过关，却骗不了神灵而终将遭惩罚；受侵凌者可能一时含冤，却会在神灵面前向人们昭示清白之身；神灵的无边魔力能够稳定社会秩序。于是，一种依靠神灵力量裁判是非、解决纠纷的办法——神明裁判（或称神判）出现了。到解放初期，傈僳族的神明裁判主要有3种方式：

1.洒血酒。如果当甲指责乙与自己的妻子通奸，乙不承认时，巫师便主持洒血酒仪式以裁定真伪。具体方式是：巫师将当事的双方召集到一起，将酒洒于地上，指天盟誓，说当事双方谁说假话必受天的惩罚，即3日之内死去。

2.吃血酒。如果当甲指责乙偷了自己的财物，乙不承认时，巫师便主持吃血酒活动以辨明是非。具体方式是：巫师命被告人头包血纸、手握长刀，饮血酒向天盟誓，表明若真偷了财物要受天惩罚。如果在饮血酒后3日内无异常现象发生，就证明被告人是清白的。

3.捞油锅。傈僳族原始宗教中有"杀魂观"，即认为存在一种"杀魂者"能杀别人的魂，使别人得病甚至死亡。傈僳族称"杀魂者"为"扣扒"，认为"扣扒"的灵魂与一般人不同，他的灵魂是鹰，他的祖先中曾有人是"扣扒"。有人病危，在临终前说某人用刀杀自己，此人便被怀疑是"扣扒"；甲在夜里梦见鹰，同时又梦见乙，不久甲得了重病，乙即被怀疑为"扣扒"。如果被怀疑为"扣扒"的人最终确认下来，他将受到惩罚，轻则被驱逐出寨，重则处死，因而谁都不承认自己是"扣扒"。何以判断真伪、澄清冤屈呢？通常要用"捞油锅"的方式。具体过程是：怀疑者（原告）与被怀疑者（被告）各准备一口油锅，由仲裁者将水煮沸，把一块未被人踏过、未沾上过牛粪的"神石"放入沸水中，同时命当事双方赌咒。原告的咒语是"某某是'扣扒',杀了我家人的魂,请神灵把他的手烫出泡来";被告的咒语是"我不是'扣扒',没有杀魂,碧罗雪山的冰、怒江的水,请帮助我的手不被烫伤"。捞油锅的后3天,若被告手上出现水泡,则此人就会被认定为"扣扒",将大难临头。

祈求虚幻的神灵力量来裁判生活是反科学的,它本身是一场愚弄人的骗局,其中充满着形形色色的斗争。当事的甲方与乙方、巫师与巫师、此神与彼神、科学与谬误,进行着复杂的斗争。这些斗争的核心问题是维护日益巩固的私有制以及与之相适应的新的道德观念和风俗信条。强悍者常用卑劣手段诬害和盘剥他人,善良者也以自己的智慧与之进行斗争,以免神判给自己带来损伤和灾难。其间的曲折历程且不论,在此想指出的是,神判不仅在一定程度上巩固了私有观念和私有制,调整了人与人的关系,也在法律的形成过程中产生了重大影响。

文明社会的成文法律是统治阶级意志的体现。之前,法律有一个萌芽和发展的过程。原始氏族社会中的习惯法,就是法律的雏形。解放前,傈僳族的神明裁判属于习惯法范畴,它不同于氏族社会早期的风俗习惯,也不同于文明社会的成文法律。原始的习惯法是从风俗习惯通向成文法的中介和桥梁,神明裁判作为习惯法的重要组成部分和执行习惯法的重要方式,推动着风俗习惯向成文法过渡。人们已无法实地考察古代的神明裁判,傈僳族直到解放初还流行的神明裁判却使人们看到一份宝贵的"活化石"。这份"活化石"生动地揭示了神明裁判的原始面貌,也形象地启示人们:法律的萌芽和发育,与原始宗教有着十分密切的联系。

四、原始宗教与科技发展

在人类历史的长河中,特别是文明史开始以后,宗教与科学技术是严重对立的。宗教一度阻碍着科学的发展,二者的对立是不可调和的。但在人类社会早期,原始宗教与原始的科学技术却常常是形影相随、结伴而行的。西方一些学者曾指出:"从开始时,天文学便离不开宗教。""实际知识是和巫术观念密不可分地交织在一起的。"在一些当代原始民族中,原始神学与原始科学技术紧密结合的现象十分普遍。解放前,在处于原始社会末期的傈僳族中，这类现象也屡见不鲜。

傈僳族的原始宗教和原始生产技术的发展有一致的地方。傈僳族历史悠久，唐代樊绰在其《云南志·名类第四》中最早记录了傈僳族先民的族属和地望："粟栗两姓蛮、雷蛮、梦蛮，皆在茫部台登城，东西散居，皆乌蛮、白蛮之种族。"明中叶时，傈僳族的先民仍靠采集、狩猎为生。明景泰《云南图经志书》卷四载："有名栗粟者，亦罗罗之别种也。居山林，无室屋，不事产业；常带药箭弓弩，猎取禽兽；其妇人则掘取草木之根以给日食；岁官者，唯皮张耳。"明末清初，这种状况发生了变化。清雍正《云龙州志》载："傈僳，依山负谷，射猎为生，间事耕作，种荞稗。"那时，傈僳族已经开始从事耕作，由狩猎经济向农业经济过渡。进入清朝末世，"傈僳，虽耕种，唯有莜麦、高粱，概系刀耕火种"（光绪《云龙州志》）。刀耕火种的农业生产方式已确立，农作物种类也有了增加。随着狩猎经济向农业经济进步，农业生产技术不断提高，原始宗教也出现了新的内容和形式。人们不仅有了与狩猎经济相适应的狩猎巫术和祭献山神的仪式，还产生了与农业生产技术相适应的农业祭祀。傈僳族的耕地多在山坡上，风灾、旱灾是农作物的两大祸害。为消除风灾，在风灾降临时傈僳族人要在氏族长老或巫师带领下祭祀风神，献上美酒，祈求神灵别吹倒庄稼，保佑阖族平安；为解除干旱，人们要举行祈雨仪式，用竹木编成方块，涂上泥土，在上面烧起火堆，然后放入池塘或江流中。如果火堆熄灭，便是天将降雨的征兆。狩猎经济时代，人们行猎前要祭祀"米司尼"（山鬼）。到刀耕火种农业时代，"米司尼"成为山上各种精灵的总管，也是农业丰歉的主宰者。为了丰收，每到过年时，人们总要在初三这一天捐献供品，同祭"米司尼"。

人们怀着虔诚庄重的心理祭祀神灵，希图神灵保佑自己多猎获禽兽，多收获庄稼，但并不把全部希望寄托在神灵身上。尽管他们相信神灵在暗中左右人的命运，但实践经验仍告诉他们：坐等神赐是得不到收获的，是要挨饿以至死亡的，宗教仪式代替不了生产活动，巫师的法术代替不了生产技术，祭坛前的神秘歌舞代替不了坡地上的艰苦劳动。因而，原始宗教并不排斥生产工具的改进和生产技术的提高。经过千百年的探索，特别是近代以来向邻近地区的其他民族学习，傈僳族虽然仍比较落后，但生产工具和技术已有了提高。铁质农具的使用，牛耕方式的推行，固定耕地的增加，汉族历法的采用，都表明傈僳族的科学技术登上了新台阶。在传统的狩猎活动中，人们在祭献山神"米司尼"以求它保佑自己满载而归的时候，同样没有忘记狩猎武器的改进，没有忘记狩猎经验的积累和传授。从弓箭到弩机，再到火枪的引入，狩猎技术可以说出现了质的飞跃。

为进一步探讨傈僳族原始宗教与科学技术的关系，有必要对傈僳族的巫师做一简要考察。傈僳族老人一般均能祭鬼，但不是一切鬼都能祭，因而不能称为巫师。被称为巫师的有两种人：一种叫"泥扒"，能祭一切鬼，据说他们能用肉眼看见鬼，还能用咒语来治"杀魂者"；另一种叫"必扒"，只会祭鬼而不能看见鬼，也不能治"杀魂者"。"泥扒"和"必扒"虽为巫师，生活来源却同众人一样，要依靠自己的生产劳动。他们与大家一样贫困，还未成为专门的宗教职业者。巫师上能通神、下能通人，既是宗教首领，又是世俗权威。他们知识渊博、阅历深广，熟悉本民族的历史文化，掌握生产知识技能。他们通过宗教仪式向人们传授本民族的历史，又在生产中传授知识技能，是本民族的学者、教师，还对本民族历史文化、科学技术的保存、传授和改进，起过积极作用。有时，当一种外来的新工具、新技术为他们所用时，这种新工具、新技术实际上已被人们视为经过了宗教核准，于是可以迅速推广开去。这是巫师作用于科学技术的一个方面。当然，另一方面，巫师对科学技术的进步仍起着阻碍作用：为维护神灵的权威，宗教把科学知识和技术贬低成为宗教服务的附属物；为病人治病时，巫师也有把巫术和医药结合的，但很多时候则是进行驱鬼仪式而不让病人服药，不能容忍医学科学否定巫术；观测天象时，虽积累了一些天文知识，但很多时候则充满了神秘的宗教宿命论，把日月运行与世事沧桑用宗教诠释联系起来。这就影响了医学和天文学的健康发展。

原始宗教活动使人们空费了许多精力和时间，祭祀中大量杀牛使山区本来就不发达的生产力更加脆弱。有的村庄一年内为祭鬼而杀了本村耕牛的三分之一，有的人家为祭鬼杀去许多鸡、猪、牛，卖掉房产，几乎绝了生路。当他们醉心于祭祀时，全身心陷入原始宗教的神秘气氛中，看不到自己的力量，也不敢相信自己的力量，哪能发挥聪明才智去探寻大自然的奥秘,去改进技术呢?今天,傈僳族中残存的原始宗教观念更是束缚了一部分人的思想,它不利于现代科学技术的推广,不利于教育的普及,成为傈僳族实现现代化的一大绊脚石。

五、结　语

原始文化是一个混沌体,宗教与哲学、艺术、道德、法律、科技是交织在一起的。当人类进入文明社会以后,它们各自形成体系而独立了。在中世纪,"意识形态的其他一切形式——哲学、政治、法学,都合并到神学中,使它们成为神学中的科目"。意识形态的各个方面似乎又交织在一起了,但它已完全不是原始混沌体的重现,而是神权至上的产物。这一结果导致了中世纪的黑暗。然而,即便对这一阴霾笼罩的漫长岁月,恩格斯也曾中肯地指出它的成就:欧洲文化领域的扩大,相邻地域上形成富有生命力的民族,十四五世纪巨大的技术进步。那么,对傈僳族弥漫着原始宗教迷雾的原始文化,人们也应对它进行实事求是的分析,揭示原始宗教与精神文化中其他领域的区别和联系,指出原始宗教特殊的社会作用和消极作用,客观地评价原始宗教在这一民族发展史上的地位,引导人们对它进行科学的扬弃,自觉自愿地从宗教束缚中解脱出来。

(原载《中央民族学院学报》1991年第6期)

布朗族宗教的演进及其影响

　　云南省西双版纳傣族自治州是一个民族团结的大家庭，除了傣族以外，还有汉族、哈尼族、拉祜族、布朗族、基诺族、瑶族、彝族等民族。其中，布朗族主要居住在勐海县中缅边境线附近的布朗山、西定、巴达、打洛等山区。除西双版纳州以外，云南省的保山、双江、镇康、云县、永德、耿马、澜沧、墨江等地也有布朗族分布。

　　布朗族是一个古老的民族，其先民在东汉时期就居住在滇西一带。千百年来，由于各地社会历史条件、地理环境、受汉族影响程度的不同，各地布朗族的社会形态有所差异，发展很不平衡。到解放前夕，内地布朗族早已进入文明时代，封建地主经济已经确立，沿边一线的布朗族则还在原始社会末期徘徊。社会形态不同，社会物质生活不同，人们对自然和社会的认识水平不同，人们同自然和社会的关系不同，因而，宗教信仰不同。这里，我们主要探讨处于原始社会末期的那一部分布朗族的宗教。

一

　　恩格斯说："一切宗教都不过是支配着人们日常生活的外部力量在人们头脑中的幻想的反映，在这种反映中，人间的力量采取了超人间的力量的形式。在历史的初期，首先是自然力量获得了这样的反映，而在进一步的发展中，在不同的民族那里又经历了极为不同和极为复杂的人格化。"

　　布朗族历史的初期同其他民族历史的初期一样，是原始社会。那时，生产力十分低下，物质生活资料极端匮乏，人们的思维能力和认识能力非常有限，无力抗御自然灾害，更缺乏改造自然、控制自然的力量。"外部力量在人们头脑中的幻想的反映"，使人们产生了"灵"的观念，产生了自然崇拜。这种自然崇拜认为：天、地、山、石、水、火、草、木都是有灵的；大自然赐给人类的吉凶祸福，全是灵在起作用；人们在大自然面前软弱无力，对自然界的精灵必须崇敬，祈求它们不要让灾难降临人间，并向人类提供生存的必需品。布朗族自然崇拜的内容是多方面的，尽管历经岁月磨蚀，但其中的原始宗教观仍豁然可见。

在西双版纳州，平坝地区多为傣族居住，布朗族大都住在海拔1500—2300米的山区。

莽莽群山崇峻雄伟，气势磅礴。它吞云吐雾，呼风唤雨。绵延无边的深山，蕴藏着丰富的宝藏，给人类带来生的希望；也出没着猛兽毒蛇，对人类造成死亡的威胁。于是，布朗族产生了一种幻想：群山是神灵的住所，由一位名叫"雅"的山神镇守、管理。他能吃野兽也能吃人；可以给人恩赐，让人们打猎时满载而归，采集时果实盈筐；也可以降祸人间，甚至变成猛虎吞食人畜。因此，对山神不能怠慢，要恭敬虔诚，按时祭献，以图山神给予善意的回报。

群山是这样威严、肃穆，覆盖着大小山头的森林同样是威严肃穆的。在地球的北回归线附近，遍布荒漠和贫瘠的土地。西双版纳州算是一个例外，这里是一片绿色。在布朗族心目中，浓荫蔽天的原始森林既崇高又神秘。长期刀耕火种的耕种方式，更促成了他们对森林的崇拜。因为在进行刀耕火种时，林地提供了粮食生长的场所，森林焚烧后的灰烬增强了地力，提高了产量。森林与人们的生活关系太密切了。布朗族人构想出一位名叫"色架枯"的司树神灵，它与司地神灵"色架呷代"配合，决定农作物生长的好坏。"色架枯"也是有意志、有欲望的生物，为了博得它的好感，必须举行仪式，向它献祭。每年砍树种地前，各寨的布朗族人要选择吉利的日子，在召曼（村寨头人）的带领下祭祀树神"色架枯"。他们砍倒两棵树，献上蜡条和饭菜，祈求树神保佑人们今年获得好收成。布朗族人还在每个寨子附近划出一片茂盛的树林为"神林"，有些地方称为"竜林"。这是神圣不可侵犯的地方。它最初是天然的庙宇，后来成为村寨保护神的住地，全寨的重大祭祀活动都在那里进行。如果谁在里面砍柴、放养牲口，惊动了"神林"，整个寨子就会遭殃。据说在20世纪30年代，布朗山章加寨发生大火，全村房舍化为灰烬，后来人们从山上砍回树木重建新居。结果，在新寨建成不久，疫病流行，死去了不少人，86户仅剩52

户。这一事件太恐怖了，人们赶快请巫师卜卦，追寻灾难的根源。卜卦的结果是：在盖新房时砍了"神林"里的树，破坏了神住的房子，触怒了神灵。于是，村寨遭到报复，死了这么多人。以后，人们对"神林"愈加恭敬，祭献不敢有失，一草一木不敢有丝毫损伤。直到今天，当你来到布朗族村寨附近时，都能看到一片葱绿浓密的树林，不用问，那准是"竜林"。

布朗族对大自然的崇拜不仅限于高山和密林，还包括了水、火等事物，范围十分广泛。这一切对大自然的崇拜构成了布朗族原始宗教早期的内容。费尔巴哈说："自然是宗教最初的、原始的对象，这一点是一切宗教、一切民族的历史充分证明了的。"布朗族的自然崇拜证明这一论断是正确的。

二

人类社会早期的氏族是按血缘关系结成的社会组织，氏族成员已经能认出谁是自己的长辈，谁是自己的晚辈，谁与自己平辈。人们也开始从纵的联系或横的联系来思考问题，追溯自己的祖先。但那时，人们距离科学地认识自己尚十分遥远，不可能揭开人类起源的奥秘。他们看到一些动物具有硕大的身躯和超人的力量，一些动物有灵巧的肢体和敏捷的反应能力，一些植物不仅为人们提供日常生活必需品，还可以保护氏族成员，于是，他们选择一些对氏族成员最重要、最密切的动植物作为崇拜对象，希望获得它们的庇佑。以后，人们又进一步发挥想象力，认定这些被崇拜的对象与自己的氏族有着宗族关系。不仅如此，人们更进一步认为这些被崇拜的动植物就是自己氏族的祖先，并把它们的形象奉为本氏族的神圣标志。这就进入了原始宗教的第二个阶段——图腾崇拜阶段。

布朗族也经历过图腾崇拜阶段。一则布朗族神话这样写道：布朗族的祖先名叫"岩洛卜我"，原是一只青蛙，他打败天神"叭哑天"，把天上的禽兽抢回来分给人类。大野兽分给男人，全跑进森林，所以男人只好拿着弓弩到林中狩猎；小家禽分给女人，女人精心照料，所以到现在女人一直在家中饲养家禽。"岩洛卜我"上天时把青蛙皮留在家里，结果青蛙皮被妻子烧掉了,从此他永远变成了人,繁衍出子孙后代。虽然这则优美的神话未渲染布朗族崇拜青蛙,但我们可以从中窥探到图腾崇拜的痕迹。

在布朗族的图腾崇拜中,对竹鼠的崇拜颇为突出。人们认为它是父母魂魄的象征,它出洞时要远远避开。谁要是打竹鼠,就是冒犯祖先的神灵,要遭灭顶之灾,自己和家人可能因此死亡。后来,由于生活困难,缺少食物,不准吃竹鼠的禁忌被突破了,但在捕食竹鼠前人们要隆重地举行仪式,祈求竹鼠宽恕自己的十分不敬的行为。每年4月和9月逢到村寨的禁忌日,全寨要举行隆重的仪式,找来一只竹鼠,给它戴上花,由两个人抬着绕寨游行。在对竹鼠进行象征性的祈祷仪式后,又将它抬到召曼(村寨头人)家,将竹鼠头砍下,留给召曼;然后将竹鼠砍成块分给各户回家祭家神,各家祭完后将竹鼠烤出香味,供神灵享用。经过这样的仪式,竹鼠能给人们带来"谷魂""盐魂",保证来年全寨喜获丰收。

三

图腾崇拜产生于氏族社会初期,那时盛行母权制。随着生产工具的改进,生产力提高了。人们学会驯养牲畜而不是只株守狩猎经济,还掌握了原始的农业技术而不是只靠采集野生植物维持生命。原始人类认识和掌握自然的能力大大提高了,他们看到了自己的力量,看到了人类在某些领域可以控制自然、战胜自然。野兽被驯服了,家禽家畜被驯养出来了,粮食也靠人的智慧和力量栽培出来了,这是了不起的变化。过去,人们认为人体内是有"灵"存在的,即布朗族说的有"鬼"存在。这种观念被升华推广到自然界,就出现了自然崇拜,后又发展到图腾崇拜。现在,"灵"的观念又回到人类自身,但已不是简单的重复。过去,人们所讲的"灵",不是不死不灭或永远超然于事物之外的,也不可能转移到另一事物上存活下来,或者生活在与现实不同的另一世界里。现在,人们认为,即使物质的躯体不存在,这"灵"却还是不死不灭的,它可以附在活人身上施加好的或坏的影响,还可以住在与现实不同的世界里左右人们的生活。这些独立于事物之外的"灵",行善者被称为"神",作恶者被称为"鬼"。在众多的神中,亡故的氏族首领的神灵最受人崇拜。氏族首领(以后又有部落首领）是由氏族成员推举出的，他们智慧超群，力大无比，意志坚忍，品格高尚，经验丰富，知识广博，还具有组织全体氏族成员的杰出才能。他们领导全氏族为自己的生存和发展而斗争，战胜自然灾害的威胁，抵御异族势力的袭扰，经历种种严峻考验，为氏族做出了不可泯灭的贡献。人们依赖他们，爱戴他们，在他们死后久久缅怀他们。通过口碑相传的方式，他们的英雄事迹在氏族中代代传承。在传承中，他们被超人化、神化了，成为被顶礼膜拜的对象，祖先崇拜形成了。

解放前，布朗族社会已进入原始社会晚期，社会基层组织是父系大家族，布朗族语称为"嘎滚"。"嘎滚"由同一男性祖先传下的后裔组成，立有一个家族长，布朗语称为"高嘎滚"。每个"嘎滚"都有全体成员共同崇拜的祖先，称为"代袜么"或"代袜那"。"代袜么"为男性祖先，"代袜那"为女性祖先。布朗族在从母系氏族向父系氏族过渡以后，仍残留有大量母权制的遗迹，反映在宗教信仰中，就存在由男女两性构成祖先神祇的现象。

对"代袜么"或"代袜那"的崇拜，从内容到形式都十分古朴。每个父系大家族（"嘎滚"）都有一个象征祖先神灵的以竹篾编成的篾筐，长1.5米、宽1米，布朗语称为"胎嘎滚"。"胎嘎滚"里面放着祖先用过的遗物，如剪刀、镰刀、矛头、铁器、手帕、蜡条等。人们认为祖先的这些遗物是灵物，可以镇魔祛邪、禳灾除祸，保佑"嘎滚"全体成员平安幸福。"胎嘎滚"放置在家族长"高嘎滚"家中。每当节日时，人们要向"胎嘎滚"祭献供品；收割时节，要向"胎嘎滚"献上新谷；逢人生病，要向"胎嘎滚"祷告；若有人迁徙他乡，隔一两年必须回本寨来祭献"胎嘎滚"。在这些祭典上，主持者都是"高嘎滚"。人们希望通过对"胎嘎滚"的崇拜，祈求祖先赐福于自己。祖先在生前超群出众，死后的魂灵更具神的力量，它能洞察一切，左右一切，影响人间生活，直接掌握人的命运。因此，只有对它顶礼膜拜，才能保证"嘎滚"兴旺发达。

四

从自然崇拜到图腾崇拜，反映了布朗族原始宗教造神运动的轨迹。

这一从简单到复杂、从低级到高级、从具体到抽象的发展过程，是世界上许多民族都经历过的。一些在历史上发展较快的民族，在进入阶级社会以后，创造出最抽象、最高级、最伟大的神灵，它凌驾于一切之上，主宰着整个世界，包括人间和鬼神世界。处于原始社会末期的布朗族还不存在这一历史条件，其民族宗教发展的进程被打断了。傣族把佛教传向了布朗山区，起初遭到原始宗教的顽强抵抗，然而在佛教文化的强大冲击下，原始宗教的抵抗显得软弱无力，原始宗教最终败下阵来。

佛教传入布朗山区大约在两百多年以前。那时，西双版纳早已成为傣族封建领主的辖区。傣族最高封建领主"召片领"为加强对布朗族的统治，利用宗教打头阵，一步步向布朗山区渗透。他们多次派佛爷进山传教，屡遭挫折后，终于获得成功。布朗族民间传说中的佛与魔鬼斗法，双方各施法术，激烈搏斗，最后魔鬼力尽智穷，被佛降伏。这正反映了佛教与原始宗教经过反复较量而取胜的过程。

佛教传入布朗族地区后势力逐渐增强，这不是偶然的，它同布朗族的社会历史、经济文化有密切联系，也同传入布朗山区的佛教所具有的特点紧密相关。传入布朗族山区的佛教是上座部佛教，它与内地人民信奉的大乘佛教有很多区别，两者各有不同的经典和主张。大乘佛教主张"普度众生"，上座部佛教主张"自我解脱"；大乘佛教的寺院、塔楼规模宏伟、气宇轩昂，释迦牟尼的塑像高大而金碧辉煌，他的众多弟子和罗汉的形象也栩栩如生，而上座部佛教的一些寺院建筑则显得玲珑别致，佛像造型不如大乘佛教那样高大和千姿百态。布朗族地区位于边陲，社会处于落后状态，加上原始森林、山崖沟壑、疾病瘟疫等因素隔断了与外界的联系，各个村社的封闭性、独立性是很强的，人们视野不开。因此，在那里，上座部佛教"自我解脱"（"自度"）的教义比起大乘佛教的"普度众生"，更容易找到生长的土壤。布朗族以村社为基本社会单位，村社头人也是原始宗教仪式的主持者。傣族佛爷进入布朗族地区以后，首先说服村社头人皈依佛门，然后利用头人的威信促使整个村社的人都信仰佛教。佛爷们为了笼络人心，并不反对布朗族原始宗教的存在，让村社头人既信佛又信"鬼"，让他们既参加佛教的"赕佛"（献佛）活动，又为村社成员主持原始宗教的祭典。村社成员们既信佛，又信本族的原始宗教；佛保佑自己死后升天国不入地狱，自然界的神灵和祖先的神灵保佑村社吉祥平安、人畜兴旺、粮食丰收。这真是两全其美！

佛教的传入对布朗山影响深远。当时，布朗族生产落后，加上傣族封建领主的压迫和歧视，人民生活极端贫困。佛教要人们忘却现世的苦难，寄希望于死后进入天国的乐土，这就麻醉了人民。这是事物的一个方面。从另一方面来看，佛教传入布朗族地区以后，给落后的山区带去了先进的傣族文化。布朗族有了和尚、佛爷。同傣族一样，布朗族男孩到十二三岁必须进佛寺当一段时间的和尚，学习傣文佛经，这就使不少人掌握了一定的文化知识。少部分人对佛教典籍钻研有成效，可以升为佛爷。佛爷分为七级，达到较深造诣的可以升入佛爷的较高等级。虽然傣族土司歧视布朗族，不让布朗族人升迁到佛爷的最高等级，但是布朗族终究有了自己民族的较高等级的佛爷。他们掌握了文化，学识比一般人渊博，对促进布朗族向傣族的先进文化学习，提高布朗族的文化素质起了一定的作用。

五

宗教对布朗族文化还产生了什么样的影响呢？这里有必要明确什么是文化。据说国外有200多种关于文化的定义。我国有学者提出：文化是人类改造世界的方式、能力以及在改造客观世界过程中所获得的物质成果和精神成果。这里，如果按照生产和生活方式分类，文化可以分为农业文化、工业文化、游牧文化、渔猎文化等。布朗族的文化应属于农业文化之列。解放前，布朗族的农业生产技术落后，生产力低下，铁锄未普遍使用，尚在从事刀耕火种的农业，仍停留在原始农业阶段。在这一阶段中，经营粗放、粮食产量低，使贫困和饥饿的威胁时时降临到人们头上。人们改造自然、驾驭自然的能力非常有限，在很大程度上寄希望于大自然的恩赐，于是原始的农业祭祀产生了。正如费尔巴哈所说："对于自然的依赖感，再加上那种把自然看成一个任意作为的、有人格的实体的想法，就是献祭这一自然崇拜的基本行为的基础。"人们希望通过虔诚的农业祭祀感动大自然，以期得到好的报偿。

当然，农业祭祀不仅基于一种对自然的依赖感，还基于一种对自然的原始的赎罪感。费尔巴哈曾经分析道："占有自然或利用自然的人看来好像是一种犯法的事，好像霸占别人的财产一样，好像是一种犯罪的行为。因此人为了安慰自己的良心，为了安慰在他的想象中蒙受了损害的对象，为了告诉这个对象说，他之所以劫夺它，是出于不得已并非出于骄横，于是裁减一下自己的享受，把他窃盗来的财物送还一点给对象。所以希腊人相信当一棵树被砍倒时，树的灵魂封神是要悲痛的，是要哀求司命之神向暴徒报复的。所以罗马人不拿一口小猪献给树神作禳解，就不敢在自己的土地上砍倒一棵树木。"这里，尽管"别人的财产""犯法"等是后起的观念，但对被损害的对象——大自然的赎罪心理和祭献行为产生的分析，却是很有道理的。

在布朗族的农业祭祀中，对大自然的依赖心理和赎罪心理表现得十分突出。刀耕火种农业首先要考虑选地和砍树的问题。布朗族在傣历三月"完干"日选地，并以村为单位向大自然举行祈祷仪式，希望大地长出茂盛的农作物，希望鸟、兽、虫类不来侵害庄稼。有的村寨要请和尚念经、祭寨神和地神。经巫师占卜后，各户人家才能分得份地。份地由各家砍伐、焚烧树木，然后播种。砍伐时，仍要求全村在傣历四月的"完干"日同时行动。这一天，村社头人代表全体成员向村社神祈祷，请求神祇保佑砍树的人们平安无事、不要被刀砍、不要被兽咬，还要请树神离开，以免被人误伤。有的地区在砍伐前还要举行祭树驱鬼仪式。选出两个勇敢的男子，全身赤裸，在准备砍伐的林地边绕行一周，然后由村社头人在村中念咒，杀猪祭奠。有的地方人们畏惧刀耕火种损伤了大自然的神灵而遭报复，只好祈求祖先的神灵庇佑自己。砍伐前，各户人家用一对蜡条、一包饭菜祭祀祖先"代袜么"或"代袜那"，祭词是这样的："大鬼、小鬼请搬到别的地方去！代袜么、代袜那哟，我们砍不倒的大树小树，请帮我们砍倒；我们烧不透的地角地块，请帮我们烧透；假如火苗烧越出界，请帮我们扑灭火头。代袜么、代袜那，我们期待着啊期待种少得多！"这些活动完毕后，才敢动手砍树。树砍倒后，人们仍旧战战兢兢，心里不踏实，在火烧前还得祈祷，请和尚或巫师念经、滴水、驱鬼，献上供品，求神宽恕和保佑。另外，必须准备一竹筒水，供天神浇灭越出地界的野火。

　　原始农业祭祀渗透在布朗族农事活动的各方角落。播种前，要请巫师祷告，在地中央和块地的四角插上象征神灵的木棍，请祖先的神灵来此居住，保佑庄稼兴旺。薅草前，要祭"谷魂"，请和尚念经后，主人开始叫魂："谷魂啊，谷魂，你在哪里，快回来吧！"叫了"谷魂"，日后谷粒才会饱满。收割之前，人们必须在巫师的率领下来到地边，面向东方，各摘一束谷穗回家舂成米蒸熟，加一包菜，先祭菩萨"帕召"，再祭祖先"代袜么"或"代袜那"，然后孝敬父母。只有让神灵和长辈先享口福之后，人们才敢开镰收割。新谷上场收打之前，必须请巫师择吉日祭祀，因为人们怕打谷时惊吓到"谷魂"。谷子打晒完毕装仓之前，要举行祭祀活动，请祖先"代袜么"或"代袜那"等神灵到仓房与"谷魂"同住。

　　上述原始宗教是在低下的生产力水平和与之相适应的低下的认知能力的基础上产生的。在原始宗教观念的支配下，人们在某种场合会表现得信心十足、勇敢果断，但这只是暂时的、局部的。从根本上和长远上来看，原始宗教是人们在自然面前无能为力的表现，是人们同自然界进行斗争遭到失败的结果，反映了人们失败后的消极情绪或恐惧心理。它夸大和神化了自然的力量，祈求和感谢神灵的恩赐，把希望寄托在海市蜃楼般的虚幻境地。这种非科学的社会意识形态阻碍了人们探求自然界奥秘和改造自然界的途径，限制了人的认知能力和知识水平的提高，消弭了人们同自然界斗争的意志。

（原载于《云南社会科学》1998年第4期）

马曜先生访谈录

范祖锜（以下简称范）：尊敬的马老，您与辛亥革命同龄，已是92岁高寿的长者。在近一个世纪的风雨沧桑中，作为一个革命战士、诗人、学者、教育家，您为中国的民族研究和民族教育做出了卓越贡献。学术大师季羡林先生称您"道德文章并重""云南学界领袖群伦"，我们晚辈更对您怀有"高山仰止、景行行止"之情。请您先谈一谈。

马曜（以下简称马）：我的家乡在云南省大理白族自治州洱源县，是著名的高原湖泊——洱海的发源地。这里群山叠翠，绵延无际，湖河相连，阡陌纵横，平畴沃野，绿树成荫，是一个风光优美的所在。明代旅行家徐霞客曾到此游历，并有"悠悠然有江南风景"之叹。距县城不远的茈碧湖，水体清澈，水草丰富，其中最多的是白里透黄的茈碧莲，花似棉絮，赏心悦目。茈碧湖流往邓川，注入洱海，确为洱海之源。

范：洱海地区是云南历史上开发较早的地区，白族是云南各民族中历史文化最为悠久的民族之一。先生的故乡山水钟灵毓秀，乡里间一定孕育出一种特有的文化氛围。

马：确实如此。洱源县虽然僻处西南边陲，但是以白族先民为主的各民族很早就生息繁衍在这块土地上。唐朝初年独立设治，著名的六诏中有三诏即是在洱源境内。白族是一个善于吸收汉文化的民族，不仅如此，他们还将汉文化传播给洱海地区的其他民族。因此，在唐代，县内已形成"人知礼乐，本唐风化"的局面。以后历代，封建教育制度在县内推行，私塾遍及城乡，文人雅士层出不穷，如阮元器重的王崧、清末著名书法家赵时俊等，他们或以学识充任京官，或凭文才饮誉三迤。因此，前人称洱源"地虽瘠而足耕，民虽贫而能读，绍唐宋勤俭之遗，比中州文物之盛，正未得以荒远讥也"。

我出生在一个白族知识分子家庭。据马氏家谱记载，洱海白族马氏祖籍江南（今江苏省）金陵府句容县，明初迁河南南阳府。嘉靖三十年（1551年），始祖马合牟来滇任浪穹县（今洱源县）主簿，到我这一代已有十六传。全家族早已融入白族大家庭。马氏家族定居于县城西北约5公里的大果树村。历代"农恒耕，士恒读"，中举者众，任教谕、县令、县知事、盐场知事者亦不在少数。其中七世叔祖马文祯，18岁进京应试，成为明万历丙午科举人，曾任孔子故乡曲阜县知事。崇祯六年（1633年），马文祯申奏朝廷，经批准在自己的家乡浪穹县用曲阜泥土塑造孔子像，大力提倡儒学，开一代崇德兴学之风，可谓西南边疆文化的奇迹。先父马秉升（1886—1946年），字东初，为前清秀才，1909年又考入云南优级师范，1912年以文史地选科毕业，先后任大理省立第二中学、昆明成德中学、开远中学国文教员，省教育杂志总编。嗣后从政。抗日战争初期，他出任永平、龙陵二县县长，主持滇缅公路漾濞、龙陵段的修筑工作，为抵抗日本侵略者做出了贡献。他一生五任县令，居官勤廉，归来之日，无宅于都市，无田于郊野，无遗资以养老年，坚持了中国传统知识分子的操守。先父自幼热爱诗歌，工于古典诗词的音韵格律，教学从政之余，常常吟诗酬唱，这对我产生了很大的影响。他以诗勉励后代："儿曹立志须关国，休向前途问屈伸。"诗中深厚的爱国主义情怀给我留下了终生难忘的印象。

范：饶有灵气的故乡山水和绵长宏富的家学渊源，是先生人生旅途的起点和学术事业的根基，这本应是令人称羡的。然而，先生在成长过程中，却碰上了中国社会的剧烈动荡时代。您是怎样走上革命道路的呢？

马：我幼时在家乡入私塾读书，1927年考入大理省立第二师范初级部。这所学校在大理城内著名的西云书院旧址上建成，依托苍山，面向洱海，竹树环合，境界清幽，是读书的好地方。但是当时正值大革命失败之后，全国处于白色恐怖之中，云南地方当局成立"清共委员会"，在全省进行图书检查，控制文化教育，逮捕和屠杀共产党人和进步人士。大理师范具有进步思想的青年学生起来进行了抗争，我受到他们的影响，时校内洱源籍学生组织了同学会，推荐我为会长。我们经常在一起研讨时事，抨击黑暗政治。1930年夏天，我和同学施介从大理步行到昆明求学，考入云南省高级农业学校。求学期间，我从朋友处阅读了一批革命书籍，初步接触了马克思列宁主义。同时，还经常到省教育会图书室借阅五四运动以来的新文艺作品，深受其革命激情和"叛逆"精神的感染。当时，我产生了"仗剑去国，辞亲远游"的愿望，决心走向更广阔的天地，寻求救国救民的真理。

1930年冬，我告别故乡只身赴南京，在云南学会补习功课半年，于1931年秋考取了上海光华大学经济系。光华大学是1925年五卅惨案时上海圣约翰大学部分师生因不满学校镇压反帝爱国运动而自行分出建立的一所大学。吕思勉、徐志摩、钱基博、潘光旦、王造时、李石岑等著名学者曾先后在这里任教，使我受益良多。特别是国学大师钱基博先生对我这个来自西南边疆的少数民族学生关爱有加，潜心指教，为我今后的学术研究和教育工作打下了良好的基础。

就在我入学后不久，爆发了震惊中外的九一八事变，日寇强占了我国东北三省。这使从小就受到爱国主义思想熏陶的我产生了极大的义愤，我同千千万万不愿做亡国奴的中华儿女一样，积极投入抗日救亡运动。1931年9月下旬，上海大中学生罢课，复旦、光华、大夏等8所大学的爱国师生两次赴南京请愿。我参加了这些活动，和同学们到国民政府门前示威，高呼"打倒不抵抗主义"等口号。面对学生们的爱国激情和全国兴起的抗日救亡运动，蒋介石、戴季陶等人不得不接见示威请愿的学生，发誓赌咒，表示一定抗日。请愿结束回到上海后，大家继续坚持斗争，支援东北义勇军，参加义勇队、宣传队，组织街头募捐队。在斗争中，我明白了这样一个真理：中国共产党旗帜鲜明，真心抗日，要抗日，要救国，就要跟着共产党走。加入共产党，成为我的执着追求。于是，我首先参加了党的外围组织互济会。不久，经中共沪西区委考察我在抗日救亡运动中的表现后，批准我加入中国共产党。1931年11月，入党宣誓仪式在上海大西路边的一片丛林里举行。由于是在白色恐怖的环境下，仪式较为简单，宣誓者仅有我一人，监誓者也只有一人。但是，宣誓十分严肃，表达了我为共产主义事业奋斗终生和把一切献给党的决心。入党后，我在中共沪西区委的领导下，积极投入工人运动和学生运动中。1931年12月，为抗议上海警备司令部逮捕北京大学南下示威团的两名学生领袖，上海8所大学的学生包围上海市政府，上海市市长张群调集宪兵包围了学生队伍。我和同学们毫不退缩，直接找到张群，迫使他出面同学生见面，最终答应释放被捕学生。

1932年夏天，我们了解到驻扎湖北襄阳的国民党滇军五十一师师长范石生对蒋介石不满，一些下级军官倾向革命，于是决定策动范部兵变，投奔红四方面军。我利用与范石生的同乡关系，前往襄阳开展工作。由于蒋介石集团的严密控制和监视，策反未能成功。返回上海后，我继续回光华大学复学。1933—1934年，由于王明路线的错误，党组织遭到了严重破坏，我与组织失去了联系。在此后的岁月中，我一直积极寻找党组织，同时，以共产党员的标准严格要求自己，坚持不懈地进行革命活动。1934年以后，先后担任小学校长、中学教员。1947年，被聘为云南大学文史系讲师，并兼任昆明师范学院中文系讲师。1949年，转为副教授。抗日战争时期，云南的民主空气比较浓厚，我在教学中积极宣传马克思列宁主义和中国共产党的抗日主张，在云南大学一批进步教师李埏、缪鸾和等学者中传播进步思想。

抗战胜利后，我与闻一多、楚图南等民主同盟领导人建立了密切联系，随即参加了民盟，在参加时声明了自己的中共党员身份。遵照闻一多等先生的建议，我和杨青田先生以教育界人士的身份竞选云南省参议会议员，开展合法斗争。1945年冬当选参议员后，我们充分利用省参议会这个讲坛，利用国民党云南省主席龙云与蒋介石的矛盾，进行反蒋斗争。在著名的"一二·一"运动中，我们公开提出议案控诉国民党当局屠杀教师、学生的暴行，在省参议会上提出国民党中央"驻滇军队不得直接拘捕人、任意检查人，以维人权"的提案，旗帜鲜明地支持学生运动。随后，又在省参议会内积极参加和组织了反对内战、反对"三征"（征兵、征粮、征税）的斗争以及抗议国民党当局杀害李公朴、闻一多二位先生的斗争。

1948年夏天，通过镇南师范学校的学生王颂陶，我找到了党组织，经中共云南省工委详细审查后，解决了我的组织问题。时任工委书记的郑伯克同志对我说，现在是重新入党，关于恢复组织关系问题，因为党处在地下时期，对过去的历史难以做出全面的结论，待将来全国解放后，再做全面的审查结论，决定是否恢复原来的党龄。当时，处于同样情况的还有杨青田、唐用九同志。我们3人都同意省工委的意见，于1948年底办了重新入党的手续。（1985年中共云南省委做出决定，恢复我1931年入党的党籍，党龄连续计算，至今已有72年。）

范：您的革命生涯十分曲折，富有传奇色彩。在白色恐怖中投身革命活动，在中华民族面临生死存亡的关头加入中国共产党，与党组织失去联系后仍在讲坛上宣传马克思列宁主义真理，在"黎明前的黑暗"时重新回到党的怀抱。从一介书生到光荣的共产党员，从爱国的热血青年到成熟的革命者，您走过的艰难历程是老一辈无产阶级革命战士和革命知识分子成长道路的缩影。

马：重新回到党的怀抱，获得新的生命，我精神非常振奋，迫切要求党组织交给自己战斗任务。此时，正值中国命运的大决战时期。为争取云南地方实力派和揭露、反对美蒋的种种阴谋，中共云南省工委把我和杨青田、唐用九3人编成统战工作组，杨青田任组长，由省工委书记郑伯克直接领导。进入1949年后，云南的形势十分严峻，但工作进展得却很顺利。人民解放军二野和一、四野战军一部以强大兵力迅速挺进大西南，与中国人民解放军桂滇黔边纵队（简称"边纵"）密切配合，对国民党云南地方实力派卢汉的政权形成大军压境之势。中共云南省工委和桂滇边工委分析了云南形势，决定利用蒋卢矛盾，放手发展人民武装力量，发动群众斗争，加强反美蒋统一战线，同时争取以"绥远方式"解决云南问题，指示统战工作小组加强对卢汉的争取工作。国民党中央政府也在密谋策划加强西南各省的联系，企图消灭一切革命力量以建成"西南反共堡垒"，其中很重要的一环是把云南作为反共基地与人民对抗到底。云南几次处于白色恐怖之中。我一方面尽力掩护和转移教师、学生中的地下党员到滇西参加武装起义，同时奉省工委指派，利用省参议员的身份多次与卢汉谈判，敦促他和平起义；另一方面利用省参议会的合法讲坛与国民党展开斗争。例如，1949年初，省参议会发起了驱逐云南警备总司令何绍周的斗争，迫使蒋介石撤销云南警备司令部，调走何绍周，除去了起义的一个障碍。在5月召开的省参议会第七次大会上，我同61位议员提出动议，急电省政府即日起严格执行入口检查，以防"政治垃圾"混入滇境，并注意抵制大量金圆券流入而使云南免遭严重剥削，以维护人民生活和社会治安。以后，统战工作小组在省参议会内发动了一系列反对国民党残余军队溃退入滇，企图把云南作为大陆最后的反共基地的斗争；通告全省人民立即停止交兵交粮，坚决抵制蒋介石的"应变计划"。这些活动引起了国民党特务的注意。据军统云南站站长沈醉后来回忆，当时我已被列为主要逮捕对象。9月中旬，我依靠亲友的帮助，躲过了国民党军警的搜捕，前往滇西，随"边纵"七支队和中共滇西北专员公署，做群众工作和部队思想政治工作。1949年底，卢汉先生起义，云南和平解放，我被派参与接管大理，随后调回昆明工作。

范：新中国的成立，为知识分子开辟了施展聪明才智的新天地。据我所知：您早年接受中国传统的私塾教育并从事文史教学与研究；1931年入上海光华大学后，师从钱基博等国学名师；1939年在西南联大进修文史，选修陈寅恪的魏晋南北朝史、罗庸的唐诗、魏建功的音韵学、陈梦家的文字学、浦江清的中国文学史、刘文典的李商隐诗等课程，亲聆名家教诲，结识了吴宓等一批知名教授，并以全班成绩第一名毕业，有着很深厚的国学基础。若精力转向研究事业，理应在此领域中多有建树。但您却没有这样，而是在新中国成立后的半个多世纪中，把自己的全部精力、智慧和心血献给了民族工作，您对各民族千百年来的深重苦难有着切肤之痛和深刻的认识，实现各族人民的彻底自主和解放，实现各族人民的共同发展和繁荣，是您追求的目标和奋斗的理想。而这一点，恰恰与党的事业和需要完全一致。所以，一旦党组织分配您从事民族工作和民族研究，您就义无反顾，勇往直前。

马：我后半生倾全力从事民族工作和民族研究，的确是服从党的事业的需要。云南地处祖国西南边疆，民族众多，战略地位重要。做好民族工作，对于民族团结、边疆稳定、祖国统一，具有重要意义。云南和平解放以后，历届省委和省政府都高度重视这项工作。新中国成立之初，百废待兴，省委、省政府把民族问题列入重要议事日程，抽调一批干部到这条战线工作。1950年3月10日，云南省人民政府成立，白族出身的抗日名将周保中同志任副省长，兼任中共云南省委统战部部长，负责全省的民族工作。我被任命为统战部办公室主任，从此开始了长达半个世纪的民族工作。1950年12月，筹建云南省民族事务委员会，我任副秘书长。1951年1月，中共云南省委成立民族工作五人小组，在省委的直接领导下开展民族和边疆工作，我是小组成员之一。1952年9月，成立中共云南省边疆工作委员会（简称边委），取代民族工作五人小组，我被调入省边委，先后任办公室主任、研究室主任、边疆处处长，直至"文化大革命"开始。这期间，我参与起草了中共云南省委有关边疆民族政策和全省民族工作的大量文件。1959年下半年到1961年，我出任中缅勘界委员会办公室常务副主任，在中央和省委、省政府的正确领导下，与同志们共同艰苦奋斗，最后勘定中缅边界，为中缅两国人民世代友好奠定了坚实的基础。

范：如同新中国成立之前的曲折人生一样，您半个世纪的民族工作和民族研究历程也丰富多彩，极具魅力。20世纪80年代您在一篇文章中指出，民族工作的一条基本经验是："民族调查研究一定要走在民族工作前面。"这句话看似平淡，但蕴含了深刻的道理，是您民族工作经验的结晶。而且作为一个民族学研究者，最基本的前提和最坚实的基础，就是田野考察，对研究对象做透彻、深入、全面的了解。在边疆民族地区做田野考察，工作艰苦，时有风险，甚至要做好牺牲生命的思想准备。但是无论如何，长期的、认真的、科学的调查研究是民族工作和民族研究绕不开的重要一环。请您谈一谈这方面的经历。

马：我做民族工作和民族研究是从调查研究开始的。云南民族众多，发展不平衡，情况十分复杂，要贯彻好中央的民族政策，必须从实际出发。因此，对各民族千姿百态的历史、政治、经济、文化、语言、文字、风俗、宗教进行系统的调查，首先具有政治意义，是贯彻中央各项方针政策的需要。事实上，在新中国成立初期，民族调查对全省民族工作的顺利开展发挥了积极作用，并在科学研究上取得了丰硕成果。1950年6月，中央访问团到云南，大力疏通民族关系，并结合访问工作开展调查，写成内部资料100多份，共200多万字。1951年，刚成立的省民委也派出干部到德宏、怒江、临沧、思茅、红河、西双版纳等地州调查，积累了大量资料。根据这些调查成果，省委客观地分析全省形势，制定了符合边疆民族地区实际的工作方针。具体是把全省分为内地、边疆及两者间多为少数民族聚居的内地与边疆之间的缓冲区3种不同类型地区，对不同地区规定了不同的政策界限。例如在1951年开始的土地改革运动中，省委决定对约有220万人口的边疆民族地区暂不实行土改。内地的土地改革实行分类指导：

1．对经济文化水平、社会发展程度较高的白族、回族、壮族、蒙古族、纳西族和部分彝族地区，采取与汉族地区基本相同的政策，但在方式方法上适当照顾民族特点和民族关系；2．民族杂居山区，始终注意和突出民族特点，注重民族团结，正确处理民族关系，尊重各民族的风俗习惯和宗教信仰，实行稍宽的政策，有利于取得广泛的社会同情。1952年以后，省、地、县组织调查队持续不断地对边疆地区各民族社会经济情况进行深入系统的调查，基本摸清了处于不同历史发展阶段的各民族的社会性质，收集编印了近千万字的调查材料，为在不同民族地区采取不同的社会改革方式提供了科学的依据。随着边疆广大地区群众的觉悟不断提高，少数民族干部大批成长，民族上层也被推动进步，民主改革已形成瓜熟蒂落、水到渠成之势。云南省委根据第一届全国人民代表大会上《关于中华人民共和国宪法草案的报告》中，关于在"现在还没有完成民主改革的少数民族地区，今后也可以用某种缓和的方式完成民主改革，然后逐步过渡到社会主义"的指示，在总结内地土改经验教训和对边疆深入调查研究的基础上，根据不同民族地区的情况，制定了不同的改革方案。1．民主改革前处于奴隶制和农奴制的地区，采用"和平协商土地改革"的方式，即在废除封建农奴主和奴隶主所有制的前提下，对民族上层采取赎买政策，消灭其所属阶级而团结、教育、改造其个人。一方面发动少数民族中的劳动人民起来推翻本民族内部的剥削制度，另一方面帮助少数民族中的上层人士认识改革的必要，争取他们接受改革。实行"和平协商土改"，是由当时特殊的时间、地点和条件以及民族内部阶级关系的特殊性决定的。因此，把民族上层作为人民内部矛盾对待，不采取内地自上而下发动群众斗地主的方法，强调正面教育，既划清阶级界限，又团结民族上层。2．对于从原始公社末期向阶级社会过渡的地区，由于土地占有不集中、阶级分化不明显，所以不再把土地改革当作一个运动来进行，而是团结一切劳动人民，逐步废除民族间和民族内部的特权，开展互助合作运动，直接向社会主义过渡。

在这一段时间内，民族调查研究一直走在民族工作的前面。通过调查研究，摸清当地实际情况，探索民族工作规律，使我们把马克思主义的普遍真理同民族地区的具体实践结合起来，按照实际情况决定方针政策，结合实际贯彻中央的方针政策。因此，从新中国成立初期的对敌斗争，至1956年互助合作运动初期和1955—1957年的3年民主改革时期，整个边疆十分稳定，农业生产发展较快，群众生活明显改善，共产党在各族人民中树立了崇高的威信。这一时期被许多同志称为民族工作的"黄金时代"。

范：您具体领导并直接参与了这一历史时期的民族调查工作，付出了艰苦的劳动。"黄金时代"的成功实践，证明中央和省委决策的英明，也证明您和前辈民族调查工作者的成果是经得起实践检验的。我想着重探讨"'直接过渡'方针政策怎样提出"这一问题。云南民族工作的老领导、云南省人大常委会副主任王连芳同志生前曾撰文写道："怎样使阶级分化不明显的民族进入社会主义的问题，民族部门和边疆地区的领导不同程度地进行酝酿。这些酝酿和试验当然是一种新思想形成的必然过程，但我至今依然认为，对这些地区实行'直接过渡'的比较系统的正式建议，又促其成为省委的决定，则是马曜同志的贡献。"

马：王连芳同志过奖了，我只是做了一些具体工作。1953年6月，中共云南省委边委考虑到其他少数民族应采取什么方式过渡到社会主义的问题。这次调查结束后，我结合1952年率领省委民族工作队第二大队在瑞丽、陇川景颇族群众中的工作实践，于1953年7月给中共保山地委写了名为《从遮放西山区的情况看景颇、崩龙（后改德昂）等族地区的生产问题》的报告，主要谈了以下内容：1. 山区的基本情况。一是自然条件优越，土壤、气候比内地山区好，适宜种植水稻、旱地作物和经济作物。二是景颇族内部土地占有不集中，阶级分化不明显。景颇族山官从事劳动，生活水平相当于甚至低于内地中农水平，其剥削量不超过一个主要劳动力全年劳动量（120天）的5%。山官在群众中享有很高威信，每年播种前，要由山官首先播种。群众没有废除和打倒山官的要求。三是生产力水平极为低下，大部分实行刀耕火种。基本上是自然经济，没有独立的手工业和商人。2. 鉴于景颇族正处于原始公社解体到阶级社会的过渡阶段，团结在本民族中有影响力和号召力的民族上层，是稳定边疆和发展生产的重要环节。景颇族的山官是农村公社头人，被认为是本民族和部落的保护人；寨头是一寨之首，作用类似山官；魔头（董沙、巫师）是本民族有知识的人；拉事头是血族复仇的头人。这几类人与较先进的傣族地区的土司比较起来，容易争取团结。3. 景颇族基本上保持着村社土地"公有私耕"的制度，平均主义观念严重。因此，要在党的领导下，依靠贫苦农民，团结一切劳动人民，团结和教育一切与群众有联系的公众领袖人物，在国家的大力扶持下，通过互助合作，发展生产，逐步提高人民的生活水平和政治觉悟，增加社会主义因素，消除不利于生产和民族发展繁荣的因素，使这些地区的各民族直接过渡到社会主义社会。

实践证明，"直接过渡"的道路是一条正确的道路，它不仅完成了社会主义改造的任务，也同时完成了民主革命所需要完成的主要工作。1954年到1966年，上述地区取得了重大成就：1. 彻底废除了部落酋长的山官制度。首先，废除了山官对土地的控制权，实现了土地的集体所有制。其次，完全废除了建立在土地私有制基础上的官工、官谷、官烟、兽腿、年礼、保头税等山官特权剥削。最后，彻底瓦解了由山官、董沙、寨头、拉事头议决村社大事的政治制度。2. 淘汰了阻碍生产发展的原始部落残余。如不计报酬的伙有共耕方式、春耕前祭祀官庙的制度、杀牲祭鬼的迷信活动、通宵达旦跳丧葬舞的习俗等。3. 发展教育，提高了科学文化水平，逐渐树立起按劳分配、生产积累、合理消费和扩大再生产等观念。4. 解放和发展了生产力，不少地区贫困落后的面貌大为改观。

范："直接过渡"思想的提出和政策的实施，在民族工作中是一个创举，在理论上也独树一帜。然而，对这一正确思想和政策有的人不理解，在"文化大革命"中这一思想甚至遭到诋毁。

马：其实，关于"直接过渡"的问题，马克思、恩格斯早有论述。他们不仅论证了资本主义必然要为社会主义所代替，而且提出了落后国家和民族（处于前资本主义阶段的国家和民族）在一定条件下可以向社会主义过渡的理论。列宁生活在与马克思不同的历史时代，面临不同的革命任务。19世纪末至20世纪初，当他把主要精力用于批判民粹派时，力主推翻俄国农奴制，促进资本主义发展。此时，他认为农村公社不可能超过资本主义阶段而成为社会主义的出发点，否定了当时俄国存在的两种可能性。然而随着形势的发展，列宁的思想有了很大的变化，由否定转为肯定落后国家和民族向社会主义过渡。1918年后，他得出了"在先进国家无产阶级的帮助下，落后国家可以不经过资本主义发展阶段而过渡到苏维埃制度，然后经过一定发展阶段过渡到共产主义"的结论。列宁还指出，落后国家向社会主义过渡，必须大力发展生产力，必须学习资本主义国家先进的科学技术和管理经验。20世纪50年代初，我们提出云南边疆地区一些民族可以直接过渡到社会主义，认为这类民族可以"不分土地，不划阶级"，即不把土地改革作为一个运动阶段进行。这与马克思主义创始人提出的关于落后国家和民族向社会主义过渡的理论确有不同的具体内容，但毫无疑问，我们的思想以及后来制定的相关政策，的确是结合云南少数民族的特殊情况，学习和运用马克思主义创始人这一理论的成果。我想，在全面建设小康社会、开创中国特色社会主义事业新局面的今天，深入探讨马克思、恩格斯、列宁关于落后国家和民族向社会主义过渡的理论，对于边疆一些民族仍具有特殊的现实意义，也具有重要的理论价值。

范：刚才您说，"直接过渡"思想和政策的形成，是学习和运用马克思主义理论的成果。我觉得，也是您和从事民族工作的前辈们严谨扎实的民族调查研究的成果。说到民族调研的成果，不能不提及您在中国古代史分期研究领域的特殊贡献。从20世纪上半叶开始，中国封建社会起于何时、西周社会如何定性成为史学家们争论的重大问题。由于年代久远、历史变迁、资料残缺等，人们对古代史中的一些问题难以理解，认识存在分歧，在所难免。但人们也发现，历史规律常常重复显现。一些常规性的历史现象在不同民族的不同时代往往以相同或相似的方式存在。我国古代哲人根据这个道理，在文献资料和考古资料不足的情况下，利用民族学资料解释古代社会，即所谓"天子失官，学在四夷"（《左传》昭公十七年）、"礼失而求诸野"（《汉书·艺文志》）。您和缪鸾和先生合作，在西双版纳进行了长期深入的调查研究，并利用那里封建社会中活生生的材料，从民族学的角度，向史学界提供解开西周社会性质之谜的钥匙。这一成果问世后，好评如潮。请谈谈您对西双版纳份地制与西周井田制进行比较研究的历程。

马：应该指出，最早发现西双版纳的村社土地制度，并把这种制度与西周井田制进行比较研究的，并不是我和缪鸾和先生。新中国成立以前，早有人从事这方面的研究。20世纪30年代到40年代，李拂一、李文林、姚荷生、陈翰笙诸先生各自对西双版纳傣族社会进行了调查研究，不约而同地得出了基本相同的结论，即认为西双版纳土地制度类似于西周的井田制。

30年代我在上海求学时，就接触了"中国社会史论战"的历史背景，40年代在云南大学历史系任教时，我又留意于商周社会性质问题的讨论。1950年，我参加筹建云南省民族事务委员会，在接待原西双版纳宣慰使署召片领政府议事庭长召存信的过程中，初步了解到新中国成立以前西双版纳的一些情况。接着，省人民政府副主席周保中指示我向中央起草一份反映西双版纳政治形势的电报。这份电报叙述了早在新中国成立前夕，西双版纳30多个勐（召片领分封的地方政权）的共主称宣慰使，其地位颇类似于周代王室衰微时期的周天子，但宣慰使在傣族人民中还保持着浓厚的传统影响。从这时起，我就产生了将西双版纳和西周进行对比研究的念头。

1954年10月，我率领70余人的联合调查组，对西双版纳28个勐662个村寨进行了历时8个月的实地调查，写成了近300万字的分村寨、分勐、分版纳以及分专题的典型调查报告和傣文史料译文。这些资料后来汇集为《中国少数民族社会历史调查资料丛刊·傣族社会历史调查》（西双版纳之二至十，共9册），1982—1985年由云南人民出版社出版。作为联合调查组的负责人，我起草了《关于西双版纳傣族社会调查的总结报告》。1955年底，又代思茅地委起草了《关于西双版纳傣族自治州傣族地区采取和平协商方式进行土地改革的意见》。西双版纳于1956年完成了民主改革。在多年的调查中，我同缪鸾和先生发现，云南许多少数民族中不同程度地保存着农村公社土地所有制，其中以西双版纳傣族地区保存得最为完整。以水利灌溉事业为中心的公共事务在从家族公社向农村公社过渡和国家的起源形成过程中，起了重要作用。我们还发现，以"土地王有"为特征的傣族封建份地制，既不同于汉族地区战国以后的封建土地制，与西欧中世纪的封建农奴制也有区别。结合上述材料思考中国古代史分期问题，使我们比较倾向于西周封建论的观点。50年代，在中国古代史分期问题讨论得最为热烈的时候，我正忙于从事边疆民族地区民主改革和社会主义改造工作，无暇进行学术研究。60年代初，随着国内政策的调整，学术讨论又活跃起来，我们也有时间和精力进行写作了。1963年，我与缪鸾和先生合作，在云南《学术研究》杂志第一、三、五期上连载了10万字的长篇论文《从西双版纳看西周》。论文发表以后，引起了史学界的注意，老一辈史学家范文澜等先生表示支持，并给予鼓励。

我们的研究仅是初步的，还需深入。1963—1965年，我到西双版纳参加"四清"运动，在景洪县曼卖寨傣族贫农咩希家同吃同住一年，对傣族社会有了进一步的了解。当时民主改革已近10年，但村社制度的影响仍清晰可见。1966年"文化大革命"开始后，不仅研究工作无法继续，而且因为《从西双版纳看西周》一文，我与缪鸾和同志被打成"反动学术权威"，罪名是以"土地村社公有美化土司制度"，宣扬"边疆特殊论"。我们被一连批斗了3个多月。1972年，我和缪鸾和同志先后重返云南大学历史系任教，又有机会共同探讨西周的社会性质问题。粉碎"四人帮"后，我们商讨对《从西双版纳看西周》进行补充修改，并邀请过去共同调查的张寒光合作。1977—1978年，我们开展了相关工作。1978年6月，写成了《傣族农奴社会和周秦社会的比较研究》的征求意见稿，分送研究先秦史的同人。1978年10月，缪鸾和出席历史研究和中国社会科学杂志社在长春召开的中国古代史分期问题学术讨论会，宣读了这篇论文；同年11月，在白寿彝先生主持，由北京大学、北京师范大学、中央民族学院联合举办的学术讲座上，缪鸾和先生就这个问题做了演讲。《中国史研究动态》1979年第5期对该文做了介绍。史学界的同人们对这一研究非常关注，提出不少意见和建议。我同缪鸾和先生计划据此做较大的调整和修改。不料缪先生因参加白寿彝先生主持的《中国通史》编写工作，积劳成疾，于1979年6月16日不幸逝世。他先我而去，令我伤感；他寄厚望于我，催我奋进。1983年，我从云南民族学院院长的岗位上退下来，立即倾全部精力完成缪先生的未竟之业。经过1984年到1985年两年的努力，《西双版纳份地制与西周井田制比较研究》（以下简称《比较研究》）终于写就。全书约34万字，又几经修改后，以我和缪先生的名义由云南人民出版社出版。

范：《比较研究》是一部具有创新意义的学术著作。正如徐中舒先生在《序言》中所言：本书"一方面系统地利用民族学资料研究先秦历史，另一方面对于中国古代历史奴隶制和封建制分期问题中的西周封建说进行了全面论证"，"研究和写作方法，我们认为值得大力提倡"。2001

年本书再版时，朱家桢先生在《再版序》中进一步指出，在研究方法上，本书作者继承了王国维在古史研究中应用的考古资料与文献资料相结合的"二重证据法"，进一步与民族学研究相结合，形成"三重证据法"。这种民族学研究不同于某些游记式的乃至猎奇的资料搜集，也不同于撷拾一些零散的、片断的、孤立的民族学资料用来作类比论证式研究。您和缪先生的民族研究，通过长期深入民族地区进行调查研究，在取得大量第一手资料的基础上，以马克思主义理论为指导，进行整理分析，完整、系统地解析了一个民族现存的封建领主制社会，将建立在农村公社基础上的封建制社会的政治经济结构及村社封建化的历史过程生动地展现出来。请您对《比较研究》做重点介绍。

马：我们在《比较研究》一书中提出，中华人民共和国成立以前，西双版纳发展滞后，其经济社会结构不同于内地，保留着若干不同特点，同西周的井田制颇为相似：1. 土地王有。民主改革前西双版纳的最高封建领主为召片领，即元明以来受封为车里军民宣慰使的傣族大土司，是全区的最高统治者和最高土地所有者。政治上的统治权与经济上的土地所有权合而为一。这同西周所谓的"溥天之下，莫非王土；率土之滨，莫非王臣"是一致的。2. 封国采邑制度。召片领是西双版纳36个勐的共主。勐是封国，相当于西周"封建亲戚，以藩屏周"。勐有召勐，相当于周代的诸侯。召片领将其诸子、昆弟和作战有功的将领分封到各勐当召勐，勐成为国中之国，召勐则是仅次于最高领主召片领的二级领主。召片领在其直辖的王畿内，召勐在其领地内，以村社为单位把土地分赐给其大小家臣，作为采邑。家臣类似西周的卿大夫，相当于三级领主。3. 村社制度。西双版纳每个村庄平均有30户左右，在"土地王有"下保持土地"集体所有，私人占有使用"和定期分配土地的制度。村社头人寨父、寨母有管理居民迁徙、管理村社土地、征派劳役贡赋、管理宗教婚姻、调解纠纷等职权。西周的农村公社称为井、邑、丘、社、书社等。"九夫为井，四井为邑"，一个邑有36家，大小与西双版纳相似。村社选出的管理公共事务的人，称为父老，相当于西双版纳的寨父、寨母。4. 井田制度。《孟子·滕文公上》称"田井"为"井地"，就是将面积一平方里的土地划为"井"字形的9个方块，每个方块100亩，正中一块是天子、诸侯、卿大夫的公田，四周的8块是8家农民的田，一夫一妇受田百亩。8家农民要耕种完公田后，才能耕种自己的私田。公田上的收获物全部交给领主，私田上的收获物归农民所有。新中国成立以前的西双版纳，土地也分为领主直属土地和农奴份地两部分。根据1954年对8个版纳19个勐的统计，领主直属土地的绝对数字为36778亩，约占全部耕地面积的13％，类似西周的公田。领主直属土地大部分由农奴代耕，解放前多少受内地影响，一部分已改征实物代役租。农奴份地约占全部耕地的87％，类似西周的私田，与西周一样，农奴份地的分配以成婚的一对夫妻为单位。凡成婚男子都有权要求或被迫接受一份份田，50岁后，若有子女，由子女继承份田和对领主的负担，没有子女的则准予退还全部份田。这和周代"民，年二十受田，六十归田"的情况大体相同。5．经界与沟洫制度。西周有自下而上发展起来和自上而下层层控制管理下去的垂直的灌溉系统。沟洫（经界）和道路把平原地区的大片土地划分成规整的田区，一如"井"字形，故称"井田"。在井田中的公田随着实物地租取代劳役地租而消融于私田（份地）之中以后，作为井田经界的沟洫系统仍然存在。它们既是份地的界线，又是沟洫系统。这和西双版纳的灌溉制度颇为类似。6．阶级和等级制度。西双版纳封建领主社会分为领主和农奴两个阶级。领主集团中主要有两个等级：一是"勐"级，它是召片领的直系亲属，只有这个等级才能继承召片领，受封为召勐，任议事庭长。"勐"级的人实行等级内婚。二是"武翁"级，多是召片领的家臣波郎。农奴阶级分为三个等级：一是"傣勐"等级，是由原村社自由民转化而来的农奴，是劳役地租的主要承担者，用自己的耕牛、工具无偿为大小领主耕种土地；二是"滚很召"等级，由家内奴隶转化而来，他们定期回到所属各级领主家服家内劳役，或按村寨被分配一种专业劳役，例如为领主养牛、养马、养象、纺织、挑水、做饭、充当侍从，以至为贵族妇女提裙子、为领主死亡哭丧等；三是"召庄"等级，是从贵族支裔繁衍分化出来的自耕自食农民，地位稍高，主要劳役是担任领主的警卫，轮流值宿，他们可分得一小块私田为"召庄田"，可以自由买卖。西双版纳的"勐"和"武翁"等级相当于西周的"公"和"大夫"；"召庄"相当于西周的"士"，他们是"食田"的；"傣勐"相当于西周的"庶人"，他们是"食力"（服农业劳役）的；"滚很召"相当于西周的"皂、舆、隶、僚、仆、台"等，他们是"食职"各种专业劳役的。7．世卿制度。西双版纳的"勐""武翁"贵族等级，世世代代享有政治地位和特权，都能封官晋爵并享受采邑和禄田。这是事实上的世卿制度。8．宗法制度。西周和西双版纳的宗法制度，在嫡长子继承和余子分封以及与之相对应的大宗小宗的区别这些基本点上都很类似。只是由于西双版纳进入父系社会后仍然残存着对偶婚，民间母系亲属关系重于父系亲属关系，因而领主集团中的宗法组织不如西周那样完备和严密。9．"国"和"野"的划分。孟子曾论述周代"国"和"野"以及与之相对应的"君子"和"野人"与周礼的"乡遂"和"都鄙"的划分大体相当。民主改革前的西双版纳，也有类似周代"乡遂"和"都鄙"的划分。召片领及贵族、大小家臣居住的地方叫宣慰街，相当于周代的"王畿"和"乡遂"；各村社就是召片领及其家臣的采邑，相当于"野"和"都鄙"。

范：通过您的分析，读者对周代的经济社会结构会有一个鲜活的认识。其中的重要一点就是，关于井田制，除了《孟子》说得比较具体外，汉代以前的古籍往往语焉不详，或者偏而不全。西双版纳份地制在很大程度上印证了西周的井田制，成为西周井田制的活化石。正如杨向奎先生所指出的，西周的井田制"可以从民主改革前傣族地区特别是西双版纳现实存在的'份地'制度中得到符合实际的解释"。宋蜀华先生在评价《比较研究》一书时也说："本书作者在一定程度上正如摩尔根所做的那样，试图用西双版纳的社会经济制度这把钥匙去解开西周社会性质之谜，其贡献是不言而喻的。"作为一个民族史研究者，能做出如此贡献实属不易，是您30多年锲而不舍、上下求索的必然结果。

您在学术事业上建树甚丰，不仅个人研究有很高的造诣，也花了大量精力组织集体的学术研究活动，用很多时间把二者结合起来，1975年创办云南大学《思想战线》杂志就是这样做的。学者们现在还称道的是，在"文化大革命"那样的特殊年代，您作为杂志主编，居然组织了几个专题的"纯学术"讨论，的确需要相当的胆识。

马：《思想战线》创办之初，为了突出刊物的学术性，我发表了《庄蹻起义与开滇的历史功绩》一文。主要观点是：开滇的庄蹻不是出身于楚庄王苗裔的将军，而是一个穿草鞋的农民起义领袖；楚顷襄王在位的36年内只有一个为"盗"的庄蹻，不可能有两个同时齐名的一为"盗"、一为"将军"的庄蹻；庄蹻起义有利于"秦之所欲弱莫如楚"的战略，促进了秦统一中国；庄蹻起义失败后，率领数千起义军溯沅水，出且兰，到达滇池地区，变服从俗，成为滇王；起义军把先进的楚文化传入云南，加速了滇中社会经济的发展，促进了中华民族的融合和走向统一。这本刊物遵循了百家争鸣的精神，开辟了《关于庄蹻起义的讨论》专栏，发表了持不同观点的论文10余篇，其中包括著名史学家杨宽、徐中舒、方国瑜、李埏、王玉哲等撰写的文章。嗣后，《光明日报》也开展了庄蹻是"将"还是"盗"、是一人还是两人的讨论。但所发的文章难免烙上"文化大革命"的印记，但热烈的讨论不仅打破了当时沉闷的学术空气，提高了刊物的知名度，而且引发了人们进行学术研究的积极性，产生了较大的社会影响。

范："文化大革命"期间，您还主持了另一项学术活动，就是主编《云南各民族古代史略》。1973—1975年，经过编写组多位同志的努力，写成征求意见稿；粉碎"四人帮"后，于1977年6月正式出版。在此基础上写成的《云南简史》于1983年出版，次年即获全国爱国主义优秀通俗历史读物奖，得到史学界的高度评价，成为广大干部和青年喜爱的读物。在编写过程中，您对云南25个少数民族源与流的研究十分引人注目。1990—1994年，您又主编了《云南民族工作四十年》，当时您已是八十高龄的耄耋老人，但仍然不辞辛劳，不知疲倦，全身心投入，令人感叹。这部百余万字的巨著，全面地介绍云南各民族的情况，客观地反映云南40年民族工作的历程，科学地总结了云南民族工作的重大成就和经验教训，是一部有关云南和云南民族工作的"百科全书"。

马：这些成果都是参与和支持编写工作的诸位同志心血的结晶。在我参与和组织领导的学术活动中，还有两项规模更大一些。一项是编辑"民族问题五种丛书"，我担任"丛书"云南省编辑委员会副主任（常务），负责日常工作，先后组织16个民族简史的编写组并一一做出规划。在编写、审订过程中，我们始终把质量放在第一位，反复推敲，反复征求学术界和本民族干部群众的意见。与此同时，又组织力量，搜集整理20世纪50年代云南省少数民族地区社会调查积累的大量原始资料，出版了各民族社会历史调查资料共74种。仅上述两种丛书，就合计90册2475万字。这是一项基础工作，无论是对民族工作还是对民族研究，无论是对中国学者还是国外学者，都提供了帮助。到90年代中期，云南出版的"民族问题五种丛书"总字数占全国"五种丛书"的三分之一。

第二项是开展西南民族研究。党的十一届三中全会以后，学术事业迎来了蓬勃发展的春天。我和西南地区的一些学者共同努力，于1981年创建了中国西南民族研究学会。这些年来，学会主要做了以下工作：1．坚持开好学术讨论会。每两年一届的会议都讨论一些学术界、党和政府关心的问题，力求拿出高质量的成果。1983年至1995年先后召开的8次学术讨论会，分别以藏学、彝学、苗学、瑶学、壮侗语诸民族学术、西南民族地区经济发展战略、山区民族经济开发与社会进步等为主题进行探讨，使西南民族研究在深度和广度上有了新的拓展。2．倡导在西南地区开展多学科的民族综合考察。1982年，我与费孝通、夏鼐、尹达、任继愈、徐中舒、方国瑜诸先生联名向中央写信，倡导开展民族地区综合考察。西南民族研究学会成功地组织了两项考察：一是"六江流域考察"。"六江流域"指川、藏、滇边境的岷江、大渡河、雅砻江、金沙江、澜沧江、怒江及其主要支流流域地带，包括藏东南高山峡谷区、川西高原、滇西北横断山高山峡谷区和滇西高原区。六江的上游居住着藏缅语族的10多个民族，下游则有壮侗语族、孟高棉语族、苗瑶语族的6个民族。六江流域自古以来是上游民族南下和下游民族北上的民族走廊。二是对贵州"六山六水"10多个民族的综合考察。两项考察都取得了丰硕成果。3．坚持搞好学会自身建设，制定了一套行之有效的规章制度。4．积极开展学术交流，与日本、美国、法国、加拿大、韩国以及中国港台地区的学术机构、学术团体和学者建立了广泛联系，促进了学术发展。

范：在民族工作和民族研究中，您做出了一系列开一代先河的贡献。在民族教育事业中，您也是殚精竭虑、鞠躬尽瘁。无论是在云南民族学院的筹建过程中，还是在构建过程中，您都备尝事业草创的艰辛，都以"筚路蓝缕，以启山林"的精神从容应对，在云南各民族教师和学生中留下不少佳话。

马：云南民族学院于1951年初开始筹建，我作为省民委副秘书长，具体负责学校的选址、调集干部、聘任教师和招生等工作。1951年8月1日，学院正式宣告成立，我任副教育长，具体负责教学、研究工作，并承担民族理论政策的教学任务。后来我离开学院，但一直兼任学院的民族理论课程，直至1966年。"文化大革命"开始后，云南民族学院停止招生。1972年恢复招生，虽然经国务院批准被列为高等院校，但实际上只是少数民族干部培训学校。粉碎"四人帮"后，民院经历了一个由乱到治、由整顿提高到改革的深刻转变过程。1977年底，全国高等院校恢复统一考试招生制度，云南民族学院政治系、汉语言文学系首次招收四年制本科新生，开始向名副其实的普通高等院校过渡。1978年我被聘为学院顾问，1979年12月被正式任命为云南民族学院院长兼党委副书记，此时我已69岁。

范："文化大革命"中饱受摧残的教育战线，百废待举。您已年近古稀，仍挺身而出，担此大任，令人钦佩，也是众望所归。

马：中央和各级党委对民族教育的高度重视，各民族发展高等教育的强烈愿望，把我推到云南民族学院的领导岗位。1979年底，中共云南省委常委会召开会议，专门研究云南民族学院的办学方针和"六五"发展规划，我作为新任院长列席了会议。会议决定："云南民族学院应在现有基础上，逐步扩大发展为包括本科、专科、预科、干部轮训和民族研究所的新型民族高等院校……大力培养'四化'所需要的具有共产主义觉悟的少数民族干部和专业技术人才，这是加速我省民族地区社会主义现代化建设的重大措施，云南民族学院在这方面担负着重要任务。"云南民族学院据此制定了办学的"三三制"方针，即到1985年，民院在校学生达3000人，其中本科、预科、干训部各1000人，相应地扩建校舍，逐步增加教学设备。我在任的4年间，遵循省委制定的办校方针，团结全院教职工，克服种种困难，开办新专业，不断扩大办学规模。原有的汉语言文学系、历史系不变，政治系改为政治法律系，数理系分为数学系、物理系、化学系，新增经济管理系、外国语言文学系、少数民族语言文学系，新设干部专科部、大学预科部、函授夜大部等教学单位，创办《民族学报》《云南民族学院学报》，建立文物陈列室。

范：这个陈列室正式创立于1981年10月，现在已经成为有一定规模的云南民族学院博物馆。许多学者认为它"开创了我国民族博物馆的先河"。这一年，民院经过多番周折和艰苦努力，建成了6000多平方米的标准化教学大楼。用今天的眼光看，它已落伍了，但当时是民院成立30年来唯一的有一定规模的教学大楼，在那时云南的高等院校中也处于领先水平。

马：教学大楼的建成、办学规模的扩大、学科设置的增加都是重要的。但是，更重要的还是要有一支高水平的教师队伍。

范：孟子说过："所谓故国者，非有乔木之谓也，有世臣之谓也。"曾任清华大学校长的梅贻琦先生也说过，一所大学，可以没有大楼，不能没有大师。

马：云南民族学院原本是一所以轮训少数民族在职干部为主的学校，要发展成一所综合性的高等院校，基础自然薄弱，然而最薄弱的还是教师队伍。所以，在我任院长的那几年，用心最多的是不拘一格选拔教员。我十分敬佩蔡元培先生办北京大学时的爱才、惜才之举，总希望遇到几位强于我、超过我的学者。当时，新培养的大学生、研究生尚未毕业，只得到社会上延揽、罗致人才。由于正值拨乱反正时期，平反冤假错案的工作尚未全面展开，搜罗人才的工作遇到不少障碍。为办好学院，必须力排众议，冲破"左"的思想束缚，从在历次政治运动受迫害的知识分子中物色人才。有一位留美的老知识分子，因冤案被判刑，刑满释放后历史问题仍未得到解决，他与我非亲非故，但为了给他落实政策，我倾注了大量精力。通过半年多的工作，终于推倒了原有的误判，为他恢复了名誉、公职和副教授职称。这位老知识分子的积极性空前勃发，承担了大量教学任务，并担任了系副主任。那时，我四处奔走，为一些受迫害的同志平反昭雪，将他们调入学院，许多人后来成为民院的教学骨干和科研带头人。省外的许多教师也纷纷要求调入。3年中，调入云南民族学院的教师达120多人，大大加强了师资力量。

范：求贤若渴，施恩不图报，是您的人格力量之所在，是当时众多学者愿到云南民院任教的奥秘。您不仅对老师们关怀备至，也对同学们充满了爱心。

马：当年作为边疆少数民族的子弟，我在上海光华大学受到钱基博先生的特殊关爱，留下了终生难忘的印象。我深知边疆文化落后、经济贫困、学习条件艰苦，各民族子弟能到昆明上大学是一件非常不容易的事。

他们肩负着父老乡亲的厚望，把他们培养成本民族的高层次人才是他们家乡的大事，也是边疆各族人民的大事。云南各民族经济社会发展不平衡，一些山区、边疆的民族更为落后，更为缺乏经济建设的专门人才。因此，在招生时要倾斜和照顾，进校后更要在政治上、学习上、生活上多关心。当然，首先是政治上、思想上的关心。1981年发生了一件事，有一个学生在试卷上写有政治性错误的话。如何处置？我们没有采取简单轻率的方式，而是对这个学生做全面的分析，认为他本质不坏，犯错误是年轻幼稚、听信谣言所致，因此应着眼于疏导教育、耐心帮助，不给处分。这位同学深受感动，认识了错误，改正了错误，积极上进，后来加入了共青团。1981年底，一位同学接到家中发来的电报，说母亲患破伤风在医院急救，因缺抗破伤风的药而生命垂危。这位同学在同学们的帮助下买到针剂，却无法及时送回家乡。我知道后，立即派一辆小汽车，连夜把药送到这位同学远在500公里之外的家乡医院，使他生命垂危的母亲得救了。

范：这件事在《云南日报》《春城晚报》上均有报道。尊敬的马老，这些动人的事迹让晚辈们深深感到您人格的魅力。20世纪80年代中期，您退休以后，终于摆脱了繁忙的政务，得以专心治学，8项科研成果获得国家级、省部级奖励。90高龄以后，您仍然关注国家和学术界的大事，继续进行民族文化方面的研究，并且笔耕不辍。我想起您年轻时题赠一位辛亥老人的诗："龙沙曾阅汉旌旗，万里归来雪满髭。垂老不忘天下事，伏波矍铄剑南诗。"这正是您晚年情怀的写照。这次访谈开始时我曾提到，季羡林先生称颂您"道德文章并重""云南学界领袖群伦"，这的确是最公允、妥帖的评价。最后，对您接受采访深表谢忱。

（原载于北京《中国民族研究年鉴》2002年）

方龄贵先生访谈录

范祖锜（以下简称范）：尊敬的方先生，您是我国著名的蒙元史专家，在漫长的治学生涯中，对蒙元史研究和教学倾注了全部精力。时至今日，您已届85岁高龄，仍在这一领域孜孜不倦，笔耕不辍。您对事业的赤诚和执着追求，为后学者树立了楷模。您之所以钟情于蒙元史研究和教学，我想最重要的是您对祖国源远流长的历史和辉煌灿烂的文化满怀深情，对神圣的学术事业矢志不渝。除此之外，可能还在地缘和血缘方面与您的身世有关，能否就此先谈谈？

方龄贵（以下简称方）：我是吉林省松原市人。松原毗邻松花江，下辖前郭、扶余、乾安、长岭等县，我的童年是在前郭、扶余两地度过的。父亲原籍河北滦县回头庄，祖上大概在清朝末叶随着"跑关东"来到今辽宁省沈阳市辽中县老达房方家岗子，祖父逃荒到吉林省德惠县，父亲又辗转流落到郭尔罗斯前旗（今前郭县），母亲属郭尔罗斯前旗蒙古族人。我在1918年生于前郭旗锡伯屯村一个贫苦农民家庭，后来举家迁往扶余谋生。我先后就读于扶余县一区第四初级小学、县立第一高级小学。前郭和扶余乃是鱼米之乡，风光秀丽，历史上还是辽、金两朝的重镇。据考证，前郭县古城遗址塔虎城，辽代称长春州，金代称新泰州，乃是兵家必争之地，现为吉林省重点文物保护单位。又，扶余县徐家店乡石碑崴子屯的大金得胜陀颂碑，乃是金世宗大定二十五年（1185年）为纪念金太祖阿骨打在此誓师伐辽而立，碑的背面刻有女真大字碑文1500余字，现也是吉林省重点文物保护单位，乃各家考订女真文字的重要文献。

关于我的民族要在这里说上几句。过去我的民族依惯例一直从父填报的是汉族。解放后，大家知道我的民族出身，或称我为蒙古族，并见于有关著录，这使我很受触动。回想我的母亲不但是蒙古族人，而且生我养我，给了我生命。在我身上流淌着蒙古族的血脉，而且平生有许多蒙古族亲友，朝夕相处，往来频繁，成人后又在名师指导下以研治蒙元史安身立命，对蒙古族有着深厚的民族感情和血肉联系，因而正式申请将民族从汉族改为蒙古族，并递交了必要的证明材料和申请书。经有关部门审核批准，我的民族成分正式改为蒙古族，了却了我的一桩心愿。

范：您出身于贫苦农民家庭，又成长于日寇入侵的动荡年代。战火纷飞，经济拮据，求学之路肯定是坎坷不平了。

方：1931年当我读高小二年级时，发生了九一八事变，日本兵侵占了东北，人们沉沦在敌人铁骑之下，过着暗无天日的生活。我的父亲生活无着，又返回前郭务农。我在乡下读了一年私塾，后转回一江之隔的扶余，寄住在一位堂叔家里，接着考入县立初级中学。这时有一老同学从关里返乡探亲，说起北平（今北京）有一所专收东北流亡学生的中学，免收学费、饭费，我为之心动，因而萌生了避寇求学之想。家里最初不同意，后因我态度坚决，不得已让了步，乃约同其他同学共5人，于1935年初到了北平。那时关里的学校都是秋季招生，与东北不同，因此进入知行补习学校补习半年，暑假后考入东北中山中学高中部。这所学校半属救济性质，免收学费、饭费。但生活还是很艰苦的，同来的5位同学，有4位熬不下去了，半途出关返家，只有我一个人留了下来。同学中多半是关里有亲朋照顾，或靠家里汇钱接济，而我却举目无亲，老家又是那样贫困。只有一次，因无奈而告急，家里东挪西借，汇来伪币20元，在北平只折合法币16元。我深知家里这钱来得不容易，从此再也不忍心向家里要钱。怎么办呢？只有自谋生路。所幸我的笔下还行，于是试着向报刊投稿。记得第一次向北平《世界日报》的副刊《学生生活》栏投寄一篇短文，居然被采用登了出来，领到3角钱的稿费。数目虽少，却令我欣喜莫名，看到了一线希望。从此便一发而不可收拾，接连向北平《晨报》副刊《红绿》、上海《大公报》副刊《大观公园》、上海《申报》副刊《春秋》等投稿，以"雪文"的笔名发表一些散文，每月总有不下五六元钱的稿费收入贴补生活，被班上同学推为"自食其力"的人。

当时日寇入侵华北日深，时局动荡，东北流亡学生因国破家亡，更有切肤之痛，因而积极投入"一二·九""一二·一六"北平学生抗日救亡示威运动。我被推选为东北中山中学南校学运小报的编辑，夜以继日，卷入了这股洪流。不久学校迁到南京板桥镇，转年（1937年）卢沟桥事变爆发，学校又转移到湖南湘乡县永丰镇（今属双峰县）。1938年高中毕业后，到长沙报考国立西南联合大学历史社会系（后分为历史、社会两系，我读历史系），等待发榜。这时，敌寇已占领岳阳，长沙危急，人们纷纷西行避寇。我们6个在长沙等待发榜的同班同学决定转移到重庆，那里有一个东北青年教育救济处可以暂时落脚。当时西行的汽车早已被阔人高价订座一空，自然没我们的份儿。我们年少气盛，经过短暂磋商，决定不顾其他，结伴徒步西行。同班中年纪稍长的苗力田学兄（他后任中国人民大学教授，是主持编译《亚里士多德全集》中文版工作的著名希腊哲学专家）首倡此议，大家一致赞成，并推他做我们的领头人。那时我们每个人除了简单的铺盖而外，还有点儿衣物包袱，于是每人买了一条竹头做的扁担，上面用毛笔写上"任重道远"四个大字，挑着行李，沿湘川公路而行。当时在这条公路上经行的汽车并不很多，特别是过湘西入川的一段尤其荒凉。最初每日行程不过二三十里，后来增加到百八十里。少年远行，沿途免不了遇到这样那样的怪事。在我们从常德奔桃源的路上，遇到一个烂眼边的人，自称是从前线退下来的伤兵，眼睛中了敌人的毒气，现在想回沅陵，却缺少路费，说得可怜巴巴的。我们见他是抗敌下来的伤兵，便动了恻隐之心，答应帮他一路到沅陵，和我们同吃同住。他感激不尽，并表示过意不去，主动提出愿意替我们挑行李以作为回报。我们相信了他的话，就把六床被子分作两头（并不算重）给他挑着，匆匆走在前面。哪知傍晚赶到前面约好住宿的鸡毛小店时，此人竟不见踪影，不明去向。大家到此才醒悟过来，是受骗上当了，原来遇上了骗子手，不免有些懊丧。力田安慰大家说："经一事，长一智，以后不要上当就是了。况且行李也是身外之物，这也减轻了我们一些负担。"经他这么一说，大家也就坦然了。从此，我们就每人背着一个包袱，扁担也不要了。沅陵是沅水流域一个有名的码头，山清水秀，是沈从文先生笔下一个重要题材。当我们在沅陵歇脚时，不知怎么被当地一所中学（似是女中）的负责人看上了，要我们留下来在那个中学任教。大家一合计，还是听从了力田的意见，仍以不改初衷，继续到重庆分头读大学为是，事情就这样定了。我们还遇到一股土匪，那是在川东黔江县一个叫马槽口的地方，是一条小路通往公路的所在。当我们在小路旁的茶馆喝茶时，那老板娘惊惊惶惶劝我们赶快上路，看来她是知道我们即将遭遇的。当我们从小路踏上公路时，见公路上有工人在修路，谅来无事。万没料到突然从山坳里窜出三四条中年汉子，其中一人背着大枪，余者手持斧头、砍刀，他们以检查为名，对我们逐个搜身。当他们正举起枪刀，威胁我们转入山坳准备洗劫时，忽然对面有汽车开过的声响，他们慌慌张张，抢了我们一个同学的包袱，就往山坳里逃去。汽车停了下来，我们在惊慌之余，不知所措，有人主张乘汽车回县城，另作他图。力田不同意，他说乘汽车回黔江，改日还得走这条路，还要挨抢，索性不如继续上路，走一程算一程。大家认为这话有理，就拔腿又往前行。

回想我们从长沙走到重庆历时的46天，其间风风雨雨，艰苦备尝，当到达重庆朝天门码头时，真是百感交集，如释重负。知道已考取西南联大，于是求师告友，凑点路费，在1938年底到达昆明。及至去西南联大报到，才知已是规定时限的最后一天，再迟一天就要编入下一个年级，多读一年。这年我20岁，从此便和西南联大，特别和云南、昆明结下了不解之缘。屈指算来，不多不少，已整整度过了66个年头。云南尤其是昆明，说起来已是我的第一故乡了。

范：前辈学者走上治学之路，或因家学渊源，或有名师点拨，或二者兼备。您出身寒门，恐难论家学，师长的教诲和启发或许才是您踏入史学领域的关键？

方：应该说，我投考西南联大历史系，本意并不是将来要做一位历史学家，而是梦想成为一位作家、文学家。这是有来由的。我自幼喜好文艺，在中学时还发表过一些散文。据我所知，有两位知名的文学家端木蕻良、孙毓棠都是清华大学历史系出身的。1936年，我在萧乾主编的上海《大公报》副刊《文艺》上发表过一篇题目为《雪夜》的小说，深得他的鼓励。他和大作家沈从文先生是深交。当时沈先生正住在昆明青云街靛花巷，我由萧乾中介，拜识了沈先生，从此趋访无虚日，凡有所习作，径送请沈先生过目审正，后在香港《大公报》副刊《文艺》及重庆《大公报》副刊《战线》上发表。有时稿子回到我的手中，发现原稿经沈先生过手，不但加工润色，乃至对个别的笔误都细心予以纠正，连标点符号也不放过。这使我惭愧，更使我感动。这种认真不苟的学风以及后来业师姚从吾教授和邵循正教授严谨治学的态度，致使我终生不敢不自励自勉。

沈先生不但不惮烦琐为我修改文章，还经常把一些中外（译本）文学名著借给我阅读，其中有一本竟是国学基本丛书本陈彬和选注的《元朝秘史》。后来我才知道《元朝秘史》是一部非常重要的蒙文典籍，是研究蒙古历史、文学、语言和社会制度必不可少的古典文献。原书是用蒙古文（回鹘蒙文或八思巴蒙文）写成的，明初用汉字标音译写而出，体例极为严谨，对每个语词都做了旁译，每段（全书共282段，称为"节"）另有总译以贯穿之，用的是元代通行的白话文。陈彬和不是蒙元史专家，这个本子只有总译，注释也无多可取。当时我还没有开始钻研蒙元史，这些都是以后才晓得的。沈先生借书给我时，再三强调要我注意此书文字是多么古朴自然、富有生命的活力。我读了此书，深为书中所铺叙渲染的蒙古草原的磅礴气势和粗犷风情所吸引，联想到当年在郭尔罗斯前旗的种种经历，倍感亲切。不料想这竟是我研究蒙元史的先河，但切实指引我走上蒙元史治学之路的是我的两位业师姚从吾教授和邵循正教授。

在大学一二年级，我虽然读的是历史，考试成绩也不低，但认真说来，我还是醉心于文艺创作，梦想走文学创作的道路，并参加过一个文艺社团——南荒社。情况发生变化是在大学三年级时。按照联大的规定，历史系的学生除必修中国通史、西洋通史、中国近代史外，还要选修两门断代史，我却选了四门：宋史、辽金元史、元史、明清史。其中最使我感兴趣的是辽金元史和元史。辽金元史是姚师讲授的。辽金元都兴起于东北，辽金元史很大部分讲的是东北史，我家乡的历史。其中元史部分和后来加选的由邵师主讲的元史，由于在我身上流淌着蒙古族的血脉，与生俱来，故倍感亲切。两位先生都是海内外知名的蒙元史专家，讲起课来头头是道，滔滔不绝，如数家珍，令人折服。这更使我兴趣为之一变，从此移文就史。联大规定：凡学生毕业前要交一篇毕业论文，导师由自己聘请。我请邵先生为指导教师，并商定论文题目为《元代边徼诸王叛乱考》。查有元一代，自世祖忽必烈而后，分封在西北、东北乃至其他各地的宗王如阿里不哥、海都、乃颜的叛乱，都是明显的例子。叛乱的原因表面上是争位，实际在一定意义上折射出以忽必烈为代表的革新派和持反对意见的守旧派的斗争。前贤如赵翼的《廿二史札记》中的元代叛王条已略揭此义，而语焉不详，犹多待发之覆。我在邵师指导下，搜集《元史》及其他有关文献资料，竭一年之力，草成此文。这是我有关蒙元史的第一篇习作，但由此引发了我研究蒙元史走治学道路的决心。1942年历史系毕业后，我考取了北京大学研究院文科研究所史学部，两位导师就是我曾受教并十分敬仰、深孚众望的姚从吾教授和邵循正教授。这正是我求之不得的。

两师对蒙元史研究卓有成就，既自有渊源，又各有师承。姚师是河南襄城人，北大文科研究所国学部毕业后赴德国留学，师从汉学家佛朗克（Otto Franke）教授及蒙古史专家海涅士（E. Haenisch）教授，治匈奴史、蒙古史。姚师留德13年，造诣深湛，曾在柏林大学任讲师。后应北京大学之聘，任史学系教授，主讲蒙古史、匈奴史，声名大振。后来成为蒙元史大家的日本小林高四郎教授，其滞留中国期间，曾在北大史学系听姚师讲授蒙古史，从姚师问学，多所过从，后在其所著《蒙古秘史》译序中对此念念不忘，乐道不止。姚师能课甚多，在西南联大历史系开设过宋史、辽金元史、中国史学史、史学方法等课。尤其难得的是姚师急人所难，勇于自任。历史系原有中西交通史一课，本由向达先生主讲，并不属姚师分内之事。1943年初，向先生应邀参加西北史地考察团，任历史考古组长，即将成行，而中西交通史是全学年的课，6学分。上学期的课虽告结束，下学期的课却无人来接，系主任雷海宗先生排课时十分为难，无从措手。姚师此时为顾全大局，毅然不计中途接课的困难，挺身而出，把课接了下来。姚师开设中西交通史乃是平生第一次，也是唯一的一次，一时传为佳话。时过境迁，如今有关诸先生均已过世，个中原委，大概知道的人已经不多了。

姚师学识渊博，研究领域甚为广泛，而尤以对蒙古史、元史倾注的心血最多。后在台湾大学历史系培养出一批卓有成就的蒙元史专家，并撰写蒙元史（特别在史料方面）的论文和专著，曾与札奇斯钦先生合著《汉字发音蒙古秘史新译并注释》，其余论文多收入《姚从吾先生全集》《东北史论丛》中，多所创获，见重当世。

邵师乃福建福州人，毕业于清华大学政治系，后考入清华研究院，改攻中国近代史、蒙古史，其硕士论文《中法越南关系始末》为成名之作。后留学法国，入法兰西学院、东方语言学院，从东方学（特别是蒙古学）大师伯希和（P.Pelliot）治蒙古史及波斯文，成绩优异，深得伯氏赏识称许。当时伯希和开设史记一课，邵师前往旁听，不意刚走进教室，伯氏见了，立即离开讲坛迎上挡驾，对邵师说："此课是给法国学生开的，你不必听了。"其见重于伯希和有如此者。继之又往德国柏林大学深造蒙古史一年有余。回国后在清华大学、西南联合大学、北京大学讲授中国近代史、元史、蒙古史、波斯文。先生精通法、英、德、俄、日、波斯文及突厥语文，充分掌握中外蒙元史有关史料，特别精于语言对音之学。凡所述作，旁征博引，高瞻远瞩，发前人所未发，悉多新意。我在大学二年级时，上过先生讲授的中国近代史，后来又选修了先生主讲的元史，先生并指导过我的大学毕业论文，获益匪浅。姚、邵两师均是蒙元史大家，各有千秋，相得益彰。我有幸师从两位先生专攻蒙古史、元史，真可谓得天独厚了。

两位先生在如何培养我的问题上是有明确分工的。姚师教我习读汉文史料，不但把案头常用的四部备要本《元史》赠我，要我认真点读，还把叶刻本《元朝秘史》《蒙兀儿史记》长期借我披览，指点我如何正确对待史料的搜集、整理、辨伪、运用，要我凡有述作，必须尽量用原手史料，即第一手史料，万不得已引用转手史料时，必须注明出处，切忌直接称引。姚师还规定我每星期三下午向他汇报读书心得，呈交读书笔记和对《元史》的圈点，见我偶有失误，立即检出指正。姚师对门下从不疾言厉色，而是循循善诱，如对家人子弟，蔼然长者。门下偶有无心之失，必婉言启发诱导，使有自得。对门下在生活上也十分关心。抗战期间，物价飞涨，研究生的津贴根本不够用，姚师知我举目无亲，除同意我在中学兼课外，还设法让我在他所主持的中日战争史料征集委员会帮助翻译一点儿日文资料，取得若干报酬，此外还在西南联大师范学院文史地专修科为我谋到一个半时教员的位置，通过讲课，一方面进行教学实践，同时也增加一点儿收入。

邵师则为研究生专门开设了蒙古史研究、西方学者对中国史地之研究两课。当时听讲的除我以外，还有一位清华的研究生，后来这位同学中途辍学，只剩下我一个人了。在蒙古史研究课上，邵师主要是讲《元朝秘史》《至元译语》《华夷译语》，还教过我波斯文。关于《元朝秘史》，主要从汉字标音蒙语、旁译、总译等方面加以论证，并以《元史》《圣武亲征录》互校对勘，认为《元朝秘史》总译脱漏之处不少，乃动手撰写对其总译的补正。邵师曾以已做好的部分原稿示我，文字之古朴与旧译《元朝秘史》总译之文仿佛似之，而拾遗补阙（以括号为记）则远胜旧译。1961年，我因探亲过京，拜望邵师，曾以此事请问。邵师说，补正已完成，不幸于流徙中遗失，言下不胜慨叹。

关于《至元译语》，系据向达先生手抄本讲授，并征得向先生同意，由我过录一本。邵师以此本为底本，转写其对音，取《元朝秘史》汉字标音及旁译与《华夷译语》（当时昆明所能见到的只有涵芬楼所收明经厂本），并旁及突厥语、波斯语、阿拉伯语，逐字互为参证考核。这对我启发很大，后来拙著《元明戏曲中的蒙古语》《古典戏曲外来语考释词典》的成书，追本溯源，实以此为契机。与此同时，邵师还用印蓝纸亲自复写为教材，教我波斯文，可惜我下的功夫不深，没有学好。

在西方学者对中国史地研究之贡献课上，邵师对多桑（C.d'Ohsson）、沙畹（E.Chavanne）、伯希和等人的著作均做了介绍和评论，而对《马可波罗行纪》和《多桑蒙古史》讲得更多。《马可波罗行纪》一书有多种版本，各家注释不一。当时昆明所能见到的，除冯承钧译沙海昂（A.H.J.Charignon）本，还有张星译拜内戴托（L.F.Benedetto）本、玉勒（H.yule）本、伯希和与穆勒（A.C.Moule）合校本。当时，伯希和的《马可·波罗书注释》尚未出版。邵师对各本均有评述，还在西南联大做过一次题为《语言与历史——附论〈马可·波罗游记〉的史料价值》的学术讲演，由我笔录，并经邵先生过目校正。这是一篇名作，在当时和现在都受到很高的评价。

不能不提到，邵师在西南联大还做过另外一次学术讲演，讲的是《元遗山与耶律楚材》。这是一个很有意思的题目，吸引了很多人来听，时间在晚上，教室里坐满了人。老师中姚从吾先生、罗常培先生、毛子水先生、吴宓先生都来了。我做了笔录的准备，不料开讲不久就电停灯熄。等了半天，电还不来，邵师就离开手拟的提纲，摸着黑继续讲下去，旁征博引，依旧讲得有声有色。听讲的人莫不为邵师的渊博学识、高超见解和非凡记忆力所打动，于是黑暗之中，鸦雀无声，无敢哗者。讲演临结束时，电灯亮了，全场掌声雷动，啧啧称叹。记得邵师在讲演中引述了《黑鞑事略》中徐霆疏所著录蒙古早期差发之重，连教学行和乞儿行也要出银作差发。有诗云："教学行中要纳银，生徒寥落太清贫。……相将共告胡丞相，免了之时捺杀因。"胡丞相就是主治汉民的普上断事官失吉忽都忽，"捺杀因"蒙古语犹言"很好"。讲演一结束，主持讲演会、出语幽默的语言大师罗常培先生站起来说："感谢邵先生给我们做了一次非常精彩的讲演，有这么多的同学来听。我一向不会作诗，今天有诗人吴雨僧先生（按：吴宓先生字雨僧）在座，更不敢班门弄斧。我现在只想套用邵先生所引的《黑鞑事略》那四句诗略抒我的情怀。"罗先生套改的四句诗，头两句是"教学行中不纳银，生徒繁众且安贫"，第三句现在无论如何想不起来了，第四句却记得是"箫吹弦诵捺杀因"。话音刚落，又爆发出震动屋瓦的掌声，讲演会在一片欢快的气氛中散场。时间已过去了60年，往事历历如在昨天，特附说于此。

邵师对于《多桑蒙古史》也讲得比较多，对多桑书多所称许，但也指出其中不足之处。特别因多桑不谙汉文，所引汉文史料，类为乾隆馆臣改译之本，尤其于人名、地名多有舛误（这一点译者冯承钧先生亦已检出）。邵师对冯先生深服其译笔之工，唯是见仁见智，对其中有的译文，认为容有可以讨论的余地。当时冯译《多桑蒙古史》被列为大学丛书之一。约在1943年，重庆国民政府教育部曾委托邵师对此书做一鉴定。邵师当仁不让，竭10余日之力，撰为一篇书评，凡数千言，其中对多桑原书及冯译分别置评。邵师曾以此文示我，时因急于付邮，匆匆未及过录，未知此稿现仍存于天壤之间否？

邵师治学严谨，对门下有所请益，或百端譬解，或片言释惑，随叩随应，允为一代明师。1961年在京拜望邵师，知我还没有放弃蒙元史，非常高兴，决定调我赴京工作，协助其校订《元朝秘史》本文，使成定本，并将小林高四郎《元朝秘史研究》一书示我，要我译出，以供校订《元朝秘史》参考之用。我为有机会再从邵师问学而庆幸，用了3年时间将小林书译出，寄呈邵师审正。不料事与愿违，商调函来了几次，而此间我所在的昆明师范学院（现云南师范大学）不肯放人。"文化大革命"一来，此事更无从谈起，邵师亦过世，协助邵师校订《元朝秘史》未能如愿，有负邵师厚望，至今引为终天之恨。

我的研究生论文《元朝建都及时巡制度考》是姚师创意，与邵师共同商定，在两位业师指导下完成的。1945年邵师赴欧洲讲学，指导的重任落在姚师一个人身上。姚师认为，通常把大都（今北京）作为元朝唯一首都，并不很妥当。元朝诸帝自世祖忽必烈以下，一般阴历二三月间赴上都（今内蒙古自治区正蓝旗东北闪电河北岸），携同后妃百官前往，照常处理政事，住上半年光景，到八九月间返回大都，成为一代定制。这绝非为了所谓"清暑"，实际意味着有元一代实行的乃是两都并立的制度。我遵循姚师的思路，搜集大量史料，综合分析，证明姚师的看法是完全正确的。情况是：大都便于对内地的统治，上都则着重对蒙古故地的照管，不妨说有点儿二元帝国的意思。1946年5月，由姚师主持，聘请雷海宗、徐炳昶、毛子水、向达、唐兰、吴晗几位先生组成答辩委员会，通过论文答辩，我获得硕士学位。这一年我结了婚，姚师是我当然的主婚人。于时抗战结束，北大、清华、南开三校分别北返，我因家累留在昆明，经姚师介绍，在云南大学文史系任讲师。

这就是我所经历的简单的治学过程。如今两位恩师均已作古，回顾当年两师耳提面命，谆谆教导，在学术上抚育我长大成人，为我日后安身立命之本所倾注的大量心血，永远使我刻骨难忘。如今两师音容宛在，而墓木已拱，恍然竟成隔世，抚今追昔，能不怆然？

范：恩师的耳提面命烛照了您的人生道路，然而真正要登上学问的高峰，必须要不畏崎岖小路地奋力攀登，不畏幽谷深溪地艰难跋涉。您正是在几十年的岁月里，发愤忘食，乐而忘忧，沉浸在蒙元史的教学与研究之中，通过艰苦的探索而取得丰硕成果。从20世纪40年代开始，您就在国内报刊上发表有关蒙元史的学术论文。新中国成立以后，特别是20世纪70年代末党的十一届三中全会的召开，带来了社会科学发展繁荣的春天，您多年潜心研究的结晶终于刊行于世。仅在《文学遗产》《社会科学战线》《史学史研究》《民族研究》《云南社会科学》《内蒙古社会科学》《思想战线》《云南师范大学学报》《云南民族学院学报》等学术刊物上就发表了几十篇论文。更重要的是还出版了《元朝秘史通检》《大理五华楼新出元碑选录并考释》《元明戏曲中的蒙古语》《古典戏曲外来语考释词典》《通制条格校注》《元史丛考》等6部专著。请您对这些专著做一介绍。

方：先说《元朝秘史通检》。《元朝秘史》对研究蒙元史（且不论其他方面）非常重要，因而成为蒙元史学者必治之书，不少专家都对《元朝秘史》做过深入的寻究探讨，"秘史学"已成为当今一门显学。治《元朝秘史》往往要自己动手，编制有关人名、地名乃至种姓名的索引，以便寻检，这很有必要，但做起来既耗时又费事。从前王国维先生曾做过《元秘史山川地名索引》，没有做完。最近听说即将出版的《王国维全集》已将索引收了进去，渴欲一观，时下尚未见到。又，日本箭内亘博士做过《元秘史地名索引》《元秘史部族名索引》两种，未见刊布，不知是否已成定本。我自己最初做的《元朝秘史索引》，分为人名、山川地名、种姓名等3部分，以四部丛刊三编本《元朝秘史》为底本，只于每个条目收的专名之下注明所见卷、页、节次而已，比较简单。后在使用中，立"对校"一栏，据叶德辉刻本和苏联东方文献出版社出版的影印本《元朝秘史》（依旧例称俄本）互校对勘，标明异同；更进一步立"附见"栏，将《圣武亲征录》《元史》所见相对应的专名也列了进去，还在每一条目旁转写拉丁字对音，并立"备注"栏，对有关条目进行必要的考证。前后五易其稿，历时50余年。初时原备自用，深藏箧底，无心问世。而朋辈知有此稿，时或索观，因思倘能公之于众，使研治蒙元史的同道不必耗时费事自编索引，谅非无益。此意深得中华书局编辑部有关同志的大力支持，还提出了一些很好的意见和建议，因重加董理，以《元朝秘史通检》之名，版行问世。大家认为此书很有用，或以"有学术价值的工具书"许之。

我的两位业师姚从吾教授和邵循正教授对《元朝秘史》都有深湛的研究，不能不说这对我是有影响的，从而对学界有关《元朝秘史》的研究最为关心。清末学人施世杰编写过一本《元秘史山川地名考》，对《元朝秘史》山川地名有所考证。今天看来，考证未必精审，但在《元朝秘史》研究的历史上，仍属不能忽略之作。值得注意的是，施氏在本书序言中，提到他在编写此书时，曾经参考过友人阮惟和《元秘史地理今释》一书，以及该书中著录的由陈声太守转引李文田（仲约）之说。但阮书除经施世杰引用外，从未经他书称引，世人久疑其书已佚。箭内亘《蒙古史研究》所附《元史研究并参考书目略》及小林高四郎《元朝秘史研究》对此书均列为存目未见，实为学术界一大缺憾。殊不知事有出乎意料者。1965年，偶检复旦大学善本书目，见有《元秘史地理今释》一种，登记号码为三一五二〇，不觉心为之动，自忖这就是阮惟和书，但书目作"不著撰人"，未免滋人之惑。因烦请上海图书馆向复旦大学复制此书。不久，复制胶卷随函寄来，审读之余，大喜过望，相信此书当即阮著无疑。爰逐条分析，就施书引用阮书及眉批陈声转引李文田《元朝秘史注》之文以证之，并就书中数处不应有之笔误，断定此本非原稿而为传钞过录本。因草成《记所见阮惟和〈元秘史地理今释〉钞本》，在1979年版《中国蒙古史学会成立大会纪念专刊》发表，使一部湮没80多年的佚书重现于世。不但足慰阮惟和先生于地下，更使我引为平生快事。

邵师约我译出小林高四郎的名著《元朝秘史研究》，原为校订《元朝秘史》本文之用，其后校订因故未能有成，而译书幸告卒事。小林乃蒙元史大家，此书对《元朝秘史》本身及东西方学者有关的研究成果均有详细评述，功力深厚，颇多新解。今按此书虽已出版逾半个世纪，而学术价值不减，因将其引论部分（副题《元朝秘史研究小史》）译文收入拙著《元史丛考》。

次说《大理五华楼新出元碑选录并考释》。云南是一个多民族省份，又与蒙元史有其特殊关系。云南不但至今有蒙古族居住，而且有大量元碑存在，现存元代文物也不少。1253年，忽必烈以介弟亲王之重，万里驰驱，进军云南，至今（2003年）已历750周年。1368年明兵下大都，元顺帝退守塞外，元亡。但云南的梁王把匝剌瓦尔密割据云南片土，依然奉北元正朔，直至1381年（洪武十四年）明兵攻取云南，划入统一版图。按元朝统治全国如果从1276年（至元十三年）灭宋（下临安）算起，到1368年（洪武元年）明兵下大都元亡，合计92年。而元朝统治云南（1253—1381）共有128年，比统治全国还多了36年。元朝把云南归入汉人范围并不是偶然的。我长期在云南生活和工作，还参加过一年多对少数民族社会历史的调查，有关云南元代史事的探考不能不是我的研究课题。解放前写过几篇这方面的文章，但作为专著问世，是解放后对大理五华楼新出元碑的研究，这可以说有几分偶然的机遇。据历史记载，当年忽必烈进军大理后，曾在五华楼驻兵。但这个五华楼是南诏故物，早已无存。后来的五华楼乃是清朝康熙年间对明修鼓楼的改称。1977年，老友王云先生回大理探亲，在县文化馆见到几块元碑，探询之下，知为1973年拆除五华楼时所出，原系修楼时垫作石脚之用的。时值"文化大革命"，对"四旧"破坏正酣。文化馆有意入藏，未能如愿，仅得此数通。多数已被用于县体育馆修造篮球场看台，余或流散民间，用作修桥补路、修厕所、垫猪圈者皆有之。他随即追踪到体育馆篮球场看台察看，发现改作看台之用的碑刻，有的所敷石灰业已脱落，显露出至元、至正等年号，审为元碑无疑。回昆明后因向有关部门游说，建议对砌作看台的碑刻进行拆换清理，以复其旧。得到省文化局支持，拨款6000元作为资助，大理地方党政部门也热心力促其成。1979年6月，王云约我和其他几位先生到大理，在大理文化馆有关同人合作参与下，组成班子，将估计元碑数量较多的看台头两层进行拆换，对发掘出来的碑刻逐块进行清洗拓片，所得远出预期之外。这些碑刻原为明初修筑鼓楼（后来所称的五华楼）时垫作石脚之用，故均为元代（包括北元）或以前的故物，并有少数宋（大理）碑。总的来看，可别为三类：一是汉字铭文比较完整的，但多已在两次垫用中遭到划毁；二是汉字附有梵文；三是纯属梵文经咒的。回昆明后，我们根据拓片做了些整理，发现所拓还不够理想。9月间，我和王云又第二次赴大理，对拓片做了些拾遗补阙的工作，续有所获，前后计得宋碑3通、元碑66通（单纯的梵文经咒没有计算在内）。昔人已有"宋元碑不易得"之叹，过去《新纂云南通志·金石考》所收元碑最为完备，细审所收不过58通，其中从旧志转录的26通，元碑尚存的32通，存目待访的41通。此次所获现存元碑远过此数，可谓为稀世之遇也。这批元碑的发现，不但对治蒙元史非常重要，而且对研究南诏史、大理史、白族史、彝族史也很有价值。其中元碑署年可考者自至元二十五年迄至正二十八年，最晚为北元宣光九年。考宣光乃北元爱猷识理达腊所用年号，止八年，无九年，九年为脱古思帖木儿在位之天元元年，此盖因南北交通阻隔，不知改元而致误。此外，如对忽必烈下大理下令止杀及侬智高死等均有相关史料，足资考证。我们于所获大理五华楼元碑的发现不敢自秘，因稍加整理考证，编为《大理五华楼新发现宋元碑刻选录》，以油印本提交1980年在南京召开的元史研究会成立大会，轰动一时，海外蒙元史学界也对此表示关注。后又重加董理，改题《大理五华楼新出元碑选录》，在《西北民族研究》发表，2000年3月又在云南大学出版社出版《大理五华楼新出元碑选录并考释》。书分上、下两编，上编选录部分由我和王云先生合作，下编考释乃我所独撰，计收入论文11篇，在此不复一一列举云。

再说《元明戏曲中的蒙古语》和《古典戏曲外来语考释词典》。两书是姊妹篇，论题近似，所以放在一起来说。《元明戏曲中的蒙古语》，1991年10月由汉语大词典出版社出版。大家知道，元曲里夹杂不少蒙古语，过去治元曲的人对此视为畏途。胡小石先生在南京大学讲授元曲时，曾把元曲里的蒙古语比作拦路虎，令人裹足不前。元曲大家吴晓铃先生也说，从事古典戏曲研究的人，常常在选作品时不得不割舍有些理应入选的作品，原因之一便是注不出这些非汉语词汇（按：主要当指的是蒙古语）云云。我对元曲里的蒙古语注意得比较早，曾据《元曲选》中所见，写过一篇《元剧里的几个蒙古语》，检出并考订了把都儿、窝脱、虎儿赤、牙不约儿赤、打剌酥、搭护等几个蒙古语。那是一篇少年习作，当时所见未广，考说也很粗浅。近年为寻检有关元代社会经济的史料，随便翻阅了《元曲选》以外的一些元明戏曲书，发现其中不大为人留心的蒙古语竟意外地多，因草成《元明戏曲中的蒙古语》。该书收录蒙古语87条，以油印本提交1981年在乌鲁木齐召开的蒙古史学会年会，并送请元曲大家吴晓铃先生审正，多承赐教。于时吴先生赴美国讲学，讲到元明戏曲中的蒙古语时，当即出示拙著《元明戏曲中的蒙古语》油印本，引起美国元曲大家韩南教授（P. D. Hanan）和加拿大元曲大家施文林教授（Wayne Schlepp）的极大关注，托请晓铃先生函询我是否可以允许复制（他们是非常重视版权问题的），我当然表示同意。该文旋在《民族学报》发表，海内外反映尚好，并希望有以续为辑补。后又成《元明戏曲中的蒙古语拾遗》，收得蒙古语6条在《云南教育学院学报》1988年第1期发表。时晓铃先生正在山西普救寺参加《西厢记》研讨会，与会的日本元曲专家田中谦二教授获见此文，颇感兴趣，故从晓铃先生处索得，云回国后作为他所指导的元曲研究生学习参考之用。1991年拙著《元明戏曲中的蒙古语》在汉语大词典出版社版行问世，海内外同道多所许可。吴晓铃先生在为本书所写的序言中并推为"必传"之作，令我深受鼓舞。惟是学如不及，本书出版后，我又获读前此无从寓目的一些中外文献资料，个人翻检亦续有所获，并应读者的要求，把清代戏曲中的蒙古语也收了进去，所收蒙古语由旧著的114条增至近200条，并有部分来自波斯语、阿拉伯语、突厥语、满洲语等的借词。然则本书已非《元明戏曲中的蒙古语》所能包举，因更名为《古典戏曲外来语考释词典》，2001年12月由汉语大词典出版社、云南大学出版社出版。著名蒙元史大家、澳大利亚国立大学罗依果教授（Prof. I. deRachewiltz）读后于2002年8月28日来信说"去年你寄赠的大作《古典戏曲外来语考释词典》，我几乎每日用它，给我以极大的帮助，再次谢谢"云云。

又说《通制条格校注》。《通制条格》本来是《大元通制》的一部分，《大元通制》原书久佚，流传下来的《通制条格》原书30卷，现存明初墨格写本只有22卷，由前北平图书馆（现国家图书馆）影印出版。此书虽属残卷，但对研究有元一代的政治、经济、社会及法制史还是非常重要的。此书影印本流传不广，日本有小林高四郎和冈本敬二两位教授主编的《通制条格研究译注》本，我国有黄时鉴教授编著的《通制条格》点校本，功力甚深。日译本对《通制条格》本文进行了点校，同时译成日文，并将书中的语汇列为条目，做了应有的注释。公平地说，日译本做了很大努力，有所创获，提出了一些很好的见解，这是必须肯定的。而且以日本学者对中国典籍的点校注释达到如此水平，着我先鞭，尤其难能可贵。当然，毋庸讳言，出于种种原因，仍难免有不足之处。如：对汉文的训诂考订（特别是对元代的白话文）还有可斟酌之处；在人名、地名、名物制度方面，或亦不免有所漏释、误释；又因为参加编写的除两位主编外，还有其他好几位学者，全书三巨册不是同时出版的（分别为1964年、1975年、1976年），大概统纂工作也做得不够，前后文缺少照应；如此等等。大概有鉴于此，在国务院古籍整理出版规划小组编制的《1982—1990年古籍整理出版规划》中，把整理《通制条格》也列了进去，要求编著一本《通制条格》校注。此事通过有关出版单位落在我的头上。这任务是光荣而艰巨的。接受任务后，我再鼓余勇，前后用了10来年时间旁搜远绍，披沙拣金，搜集中外有关史料，摘抄卡片近万张，先就《通制条格》本文进行点校，有时为一个断句，踌躇不决者累日。本文点校后，对语汇条目做出诠释，其中包括人名、地名、名物制度，以及偶见的蒙古语、突厥语、波斯语、阿拉伯语。于所不知，宁付阙如，未敢牵强作解，以免误人。这就是2001年7月由中华书局出版的拙著《通制条格校注》。原书俱在，知我罪我，只有恳请读者评说了。

最后说一下《元史丛考》。本书即将由民族出版社出版，全书共收我所著论文20篇，另译述小林高四郎所著《元朝秘史研究引论》1篇。现就其中几篇有关《通制条格》的文章做一点补充说明。前者在编写《通制条格校注》时，因限于体例，在条目考说方面容有未能尽所欲言，往往以"别有考"了之，因复另为撰写《通制条格人名考异》《通制条格释词五例》《通制条格札记》《读〈黑城出土文书〉》《为"不怕那甚么"进一解》，以足成之。又《通制条格》一书，行文乃文言与元代通行的白话文并见，头绪也较为纷繁，难免令人有为例不纯之感。年来稍治此书，因不惮烦琐，就全书653条逐一条分缕析，深感其行文尚非无轨迹可循，因草成《通制条格行文体例初探》，总括为圣旨与诏书用语异同例、臣下奏章用语异同例、中书省与行中书省行文用咨例、平行部门行文用咨例、中书省对枢密院呈文批复例、中书省对御史台呈文批复例、中书省对所属部门或个人呈文批复例、中书省直接向全国行文例、枢密院直接行文例、御史台直接行文例、大司农司直接行文例、提刑按察司直接行文例、省部会衔行文例、中书省奏准至元新格例等14款。此事前无作者，无可倚傍，自知率而操觚，未明当否。凡此上举诸篇，读者似无妨以《通制条格校注》补编视之可也。

范：听先生一番介绍，深感蒙元史研究之艰辛。您传恩师之薪火，获骄人之业绩，足以告慰他们的英灵。您朴实严谨的学风和锲而不舍的精神，新一代学人应继承并发扬光大。请先生对治学60年来的经验做一阐发。

方：研究蒙元史60年来，所获不多，我觉得可以说的有如下几点：

首先，基本功要扎实，就是说要熟练掌握基本史料。治蒙元史，最基本的史料自然是《元史》。《元史》于明初两次开局修成，加起来时间还不到一年。它的名声不大好，如传有重出，有的人该立传而没有立传等等。历来最受恶评后来改修的遂有多家，比方《元史类编》《元史新编》《元书》《蒙兀儿史记》《新元史》等。但不管怎么说，在十三朝实录、《经世大典》久佚的今天，《元史》据以成书，依然是第一手史料，是后来改修诸史所不能取代的。读《元史》可从粗读、细读到精读。本纪、列传、地理志、百官志、选举志、食货志、兵志、刑法志当然是最重要的，余下的天文、五行、历、河渠、礼乐、祭祀各志也不要忽略。例如，五行志记载有历年水旱虫灾，还收录一些有意义的民谣，祭祀志记载有国俗旧礼，都很有史料价值。对改修的各种元史当然也要读，主要看它比旧史增加了什么新东西，有什么史料根据。比如《新元史》曾被列入二十五史，但所引材料有不见于旧《元史》而不著出处的，让人不敢放心使用。从这一点说，就远不如《蒙兀儿史记》了。除《元史》外，基本史料还有《圣武亲征录》《元朝秘史》《元典章》《元文类》《长春真人西游记》以及宋朝人写的《蒙鞑备录》《黑鞑事略》等，也要细心研读。此外，元人文集、诗集、笔记也都有关于蒙元史的重要史料，元代碑刻中亦有重要史料，可供引用参证。

其次，眼界要宽。这有两层意思：元朝是中国的一个封建王朝，元史属于中国史的断代史，所以治蒙元史，不但要懂元史，而且对上下关联的《宋史》《辽史》《金史》《明史》也不可略而不读。再者，蒙元史又是世界史的一部分，蒙古人最强大的时候，曾征服或统治过亚洲和东欧的广大地区，治蒙元史不但要通晓中国通史，还要懂得世界史，并掌握这方面的史料才好。所幸波斯文的《世界征服者史》《史集》已经有了从英、俄文转译的本子，给了我们很大方便，但我们希望范围还能更扩大些。应该说，研究蒙元史，如果不放开眼界，那是很有局限性的。

另外，还要善于利用参考书和工具书。治蒙元史，手头离不开常见的清代人的著作，如赵翼的《廿二史札记》，钱大昕《二十二史考异》中的《元史考异》《元史艺文志》《元史氏族表》《诸史拾遗》和《十驾斋养新录》，汪辉祖的《元史本证》、《三史同名录》（特别是元代部分）。此外，近年来出版的有关蒙元史的书目、索引也都应当取以参看。

最后，治学要严谨。凡所著述，免不了旁征博引。首先一条，必须尽量用原手材料即第一手材料，偶有必要不得不引用转手材料，必须注明出处；为文旁及他人创获，不论为前修、为时贤，要遵守学术道德，不掩善，不掠美。论点要鲜明，考证要精审。这看起来是写作技术问题，实际是治学态度问题，对一个严肃认真的学者是必不可少的。

以上都是老生常谈，无甚高论，提出来仅供有志攻习蒙元史者参考。

范：蒙元史研究是一个十分浩瀚的领域，期待有志之士深究堂奥。面对着这门博大精深的学问，先生有何期望和建议？

方：在往日，蒙元史被看作一个冷门，从事这方面研究的人并不很多。解放后不同了，蒙元史成为重要的学术领域之一，搞这方面研究的人多了起来，中青年学者辈出，成绩喜人。特别可喜的是，有更多的蒙古族学者从事这方面的研究，贡献十分突出，这是令人高兴的。蒙元史的研究牵涉的问题很多，不遑多谈，只想对如何整理扩大蒙元史的史料问题说一点想法。

第一，对汉文史料的整理。汉文史料至今仍然是蒙元史研究最重要、最大量的史料，这是不容置疑的。过去在这方面已经有不少的整理成果，如中华书局出版的《元史》点校本、内蒙古人民出版社出版的《蒙古秘史》校勘本、王国维的《蒙鞑备录笺证》《黑鞑事略笺证》《圣武亲征录校注》《长春真人西游记注》、先师姚从吾教授的遗著《耶律楚材西游录足本校注》《张德辉岭北纪行足本校注》，还有清代以来学者对《元朝秘史》的校释考证等，不一而足。但要做的工作还有很多，如给《元史》作注，还缺少一部专著，这称得上是一件巨大的工程。据说从前王静安（国维）先生曾说："《元史》乃明初宋濂等人所修，体例初非不善，惟材料不甚完备耳。后来中外秘籍稍出，元代史料渐多，正可作一部元史补正，以辅《元史》行世，初不必另造一史以掩两著也。"及陈援庵（垣）先生更有为旧《元史》作注作补的创议，有云："凡主张改造《元史》者，必掊击旧《元史》，窃以为旧《元史》非可废也。旧《元史》修于明初，去元代未远，其中误谬虽多，而可据之材料亦复不少，今若删改旧文，别造新史，窃恐其所删改者未必能确当，吾以为不如为旧《元史》作注作补，以存其真。"因而提出"注者如裴松之之注《三国志》也，补者如褚少孙之补《史记》也"云云。岁月悠悠，迄无人接手。现闻南京大学历史系毅然有意为之，允为蒙元史学界一代盛事，望能有成。

此外，北京师范大学古籍研究所主持整理的《全元文》初稿业经刊布，甚望精益求精，博采各方面的意见和建议，臻于尽善尽美，可比《全唐文》的传世之作。至于《全元诗》，现在有人正在编纂之中。又《元典章》是一部大部头的非常重要的书，已故蒙元史专家亦邻真教授曾着手为之校注，惜未卒事，甚望有人续足成之。此外，《大元一统志》《析津志》均有辑佚本问世，还有一些其他元代典籍也有校注或点校本出版。

还有，碑刻是上乘的史料。传世的元碑本来不少，然斗转星移，人世沧桑，毁佚孔多。如《寰宇访碑录》所见元碑近千种，而有目无文，原碑及拓片，多已荡然无存，其余各书所录亦复如此。所幸在各种省志、县志等地方志书中，其金石一门，或是收有元碑的，有的已经《全元文》检出，近年各地还有不少新发现的元碑，不可听其湮没，也应当辑录传世。翁独健先生生前曾有编辑《元碑集成》的设想，如今翁先生已过世，我深信这工作总会有人来做的。

第二，近年来，关于少数民族文字文献的翻译整理受到党和政府的很大重视。有的已译成汉文版行，其中一些和蒙元史有关，是非常宝贵的，但因分散出版，不便收藏寻检。是否可以设想，将从少数民族文字译出的有关蒙元史的文献资料，集中分卷编为丛书，陆续出版，想来必会受到治蒙元史的同道们的欢迎。

第三，对外文文献的翻译，这包括史料和论著两个方面。在史料方面，尤其波斯文等有关文献最为重要。现在虽然有了《史集》《世界征服者史》等从俄、英文转译过来的本子，便于参考，可是我们仍然希望将来有从波斯文直译过来的本子。而且重要的波斯文史料并不限于《史集》和《世界征服者史》。过去西方学者对王国维有关匈奴、蒙古等史事的论著在给予基本肯定的同时，对他未能直接利用波斯文史料表示不胜惋惜之情。我们要争这口气，有人能直接利用波斯文史料当然最好，如果一时还办不到，不能不寄希望于有人把这些史料从波斯文翻译过来。

在论著方面，对东（主要是日本）西方学者有关蒙元史研究的重要成果，也应该适当译出。关于日本学者对蒙元史研究的成果，早年曾由陈捷、陈清泉将箭内亘《蒙古史研究》所收论文，分别以《蒙古史研究》《元代经略东北考》《元朝制度考》《元朝怯薛及斡耳朵考》《元朝蒙汉色目待遇考》《辽金糺军及金代兵制考》《兀良哈鞑靼考》为名，译出收入商务印书馆史地小丛书。近年中华书局出版的《日本学者研究中国史论集》各卷，其中也有些关于蒙元史的论文，余下当译者尚多。至于西方学者对蒙元史的研究，过去译出最多、贡献最大者当推冯承钧先生。他不仅把大部头的《多桑蒙古史》译出来，做了必要的注释，又把沙海昂注的《马可波罗行纪》也译了出来，更花费大量心血，把伯希和等人有关西域、南海的论著译出辑为《西域南海史地考证译丛》，共7编，其中有不少是关于蒙元史的，一向为学术界所推重。现在伯希和的名著《马可·波罗书注释》已经有人在翻译，尚未见出版。我们还希望诸如对伯希和有关东方学的其他论著，首先是蒙元史方面的论著，也能译出结集出版。

以上就是我对开展蒙元史研究的一点浅见。我们伟大的祖国是蒙元史的主体，应当力争使我国成为蒙元史研究的中心，跻于世界蒙元史研究的先进行列，以无愧于我们伟大的祖国，无愧于时代，无愧于历史。展望未来，信心百倍，我们是大有希望的。

范：先生多年从事教学工作，桃李满天下，愿听这方面的感悟。

方：我的职业是教学。自从研究院毕业，我一直从事教学工作，度过了40多个春秋。先在云南大学文史系任教一年，后转至昆明师范学院（今云南师范大学）历史系终老。严格说，我在研究院毕业前，已在西南联大师范学院文史地专修科上过课，后来还在昆明的好几所中学兼过课。回想起来，我教过的同学大概成千上万了。1987年退休，我还不服老，给4届硕士研究生上过课，讲蒙元史。历年来我教过的课很多，在大学，开过中国通史、中国古代中世纪史、辽金元史、蒙古史、元史、历史文选、中国史学史、史学概论、历史教学法；在中学，我教过国文、英语、历史。可以说，教书不但是我的职业，也是我的乐趣，所谓"得天下英才而教育之"，一乐也。我所教过的同学现在都已长大成人，成为社会栋梁。在他们中间，从省委书记到专家学者、各行各业的劳动模范、先进工作者，到处都有，这必须归功于中国共产党的培养造就。想到我曾经跟这些同学一起学习、成长，我也有幸尽了一点儿绵薄之力，像一支红色的蜡烛，为同学们在前进的道路上照明。我甘心做人梯，让同学们踏在我的肩膀上，攀登高峰，超越于我，至老不悔。我觉得我的生活很充实、很满足、很幸福、很自豪，可以说，我并没有虚度年华。我常讲，人如果有第二次生命，我将毫不迟疑地仍然选择教书这个行当，不离开三尺讲坛。倘问我的人生感悟，那就是八个大字：愿为红烛，甘做人梯。如此而已。

（原载于《中国民族研究年鉴》，民族出版社2003年版）

汪宁生教授访谈录

范祖锜（以下简称范）：尊敬的汪先生，您是我国著名的民族考古学家。40多年来，您在考古学领域或纠正古人之陈说，或冲破今人之误区，灼见屡出，新论迭生，成果丰赡，建树卓越。您的《云南考古》《沧源崖画的发现和研究》《铜鼓与南方民族》《民族考古学论集》《西南民族与历史文化》《文化人类学调查》等著作以及译著《事物的起源》，对中国民族考古学的学科建设和事业开拓做出了重要贡献。在学术上要取得成就，最根本的是学者本人必须具有百折不挠、锲而不舍的艰苦精神，具有坚实深厚的学术功底，此外也有不少前辈学者还得益于独自的家学渊源。不知先生在这方面情况如何？

汪宁生（以下简称汪）：我1930年出生于江苏省南京市，家父寿龄公供职于国民政府经部商标局，为一般职员，与学术相去甚远。我的少年时代适逢抗日军兴。家父随机关西迁，我随母亲回转原籍（江苏省灌云县板浦镇）故家。祖母吴太夫人率全家为避日寇辗转逃难于灌云县农村各地，备尝颠沛流离之苦。母亲许夫人（讳毓英）深知学问之重要，逃难途中仍亲自督课，令我习字读书。回转日寇占领下的县城，家人不愿让子弟入敌伪小学，我遂入私塾读书，塾师授古文，以《论语》《孟子》《古文观止》为教材，并开设英语等课程。今能沉潜中国古籍并稍涉猎英文书籍，实肇端于此。各位授业塾师之启蒙恩泽至今不敢忘却。抗战之中，由于生活困苦和缺医少药，妹沪生、弟建生夭折，全家10余人自祖母以下先后亡故7人。日本侵略战争给国家民族和个人家庭带来的灾难，在我心中留下了深深的印记。

范：如此说来，先生的前辈虽不治学，却知书达理，让你虽处于战乱中仍在中国优秀传统文化的熏陶下度过少年时代，为今后的治学之路初步奠定了根基。江南为我国传统文化积淀深厚之地，诗礼绵延，俊彦辈出。然而，先生故乡一非民族地区，二与少数民族相去甚远。先生如何走上"民族考古"之路？

汪：抗战胜利后，我在江苏丹阳高中部读书，1949年毕业，先在无锡农村工作，后在华东水利学院（今河海大学）任职员。1954年，被选调报考高等学校，考入北京大学历史系考古专业。北大远绍清儒考证之学，近接"五四"后以科学方法整理国学之传统。北大历史系尤为中国古史及考古史学界著名学者集中之地，专职教授有向达、邓广铭、张政烺、商鸿逵、齐思和、苏秉琦、阎文儒等名家，兼课教授有夏鼐、唐兰、聂崇岐等耆宿。大学5年，在诸位先生的教诲熏陶下，稍窥读书门径，略知治学之乐。1959年大学毕业，留校任助教。担任苏秉琦先生秦汉考古课辅导工作一学期后，突令考隋唐史研究生，有愤于个人于工作及专业毫无选择之自由，乃以"交白卷"方式表示无声抗议，时成为北大一大新闻。领导训斥、群众批判之后，分配至中央民族学院历史系工作。

1960年5月，我作为中央民族学院的教师，奉派参加由全国人大统一领导的云南民族调查组。这是我接触民族研究之始。此时，总感到学非所用，以不能从事考古工作为遗憾。虽然身在民族调查组，但研究考古学和中国古史的夙愿始终未曾泯灭，兴趣仍浓，时常翻阅有关书刊聊以自娱。有一次看到顾颉刚先生于抗战时期在昆明写成的《浪口村随笔》（不久就改名为《史林杂识》，由中华书局正式出版），心胸突然开朗起来。顾先生用藏族、白族招赘习俗证明古代赘婿实与奴隶无异；用傣族、苗族丢包习俗说明内地抛绣球择婿之风的由来；考证"披发左衽"，以蒙藏人民服饰作为实例；解释《老子》中"刍狗"一词，以喇嘛庙中酥油偶像作为比喻；主张"傻瓜"一词得名于"瓜州之戎"；"吹牛""拍马"为西北方言；以黄河、柳江上所见的连舟搭桥解释古代的"造舟为梁"；以四川、湖南民间住宅的天窗说明古代"中溜之制"；等等。我才知道原来边疆少数民族保存的文化习俗，甚至残留于内地偏僻地区的民俗学资料，到了顾先生手中都有用处，他能随手拈来，用以考证古代的问题。自己现在常年生活在少数民族之中，接触的"奇风异俗"更多，为什么不能用以研究考古学和中国古史问题呢？而且研究任何学问，贵在发现新的材料。记得读过傅斯年先生的一篇文章，大意是说一种学问若能扩张它研究的材料便进步，不能扩张便退步；还以打油诗一首，要求研究者"上穷碧落下黄泉，动手动脚找东西"。考古资料多是残缺的、零碎的，中国古史上有些长期聚讼的疑难问题也多由于"文献不足征"。假如能适当地运用民族学资料于考古学或古史领域，无异为这些学科扩张大量研究资料。

有了这番认识，我对民族调查便发生了浓厚的兴趣，不仅不再厌烦，而且乐此不疲。每当到一个民族之中，除完成领导布置的任务外，自己总要"种一点自留地"，搜集一些可能对研究考古学有用的资料。

用民族学资料研究考古学问题，道理明确，不等于就能顺利进行，真是"说时容易做时难"。经常是调查以后回到昆明提起笔来想写点儿什么，会发现有些问题当时没有询问，不知详情，无法下笔，后悔不及。最后只能就事论事，做一些简单的描述，即使联系考古学问题也是浮光掠影，未能深入，因为所获材料有限。现在看自己最早写的东西，总是不免脸红。原来民族调查有自己的一套方法，调查时应按科学程序办事，而我们民族调查组成员来自四面八方的不同专业，并未受到这方面严格训练。以我自己来说，在大学一年级上过原始社会史这门课，知道一些人类学普通知识，而对如何进行民族调查可说毫无所知。

范：民族学发展成为一门独立的学科虽然是19世纪的事，但它有着久远的历史渊源，有自己的学科体系、学科规范、学科方法。20世纪50年代，我们对这方面的认识确是颇有偏差。

汪：当时民族学（文化人类学）和社会学一起被划为"资产阶级伪科学"，中外民族学家、人类学家成为批判的对象。而"无产阶级的民族学"究竟是什么样子的呢？我们应如何进行调查呢？从无人做过指导。调查出发之前领导谆谆告诫的是"随时注意改造思想，结合中心工作，为政治服务，不要违反纪律"之类，要我们多读马列的书。恩格斯的《家庭、私有制和国家的起源》几乎是当时调查工作者的"圣经"，当时是人手一册的。但仅靠那本书就能顺利进行调查吗？记得当时也曾看过一份油印的调查提纲，不知是哪位专家或领导人拟定的，按生产力和生产关系、经济基础和上层建筑几个大问题列出调查项目。后来几千万字的调查资料，大多数按此格式而写，并非偶然，因为这是统一布置的结果。

按照这样的要求完成任务，写出一份调查报告，一点儿也不困难。因为没有人检查你的调查成果是否真实，是否真能"结合中心工作"。而要真能得到一些对研究考古学有用的东西，既无前人经验可以借鉴，又无现成的格式可以照搬，靠这样的野外调查是无法进行的。

生性好奇，既然过去的"资产阶级民族学家"也做过调查、写过书，那他们是如何进行调查的呢？适逢1963年和1964年上半年回到北京，中央民族学院当时几乎集中了中国民族研究领域的权威和著名学者——潘光旦、吴文藻、费孝通、林耀华、傅乐焕、闻宥、马学良等，得以不时请教，获益良多。更重要的是这段时间给我一个难得的读书机会，靠着中小学打下的英文基础借助字典，泛阅了国外人类学和民族学的名著原文，等于自学一年民族学基础课，补学了基础知识，特别是调查方法的基础知识。

这里要说明的是，虽然"资产阶级的人类学和民族学"遭受批判，这方面的书籍并未在中国大地上消失。当时如北大图书馆或北图收藏的这方面图书还能借阅。中央民族学院图书馆清规戒律较多，而且藏书较少。但上面说的一些老先生家中藏书还有保存，至少"文化大革命"前是如此。这里要特别感谢林耀华、傅乐焕、宋蜀华等先生，慷慨帮助，我常从他们书架上借走想看的书。傅乐焕先生还赠送我一本德人利普斯著的《事物的起源》，后来我把它翻译出版。林耀华先生借我的英国皇家人类学会编《人类学的询问和记录》一书，对我学会调查方法帮助尤大。读了这本书我才知道调查工作原来大有学问，我才知道剖析一个社会应该调查哪些方面、调查某一方面时又应询问哪些问题，原来前人早就准备好全面的具体的调查提纲；而且对如何选择报告人和训练翻译、如何询问、如何记录，都有一套方法，前人早就总结出许多有用的经验。即文字记录也绝不是仅靠一个书记本，而是应该根据情况使用不同的记录形式（谱牒、日记、表格……）。这本书一直放在身边，成为调查旅途中的伴侣，直到20世纪80年代从国外找到更新的版本才把它还给林先生。

说到改革开放以前在中国还可以看到西方人类学、民族学书刊，很多外国人表示不能相信。例如，美国人类学家顾定国先生在访问我时开始曾对此将信将疑，后来他才把这一点写入他的《中国人类学逸史》之中。当然在20世纪50年代到70年代，中国人能在市面上买到的民族学书籍只有从苏联翻译过来的充满政治术语、材料陈旧的几种，被称为"资产阶级民族学"的书刊在公私藏书架上网结尘封，少人问津。但任何有价值的东西总不会完全从世界上消失，而且任何时候偷吃禁果的人总是有的。

看了大批书刊之后，再回到田野之中，感到值得调查的问题实在太多，调查也变得容易起来，过去自己的调查简直是胡闹，浪费时间。掌握了正确的方法后，对过去调查过的问题重加调查，也会发现许多新的材料。

范：先生步入民族考古学领域，始于民族调查。应当说，民族调查是民族考古学的基本方法、基础训练和入门之途，在本学科的建设中占有重要的地位。

汪：的确如此。就整体而言，中国考古学尚处于初建阶段。要使这门学科得到发展，必须多做田野调查，多做专题研究，没有什么捷径好走。有些先生不做多少专题研究，只进行概念争论，写大块文章，无助于学科的建设。至于那些未曾从事民族调查者也把自己在民族地区进行的一般考古工作称为"民族考古"或"民族考古学"，这是对民族考古学的误解。民族调查是民族考古学必不可少的田野工作。我可以自豪地认为自己毕生都在田野工作中度过。从20世纪60年代初一直到90年代，除了"文化大革命"初期遭难的那几年之外，几乎没有哪一年没有做田野工作。有时一年至少有半年是在民族地区度过的。

范：20世纪六七十年代，国家贫穷落后，科学工作者的田野考察面临十分困难的局面，其间的甘苦坎坷恐非常人能揣度。今非昔比，二者殊异，愿听其详。

汪：在民族考古中，考古调查和发掘是一项艰苦工作，但比较起来，民族调查似乎更为艰苦，特别是在我做田野工作的时代。现在一些年轻人下去调查，出必专车，住必宾馆，餐有美食，日有补助，当年我们调查时的交通和生活条件，绝非他们所能想象。

先说交通。以云南为例，大概仅有部分县城可通汽车，从县城去乡村一般是无车可坐的，全凭双腿。由于老百姓家中缺少衣被，要深入基层必须自带行李，因此背着背包走路可说是当时调查者的常规交通方式。在有条件的地方能雇一头牛驮着行李，或随着马帮同行，给点儿零钱把行李加在马驮之上，就会有幸福之感。而若骑马，当时会被视为"老爷作风"，回单位必遭批判；而且西南地区尽是山路，时有堕骑之危；加之这里少数民族习惯是马背上并不置鞍，只放一条垫子或毯子，马的脊骨与你的尻骨相摩擦，远不如走路安心。随着马帮走路，食宿都交给"马锅头"安排，途中和他们一起在露天吃"罗锅饭"，晚上和他们一起住"马店"，听他们讲故事、说粗话，谈各地风土人情，一切不用自己操心，对调查者来说是轻松惬意之事。若不然，县里派一位翻译或干部相伴而行，途中有人谈话，不会有迷路之虞，在当时也算是一种"优待"。我最怕是一人独行，又要问路，又要自己解决食宿问题，一路都处于紧张状态；若遇险恶山路，无人援手，时有生命危险。有一次从巧家到会泽，便险遭不测。

（范注：汪先生《西南访古卅五年》中收录了1960年9月8日日记所载其事："8月30日搭货车去巧家，会见原副县长龙士林，了解彝族迁徙事，毫无所获。当时迄无客车与外地交通，想再找货车回会泽已不可得，留下又无事可干，不得已于4日晨循金沙江边山路步行。不意屡历险境，至今思之犹觉心悸。路宽不过丈余，上有沙石，且向外倾斜，稍一滑足便下坠江中。欲手攀崖壁，岩石久经风雨侵蚀应手而落。越走越怕，几至无法举步。险恶处手足并用爬行而过；或坐于路上两腿下悬，双手撑地而过。曾想爬上山顶另觅佳路，爬数十步即遇峭壁，退回原路时下望大江，更觉心惊胆战，深悔冒失。自思这样死去殊为不值，只有屏定呼吸，看准落脚点，确有把握再移步。如此行走两日，4日晚宿双河，5日抵蒙姑，宿小旅社，心跳极快，疲劳已极仍难入睡。蒙姑……为偏僻小镇，由于交通不便，完全保持原来面貌，风俗醇厚。白天去茶馆喝茶，众人见我狼狈不堪，精神委顿，前来问讯……有人请我晚上去家中吃饭，有人劝我多留几天慢慢想办法。还有人说，抗战期间一位外籍水利工程师为了勘测金沙江通航事，就在此路坠入江中。这使我毛骨悚然。"）

范：先生的经历惊心动魄，前辈学者在民族调查中克服千难万险，甚至做出了重大牺牲。中央民族学院一位同学就是在调查途中跌入怒江峡谷的，长眠在了民族地区的青山绿水间。

汪：前述巧家县为偏僻县城，自无班车与外界交通，而一些不算偏僻的地区也是如此，例如有一次从下关到永胜整整花了4天时间。现在从下关到永胜乘班车数小时可达，而当时竟走了4天时间。乘过汽车、马车、拖拉机、渡船几种交通工具，加上"11号车"（这是当时我们对走路的俗称），才到达目的地。即使有车可坐，不要认为是什么舒服之事。人各一座的公共汽车当时是奢侈之物，仅从省城出发的班车才保证有之。偏僻地区即使所谓定期班车实际上也不过是解放牌卡车一辆，并无座位。乘客蜂拥而上，各以自己行李放在四周背靠车板而坐，这便是舒服的"软席"。若未带行李，只有席地而坐。

（范注：汪先生《西南访古卅五年》中收录了1960年6月15日日记所载其事："由西昌到盐源，150公里竟走一天，夜深始达。此间客运仍用卡车，旅客以行李堆放四周为座位。司机之旁仅有之座，必须是当地重要官员或与司机有特殊关系人士才能占有。说及这一众所向往之座位，一位旅客大摆龙门阵：解放初期木里藏族土司去京开会，经盐源去西昌，也只能乘这样的卡车。为示优待，安排他坐于司机之旁，彼问明司机之职、身份，竟曰：'我如何能与此类人并排同坐，何不在司机头上再安一座优待我？这样才合规则。'众旅客大笑。"）

范：交通状况差自不待言，一路颠簸到目的地或驿站恐怕也难寻较好的解旅途劳顿的居所和可口的饭菜。

汪：做民族调查应该尽量接近调查对象，这是不言而喻的事。但不同国家、不同时代的调查者，包括居住、饮食在内的条件大不一样。像国外有些人类学家那样携带帐篷、吊床、睡袋甚至汽车房屋一套装备，可以住在调查者附近而又有自己的空间，对当时的我们来说，简直是天方夜谭。我们当时一般只能在小学、区乡政府，更多是老百姓的家中，打开自己的行李，使自己晚上有个安身之地。若在老百姓家中住宿，给你单独一个房间，或在火塘之旁与主人家的老人并榻，是很幸运的事。经常是与主人全家不分男女合住一室，床铺紧接。这并非出于怠慢，而是他们草屋之内不分隔房间，云南很多少数民族原来居住条件就是如此。睡在傣族的竹楼地板上清洁凉爽；尽管猪、牛、鸡就在楼下，气味难闻，但比起睡在有些民族的家中，这里可算"天堂"。有些偏僻地区的彝族，房屋只有一层，畜栏就在床铺之旁，在这样的地方即使住上一夜也会使你终生难忘。

（范注：汪先生《西南访古卅五年》中收录了1960年5月23日日记所载其事："连日所宿彝家，多为单层土房，顶覆木板为瓦，畜栏即在室内，相距床铺只有咫尺之遥。入夜则牛之鼻吸声、猪之哼呼声，清晰可闻，甚难入睡。忆前读《徐霞客游记》，提及曾宿彝家，亦是不分男女同居一室，一半养畜，一半居人。这种居住方式，300年来竟未稍有改变。"）

再说到饮食，我们并不奢望享受盛餐美食，但至少要求饱，保证基本营养，才有力气走路。但在60年代初的困难时期，几个月见不到油荤是常有的事。当时，成都已见供应紧张，著名的天府之国小吃店经常关门或"卖完"。由成都赴凉山沿途更觉困难，唯一不必排队抢购者只有面条。每天定量一斤粮票，可食面条5碗，唯辣椒太多，无法下咽，只能要求"免红"。面条上仅有的一点儿"哨子"亦被免去，入肚全为面粉别无营养，终日饥肠辘辘。

（范注：汪先生《西南访古卅五年》中收录了1962年10月14日日记所载另一事："晨起与（永胜县）兰遮村干部及群众告别，算清伙食费（每日一斤粮票3角钱）。陈××说：'你来天天喝菜汤，他鲁粑粑没尝一个，油茶没喝一碗，还要你钱，真对不起。'十几天来，确是一天两碗红糙米饭、一钵菜汤佐餐，有盐无油。"）

每天能吃上糙米饭还算幸运，旅途上吃不上饭的事也非罕见。我毕生最难忘的一餐是在四川省盐源县附近山区吃的。一天赶到一个农村干部办的伙食团，交了半斤粮票几角钱，坐等开饭。等候良久，一木桶饭抬了进来，有人为我盛上一碗，竟是带稻壳的米饭，吞咽一口，喉如刀割，花了很长时间才吃完这碗饭。至今想起，嗓子还有痛感。我至今弄不明白这是因为当时断炊太久来不及舂米，还是因为不去壳可以多吃一点。至少这绝不是当地固有饮食习俗，而是那个特殊年代的特殊食物。

不习惯的饮食，不能适应的生活习惯，语言不通，初到时不为当地居民所接受，不能开展工作，在异文化环境中产生的孤独和寂寞感等，都属于"文化冲撞"（文化震动）现象，是在世界各地调查的人类学和民族学家必然经历而又必须克服的困难。从事民族考古学的人何可幸免？但改革开放以前在中国搞民族调查还要加上由于物质条件匮乏带来的上述交通住宿和饮食方面的困难，这是今日青年学子无法想象的。

范：先生与前辈学者在令人难以想象的条件下坚持民族调查，为开创中国民族考古事业不畏艰险、披荆斩棘，令后生感叹不已、钦佩至深。是什么力量支撑您以"虽九死其犹未悔"的执着精神，在崎岖的民族考古道路上奋然前行？

汪：我也时常思考这一问题。是为名利吗？这类冷僻的研究工作，好不容易写出一点儿东西，究有几人阅读？能出多大的名？又能带来多大的利益？为了谋生吗？到了80年代初自己已在高等学校有了安定的工作，教书以外坐在家中随便做点儿研究，不必耗精费神，即可安稳度过后半生，何必还要千方百计争取一切机会下去调查？今日想来，支持毕生从事这项工作的主要动力就是兴趣，就是想将头脑中的疑问求得解答的愿望。当你调查有获，久思不得其解某个问题豁然冰释，或者发现一意想不到的新鲜材料，那份愉快和兴奋非语言所能形容。这时，调查中所受之苦便会一笔勾销。

范：在科学的道路上攀登而有所发现、有所发明，不仅能给科学家带来惊喜，更能造福人类，给人们带来喜悦和启迪。

1978年底，党的十一届三中全会拉开了中国改革开放的大幕，中华民族以自己博大的胸怀向全世界敞开大门。中国的学术界也打破了闭关自守、作茧自缚的状态。在这样的大背景下，先生走出国门，从1983年起，先在美国宾夕法尼亚大学人类学系访问一年，又在德国海德堡大学教授东方艺术史多年。此后，多次出国访问、讲学、参加学术讨论会、参观博物馆、考察，与世界上一些著名的考古研究机构和考古学家建立了联系，或通信，或互赠资料，或会面交流意见。在广泛的国际学术交流中，先生一定收获甚多？

汪：走出国门，使我结识了外国同行，例如美国的Carol Krammer、W. A. Longcre，英国的Ian Hodder，特别是美国亚利桑那大学的Longacre教授，我们一直保持着良好的联系。更重要的是，出国以后我才有机会接触大量民族考古资料，得以了解世界民族考古学的成就和研究方法，打开了自己的眼界，知道自己的不足。

原来西方的民族考古学作为新考古学的一部分，兴起于20世纪60年代，今已成为当代考古学不可分割的一部分，几乎每本考古学教科书都有专章讨论这一问题。各地专家还经常开会，交流意见。民族考古学的研究成果，使人们对狩猎采集阶段的远古人类社会生活有了较多的了解。在研究方面，他们很强调验证。在今天"活的社会"中看见考古发现中类似事物，不能就断定是一回事，可以记录搜集用作类比材料，最后结论尚有待于验证，即从考古资料本身找到足以支持自己看法的证据。

选择什么样的民族志资料，他们也讨论颇多。有人主张要从考古发现的同一地区民族志之中寻找类比材料，这称为"直接的历史方法"。有人主张可从同一地区的大量的民族志材料中归纳出普遍性的模式，这称为"普遍类比"。前者虽然具有更严密的逻辑性，但局限性很大。而后者之可行就在于最后总是要经过验证这一程序，不会流于强作比附、胡乱推测。从实际情况出发，我认为在中国从事民族考古学研究，应采取"普遍类比"的方法。因而在自己研究中越来越多从国外民族志中搜集类比材料，与此同时严格进行验证，为此自己曾提出"类比—假设—验证"三步骤的研究程序。

范：关于国外民族考古学的情况以及这门学科的方法，先生曾在《谈民族考古学》《二谈民族考古学》《三谈民族考古学》等文章中做过介绍。先生有着坚实的学术功底和多年民族调查的学术积淀，再加上走出国门，以海纳百川的胆识采撷世界学术之精华，确实使自己的研究步入全新境界。对比外国同行，我们有自己的优势，不必妄自菲薄；也不应盲目自持，看不到自身不足。您以为我国的民族考古学有何改进之处？

汪：与国外同行相比，我的民族考古学调查研究不足之处甚多。主要有以下两点：

第一，国外民族考古学是有计划有目的地进行的。例如，为了揭示远古社会某一阶段的全貌或解决考古学上一个重大问题，去一个相对应的"活的社会"做长期的调查研究。这样的调查研究在中国还不多见，我做的工作也多是"即兴的"，带有偶然的性质。当然，有时发现线索后也是经多次持续不断的调查才能取得成果，但与他们事先目标明确按计划有步骤的工作，不可同日而语。

第二，国外民族考古学注意的是社会和文化的深层次问题。根据考古发现的物质文化遗存，以"活的社会"为类比，探索非物质文化范畴的问题。而我多局限于物质文化本身。如对器物只满足于探索该器物用途、用法及制作方法，而很少透过遗物及其相关现象研究当时社会问题。当然，学习了国外同行的经验归国以后，在这方面也略有改进。例如，对于云南傣族制陶，开始只注意研究陶器制坯方法、烧制方法及器物用途等，后来，我根据已掌握的线索，拟定计划对更多村寨进行多次调查，结果发现了两种新的类型。对于制陶如何从手制转为轮制，如何区分制作者和使用者，如何判断陶器交换的分配途径，陶器的专业化和标准化，利用陶器研究族群识别及社会变迁问题，进行了新的探索。可是，这样的研究做得太少。现在脑中还蓄有不少很好的题目，再想有计划一个一个地继续进行研究，已感力不从心。尽管从事民族考古学的人应学习国外同行的研究方法和经验，应像鲁迅所说"多读外国人的书"，但仍可从中国古人治学精神中汲取营养。中国古代学者也并不都是从书本到书本，还是有人注意走出书斋、接触社会。在这方面做得最好的是明末清初学者顾炎武，他研究中国古代社会制度和历史、地理，却重视调查，到各地游历和调查时又不忘读书，他那"竹笈双驼万卷书"的故事，永远激励着我们。希望今日民族考古学者永远继承古代学者"读万卷书，行万里路"的精神！

范：我想，今天的民族考古学者和一切真正致力于中国学术事业的学者，一定会将这种"读万卷书，行万里路"的精神薪火相传，发扬光大。

（原载于《中国民族研究年鉴》，民族出版社2005年版）

杜玉亭先生访谈录

范祖锜（以下简称范）：尊敬的杜先生，在您风尘仆仆从西双版纳基诺山乡赶回之际，我就前来打扰，十分抱歉。

杜玉亭（以下简称杜）：欢迎来访。

范：近50年来，您一直坚持在基诺山做田野调查，而且常年在那里与基诺族同胞欢度年节。至今已过古稀之年，仍然坚持不辍，这在民族学界传为美谈，也为年轻一代的民族学研究者树立了表率。

杜：过奖了。其实，田野考察是民族学研究最基础的工作，尊重研究对象是民族学家最起码的态度，与各族群众融为一体是深入研究各民族最重要的途径。我之所以在几十年的民族研究中有所建树，正是得力于几十年持之以恒的田野考察。民族学界一些同人也是如此实践并获得成功的。

范：诚然，田野考察是民族研究的基本功；但是，您的确有很多一般民族学家未曾企及之处。例如，1991年2月8日，正值您56岁生日，基诺族乡党政领导和长老们举行传统仪式，正式吸纳您为基诺族的一员，并为您命名。这在中国民族学界实属罕见。

杜：基诺族同胞为我命名曰"诺杰"，"诺"是基诺族人，"杰"有"数、数数、记事、做事"之义，此名的含义是"善于记事、做事的基诺族人"。我非常看重这一荣誉，这是基诺族对我的有关研究的认同，也是他们对我的殷切期望。我决不辜负基诺族同胞的期望。

范：能被基诺族认同并吸纳为族体成员，确是一个民族学家莫大的荣誉。您作为一个来自齐鲁大地的革命烈士后代，与几千公里外、僻处中缅边境的基诺族形成如此亲密的关系，其间一定有着非同寻常的经历。能否先谈谈您的身世？

杜：我生于1935年1月29日（农历甲戌年十二月二十五日），家在鲁西茌平县的贫瘠农村，世代务农。日本侵略军的暴行我至今还存有幼年时的朦胧记忆。5岁时，父亲杜希程参加中共抗日地方武装被捕，在敌人的毒刑下坚贞不屈，拒不招供。后来日寇又将我祖父杜春阁抓去，他老人家与父亲一道共同怒斥敌寇。最后，两人被活埋于一坑，壮烈牺牲。此时，我的三弟玉海尚未出世，我们一家难以生存，母亲只好将我寄养于外祖父家，读至小学五年级辍学，返家务农。1947年我12岁时，在解放区"大参军"运动中报名参军，经历淮海、渡江、解放大西南三大战役。1951—1954年，在中共中央西南局秘书处工作。1954年考入云南大学历史系，1958年毕业分配到中国科学院民族研究所工作，1963年晋助理研究员。1975年，因"文化大革命"造成的家庭灾难调云南大学《思想战线》编辑部工作。1977年调云南大学历史研究所工作，1979年晋副研究员；1980年历史所归属新建的云南省社会科学院，1983年晋研究员。回首往昔我至今常常想起那些在战争中牺牲的同志。他们年轻、聪慧、英勇，却过早失去了生命，未享受到革命胜利的喜悦，未看到中华民族的伟大复兴和祖国的强大昌盛，也失去了为祖国发挥聪明才智的机会。先烈们的精神激励我生命不息、奋斗不止。1994年离休后，仍年复一年深入边疆民族地区调研，就有完成先烈未竟事业之愿。

范：先烈们强大的精神力量，为您的人生之路、治学之路带来了巨大的影响，奠定了坚实的根基，注入了不竭的动力。

杜：新中国成立后，在党和人民政府的关怀下，我这个农家子弟接受了高等教育。1958年8月，我从云南大学历史系毕业，被分配到中国科学院民族研究所，但未到北京报到，直接参加全国人大民族委员会组织的云南少数民族社会历史调查组（以下简称云南组）的工作，报到处是昆明翠湖东路12号。云南组的调研队伍曾达数百人，仅我所在的彝族组就曾有近百人，其中一半是中央民族学院和云南大学的师生，有相当一部分是云南省、地（州）、县的借调人员。更重要的是有从全国调集的专家学者，他们是：中央民族学院的林耀华、宋蜀华、刘尧汉、吴恒、朱宁、梁冠凡、官开甫、严汝娴、汪宁生、韩公仟、邹世恒、朱宝田、邵献书等先生，云南大学的方国瑜、杨堃、李埏、熊锡元、马忠民、徐文德、木芹、朱惠荣等先生，云南省文联的谭碧波先生，中国科学院民族研究所的詹承绪、王承权先生，北京大学的张传玺、李克珍先生，北京师范大学的杨钊先生，西北大学的马长寿先生，四川民族研究所的李绍明、肖远煜先生，贵州民族研究所的宓宪澄、张振东、陆思明、陆惠英等先生。

范：阵容如此强大的调研队伍，荟萃了当时云南民族研究领域之翘楚。听了这些至今令人耳熟能详的名字，我深深感叹当时行政动员力量以及学者们高度的组织纪律性和为祖国各民族自立、振兴而奋斗的献身精神。

杜：这是一种有着特定背景的大协作。当时正值"大跃进"时期，全国各行各业都掀起"跃进"高潮，各项事业超常规发展。为了实现"超英赶美"的目标，采取高度集中统一的体制，实行"全国一盘棋"，统一调配人力、物力、财力等资源，处处在发扬共产主义协作精神。民族学的田野调查也贯彻了大协作精神。数百人构成的云南组来自全国，又被分派到云南各地，却工作协调，井然有序，没有出现混乱。当然，作为经济社会领域中一种特定生产方式，群众运动大协作的大战钢铁、人民公社等方面，失误或负面影响显而易见；而作为人文研究领域中一种调查研究方式的大协作，众多专家学者和实际工作联合攻关，尽管由于当时指导思想而形成局限，仍然积累了数以亿字计的多民族人文资料，为当政者了解民情、制定政策提供了第一手材料，为以后的研究奠定了初步的基础。因此，人文领域中田野考察的大协作与经济社会领域的大协作不同，应以成绩为主。

范：您是革命烈士的后代，又毕业于云南最高学府，在当时的氛围中，应该肩负重担了吧？

杜：1960年1—4月，云南组彝族分组为编写《彝族简史》对四川凉山彝族奴隶制进行调查。30多位成员来自云南、四川、北京等地，其中有吾师杨堃、方国瑜等多位教授。但主持此次调查的领导并非资深学者，而是大学毕业不足两年的我。这在今日看来简直是荒唐可笑，在当时却被认为十分正常。原因有二：一是1957年反右、1958年破除资产阶级法权使人文学科的专家受到严重冲击；二是《彝族简史》作为"少数民族简史丛书"的一种，其领导方是我所在单位中国科学院民族研究所。我是具有多年党龄的中共党员。1958年至1962年是一段非常时期，体力劳动频繁，我年轻力壮，自当多挑重担，以免师长们过度辛劳；同时，政治运动不少，我亦尽力应付，"得过且过"，以集中精力编写好下属的彝族、白族、哈尼族、纳西族等四族简史。组内有两位先生在运动中被戴上不同的政治"帽子"，我作为组长待其如师友，还适时帮助其中一位摘掉"帽子"，故能成为忘年之交。至今与96岁高龄的王宏道教授回忆那一非常年代，依然充满激情、充满友谊、无限眷恋。在商潮冲淡人情的现今，那一段真情令人难以忘怀。

范：作为彝族分组的组长，您怎么与基诺族结下不解之缘？

杜：1958年，我踏上民族学研究之路后接受的头一项任务，是为编写《彝族简史》对基诺人进行民族识别。云南组的领导侯方岳同志（他是云南地下党的领导人之一，对民族政策与云南民族情况颇为了解，大家对他相当尊重）对此十分重视，行前对我谆谆告诫：多民族的云南存在多种社会形态，独有彝族同时存在奴隶制与农奴制、地主制，加上有很大可能是彝族一个支系的基诺人存在原始社会，那么，这一民族中就同时存在着完整的前资本主义社会诸形态；对基诺人进行民族调查，不仅可以使彝族历史大为丰富，更对中央某领导提出的写一部恩格斯《家庭、私有制和国家的起源》的"续编"大有好处。换言之，此行的成果有可能丰富马列经典，政治性不亚于学术性。当年11月7—23日，我对基诺人进行了第一次调查。在景洪主持《傣族简史》编写业务的领导人对此很重视，方国瑜教授强调基诺人识别对彝族史、傣族史乃至云南民族史的编写都有不可忽视的意义，林耀华教授则就民族识别方法与斯大林民族识别定义的重要性进行了指导。但多位领导听了我首次对基诺人识别的汇报（包括看了我写的书面材料）后，认为我在民族识别问题上缺乏倾向性意见，建议再进行第二次识别。

范：在政治压倒一切的年代，学术研究必须为政治服务。基诺族民族识别被提到惊人的高度，这对您这位初出茅庐的学子来说，是一个不小的难题。

杜：1958年11月26日至12月9日，我再次背起行囊登上基诺山，同行的有彝族老歌手金国富。因为领导们认为，基诺人接近彝族，彝族歌手可以作为语言习俗的参照者，所以请金国富同志参加调查。我们在"大跃进"的气氛中日夜投入调查。经两人反复研讨，由我写了题为《社会主义改造前后攸乐（基诺的音译异字）山的攸乐人》的报告，约3万字，分概况、基诺人的族源与族识问题、社会主义改造前的社会、社会主义改造后的状况、民族关系问题等5个部分。金国富写了《攸乐人与彝族二百个词汇对照》，认为攸乐人与彝族在最基本的词汇方面有一些相同，但多数词汇不同。我的报告照顾了领导的各种要求，用尽了当时学得的全部知识，但在基诺人的民族识别上终未得出一个肯定的意见。好在领导们理解我们的难处，师长们尊重我们在基诺人识别问题上实事求是的态度，听了我们第二次识别基诺人的汇报并看了上述资料后，仍给予诸多赞许与鼓励。

范： 方国瑜、林耀华等先生是治学严谨的大家，他们是最尊重事实的。他们深谙为学之道，对史料的搜集、考辨、整理、使用都十分审慎、精当。您在深入调查后，不对基诺人的民族识别轻率下结论，与前辈们的学风原是一脉相承的。他们对您赞许和鼓励应在情理之中，不足为奇。但在"大跃进"的氛围中，您的有些"忤逆"的行为得到前辈们的鼓励，这就难能可贵了，其间闪烁着两代学人的真知灼见和学者风骨。倘若当时按上级意图把基诺人识别为彝族的一个支系，那么祖国大家庭就应为"55个民族55朵花"而非"56个民族56朵花"了。

杜： 虽然未对基诺人的识别得出一个结论，但基诺人的文化特点给我留下难忘的印象。因此，对淳朴、勤劳、善良的基诺人的族属做出科学的判断，成为我的一个梦想。1958年后，我奉命对贵州彝族农奴制和川、滇之交的大小凉山奴隶制进行调研，集中精力写《彝族简史》，对基诺人的研究只得搁置一旁。

范： 您在云南、贵州、四川调研近6年，1964年回北京中国科学院民族研究所。之后参加"四清"运动，接着又遭遇"文化大革命"，您为基诺人"正名"的美好愿望难成现实。

杜： 是的，在那种万马齐喑的年代，创造性的研究停止了。然而，美梦虽难圆，此情绕心间。我坚信，总有一天要为基诺族同胞做成这事。粉碎"四人帮"后，机会终于到来。1977年，四川省民族研究所李绍明先生发起并邀请我编写《凉山彝族奴隶制社会》一书。当该书编写组来滇考察时，我即说明基诺人识别对凉山奴隶制研究具有重要学术价值，得到同行们的赞同。又在征得有关党政部门支持后，我们组成"基诺人民族识别组"，旋即开展工作。识别组由四川、云南及北京从事民族学、历史学、语言学、考古学、宗教学的20余位成员组成。经过调查研究，大家一致认为，基诺人具备了成为一个单一少数民族的条件。组内有多位语言学家（含彝族语言学家），基诺人的识别报告即由盖兴之先生执笔完成；达成共识后各位成员相继离开，留下我继续调研，待写出经基诺代表人物认同的最终报告后返昆。此报告完成于1977年12月3日，次年初报云南省民委。国务院发布公告确认基诺族为我国一个单一民族的时间是1979年6月6日。这样，历经20余年，"基诺人识别"这一未完成使命的遗憾终于得到弥补。

范：美好愿望变成现实，走过了漫长的历程。真是好事多磨！在这个过程中，要付出艰苦的劳动，要有百折不挠的执着追求，更要有坚持真理、创新学术的胆略。

杜：在民族识别上，还要有机遇。如无1958年派我识别基诺人，或即使有此事但没有1977年我应邀参加《凉山彝族奴隶制社会》编写组，该组到云南后又经有关方面支持成立"基诺人民族识别组"，那么，也就谈不上基诺人的识别问题。当然，除了民族识别以外，还有民族确认。前者是研究行为，后者是决策行为。民族识别由研究人员进行，民族确认是国家的决策，识别报告是否被认可、何时被认可，皆由国家定夺。

范：您和诸位专家在基诺人识别工作中，依据的依然是斯大林著名的民族定义，认为基诺人有自己的共同语言、共同居住地域，在经济与文化习俗上有一定的特点，也有自己的共同心理状态，具有了构成一个民族的条件。斯大林的民族定义在近些年屡遭驳难，您怎么看待？

杜：有关斯大林民族定义的驳难文章我有选择地研究过多篇，觉得其中不无道理。但据我的体验，其中突出民族认同意识的观点是难以付诸实践的。试想，如果仅突出民族认同意识一点，而不同时考虑其语言、地域、文化特点等因素，那么，不要说粉碎"四人帮"后的第二年，即使改革开放后的今天再去进行基诺人识别，我也不一定认为它具备了成为一个单一民族的条件，更不要说取得国家的确认了。如果把民族认同意识构成民族的观点变为政策，那么，单云南一个省就很可能有数十个族体迅速提出民族识别申报，届时请此论的创立者去实施，他也会难以措手足的。

范：对基诺人的民族识别奠定了基诺族研究的坚实基础，此后，您在这一研究领域取得丰硕成果，涉及基诺族经济、社会、历史、文化的方方面面。我拜读您的著作和文章，除了佩服您扎实的功底、严谨的学风、独到的见解以外，更佩服您对基诺族同胞的一往情深。您不只把自己的研究视为一项学术事业，更把基诺族的盛衰荣辱系于一心，力图通过自己的努力推动这一民族走向繁荣昌盛。

杜：基诺族被国家确认后，成为中国多民族大家庭中的第56个成员，在各级党和人民代表大会上有了自己的代表，社会经济方面有了长足发展。《基诺山区综合技术开发初见成效》（署名为西双版纳傣族自治州科委的"1985年云南科技工作会议交流材料之六"）、《基诺族教育事业的发展及其启示》（署名为云南教育编辑部的"云南省第三次民族教育工作会议经验材料之一"），是省级专业会议的两个典型材料。它们用具体事实说明，基诺族在被国家确认后的第7年，就从总体上摆脱了贫困，实现了中国特色社会主义现代化"三步走"战略的第一步目标——解决了温饱。1995年、1996年两年，我曾就基诺族的发展问题进行了两次追踪研究，用《中国小康标准》一书中农村小康的6个方面16项指标，对基诺族乡发展较快的巴漂自然村进行了量化评估，证明其已基本达标。类似巴漂的先进村全乡有6个，后进村有5个，中间村有34个。经与乡干部研究后认为，只要群策群力，因地制宜全面发展，基诺族乡是可以在2000年基本实现"三步走"战略的第二步——小康目标的。既然基诺族的发展成绩如此显著，传媒将其塑造为先进典型也是理所当然的。

范：现代化进程正在改变各民族贫穷落后的面貌，但是，也使民族文化面临严峻的挑战。民族学家们普遍认识到这一点。您在这方面十分敏锐地发现问题，又十分尖锐地提出问题，您大作中揭示的"市场商潮中的族籍迷失现象"振聋发聩，令人警醒，且对民族理论研究中的一些传统观点提出质疑。例如，学术界过去认为，"民族特征与民族共存，直至与国家、阶级一起消亡"，还认为"中国已在世界上实现了民族平等"。您对这些观点都提出了新的思考。

杜：族籍迷失现象（以下简称族籍迷失）源于市场商潮，已对现代中国民族学提出了一些新问题。如中国特色社会主义建设时期是各民族共同繁荣的时期，此说似被学术界一致认同，而族籍迷失无疑是对它的质疑。有人说，发展是各民族共同繁荣的必由之路，共同繁荣是最终目标，而族籍迷失则证明其不然，其实二者是两个不同的概念。"民族特征与民族共存，直至与国家、阶级一起消亡"，虽已成为学术界的一致观点，但族籍迷失亦证明此说欠妥。一些无文字、无历史辉煌的民族无抵制市场商潮的自我防卫机制，故其存在时间难以与国家一样长久；只有具备有效抵制或适应市场商潮的自我防卫机制的民族，其存在时间才有可能与国家一样长久。有人说，中国已首先在世界上实现了民族平等，这当然有其道理，但是，不说因发展差距扩大带来的不平等现象，族籍迷失亦可证明此说欠妥。其原因是，有的民族之所以不存在族籍迷失，在于其具有历史辉煌等诸多因素。无历史辉煌的民族在市场商潮下产生族籍迷失，这些民族的足以丰富中华民族文化宝库的传统文化也在流失，如不加以重视，那不仅是一种新的民族不平等现象，也将有损中华民族的整体利益。

范：过去研究基诺族时，您采用的是参与观察访谈法和综合比较研究法。这是民族学界常见的传统方法。当民族学研究进入新时期后，各族群众和干部对民族学工作者寄予厚望。为了不辱使命，学者们在方法论上进行了新的研究。您在这方面也是竭尽心力，上下求索。

杜：在20世纪80年代以前的民族研究中，我使用了参与观察访谈与综合比较研究两种方法，如上述1958年写的基诺族资料就属参与观察访谈法的产物。其特点是只做客观描述，即使在本无阶级的基诺族中划分阶级并进行阶级斗争，也是如实描述（这本是奉命完成的任务）。1977年，由我执笔的《基诺人民族识别报告》从总体上讲亦属参与观察访谈法的结果。1963年，《民族团结》第10期《攸乐人解放前的社会历史初探》，是我用综合比较研究法写的首篇基诺族论文。它提出基诺族社会属于原始农村公社的观点，其特点在于运用民族、历史、政治、经济等多学科知识对民族进行了综合比较研究，结果，它就实现了对1958年调查资料中有关基诺人阶级与阶级斗争的客观描述的超越。此文的观点至今为学术界所认同。但面对市场商潮中如何保护优良文化遗产的问题，以上两种方法都失去了灵光。其关键问题在于，这不仅是一种研究行为，更是一种决策行为。为此，我又探索了一种适度的决策参与方法。如：基诺族的地名、村名极具特色，但被历史上统治者的书面与口头语言所掩盖；恢复基诺族的地名、村名，这既是保护民族文化遗产问题，也是消除历史遗留下来的民族不平等问题。所以我赶在1983年全国地名标准化工作之前，写了专题调研报告，结果得到国家认可，使基诺族地名以法律形式颁行中外，成为基诺族文化遗产中的一块永久且完整的特色领域。又如，基诺族特懋克节的报告，亦曾与基诺族代表人物反复研究多年，终于被国家机关以法律形式认定。它在保护民族优良文化遗产中已发挥了重要作用。以上两例皆为适度决策参与法行之有效的明证。日下，我正运用此法，为保护基诺族的文化瑰宝而努力探索。

范：民族学研究领域中还有一个热门话题，这就是民族学本土化。自从20世纪初民族学被引入中国后，学者们就开始了民族学本土化的探索，并取得了进展。您的看法如何？

杜：民族学本土化在我国已有一段历史，大致可以划分为3个时期：第一个时期是1949年前的约40年。此间曾出现许多知名的民族学家，他们把西方民族学主要流派的观点介绍到中国，用以研究中国的问题，其著作至今仍有相当高的学术价值，是为中国民族学本土化的开拓时期。第二个时期是1949—1990年。其间的道路相当曲折，先是人类学科因具资产阶级性而被取消，民族学科却因苏联有设置而被保留。1957—1959年，曾请苏联专家来华讲学，是为马克思主义民族学；后因中苏论战专家撤走，则斥其为修正主义民族学，直至"文化大革命"开始它再受批判并与全国社会科学一起停止了正常活动。这一切都说明，此时的民族学科深受国际上两大阵营划分等大气候的影响。但即使如此，我仍认为不宜把此时民族学的学术活动与"大跃进"的极左之间画等号。因为从1958年开始实施历经30年完成的五套丛书计划，是中国民族学史上的一大创举，它已从总体上实现了对两大阵营划分与极左潮流的学术超越，所以此时应是非常年代的中国民族学本土化取得非凡发展的时期。1990年后，留学或国内培养的许多硕士、博士出现于中国民族学舞台，他们向人们介绍出于非常原因而被封闭多年的西方民族学的各种观点，在继承中国民族学前辈丰富经验的基础上，与先学们一道，研究中国民族学新问题，开始了中国民族学现代化的新时期，其前景不可限量。而就已经过去的中国民族学本土化的两个时期的总体言之，即使其间有种种缺点乃至错误，但仍可说是成绩卓著，应予充分肯定。更何况它的成就与缺点构成了中国民族学现代化时期的基础呢。

范：对待西方民族学理论存在不够科学的态度：或拒斥不受，或全盘吸收；或无端翻新，或食洋不化。这些都不利于中国民族学的发展。我们既要以博大的胸怀，吸收各国民族学家的思想精华，更要守住中国大地、中国民族这个根。

杜：在民族学本土化进程中，应该力戒偏颇，既研习西学的学理而又不视之为教条。以图腾为例，这是美洲一个印第安人部落的词汇，义为"他的亲族"，具象为一个氏族用之为名而禁止捕食的动植物。这一典型文化现象被人类学家揭示后，为世人广为认同，有关图腾的本土化著作在中国，1949年前已出版不止一本，至今又出版了多本，有关文章更是洋洋大观。图腾概念广泛使用于民族、宗教、历史、文学、民俗、考古等众多学科，似已成为中国各民族历史上普遍存在的文化形态。这足以说明，从西方引进的民族学观点对中国社会历史的影响是何等巨大，也证明中国的民族学本土化普及程度之高。但其不足之处是，忽略了中国一些原始民族乃至人口上百万的有文字民族中不存在图腾的事实。即使将基诺族无图腾的原因写一专文，亦可证明中国有关著述疏于利用本土资源完善图腾概念而专注于泛化印证的偏颇。再以社会形态研究为例，中国众多的民族为此提供了世所罕见的珍贵资料，引起了各国民族学家的浓厚兴趣和高度关注。

范：关于"五形态论"，您在苏联解体以前就提出修正此论的一家之言。您对原始公社制、奴隶制、农奴制进行考察、研究后认为："五形态论"的学理并非虚构；但是，云南的原始民族在汉文化影响下越过奴隶制跃入封建制，富于扩张性的凉山奴隶制迫使附近汉族封建制村庄向奴隶制倒退等事实，又证明"五形态论"难以包罗人类社会丰富多彩且复杂异常的多样性，所以它并非放之四海而皆准的客观真理；人类社会发展特征是宏观总体的规律性与微观多样性的对立统一。这看似否定了"五形态论"，实际上是中国学者对涉及人类命运的命题的参与式对话。

杜：20世纪50年代初存在于云南的永宁母系家庭、基诺族农村公社、凉山奴隶制、傣族农奴制、大理白族的汉式地主制与资本主义制，再加上1949年以后的新民主主义和中国特色社会主义，似乎为五种社会形态单线进化论提供了一幅生动的图景。但其实则不然，因为它们不是纵向的历时态，仅是一种横向的共时态。如果运用纵向历时态的视角，在任何民族中也找不到依五种社会形态一一演进的实例。更为罕见的是，50年代初的彝族中存在奴隶制，也存在农奴制，还存在着原始农村公社，而在曾被称为"云南王"的龙云（彝族）的故乡昭通则是汉式地主制与官僚资本主义制并存，即一个民族中同时并存着一条社会单线演进的系列，但其中的任何单个形态都是一种异变形态。这一罕见的社会文化现象在世界民族学诸流派的理论中皆难以得到阐释。为此，我在自己的著述中提出了这样一种观点：社会发展并非依五种形态逐一更替的单线式，也不是杂乱无章的多线式，而是由低级到高级发展的总趋势表现的宏观历史的规律性与丰富具体的多样化表现的微观历史的异变性的对立统一。这说明，中国民族学资源宝藏的开发，将有助于对人类社会文化法则的求索。这里我还想说一句令人不快的话，即有人对浩如烟海的中国民族学资源做各取所需式的裁割，编造了种种感人的"著作"，然而，其对中国古文献资源并无真知，更缺乏中国民族学田野工作的基础，而只求急功近利，故其人近似中国民族学宝贵资源的污染者，或中国民族学资源灾难的制造者。

范：尊敬的杜先生，在您的民族研究工作中，一方面，对基诺族、彝族、蒙古族等民族分别研究，探幽入微；另一方面，又对民族学学科建设进行宏观思考，高屋建瓴。一方面，对传统论题条分缕析，鞭辟入里；另一方面，又对现实问题倾注心力，屡出新见。特别是1983年3月您被任命为云南省社会科学院主持工作的副院长后，出于"在其位，谋其政"的使命感，全力以赴，组织全院同志在加强学科建设的基础上着力研究社会主义现代化建设中的重大理论问题和现实问题。您也调整自己的研究方向，转向研究云南的现代发展问题，为学者们带了好头。作为一个领导干部，围绕全国的中心工作开展研究，这是贯彻党的路线、方针、政策；作为一个民族学者，心系各民族的冷暖兴衰，是出于知识分子的良知。一旦确立了方向，您就锲而不舍，执着追求，凭着一股韧劲，开辟了云南民族现代化的研究路径，而且获得了具有开创意义的成果。

杜：被任命为云南省社会科学院主持工作的副院长以后，我集中精力设计了"云南少数民族前资本主义社会诸形态与社会主义现代化研究"课题上报，于当年4月8日被全国社科规划领导小组批准为国家社科重点项目。该研究成果集中于《云南多民族特色的社会主义现代化问题研究》（1986年）、《传统与发展》（1990年）两本书中。

范：此外还有几十篇论文，例如《西南发展战略的跳跃论符合历史发展规律》（1985年）、《云南后进民族历史跳跃性与社会主义初级阶段》、《脱胎差异与代差效应——云南少数民族社会主义初级阶段问题研究》（1988年）、《第三世界现象与中国特色社会主义》（1989年）、《要素嫁接——多民族云南现代发展的特点》（1993年）、《历史跳跃与生产力跳跃异同说——云南少数民族发展理论探讨》（1994年）、《立体多元差异——山区多民族元江县实现小康特点》（1996年）、《民族文化瑰宝识别》（1998年）、《社会主义二极战略说——多民族云南发展研究一得》（2000年）、《民族文化现代化变迁的两种类型》（2003年）、《原始酒文化的现代迷失性错位——兼论基诺族小康文明建设》（2004年）等。民族学与现代化这一重大课题在20世纪80年代初已引起前辈学者的关注，您是最早进入这一研究领域且成果丰硕的学者之一。20年后对这一研究做一回眸，深感其意义重大、影响深远。

杜：以上国家社科重点项目成果及论文的问世，都与1978年党的十一届三中全会密切相关，因为有了此会的以经济建设为中心取代了过去的以阶级斗争为纲，才有了研究多民族云南现代发展问题的可能。我首先对云南省情进行了全面研究，1984年提出了民族多、山区多、边疆国境线长的云南"三大"基本省情的理念，为学术界与社会广为认同，之后以不同形式被吸纳，为云南现代发展提供了理论支撑。其中提出的另一个重要概念或学理观点是云南多民族特色社会主义，它由脱胎差异、历史跳跃、代差效应、第三世界现象等多个小观点构成。其理论依据主要是多民族云南社会发展不平衡，20世纪50年代前尚存在原始村社制、奴隶制、农奴制、地主制等前资本主义社会诸形态。因此，它们与社会主义之间就存在跨越时代的历史跳跃，如原始公社与社会主义之间，就越过了奴隶制、封建制、资本主义制等3个历史时代等。既然它们与社会主义存在历史跳跃，它们的脱胎母体必然不同，这也就构成它们的脱胎差异。至于代差效应与第三世界现象，则说明具有脱胎差异的诸族实现历史跳跃的艰难过程。其中多篇文字的立论具有宏观特点，但它们又多以本人的微观调研成果为依据。如20世纪80年代初的农村家庭联产承包责任制在全国是一次生产力的大解放，但基诺族以父系大家庭组成的人民公社下属的生产队却与父系大家庭公社的生产力形式合拍，故实行包产到户后他们十分伤心，竟唱出"我们兄弟姊妹含着眼泪分别了"。又如《原始酒文化的现代迷失性错位》一文，是用基诺族实例说明现今嗜酒现象影响小康社会建设的严重性。从总体上来看，其中社会进化学理的宏观研究方法依然被我们所运用。即使在今天，无论学术界还是大众，对20世纪50年代前云南多民族中存在前资本主义社会诸形态并无异议。

1992年，邓小平南方谈话中指出"计划和市场都是经济手段"以后，就打破了20世纪初以来把计划经济与市场经济视为两种社会制度的禁忌，又是一次思想大解放，多民族云南的社会主义市场经济随之有了长足发展。2000年，超前实现小康的报道也随之出现，其中元江哈尼族彝族傣族自治县提前3年实现小康的计划引起我的特别关注。因为据我所知，这个山区县难以超前实现小康。经3次调研发现这里存在山坝、温差、城乡、民族分布等四元差异，山区与坝区、城镇与乡村以及民族之间的经济收入差距在1—4倍。这就是立体多元差异。这也是元江县的基本县情，由此决定了这个多民族山区县不但不能超前实现小康，而且不可能如期于2000年实现小康。这一研究已被事实证明。在这个县域发展研究的基础上，我又对全省的宏观发展进行了多年研究，证明立体多元差异也是现代云南的基本省情，它也直接影响着不同地区的发展速度，其根本原因还在于它连接着市场经济的利益、资源择优、平等竞争三原则。具有优势资源易于被市场自动配置并产生巨大规模经济效益者就可构成先进地区的基本要素，即市场先律区，反之则为后进地区或市场后律区。因此，立体多元差异与市场律差就构成当代云南的两大基本省情。它们带来不同地区的巨大发展差距原是一种必然现象。这一研究成果也已被多民族云南20多年发展的事实所证明。但其中一个难解的问题是，市场经济偏爱富资源区，不爱贫资源区，故多民族云南不同地区间的发展差距越来越大，富资源区不仅可以超前实现小康还可超前进入中等发达地区行列，贫资源区不仅难以实现小康甚至难以脱贫。既然市场经济规律不能解决贫资源区的脱贫问题，我就提出了社会主义二极战略概念：其中的一极是效益优先战略，也就是市场经济规律要求的发展中地区的战略；其另一极是本质优先战略，即社会主义共同富裕本质要求的战略，它属于绝对贫困的贫资源区，这些地区的脱贫乃至实现小康离不开国家的全面扶持。一些贫困县、乡至今难以脱贫的事实，也证明实施社会主义本质优先战略的必要。以上可谓我在多民族云南现代发展研究中的主要学术观点。

范：作为史学专业出身的学者，您从1962年发表文章至今，对中国传统史学的研究从未停止。其中多数属于专题或微观研究，也有一部分属于宏观研究。值得特地一说的是，其中有10余篇属于考据性文章，还有一本考据性专著，这说明您对乾嘉学派即考据学派有些偏爱。如在《元代罗罗斯史料辑考》一书中就曾拾遗补阙，对乾嘉学派史学考据大师钱大昕、魏源的个别失误进行了修正。对中国传统史学持之以恒的孜孜求索或可说明，您仍以中华文明作为立足的根本。这当中，您的几项研究曾在学术界乃至政界产生较大影响，例如关于中国封建社会个性问题的研究。

杜：1954年进入大学学得社会进化论，我就把它放到民族田野去检验，同时也用它研究中国古史的疑难。中国古史分期问题是20世纪争论最久但终于莫衷一是的难题，最终是通过高层决策形成如下主导观点：以春秋战国之交为界，以上接奴隶制，以下启封建制。此论对统一中小学教科书的观点大有好处，但却难以与世界历史相联结，并不科学，故本人写了《中国封建社会个性问题初论》（载于《云南社会科学》1986年第3期）。它从欧洲封建制、西双版纳封建制与中国汉族封建制的阶级构成、土地所有制、剥削方式、政权结构、城乡结构、精神文化特性、民族稳定性等8个方面，进行了系统比较，证明中国的封建地主制属于封建社会的高级阶段，欧洲与西双版纳傣族封建制属于封建社会的初级阶段；进而说明，在世界历史上封建社会初级阶段得到充分发展的实例相当多，而具有得天独厚的条件并得到充分发展的封建社会高级阶段的典型实例，只有中国的汉族。因它论据实在，自成一家之言，被《新华文摘》1986年第8期全文转载。

范：您的研究常常"发人之未见，言人之未及"。由于开掘深、意蕴厚，研究成果的影响往往超出本学科领域，产生了不曾预料的效果。您在元蒙史研究中就有过这样的经历。

杜：对现实与历史疑难的深切人文观照，是我治学的一种理念。在元蒙史研究中我注意到，西方学者近百年来倡导的一个观点是：泰族是忽必烈平大理国时大量南迁至泰国的，故云南就成了泰国的"故土"。此说既见于泰国的学校教科书，又在世界学术界广为流传。本人潜心元蒙史研究有年，更在云南傣族、蒙古族、白族、彝族等相关地区的调研中发现，此说纯属子虚乌有，故在《忽必烈平大理国是否引起泰族大量南迁》（载于《历史研究》1978年第2期）一文中，用大量确凿的史料说明，忽必烈平大理国并未引起泰族大量南迁，相反，还有不少史料证明此间的泰族是在北迁。此文发表后中外学术界反映良好，泰国前总理克立·巴莫亲王还据英译本将此文译成泰文，在曼谷《沙炎叻报》他主持的《擂台畔》专栏分3天连载，影响甚大。忽必烈平大理国引起泰族大量南迁论的传统观点由此而被打破。又如，云南省通海县白阁等5村蒙古族的特征因与20世纪中流行的"民族四特征论"不符，加上1956年中外专家联合考察后对他们属于蒙古族的观点未予认同，其族籍问题就成为疑案，故有媒体的"自认"之说。然而，我在研究元蒙史中发现了许多反证，又在20世纪60年代多次调研中发现了许多人文资料，加上山野跋涉中得到的许多宝贵考古资料，终于得出确定的结论。在《云南蒙古族简史》（作者杜玉亭、陈吕范，云南人民出版社1979年版）中，我们用丰富生动的资料证明，云南通海蒙古族是忽必烈平大理国后的遗裔，700年来虽远离蒙古草原，但他们仍在顽强、智慧地适应新环境中保持了蒙古族的基本特征。云南蒙古族存在的本身，就是云南最终统一于祖国的历史见证。这本小书问世后，为中外学术界广为认同，通海蒙古族与内蒙古自治区同胞间交往的大门也由此而打开。后来，云南地方政府还通过立法将本属通海县一个行政村级的5个蒙古族自然村破例升格为一个民族乡，显示了国家对云南蒙古族在完成祖国大一统中的业绩的尊重。

范：尊敬的杜先生，您的研究领域是十分广阔的，除了以上涉及者之外，还有中国西南土司制度研究、西方人类学理论与方法研究等。您继承先烈遗志的真诚心愿，您献身民族研究的执着追求，您敢于突破前人旧说的创新精神，您严谨的治学态度，您不畏艰苦长期深入实际的韧劲，都令后学者钦佩。您学汇中西的理论指向和博采众长的胸怀，似与中国的人文传统有一定渊源。

杜：我确有一种韧劲，为认同的一种中西学理不惜耗尽青春年华。如为"五形态"社会进化论的中国化曾投入30多年，为现代微观人文西学中国化的投入也有20多年，改革开放后为市场经济律云南化的投入又有20多年。即使1958年奉命进行基诺人民族识别因故未果，此后抓住一个特殊机遇于1979年圆梦，亦有20多年时光；而为基诺族人文宝藏的发掘与保护，虽历50个年头仍奋发不息。此中的甘苦多多，今日想来只有心知，难以言状。这就是学通中西的难处，也是它的可贵之处。至此，不禁令人发问：对自己50多年跨世纪的学路作何概括呢？窃想我一无家学渊源，二无史学根底与民族学、人类学专业知识，又何以能在社会历史大变迁的时代混了出来，没有误入歧途，反而在学贯中西间有点滴奉献呢？看来，其中"实"字，或"实事求是"，相当重要。"实事求是"一语首见于《汉书·刘德传》。1992年，邓小平说"实事求是是马克思主义的精髓"。可见这一千古名句是古代东方文明与现代西方文明巧妙汇通的典范，又是中华文明对世界文明的一种贡献。我50年学路的记述，有历年问世的铅字为证，近似中国传统文化中的考据史学。故可以心安理得地说，吾人尚未脱离本族的人文之根，而这正是做好中国特色人文社科研究的本源。

范："文章千古事，得失寸心知。"您的肺腑之言，能让人们把握住治学之道的精髓。

（原载于《中国民族研究年鉴》，民族出版社2006年版）

明王朝的民族政策与徐霞客的民族思想

　　徐霞客一生游历，足迹遍及祖国的名山大川。然而，其一生中最重要的经历，却是在他人生的最后3年。在过了"知天命"的岁月以后，他从51岁至54岁，先考察浙江、江西、湖南，又做一番准备后，最终开启了"万里遐征"的壮举，把旅游、考察的实践范围扩展到广西、贵州、云南，直至祖国极边的中缅交界附近。这些地区，多为少数民族聚居、杂居。其间，他踯躅于险山恶水之苦，也陶醉于奇山秀水之乐；他遭遇欺诈抢劫而知盗贼奸人之凶残贪婪，也屡蒙关爱帮助而知少数民族之淳朴善良；他从民生疾苦洞悉王朝末世的种种征兆，也从民族纠纷里揭示封建土司的桩桩劣迹。在与少数民族劳苦大众和各阶层人士长期广泛而深入的接触中，徐霞客形成了关于民族问题独特的思想。这些思想不是通过系统论证的方式，即搜集资料，采取一定的方法进行论证，最后立论，而是通过对历史事实、人物进行考察，对材料进行筛选，真实准确地做记录，最终透过严谨的文字表达自己的思想认识。徐霞客关于民族问题的思想，与传统的认识和明王朝的民族政策有着紧密的联系，但是曲折的人生经历和在民族地区的切身体验，使他突破了传统的樊篱，在民族地区考察的实践和《徐霞客游记》的写作中，常常闪现出思想的火花。

一

　　周秦以来，历代王朝的民族政策是根据封建统治阶级的民族观制定的，这种民族观以儒家思想为指导，浸透着民族歧视、民族压迫的思想。这种民族观，首先提出"夷夏有别"，其中既有民族区别的含义，更有民族歧视的指向。首先看"夏"的含义："夏，大也""大国曰夏""华夏谓中国也", 即认为夏族为大族, 华夏谓大国、中央之国, 而把少数民族称为"四夷"。《春秋公羊传》称《春秋》是"内其国而外诸夏, 内诸夏而外夷狄"。这种"内诸夏而外夷狄"的思想, 是孔夫子修《春秋》的主导思想, 也促使奉儒家为正统的历代封建统治者视汉族地区为文化之区、礼仪之邦, 视少数民族为落后野蛮、不懂礼仪之人。一些著名的政治家、思想家、学者甚至使用侮辱性语言对待少数民族。例如: 春秋时管仲说"戎狄豺狼, 不可厌也"(《左传·闵公元年》), 周定王说"夫戎狄……若禽兽也"(《国语·周语》), 汉元帝时贾捐之说"骆越之人……与禽兽无异"(《汉书》卷六十四下), 后汉班固说"夷狄之人贪而好利, 被发左衽, 人面兽心, 其与中国殊章服, 异习俗"(《汉书》卷九十四下), 宋哲宗时苏辙说"西戎……犬羊之群"(《国朝诸臣奏议》卷一百三十四)。一些开明君主如唐太宗, 为国家统一、社稷稳定的需要, 也宣传"华夷一家", 但也时有"戎狄人面兽心"之议(《资治通鉴》卷一百九十三)。总之, 封建王朝的民族观把少数民族视为野蛮人, 对他们的习俗、服饰十分鄙视, 对他们的人格、品行进行污辱。这种思想影响深远, 直至近代反抗清王朝的斗争中, 还有的革命者错误地称满族为"野番贱种"。

明朝的统治者因袭大汉族主义民族观。朱元璋在讨元檄文中说: "自古帝王临御天下, 皆中国居内以制夷狄, 夷狄居外以奉中国, 未闻夷狄居中国治天下者也。"(《明太祖实录》卷二十六)他是以儒家思想作为精神支撑、以奉正朔的架势向元朝统治者大张挞伐的, 大汉族主义思想充溢其间。大功告成、君临天下后, 朱元璋仍旧歧视少数民族。首先是对蒙古人的歧视, 认为"终宋之世, 神器弄于夷狄之手, 腥膻之风污浊九州, 遂使彝伦攸斁, 衣冠礼乐日就陵夷"(《明太祖实录》卷一百九十); 其次是对周边少数民族的歧视, 认为"三苗不仁……是以累世为良民患"(《明太祖实录》卷一百二十一)、"戎狄之祸中国, 其来久矣"(《明太祖实录》卷一百九十); 最后是把少数民族的风俗习惯、服饰语言视为另类, 在内地, "胡服、胡语、胡姓, 一切禁止"(《明太祖实录》卷三十)。同时, 为着国家统一、边疆稳定, 有利于巩固朱氏王朝的封建统治, 朱元璋及其后代对少数民族均采用军事征讨兼招降招抚的策略和以夷制夷的治理思想。在他们的思想中也出现了另外一面。朱元璋称："朕既为天下主，华夷无间，姓氏虽异，抚字如一"（《明太祖实录》卷五十三），"天下守土之臣，皆朝廷命吏，人民皆朝廷赤子"（《明史》卷三百十六）。他虽然在内地禁"胡服、胡语、胡姓"，但也冷静地指出，对少数民族应当"顺而抚之"（《明太祖实录》卷五十九）。

在明朝历代皇帝中，成祖朱棣算是一位在民族观上反传统的开明之君。他一反藐视少数民族、诬少数民族为"禽兽""豺狼"的观念，认为"人性之善，蛮夷与中国无异"（《明太宗实录》卷一百二十六）、"蛮夷虽顽犷，然亦有信义"（《明太宗实录》卷三十八）。虽然仍把少数民族称为"蛮夷"，但肯定了少数民族的善良和诚信，这无疑是难能可贵的真知灼见。有此认识，在用人时就敢于重用少数民族的人才。他对回族航海家郑和委以重任，使其创下"七下西洋"的惊人之举；又在军队中保留大量蒙古官兵，并让他们随驾亲征。有官员对此表示忧虑，成祖立即批驳。他以史为鉴，说"为君用人，但当明其贤否，何必分别彼此"，还说"汉武帝用金日磾，唐太宗用阿史那社尔，盖知其人之贤也。若玄宗宠任安禄山，致播迁之祸，正是不明知人；宋徽宗自是宠任小人，荒纵无度，以致夷狄之祸，岂因用夷狄之人致败？"（《明太宗实录》卷一百三十四）。历史事实证明，导致"播迁之祸""夷狄之祸"的原因，并非任用夷狄之人，而是"不明知人""宠任小人"，即用人失察之故。明朝统治者之所以提出"华夷一家"、一视同仁的思想和实行相应的政策，一个重要因素是汲取元朝的教训，其中最深刻的一点是残酷的民族歧视、民族压迫导致大规模农民起义和王朝的覆灭。另一个重要因素是少数民族占据着边疆辽阔的地域，各自拥有军事力量，明朝无力对其进行全面的军事讨伐，必须在很多地方采取施恩安抚、以夷制夷的策略。

民族歧视思想和民族压迫政策与"华夷一家"思想、怀柔安抚的政策，构成了明王朝民族观和民族政策的两个侧面。生活在明王朝统治下的徐霞客，自然深受影响。然而，徐霞客又是一位反传统的名士。他熟读经书，但不皓首穷经、走"学而优则仕"的道路；他从传统中汲取营养，但不囿于传统的偏见；他是朱明王朝的臣民，但却以犀利的目光洞悉这一王朝已危机四伏。特别是在亲历广西、贵州、云南等民族地区，接触了彝族、布依族、壮族、仡佬族、纳西族、白族、傣族、景颇族、回族等少数民族的先民之后，徐霞客对各民族的社会、经济、文化状况有了深入的观察和认识，对各民族的深重灾难有了切身感受。作为一个正直的知识分子，越是接近现实，就越能抛弃世俗的偏见，对事物做出符合实际的正确认识。徐霞客摒弃"夷夏有别""内诸夏而外夷狄"等观念，客观地记录少数民族的生产生活、居民服饰、宗教信仰、文化教育、性格品德，满怀同情地描述民族压迫、阶级压迫给各族人民带来的苦难。可以说，徐霞客是以一种平等的态度对待少数民族的。他的这种民族平等思想虽然与"华夷一家"之说有相通之处，但与明朝统治者出于巩固王朝政权之私利而提出此说，是截然不同的。徐霞客的思想是在实践中形成的，是真诚的，是无私利的。

二

徐霞客的民族平等思想，并非通过崇论宏议得以彰显，而是在对民族地区所见所闻、切身经历的真实记录中自然流露出来的。

祖国西南地区的少数民族，出于自然地理、社会历史等方面的原因，经济文化落后，社会形态原始，与中原汉族存在巨大差距。特别是云南，许多地方"山川多瘴疠，仕宦少生回"，被称为"瘴疠之区"，是朝廷流放罪臣之所，中原人士视为畏途，旅行者很少问津。徐霞客当然知道这些情况。他不同于常人之处就在于他的怀疑精神，对流传千百年的定见敢于质疑；在于他的探索精神，对西南这片蛮荒甚至凶险却又十分神秘的土地充满好奇，无限向往，不信邪，不惜"以命躯游"，以窥视世人未知的奥秘。待置身遥远西南的山川水土、亲临云贵秘境之后，他看到祖国的这一片大地虽有穷山恶水，但更多的是途中罕见的奇伟瑰丽之观和勤劳善良的各族人民。他爱这一片土地，深切同情各族人民的处境。他日夜兼程，忍饥耐寒，栉风沐雨，跋山涉水，进行了细致入微的考察，全面记录了西南民族地区的自然地理状况和社会历史风貌。在他的笔下：西南民族的山水不再是"不毛之地""瘴疠之区"，而是胜境迭出；人民根本不是统治者污蔑的"禽兽"，而是生活艰辛却乐于助人的憨厚朋友。细检《徐霞客游记》，全书62.8万字。其中，涉及少数民族的《粤西游记》（19.7万字）、《黔游日记》（3.2万字）、《滇游日记》（25万字），合计47.9万字，约占76%；而游中原和东部的黄山、庐山、恒山、武夷山、天台山、雁荡山等名山和著名江河湖泊的《名山游日记》（4.2万字），《闽游日记》（0.78万字），《浙游日记》（1万字），《江右游记》（3.5万字），合计9.48万字，约占15%。尽管存在部分游记遗失的因素，但仅从字数的比较就足见徐霞客对民族地区的重视。他用远远超过传统名山大川的篇幅来写民族地区，他以平等的态度对待这里的山水和民众，没有歧视，更没有污言秽语。

在游历中，他曾得到民族上层、宗教人士的帮助，也得到众多普通百姓的帮助。遇到大雨淋透衣物，山野间的百姓燃柴为其燎湿；旅途中饥肠辘辘，本已十分贫困的人们拿出仅有的粮食供其充饥；地形不熟或有迷津，热情的山民勇为向导。《滇游日记四》记载了这样一件事：崇祯十一年（1638年）十月二十五日，在从晋宁经昆阳返回省城昆明的途中，徐霞客专程游览了滇池西南岸的胜境石城。这一胜境位于彝族村寨里仁村附近，鲜为人知。但徐霞客在晋宁听友人提及，便执意探访。历经曲折，终于来到这天造地设的自然奇观中："石皆环城外郭，东面者巉屼森透，西面者穹覆壁立，南面则余之逾脊而下者，北面则有石窟曲折。若离若合间，一石坠空当关，下覆成门，而出入由之。围壑之中，底平而无水，可以结庐，是所谓石城也。"[①]在这附近，"桃树万株，被陇连壑，想其蒸霞焕彩时，令人笑武陵、天台为熠火矣"。徐霞客见石城万株桃树颇为惊叹，设想盛开时，若天章云锦、灿烂彩霞，令武陵桃花源和天台山的桃花不过像一束小小的火把。石城之奇之美，可见一斑。然而真正带他尽览石城秘境内外的，是当地的彝族平民。先"有牧童二人，引余循崖东转，复入一石队中，又得围崖一区"，后"复有一老伲伲披兽皮前来，引余相与攀跻"。这几位彝族老少，不仅带他在迷宫似的石城中入洞穴、出围崖、过洼地、攀险峰，"东眺海门"，"西俯洼地"，"复高南脊，转造西峰"，还教给他知识。在山崖旁的蜂巢面前，牧童向他讲述"以火熏蜂而

---

① 朱惠荣：《徐霞客游记校注》，云南人民出版社1985年版。以下引自该书的内容，不再标注。

取蜜，蜂已久去，今乃复成巢矣"的过程；在岩石缝隙旁，老人告诉他"此石隙土最宜茶，茶味迥出他处"。在这穷乡僻壤，一位来自"江南佳丽地"的汉族知识分子，与彝族底层的劳动者一道，攀缘于"阖辟曲折，层沓玲珑，幻化莫测，钟秀独异"的石城胜境中，这位知识分子毫无居高临下之态，而是怀抱极大兴趣，倾听普通劳动者的诉说。这是一幅何等自然、和谐的图画！这一闪现出民族平等思想的图画，在徐霞客西南考察的过程中多次出现。

徐霞客多次记录各族人民的生产和生活状况，对各族人民的艰辛给予了深切同情，对各族人民的苦难发出了愤怒呼号。在滇东北曲靖地区，彝族先民住在条件较差的山头上，生活十分艰苦，生活方式十分落后："茅舍低隘，牛畜杂处其中，皆所谓㑩㑩也。"那里的彝族茅舍低隘，人畜杂处。而在安宁温泉旁的山洞中所见的彝族，则更为艰难："其洞狭而深，洞门一柱中悬，界为二窍，有㑩㑩因发赤身，织草履于中，烟即其所炊也。"大理点苍山西坡石门的一位老人也为贫困所逼而居于石洞中："每日登山箍桶，晚负下山，鬻以为餐，亦不能夜宿洞间也。"这位老人以箍桶维持生计，晚上下山卖桶，竟然连山洞都回不了，实在可怜。同样是大理，在三塔寺的石户村，原有石工数十家，因为采石太辛苦，"人户具流徙已尽"。徐霞客闻之大为感叹："取石之役，不堪其累也。"

深重的苦难，极大地震撼着徐霞客的心灵；无私的支持，深深地感动了徐霞客。这样入脑入髓的体验，对徐霞客民族平等思想的形成，产生了决定性的影响。作为一个正直的、有良知的、德行高尚的知识分子，徐霞客同情和关心民族地区的贫苦百姓，热爱和关注民族地区的山水草木。他记录了百姓民生之艰辛，也记录了百姓的淳朴善良和乐善好施；描述了穷乡僻壤的荒凉，也刻画了奇山异水的壮丽。他确实是把民族地区的百姓和山水视为自己的好伙伴、好朋友、好兄弟。这种民族平等的思想，与明朝统治者"华夷一家"思想是不同的，前者是从实践中而来的真情实感的升华，而后者不过是出于维护王朝统治需要的一种策略和手腕。"华夷一家"民族观的产生与明初统治者的经历和明初的政治军事形势紧密相连。元朝近百年的统治猛烈冲击了传统大汉族主义，元朝的民族压迫和阶级压迫曾使明朝开国国君深受其害，元朝覆亡的巨变更昭示后世统治者必须正确处理民族关系。再加上明朝初年，北方的蒙古族和西北、西南、南方各少数民族上层不同程度地拥兵自重，明王朝无力四顾。因此，在军事征讨的同时，更多的是采取"怀之以恩，待之以礼"的招降和安抚，公开的旗号便是"华夷一家""一视同仁"。不言而喻，"华夷一家"与恩威并施是王朝的统治之术，而徐霞客的民族平等则是一介布衣的切身体验。这里有平民社会与官方政权的分野，更有知识分子与帝王大臣的区别。

三

在深入边疆民族地区考察的过程中，徐霞客接触了各民族的风俗习惯，结交了多民族的上层统治者和文化人士。他客观记录了民风民俗，没有贬抑之心和嘲讽之言；赞扬了他们的淳朴，绝无倨傲之态；当然，他更热心传播中原先进文化，真诚地帮助边疆各民族进步。他的这种思想，是否与明王朝的民族政策有联系？

的确，明王朝建立后，不仅在内地开设学校，也主张在民族地区开设儒学、提倡贡举、因俗而治，似乎是尊重少数民族、帮助少数民族发展文化。但是问题并非如此简单。"因俗而治"的落脚点是"治"，是"欲其率修善道，阴助王化"（《明太祖实录》卷二百二十六），是利用民间习俗以帮助王朝统治；提倡儒学，是要以封建理学教化、感化各民族，使之服膺于中原文化，特别是对民族上层，使之听命于朝廷。明太祖认为："边夷土官，皆世袭其职，鲜知礼义，治之则激，纵之则玩，不预教之，何由能化？其云南、四川边夷土官，皆设儒学，选其子孙弟侄之俊秀者以教之，使之知君臣、父子之义，而无悖礼争斗之事，亦安边之道也。"（《明太祖实录》卷二百三十九）据此思想，明代边疆民族地区纷纷开设儒学，"学校之盛，唐、宋以来所不及也"（《明史》卷六十九）。当然，在民族地区兴儒学的目的十分明确：从国家统一、政治稳定的大局考虑，是"安边"、保证王朝的安全、消弭民族间的争斗；从民族关系上看，站在大汉族主义立场，居高临下，以强者态势，同化弱者；从文化上看，根本看不起少数民族传统文化，而力图用强势文化挤压少数民族文化。

徐霞客自然受到儒家思想的影响，希望边疆民族人士接受中原文化以提高素质，但他与明王朝统治者的区别是，他平等地对待各族人民，也平等地对待各族文化。他传播中原先进文化，是为了使各族人民进步而非为"安边""阴助王化"。他客观地无歧视地记录少数民族传统文化，为人们了解、研究各民族提供了翔实、具体、生动的资料。他与民族地区的文化人真诚相处、心心相印，丝毫没有中原高士的架子。他尊重各少数民族的民风、民俗，充分展示了一位科学家平等待人的风范。对一个民族的尊重，核心是文化的尊重。徐霞客做到了这一点，也正是这一点，显示了明王朝推行封建文化与徐霞客传播中原文化的区别。他在西南地区游历期间，与少数民族上层人士、各民族知识分子建立了良好关系，留下了尊重少数民族传统、传播中原文化的佳话。其中，与纳西族木氏土司的文化神交，把汉族知识分子与少数民族的深情厚谊推到了极致。

云南纳西族早在明代以前就十分推崇汉文化，并广泛采撷相邻的藏族、白族等民族的文化精华，使这一僻处滇西北人口不多的民族成为一个文化发达、力量强大的民族。木氏土司作为纳西族的首领，被朝廷任命为知府，统治滇西北广大地区200多年；所传20余代土司，多数兼具文治武功，汉文化修养深厚。其中木公、木增两位土司，袭职前勤于学习汉文化，为日后的文化成就奠定坚实基础；袭职后更是热衷于接纳汉族及各民族的文人雅士，以文会友，吟诗酬唱，即使在戎马倥偬之际也未曾懈怠，终成杰出诗人。木公一生留下诗集7部、诗400多首，被收入《四库全书》《列朝诗集》，影响播及中原。木公之重孙木增绍续先辈遗风，留下诗文1000多篇，分别编入《云薖淡墨集》《啸月函》《山中逸趣集》等6部诗文集中。《四库全书·子集杂家》对《云薖淡墨集》做了提要介绍。木公在职期间，明代大学者杨慎因著名的"大礼仪"之争触怒嘉靖皇帝，遭廷杖后侥幸复苏，谪居云南。木公对杨慎的人品才学心向往之，探寻游踪，遣人问候，献诗求教。杨慎对木公有感遇之恩，且钦佩其为人，赞赏其诗作，欣然为木公选编诗集并为之作序。杨慎与木公的交往在汉族与少数民族文化交流史上写下了杰出篇章。徐霞客在杨慎逝世77年后抵达云南，比起杨慎谪居云南38年，徐霞客旅滇不足两年是短暂的，但他与木增的友谊在民族文化交流史上做出的贡献同样应镌刻于史册。

木增仰慕徐霞客已久，在得知徐霞客到达鸡足山后，派通事诚送请柬，又安排人在守卫严密的丘塘关亲自迎候。崇祯十二年正月二十九日，木增在丽江府官苑解脱林会见徐霞客，对其礼敬有加，两人品茗畅谈，十分投机，茶换了3次才散席。二月初一下午，木增在解脱林东堂设宴，以纳西族的最高礼仪盛情款待徐霞客。嗣后，木增把徐霞客奉为上宾，派大把事亲自照顾其日常生活，还赠送给他白银和各种贵重礼品；特别是虔诚地视徐霞客为师长，向其请教汉文化的诸多问题。从木增身上，徐霞客深切感受到云南少数民族的真诚、善良，感受到他们对中原文化的向往，感受到他们接受中原文化熏陶后的知书达理和极高素养。这些事实，对歧视、蔑视、轻视少数民族的封建传统思想无疑是最有力的批判。这种批判与徐霞客的反传统思想十分契合，也有助于深化他的民族平等思想。

木增与徐霞客思想的共同之处是二人对源远流长的中国传统文化的深刻理解。木增诚邀徐霞客到丽江，希望能从他身上获得中原文化之真谛，借以提高木氏家族乃至整个纳西族的文化素养和教化水平。徐霞客感佩木增的赤诚，更出于将中原文化传布至民族地区的信念，为木土司也为纳西族地区的文化发展做了一系列实事：1.对丽江大研古镇做了科学考察，准确地记录了古城的方位、居室、交通、河流，使人们透过字里行间得以窥探古城300多年前的风貌。2.对纳西族的风俗习惯、生活生产做了生动描述，为研究纳西族古代社会形态和历史变迁提供了生动的史料。3.应木增之请，为木增辑注《云薖淡墨集》6卷，点评《山中逸趣集》并为其作序跋；又遵木增之嘱，为其四子批阅文章，细为解析，促膝交谈，大大提高了这位"修皙清俊"执着于汉文化的纳西族青年知识分子的学术品位。4.由木增资助，在鸡足山苦攻3个月，修成第一部《鸡足山志》，为这座名山留下了宝贵的历史资料和修志的方法、思路、架构。5.促进中土佛教向民族地区传播。静闻和尚是徐霞客家乡江阴迎福寺的僧人，与徐霞客志同道合，二人同时开始西南"万里遐征"。静闻刺血写成一部《法华经》，愿供于鸡足山。湘江遇盗，静闻受伤，后殁于南宁崇善寺。徐霞客悲痛地火化了这位挚友，负其遗骸，千里迢迢来至鸡足山，将《法华经》供于木增捐资修建的悉檀寺内，葬静闻骨骸于寺前黑龙潭东二里，让这位江南僧人长眠于边疆民族地区的青山绿水间，也把中原宗教文化传到了边疆民族地区。

徐霞客旅游和科学考察的最重要的阶段是在西南民族地区度过的，他最重要的科学成就和最重要的著述是在西南民族地区完成的，他最辉煌的晚年是在西南民族地区闪射光芒的，历尽艰险后把他的重病之躯送归故里的也是西南民族同胞。他平等地对待受尽历代王朝欺压、凌辱的少数民族同胞，把他们视为朋友，真诚地为他们着想，为他们出力。与此同时，他获得了丰厚的回报。这不仅是指他学术上的成就，更指他获得了少数民族上层人士和普通民众的真挚友谊。

四

明王朝的民族政策，很重要的组成部分是继承历代封建王朝以夷制夷的思想，推行土司制度；后来土司制度引发社会矛盾，又采取改土归流的措施。

以夷制夷、因俗而治的思想渊源久远。先秦时期的统治者就主张"修其教而不易其俗，齐其政而不易其宜"（《礼记·王制》）。汉代实行"以其故俗治"（《汉书·食货志》）。唐朝在民族地区首创羁縻府州制度，授各民族首领以羁縻府州的都督、刺史等官，让他们继续按本民族的传统管理本地区事务，并且可以世袭。宋代承袭这一制度。元代在唐宋羁縻府州制度的基础上，又开创土司制度；在行省以下的民族地区既设路、府、州、县，又设宣慰司、宣抚司、招讨司、长官司、蛮夷长官司等，并任命当地民族首领为官吏。这些土官世守其土，世长其民，"土官病故，子侄兄弟袭之，无则妻承夫职"（《元史·仁宗本纪》）。

明朝发展和完善了元朝的土司制度。在平定民族地区后，保留元朝授予各民族首领的宣慰使、宣抚使、安抚使、招讨使等职，保留各民族传统的统治机构和制度。不仅如此，还在少数民族聚居地区设立土府、土州、土县，册封更多的土司和土官。应该说土司制度设立的初衷，是既将民族地区纳入国家统一的行政建制之中，有利于国家统一和领土完整，又不改变各民族的生活方式、风俗习惯、社会制度，既加强了中原王朝对边远民族地区的控制和扶持，也有利于各民族之间的联系、民族地区的发展和边防巩固。无疑，这是一项进步之举。然而，事物的发展常常违背开创者的心愿。随着经济社会发展和民族地区各种力量的消长变化，复杂的社会矛盾日益尖锐，土司制度的弊端日益凸显：各土司之间仇杀不断，内讧不止，导致民族地区社会动荡、经济凋敝。在土司制度下，百姓身受土司和朝廷的双重剥削压迫，苦不堪言，多次发动起义。这一切表明，明朝初年为招抚和安定边远民族地区而推行的土司制度已经完全背离了王朝的初衷，成为中央王朝控制民族地区的一道障碍和边疆局势混乱的重要原因。

徐霞客在民族地区考察，深入社会底层，对各族人民的生活和生产了解透彻，对他们的喜怒哀乐感受深切，对他们的种种苦难有着最直接的观察。其中，对土司制度给各族人民带来的灾难，徐霞客给予了深切的同情，对一些土司的罪行深恶痛绝。他一进入贵州，就了解到丰宁下司土司杨国贤使当地"地乱不能辖，民皆剽掠，三里之内，靡非贼窟"，"其叔杨云道，聚众其中为乱首，人莫敢入"。在贵州普定安庄卫，徐霞客从伍、徐二位门客处了解到，水西土司安邦彦叛乱，对当地造成巨大破坏，"此间为安邦彦所荼毒，残害独惨，人人恨不洗其穴"。普安州城中也是十分荒弊："茅舍离离，不复成行；东下为州署，门廊无一完者。皆安酋叛时，城破鞠为丘莽，至今未复也。"安氏土司是元明时期贵州境内两大土司之一的水西土司。安邦彦于天启二年（1622年）谋反，先后攻陷安顺、平坝、沾益，又参与围困贵阳10个月，并围攻普安州一年后破之。崇祯元年（1628年），朝廷调朱燮元总督贵州、云南、四川军务以平息叛乱，"邦彦乱七年而诛"。安邦彦死后，其继任者安位继续为乱。《明史·朱燮元传》记载："时寇乱久，里井萧条，贵阳民不及五百家。"可见安氏谋乱对贵州危害之深重。徐霞客于崇祯十一年（1638年）三月来到贵州，距离诛安邦彦不足10年，这一带仍然形势紧张。朝廷为对付安氏仍在交通要道布设兵力。然而王朝末世，国事日蹙，"添设虽多，而势不尊矣"。徐霞客也无可奈何。

崇祯十一年五月进入云南后，徐霞客更耳闻目睹了土司鱼肉百姓、横行一方的劣行。在《随笔二则》中，他根据自己搜集的材料，厘清了阿迷土司普名胜之乱的来龙去脉。在《滇游日记》中，多次记录土司叛乱的恶果。在广西府（今云南泸西县）一带考察时，徐霞客目睹此地"昔亦有村落，自普与诸彝出没莫禁，民皆避去，遂成荒径"。又听人说："师宗南四十里，寂无一人，皆因普乱，民不安居。"普名胜叛乱造成的城乡凋敝，可见一斑。老百姓亦饱受苦难煎熬："自广西郡城外，皆普氏所慑服。即城北诸村，小民稍温饱，辄坐派其赀以供，如违，即全家掳掠而去。故小民宁流离四方，不敢一鸣之有司，以有司不能保其命，而普之生杀立见也。"土司彪悍霸道，百姓性命难保，只得背井离乡，颠沛流落异域。徐霞客透过耳闻目睹的事实，看清了土司的本质："土司糜烂人民，乃其本性"。这一认识，比起对现象的平铺直叙，比起一般的感慨呼吁，显出高超的洞察力和抽象能力。不掌握土司糜烂人民的大量事实，不进行深入的理性思考，不具备揭露问题实质的胆识，就不可能得出如此深刻的结论。徐霞客不止于同情少数民族的苦难，呼喊"诸彝种之苦于土司糜烂，真是痛心疾首"，更揭露其丑恶本质。这正是他过人之处。

徐霞客民族思想的闪光点，还在于他立足于中华民族整体利益、张扬爱国主义精神。爱国主义既是对自己祖国的一种最深厚的感情，也是民族大义的集中和升华。爱国主义不仅表现为抵御外侮、抗击侵略，也表现为反对民族分裂割据，维护祖国强大统一；不仅表现为对祖国山河、家乡土地的爱恋，也表现为对祖国前途、民族命运的关切。徐霞客游历赞颂祖国河山，眷恋热爱故乡山水，关切忧虑苍生百姓，是爱国心的表现；对待土司割据叛乱的态度，更是他爱国主义的展示。土司割据、叛乱，给国家统一强大、边疆稳定带来的危害是严重的。普名胜叛乱使"自临安以东、广西以南，不复知有明官矣"，这是对国家统一的威胁；使云南通往广西的三条道路"今皆阻塞"，"既宦辙之不敢入，亦商旅之莫能从"，这是对经济交流、政令畅达、社会安定的威胁；糜烂人民，"紊及朝廷之封疆"，这就更是对领土完整的威胁。徐霞客对土司罪行的揭露，似乎是站在朝廷的立场上说话。对此，应做具体分析。诚然，封建朝廷是代表封建地主阶级的国家政权，但在两千多年的封建社会中，它又是整个中国的代表。站在朝廷立场上说话，如果是站在封建地主阶级的立场特别是站在君主的立场上说话那是为着维护统治阶级的利益；如果是以朝廷的名义，为国家统一和人民安宁而呼吁，为反对民族分裂和地方割据而呼吁，这是正义的，是以中华民族大义为重的爱国主义。在阶级矛盾尖锐时，站在镇压人民的封建立场上说话，阻碍历史进步，是反动的；在民族矛盾或是统一与分裂矛盾尖锐时，朝廷抗御外侮、荡平割据势力、制止民族分裂，此时站在朝廷的立场上说话则是进步的，是符合历史发展需要的。徐霞客对西南地区一些土司危害社会、分裂祖国、阻碍民族进步的叛乱割据行为表现出极大愤慨，表现了他在民族问题上的清醒认识，他把爱国主义这一民族大义视为最重要的民族利益。在滇西邻近边境地区的考察中，他的爱国主义表现得更为直接。他对考察材料进行整理，写成《近腾诸彝说略》。此文在分析了毗邻缅甸的腾越边境形势和土司设置状况后，提出巩固边疆的对策。他指出腾越为"滇西藩屏"，地位重要；他提醒朝廷，"数十年频为缅患"，形势十分严峻；指出"目今瓦酋枭悍称雄，诸彝悉听号召，倘经略失驭，其造乱者，尤有甚于昔也，为腾计者慎之"，朝廷应抓住"瓦酋"这一关键谨慎对待，方能消解外患。他最后希望朝廷能"重其责以弭变"，最终能"于腾少安"。

徐霞客对滇西边患的考察和议论均较为简略，但他对边疆形势和土酋为患却有清醒的认识，守土卫国之策切中要害，爱国忧民之心令人动容。徐霞客就是这样一位热爱边疆各族人民，维护中华民族根本利益的杰出知识分子。他的民族思想在中国古代优秀民族思想中应占有一席之地。

（原载于《徐霞客研究》2018年第35辑）

关于民族形成问题讨论撮述

民族的起源和形成问题，是马克思主义民族理论的一个重要问题。我国学术界讨论这一问题，是由1954年"汉民族形成问题"的争论而引起的。当时，范文澜同志在《历史研究》发表了题为《自秦汉起中国成为统一国家的原因》的文章，提出了汉民族形成的问题。范老认为秦汉时代的汉族已具备了形成民族的四个条件，汉族是在独特的社会条件下形成的独特民族。范老的文章在我国学术界引起了强烈的反响，有的同志提出了不同的观点。这次讨论的虽然是汉民族形成问题，但它涉及的范围并不限于汉族的形成，而涉及全世界一切民族的形成问题，引起了许多国家学术界的重视。

1962年初，北京举行了一次关于民族译名统一问题的讨论会，对马列主义关于民族形成的理论再次做了探讨。1963年到1964年，云南《学术研究》曾对这一问题展开热烈的讨论。1981年以来，《云南社会科学》又陆续发表杜玉亭、牙含章、杨堃等同志的文章和通信，进一步探讨民族形成问题。这里，我们将讨论的情况撮述如下：

一、关于古代民族

一种意见认为，根据马列主义经典作家关于民族形成问题的理论，民族是资本主义上升时代的产物，古代绝不可能形成民族。熊锡元在《民族形成问题探讨》（云南《学术研究》1964年第2期）一文中根据马克思、恩格斯的《共产党宣言》和列宁的《什么是"人民之友"以及他们如何攻击社会民主主义者》的有关论述，得出两个基本认识：第一，民族是资本主义兴起时代的产物和表现。这是经典作家的共同见解、一贯的论点，经过多年发展，具有严整的科学性。第二，经典作家很少直接论述经济发展落后的民族的形成，但是，无论马、恩、列、斯，都没有把自己对民族形成问题的论述限制在特定的社会范围之内，或者说过只适用于欧洲而不适用于其他国家，斯大林更没有说过他的关于民族一词的定义只适用于资产阶级民族。熊锡元认为：在封建分割状态下，人们还没有形成民族；只有当原先各自独立的各个地区在经济上和政治上结成一个整体时，才产生了民族。它是资本主义兴起后的产物，是资本主义把生产资料集中后所带来的政治集中。资本主义开始出现的时期，封建分割状态才告消失，民族才开始形成。

另一种意见不同意这样的理解。文传洋在《不能否定古代民族》（云南《学术研究》1964年第5期）一文中提出，"古代民族是决不能否定的。古代民族的存在，乃是一个历史事实"。他指出，古代民族是人类经过了漫长的原始社会以后，随着社会分裂为阶级而形成的。现代民族则是资本主义上升时代的产物。只承认现代民族而不承认古代民族是片面的。马克思主义经典作家早就对古代民族形成的一般过程和具体道路做过原则的指示和明确的说明。文传洋认为，部落联盟是形成民族的第一步，而促使部落联盟发展成民族的决定因素，是随着部落联盟内部私有财产的产生而来的部落联盟之间不可调和的物质利益冲突。他引证了马克思和恩格斯在《德意志意识形态》中的论述："在古代，每一个民族都由于物质关系和物质利益（如各个部落的敌视等等）而团结在一起，并且由于生产力太低，每个人不是做奴隶，就是拥有奴隶，等等，因此，隶属于某个民族成了人'最自然的利益'。"马克思和恩格斯不但论证了古代民族形成的原因，而且提出了古代民族形成的基本原理：氏族—部落—部落联盟—民族。这就是古代民族形成的具体过程。而从人类社会发展的总的进程来看，没有民族（原始社会）—民族的形成和发展（阶级社会）—民族的消亡（共产主义社会的高级阶段）。这就是民族发展的始末。

杨堃在《关于民族和民族共同体的几个问题》（云南《学术研究》1964年第1期）一文中，论述了民族和民族共同体的区别。他提出，这里所说的民族，是指斯大林在《马克思主义和民族问题》与《民族问题和列宁主义》两文内所说的民族而言。这种民族也叫现代民族，共包括资产阶级民族和社会主义民族两种不同的类型。而民族共同体，即是习惯用法上所说的广义的民族。这种广义的民族包括代表4种类型和4个不同发展阶段的民族，那便是氏族、部落、部族和民族。现代民族的4个特征对于古代民族是否适用？杨堃认为，既适用又不适用。所谓适用，就是古代民族和现代民族都基本上具备了民族的4个特征；所谓不适用，就是古代民族和现代民族的性质和表现形式是根本不同的。杨堃在《略论有关民族的几个问题》（《云南社会科学》1982年第3期）一文中，重申了这些观点。

二、关于民族与部族的译名

1962年初，在北京举行了关于民族译名统一问题的讨论会，《人民日报》于1962年6月14日刊登了题为《"民族"一词的译名统一问题的讨论》的报道。参加座谈会的许多同志以经典著作中的材料说明，马克思和恩格斯认为民族最初是由部落发展成的，民族在资本主义以前早就存在。对于处在资本主义以前各个历史发展阶段的民族，马克思和恩格斯根据他们不同的经济生活，分别称之为"狩猎民族""游牧民族""农业民族""商业民族"等等。对于已经进入资本主义的各民族，在马克思和恩格斯的著作中，一般称之为"文明民族"，列宁和斯大林一般称之为"现代民族"。后来，斯大林又根据十月革命以后的新情况，把"现代民族"又区分为"资产阶级民族"和"社会主义民族"。参加座谈会的同志们还谈到，在毛泽东同志的所有著作里面，在我们党的历史文献当中，对于我国少数民族从来都是称为"民族"，并没有把民主改革以前还处在前资本主义历史发展阶段的少数民族称为"部族"。因此，为了忠实于原著的精神并照顾汉文的特点，马克思主义经典著作中的"民族"一词的译名应该统一起来，可以统一使用"民族"这一译名，消除"民族"与"部族"并存的不统一的情况。

这次会议以后，讨论民族译名统一问题的文章主要有：章鲁的《关于"民族"一词的使用和翻译情况》（《人民日报》1962年6月14日），林耀华的《关于"民族"一词的使用和译名的问题》（《历史研究》1963年第2期），杨堃的《关于民族和民族共同体的几个问题》（云南《学术研究》1964年第1期），浩帆的《关于"民族形成问题"的一些意见》（云南《学术研究》1964年第3期），岑家梧、蔡仲淑的《关于民族形成问题的一些意见》（云南《学术研究》1964年第4期）。

林耀华、岑家梧、蔡仲淑认为，古代民族与现代民族虽然有联系，但也有区别。如果在翻译上把它们简单地统一起来，就不能体现它们之间既有区别又有联系的关系了。在引用经典著作时，为了忠实于原文，仍应保留部族的译名。杨堃也赞成使用部族一词。最近，他重申了这一主张："我认为，最好的办法，还是恢复部族这一译名……说明：部族是民族学上的专门术语，是指原始民族（氏族和部落）之后的奴隶社会和封建社会的民族。"①

三、关于民族形成的上限

20世纪60年代，对这一问题进行讨论的文章主要有：章鲁的《民族的起源和形成问题》（《人民日报》1962年9月4日）、方德昭的《关于民族和民族形成问题的一些意见》（云南《学术研究》1963年第7期）、牙含章的《致方德昭同志》和方德昭的《复牙含章同志》（云南《学术研究》1963年第11期）、施正一的《论原始民族》（云南《学术研究》1964年第1期）、浩帆的《关于"民族形成问题"的一些意见》（云南《学术研究》1964年第3期）以及文传洋的《不能否定古代民族》（云南《学术研究》1964年第5期）。

牙含章、施正一、浩帆认为，根据恩格斯在《自然辩证法》和《家庭、私有制和国家的起源》两书中提出的从部落发展成了民族的原理，在原始社会就已经形成了民族，恩格斯说的"蒙昧民族""野蛮民族"就是原始社会的民族。牙含章认为，由部落发展成为民族，这是世界上一般民族形成的规律，也是一切古代民族形成的规律。他指出，马克思主义关于民族的起源和形成的理论，包括了两个方面的含义：一个方面是"从部落发展成为民族"的理论，它是从人类社会历史发展的总的角度来说的，它指的是一般民族的起源和形成问题。这一理论既适用于古代社会的所有民族，也适用于今天还存在的若干古老民族。另一个方面是从原有民族中分

① 杨堃：《略论有关民族的几个问题》，载《云南社会科学》1982年第3期。

化出一部分人口而形成新的民族的理论。这一理论适用于在阶级社会中形成的新的民族，特别是适用于近几百年期间形成的新的民族。这两个方面的理论构成了马克思主义关于民族起源和形成问题的完整的学说。牙含章还认为，氏族和部落是以血缘关系为纽带而结成的，民族则是以地缘关系为基础而产生的，这是氏族部落和民族在本质上的不同。而根据恩格斯的论点，至迟在原始社会的"蒙昧时代"的高级阶段，就已经开始产生了由部落发展而形成的民族（蒙昧民族）。施正一指出：马克思在《资本论》和《资本主义生产以前各形态》中都提到了处于原始社会发展阶段的民族；恩格斯在《家庭、私有制和国家的起源》中，当论述到"血缘家庭"问题时，也曾提到"最蒙昧的民族""处在野蛮低级阶段的民族"和"野蛮中级阶段……游牧民族"等。很明显，这些都不是已经进入了文明阶段即阶级社会发展阶段的民族，而是处于原始社会发展阶段的民族。列宁、斯大林虽然没有专门谈到这个问题，但是，他们从来也没有否认原始民族的存在。施正一认为，原始民族是历史上最早形成的民族，这种民族是由部落经过部落联盟发展成的，它是在原始社会发展阶段内形成的，而不是在阶级社会产生和确定以后才出现的。

方德昭则认为，民族形成于原始社会末期、阶级社会初期，古代民族也具备了现代民族的4个特征。他不同意只有资产阶级民族才具有共同经济生活的看法，也不同意原始社会就已形成民族的观点。文传洋也同意原始社会没有形成民族的论点。他认为，恩格斯所说的从部落发展成了民族，是说只有在地缘关系代替了血缘关系、国家机器代替了部落制度以后，才形成了民族，而不是说血缘关系和部落制度还在社会生活中起支配作用的时候就已经形成了民族。他还认为，恩格斯在《自然辩证法》和《家庭、私有制和国家的起源》两书中所说的"从部落发展成了民族"的"民族"，与"蒙昧民族"和"野蛮民族"的含义有所不同。"蒙昧民族""野蛮民族"有"蒙昧人""野蛮人"的意思，是指原始社会的人们共同体；"从部落发展成了民族"的"民族"，是指阶级社会的民族。民族是阶级社会的产物。

《云南社会科学》1981年第2期发表了杜玉亭的《基诺族族源问题试探——兼论族源和民族形成的上限》，第4期发表了牙含章的《关于民族形成的上限问题的两封来信》；1982年第4期又发表了杜玉亭的《就民族形成的上限问题答牙含章同志》，对民族形成的上限问题重新展开讨论。杜、牙二同志都同意，民族形成的上限应该上溯到原始社会的蒙昧时代。但是，杜玉亭主张民族形成于氏族部落时代，其产生的基础是血缘关系；牙含章主张民族是由部落发展而成的，其基础是地缘关系。杜玉亭以基诺族的实例为证，说明民族定义四要素产生于氏族部落时代，得出了"氏族部落的血缘关系恰恰是民族的原生土壤"的结论。牙含章认为，杜玉亭"把'氏族部落'与'民族'实际上等同起来了，这是不符合马克思和恩格斯的基本观点的"。杜玉亭则认为，在民族形成问题上，马克思、恩格斯并未形成系统、完整的观点，他自己的看法虽"是与马克思、恩格斯的某些具体观点不同的"，但"却不属于同马恩的基本观点不符的问题"。他简要回顾了我国学术界20世纪50年代关于汉民族形成问题的讨论和60年代关于民族形成问题的讨论，认为从具有数千年文明的汉族是否形成民族的争论，到确认中国的处在原始社会的少数民族都已形成民族的过程，也就是首先认识到马列著作中关于民族形成于资本主义上升时期的论断，然后又发现原始社会已出现蒙昧民族的过程。同时，他认为这一事实本身就是马克思主义著作中在民族形成时代问题上并未形成系统完整的科学定论的明证。因为马克思主义关于民族形成时代的伸缩度数以万年计，其中许多问题尚需进行认真探索，所以，有关这一课题不同观点之争的学术性质是很自然的，提出"民族形成于氏族部落时代"，亦应属于学术问题的范畴，并非"不符合马克思和恩格斯的基本观点"。

杜玉亭认为，民族形成于氏族部落时代说是符合马列的有关论述的。因为，根据恩格斯的有关论述，只有在蒙昧时代和野蛮时代交替的时期，对偶家庭才开始取代蒙昧时代特有的群婚制。由此，作为人类历史伟大变革之一的氏族制度才得以确立。因而，蒙昧民族与氏族制度应是同时产生的。

对牙含章关于民族的基础是地缘关系而氏族部落的基础是血缘关系，二者本质不同的观点，杜玉亭提出了自己的分析，认为这是与牙含章所持的蒙昧民族说相矛盾的。因为，马列著作中关于氏族部落血缘关系的本质讲得十分明白，相当系统完整。既然承认在蒙昧时代高级阶段产生了以氏族部落为标志的蒙昧民族，那这个蒙昧民族必然是以血缘关系为基础，而不能是以地缘关系为基础的。

关于民族形成的问题，在我国从事民族理论研究的同志中存在各种不同的看法。《云南社会科学》准备就这一问题继续发表文章，通过百家争鸣，进行深入探讨。

（原载于《云南社会科学》1982年第5期）

近年来汉民族研究述要

汉族是中国人口最多的民族，也是世界上人口最多的民族。长期以来，学术界忽视了对汉族的研究。在民族学研究中，汉民族未被给予应有的地位；在民族史研究中，汉民族史的研究常常被湮没在通史和断代史的研究之中。20世纪50年代，范文澜先生发表《试论中国自秦汉时代成为统一国家的原因》一文，引发了汉民族形成问题的讨论，曾使汉民族研究出现了一个小高潮。此后30多年，汉民族研究一直十分沉寂。当国内汉民族研究踟蹰不前之时，国外的一些汉学家却乐此不疲。苏联著名民族学家克留科夫（汉名刘克甫）教授的专著《汉族亲属制》，特别是他与其他学者合著的鸿篇巨制8卷本的《汉民族史》（已出版5卷），在国际民族学界颇具影响。进入80年代以后，中国学术界意识到汉民族研究落后的状况必须改变，费孝通、林耀华、秋浦、陈永龄等著名学者纷纷发出加强汉民族研究的呼吁。1987年6月，首次汉民族研究学术讨论会在广西南宁召开，揭开了我国汉民族研究新的一页。1989年3月，国际汉民族研究学术讨论会在广东省汕头市举行，来自苏联、美国、日本、澳大利亚、联邦德国、印尼、新加坡等国以及北京、上海、云南、四川、辽宁、湖北、湖南、福建、广西、广东和港澳台地区等地的学者出席了会议。1992年11月，学者们第3次在云南省昆明市举办国际汉民族学术讨论会。汉民族研究重新出现加强的趋势。目前的研究，已不像50年代局限于历史学领域，而是扩展到哲学、人类学、民族学、社会学、心理学等领域。其中，汉民族的起源和发展，汉民族与少数民族的关系，特别是汉民族社会历史文化与中国现代化的关系等问题，成为学者们关注的热点。现将近年来汉民族研究涉及的内容述要如下。

一、汉民族研究的重要意义

汉民族研究之所以被忽视，原因是多方面的。一种观念认为，研究汉族的机构遍布全国，研究范围涉及文、史、哲、经诸领域，不必再进行重复性的劳动。这就忽视了一个基本事实：从全国来讲，没有一个从民族学角度研究汉族的机构或学会。再从历史原因来看，为加速各民族的经济发展和社会进步，集中比较多的人力和物力来调查研究少数民族是十分必要和及时的，即使在今后相当长的时期内也应如此。但这绝不意味着可以忽视对汉民族的研究。学者们指出：不应把中国等同于汉族，以对中国问题的研究代替汉民族研究；不应把各学科的研究等同于汉民族研究，以前者代替后者；不应把少数民族研究等同于民族学研究，把汉民族研究排斥在民族学研究之外。

关于汉民族研究的意义，有的学者指出：1. 汉族作为我国人口最多的民族，对汉族自身的凝聚力和稳定性的研究，具有无比重要的价值。2. 研究汉民族现代生活中残存的旧社会形态的沉淀及其在现代生活中的作用，提出可行的对策，对推进社会主义现代化建设是十分必要的。3. 历史上汉族与少数民族关系的主流是互相依存、互相渗透、互相学习、共同奋斗、共同前进，研究这种互相渗透、互相学习的具体内容，对于理解和确立"汉族离不开少数民族，少数民族离不开汉族"的思想，加强民族团结，具有重大的理论和现实意义。4. 汉族是一个古老而又年轻的民族。古老在于其悠久的历史和文化，年轻在于其朝气蓬勃的活力。回顾历史的轨迹，凡是处于开放型时期，豁达大度，兼容并蓄，新血液、新动力、新引力不断促进汉族跃向新高度；凡是处于封闭型时期，闭关锁国、夜郎自大，必然使汉族陷入迟滞之境而不能自拔。探索汉族发展的规律，对今天坚持改革开放政策是大有裨益的。

探讨民族发展规律迫切需要开展对汉民族的研究。有的学者指出：中国社会是探讨民族发展规律的极为宝贵的民族学园地，为了研究民族发展规律，必须对处于不同社会历史阶段的民族都进行研究；如果把汉民族研究排斥在外，必然增加研究民族发展规律的难度，其结论也自然会失于臆断和偏颇。费孝通先生以自己的切身经验向人们提出忠告："在民族地区做社会调查不应当只调查少数民族，因为在民族地区的汉族常常对这地区的发展起着重要的作用。……要研究民族地区的社会也不能不注意研究当地的民族关系，特别是与汉族的关系。希望今后做民族研究的人能考虑我的这种体会。"

从建立有中国特色的马克思主义民族学理论体系的需要来看，也必须加强对汉民族的研究。有的同志指出，马克思主义民族学的研究对象包括各种类型、各种性质的民族。我们迫切需要建立有中国特色的马克思主义民族学理论体系。这一体系只能建立在对包括汉族在内的各民族的科学研究基础之上。只有对国内各民族进行系统的、整体的研究，才能从中抽象出共同性的东西。确立中国民族学理论的框架，缺少了对汉民族的研究，中国民族学的理论绝不会是科学的、完整的理论。面对改革开放、建设有中国特色社会主义的新形势，加强汉族问题研究，对弘扬中华优秀传统文化、振奋民族精神、加强民族团结、促进社会主义现代化建设，更具有新的特殊意义。

二、汉民族的起源和形成

关于汉民族的起源，国外学者曾提出多种假说，有巴比伦说、埃及说、黑海说、土耳其说、蒙古说等多种，多为一孔之见，甚显偏颇。我国学者认为，汉民族起源于中国本土。对于具体来源，主要有两种观点：1. 两个主源、三个支源。持这一观点的学者认为，炎黄和东夷两个集团是汉民族的主源，苗蛮、百越和戎狄三个集团是汉民族的支源。夏民族是炎黄部落联盟中黄帝部落的后裔，周民族则与留在渭水流域的黄帝部落和炎帝部落有族源关系，东夷集团的蚩尤部和帝俊部在夏末形成商民族，商民族是华夏民族的重要组成部分。此外，戎狄和南方的苗蛮、百越集团，也是从黄帝之时至春秋战国乃至魏晋南北朝时期源源不断加入汉民族体系之中的。2. 一个来源。持这种观点的学者认为，夏族或华夏族形成于我国原始社会向阶级社会过渡的"五帝"时期，夏朝的建立可以作为它形成的标志，也是名称的来源。夏族或华夏族经过商周时期得到发展壮大，后由于汉朝的存在而又逐渐改称汉族。在持一个来源观点的学者中，有人认为华夏族源于华胥氏，历来对夏族研究得多，并公认夏乃华夏人及其嫡裔汉人的祖先，却很少对华夏族的始祖华胥氏做研究。华胥氏起源于甘青高原，其子孙除一部分留居甘青高原和向西北、西南迁徙外，主要一支则沿黄河东迁至黄河中下游肥沃的平原和丘陵地带。有的华胥氏人演变为东夷的一支，但大部分则成为炎黄族系。到春秋时，中原地区的东夷人融入炎黄族系，于是华夏族主体基本形成。

关于汉民族的形成，有的学者提出，汉民族经历了夏、商、周、楚、越等族从部落到民族的发展过程，又经历了夏、商、周、楚、越等族及部分蛮、夷、戎、狄融合成华夏民族的阶段，最后形成于汉代。这3个复杂而又漫长的历史阶段，可谓汉族形成的三部曲。有的学者对欧洲民族过程和汉民族过程进行了比较研究，指出二者呈现两幅不同的图像。汉民族过程的特点是内聚力大、吸附力强，中国地域上各古代民族始终以他为中心，向心发展，大聚合、小分散。而欧洲民族过程的特点是内聚力小、离心力大，由一个中心变为多中心，放射形向外发展，大分化、小聚合。如果把古代各民族比为层层白雪，古罗马像一个巨人，曾想把欧洲原野上的积雪团成一个雪球，然而，当雪球还没有捏紧时巨人就已衰老无力了。而秦汉时形成的结实雪球——汉民族，带着特有的吸附力和内聚力在神州大地雪原上翻滚，越滚越大。

两种不同的特点，有很多问题值得深入探究。有的学者提出了两个引人注意的问题：1.对汉文字的看法。如果把汉文字对汉民族过程所起的作用和拼音文字对欧洲民族过程所起的作用相比较就会发现，它在促成汉民族的内聚力和延续性方面以及在为汉民族吸收新鲜血液增添汉民族生命力方面的巨大功绩。2.关于资本主义对民族过程的影响问题。长期以来，资本主义被看作一种促进民族结合的力量。然而，在我们把欧洲民族过程与汉民族过程加以对比后就会认识到，上述看法是一种仅从局部出发的微观看法。如果我们通过对欧洲民族过程的分析，能够确定上升时期的资本主义具有一种大分化、小聚合的作用，那么我们是否可以考虑，汉民族之所以内聚力如此之强，之所以在漫长的历史过程中保持稳定、没有分化，正是因为中国社会长期保持了封建一统而没有受到资本主义的强大冲击呢？

三、汉民族的传统文化与现代化建设

现代化作为世界性的潮流，影响着各民族的历史进程。能否应对现代化的挑战，决定着民族的兴衰存亡。汉民族要走向现代化，就必须正确地对待传统文化，弘扬优秀传统文化，剖析传统文化中的消极内容并吸取历史的教训，在现代化的实践基础上形成新的民族文化。有的学者分析了汉民族传统文化中对中国现代化建设的有利因素和不利因素。

有利因素是：1.自强不息的精神。"天行健，君子以自强不息"（《周易》），是对汉民族艰苦奋斗、坚韧不拔、百折不挠、勇往直前、不甘落后的精神的概括和总结，是几千年来汉民族进步、发展的精神动力。自强不息精神是我国现代化建设中进行社会动员的宝贵文化遗产。2.厚德载物、兼容并包的胸怀。"地势坤，君子以厚德载物"（《周易》），汉民族在文化选择方面，往往采取兼容并包的开放精神。在多种文化交汇之际，汉民族能够求同存异、吐故纳新，使自己具有很强的吸纳接受能力、自我更新能力和改造创新能力。这就使汉民族传统文化丰富多彩、气象万千，始终保持勃勃生机。进行现代化建设的今天，尤其需要具备兼容并包的宏大气魄。3.中庸之道。中庸思想是孔子提出的，主张一切言行要不偏不倚、守常不变。中庸之道陶冶了汉民族的性格，表现为宽容博大的胸怀、豁达乐观的人生态度。在政治方面，中庸之道成为一种调节社会矛盾使之达到中和状态的高级治国方法。在文化多元、文化多流的情况下，中庸之道提倡吸收各种文化营养，从而进行创新，对于人类文明的发展有重大意义。所以毛泽东对中庸之道做了这样的评价："孔子的中庸观念""是孔子的一大发现、一大功绩，是哲学的重要范畴，值得很好地解释一番"。[①]持中庸之道，就是既要反对全盘西化，又要反对拒绝学习西方先进科学技术和管理方法的僵化态度。4.爱国主义精神。汉民族的爱国主义精神在中国历史上留下了无数动人心魄的壮伟史诗，至今激励着人们为祖国的富强和民族的振兴而奋斗。中国的现代化建设需要稳定、团结、统一的国内环境，爱国主义精神正是维系稳定、团结、统一的巨大力量。

---

① 中共中央文献研究室：《毛泽东书信选集》，人民出版社1983年版，第143页。

不利于现代化建设的因素是：1. 轻视教育导致的教育危机正在阻碍中国现代化的实现。不重视教育似乎是汉民族的新问题。因为汉民族历史上有"尊师重教""师道尊严"等传统，汉民族新近形成的轻视教育的问题，不可避免地使汉民族出现了民族危机。如果不重视教育，让教育危机继续严重下去，高楼大厦林立的城市将变为文化沙漠。2. 疯狂的吃喝风在破坏中国的现代化。在汉民族的传统文化中，饮食文化特别发达、历史悠久，吃喝风盛行恐怕也是"世界第一"。这是汉民族传统文化中的糟粕。这种奢侈享乐之风腐蚀着党和人民政府健康的肌体，破坏了党、人民政府同人民的关系，耗费了国家的财力、物力，对现代化建设形成巨大的危害。除上述两方面以外，还有的学者认为，儒家思想中轻视生产劳动、轻视商品经济、忽视科学技术、忽视生产力的发展等观念，是现代化建设的严重阻碍，必须辨风正俗，肃清不良影响。

有的学者探讨了现代化进程中正在发生变化的汉民族的心理素质。他们认为，现代化这一概念，不仅包含着物质社会的转变，在社会心理学研究视野中，现代化则更多地被视为一种心理状态、价值观念和思想体系的转变过程。因为现代化不但是一种经济制度和政治制度的形式，还是一种精神现象和心理状态。它本身反映着物质社会现代化的程度，又对物质社会的现代化起推动作用。实行改革开放的14年来，汉民族的心理素质得到一次洗礼之后，开始正视奔涌而来的现代化大潮。以"大包干"为核心的农村改革，沿海经济特区的建立和发展，西方先进科学技术和管理经验的吸收，特别是社会主义市场经济理论的提出和实践，都从根本上动摇了民族发展的固有基础，检验和冲击着民族的心理素质，"观念更新"已成为改革民族心理素质的代名词。1992年掀起的新的改革浪潮，明显地把换脑筋——变革民族心理素质提上重要的议事日程。人们再一次认识到，心理状态的落后是现代化进程的绊脚石，中国走向现代化已成为不可逆转的趋势，汉民族作为社会结构的一部分，其心理发展趋势必须与所处的位置、时代相一致。这就要求不断认识和掌握汉民族心理素质的发展规律，积极弘扬其中积极的、健康的成分，果敢地正视和革除其中消极、病态的成分，在心理文化层面上不断适应社会存在，以配合现代化进程的拓展。

四、汉民族与少数民族的关系

民族关系是学者们注目的又一重大课题。有的同志分析了汉族对少数民族的影响，也讨论了少数民族对汉族的影响，提出汉民族及其文化具有强大的融他性和被融性。融他性包括以下几个方面：1. 政治大一统的强大威力。汉族历代王朝以军事威力为后盾的强大政治统治，所向披靡，促进了各民族的文化融合和变迁。2. 比较成熟而稳定的经济基础。汉族先进的农业、手工业生产技术和发达的经济，对各少数民族有着强大的吸引力，是各族人民学习的榜样。3. 文化的多元因子。汉民族的先民来自多元族系，因此汉族本身具有多元文化因子。但汉民族的许多文化因子是在汉民族先民多元文化基础上吸收并经加工、提高、升华而成的，各少数民族从中发现并选择自己所需要的、可亲可融的因子是顺理成章的事。4. 对立统一的辩证思维。在思想意识方面，先秦以后汉族祖先逐步发展形成对立统一的思维方式。汉民族既善于适应各种自然环境，又善于适应不同的人文环境，最终达到大一统，包括"天人合一"即人与自然的统一，"知行合一"即思想观念与实际生活的一致，"情景合一"即主体与客体的统一。这种古代哲理，无疑是汉族融他性的又一内在因素。

被融性包括以下几个方面：1. 汉族具有较强的适应能力。由于汉族具有较深厚的文化根底，所以具有较强的生存竞争能力和对各种环境的适应能力。一些迁徙到民族地区的汉族与当地居民通婚，迅速适应各民族的风俗习惯，从而成为当地少数民族中的一员。这是被融性最具体的表现。2. 汉族具有开放和包容的特性。汉族具有广博深厚的文化传统，从而具有宽广的胸怀，对外族开放而不保守，善于接近和了解他族，自然地认同和接受别族文化。特别是当其势单力薄之时，能随机应变由融他性变为被融性，自愿上门当别族人民的女婿就是实例。3. 汉文化浓厚的世俗观念和淡薄的宗教观念。汉文化重视世俗社会的人际关系准则，讲究现世、实际的人的道德、社会的道德。汉族不会因宗教信仰不同而在心理上产生不能接纳外族的想法，也不会因外族的不同宗教信仰而不愿与之交往。在一些民族地区，万物有灵的信仰不会妨碍汉族的被融性，汉民族在与当地民族相融中利用万物有灵观念为其自身的愿望服务，这就是汉文化中淡薄的宗教观念和浓厚的世俗观念所造成的被融性的又一特征。

有的同志指出，在历史上，各民族间经济文化的相互渗透、相互吸收的情况贯穿于中华民族发展史中，在融合中起主导作用的是汉族。中华民族是通过以下诸渠道融合而形成的：1.中原文化的辐射。我国古代社会文化发展的特点是中原地区首先进入文明社会而形成一个先进的核心，汉族文化以居高临下之势向四周倾注和传播。随着秦汉时大一统的形成和汉族的发展，中原地区经济社会进一步繁荣，汉文化也相应发展，并随政治力量的扩张而向四方辐射。2.征服者被征服。我国历史上少数民族曾几次进入内地，有的统治了部分地区，有的统一了全国，取得了政治和军事上的胜利，但最终在文化上成了被征服者。3.汉族文化的包容性。中国文化是各少数民族与汉族共同创造的，其中汉族所起的作用尤为巨大，对各少数民族所表现的凝聚力和吸引力特别突出。汉族之所以在众多民族中居于主导地位，原因在于汉族善于不断地汲取其他民族之长，以壮大丰富自己。所以，汉族较发达的经济、政治、文化，是古代各民族共同开拓的结晶。

现代化进程中汉族与少数民族的关系，也引起不少学者的关注。有的学者指出，全国民族自治地方同新中国成立前进行纵向比较，发展进步巨大，但与全国汉族地区比较，差距仍然很大。具体表现是：1.民族自治地方经济在全国所占比重较低；2.民族地区经济发展速度低于全国；3.人均工农业产值和人均收入与全国人均水平相比差距较大；4.民族地区财政困难；5.各少数民族的科学文化素质不高。近几年来，发展社会主义商品经济，先进的东部汉族地区与西部民族地区出现了商品竞争。这种竞争从总体上说，有利于民族地区的发展进步。主要表现是：1.竞争冲击了民族地区封闭保守的思想和传统习惯；2.竞争促进了少数民族个体工商户的发展；3.竞争增强了民族地区工矿企业的自身活力。总之，竞争有力地冲击了条块分割和行业封锁，加强了民族之间的横向经济联系与互助合作，有利于促进民族地区的发展和繁荣，有利于密切汉族和少数民族的关系。

五、关于汉民族支系的研究

族体结构、分支体系是民族研究中的重要部分，唯有对民族内部支系进行深入具体的研究，才能把握这个民族的整体特征。这一点正是汉民族研究的薄弱环节。有的学者指出，造成这种缺陷的原因有三点：1.汉族的民族学研究长期被忽略，使汉族的很多方面的研究，包括支系研究，一直比较薄弱。2.过去由于受"大一统"思想以及一元中心起源的大汉族正统史观的影响，认为汉族就是"一统"的，把各地汉族都仅仅视为北方中原地区汉族的迁徙流布，而忽略其多元发展的差异。3.支系研究难度较大。

汉族支系划分是重大学术问题，涉及方面很多，目前还存在一些难点有待解决。为探讨汉族支系研究的有关问题，有的学者对广西境内平话人的形成和发展过程进行了分析。平话人是广西汉族中历史最悠久的一支，目前人口有三四百万。在大量实地调查的基础上，经过初步分析，这位学者得出以下概略的认识：平话人有独立的方言，有可考的、比较完全的支系发展过程，在历史上对广西社会的发展曾发挥过重要作用；至今仍有数百万人和大片的连片分布地区，是广西特有的一支汉人，保留有汉族的主流文化特征，而又自成一支区别于其他地区的汉族，是汉族进入民族地区发展为独具风格特色的一支汉族的典型。对平话人的典型分析，能否为我们认识汉族内部族体结构和支系形成格局提供有益的启示呢？比如构成一个汉族支系需要什么条件、具备什么特点等等。平话人只是汉族支系形成的一种模式、类型，不可能代替其他支系的形成特点和结构方式。如果各地研究汉族的专家学者都能就当地汉族的发展进行研究，提供一两个汉族支系的类型，再进行整体比较研究，归纳综合，这将使人们对汉族支系结构问题的认识得以深化。

六、关于海外华人的研究

汉族文化对世界的影响，是学者们的热门话题之一。一些国外学者如日本和新加坡学者论述了汉文化对本国的影响，认为汉文化已经不是一个区域性文化，而是世界性的文化。

新加坡学者论述了华人传统文化的过去、现在和未来。他指出，自1819年英国人莱佛士开辟新加坡以来，华籍劳工不断涌入。从1931年迄今，华人人口一直占新加坡总人口的七成左右，从而可见，新加坡由贫穷渔村发展成为富足繁荣的国家，华人贡献殊大。是什么因素促使华人有如此表现？那就是中国传统文化的力量。早期华人绝大多数是文盲与半文盲，但一直生活在传统的儒家伦理社会中，潜移默化，传统儒家伦理思想已成为他们生活的指导原则，比如勤劳、俭朴、安分守己、知耻守信等美德，都是儒家文化培养出来的。本着这种美德，华人披荆斩棘、任劳任怨，终于把这块沙漠变成绿洲。现代化的成功，一方面给人民带来了丰厚充裕的物质生活，另一方面却给为现代化做出重大贡献的中华传统文化带来极大冲击。由于国际贸易频繁，工商业发达，英文成为强势语文，受英文教育的人越来越多，受西方的影响也越来越大。西方的个人主义、自由民主思想与东方的社群主义、社会利益在个人利益之上的价值观产生冲突。过去一直被称道的中华优良价值观，如勤劳俭朴、讲求家庭伦常关系、敬老尊贤的思想都被冲淡，社会组织与家庭结构也趋于松散。经济急速发展所形成的副作用是明显的，急功近利的重商倾向造成传统文化的失调现象，主要表现为：经商易富造成弃文从商，这必然妨碍文化由器物技术层次向教育、学术等较高层次的发展；急功近利使华人传统文化对近代西方文化的吸收较多地停留在器物技术层次上。新加坡政府设法消弭新加坡现代化过程中带来的负面影响，虽然有相当程度的成效，但问题还是存在。

一些海外学者指出，华侨在海外努力保护东方源流和传播中华文化，历几十代凝而不散，并能与祖国长期认同，从人力、物力和财力上支援祖国的"四化"建设。但第二次世界大战以后，华侨在人口、国籍、职业、经济、文化及心态方面发生了深刻变化。在一些地区，民族感情淡化是华侨社会变化的主要趋向。应当采取措施，在海外做好扩大文化传播的工作。例如，应当支持华侨、华人办好各种华文学校和中华文化中心，特别要为他们培训师资、编写教材，从而在华侨和华人青年中培养民族感情。

近年来，学者们还讨论了成立汉民族研究学会的问题。大家认为：经过多年的酝酿，汉民族研究学会成立的时机已经成熟；学会的成立将有利于学者们互相交流、互相学习；定期召开汉民族学术研讨会，将推动汉民族研究的深入开展，加快汉民族的现代化进程。

（原载于《云南社会科学》1993年第1期）

铜鼓研究学术讨论会述要

1983年12月27日至1984年1月2日，中国古代铜鼓研究会在昆明举行了第二次会议暨学术讨论会。来自全国各地的文物考古、民族历史、冶金铸造、音乐舞蹈等方面的专家学者，主要围绕着以下问题进行了讨论。

一、铜鼓起源于何地

关于铜鼓起源于何地，中外学术界众说纷纭，比较有影响的是中国南方说和越南北部说。主张铜鼓起源于炊具的同志认为，我国云南中部偏西地区应是铜鼓的发源地。理由是：1.云南自古以来就是著名的铜锡产地。2.云南中部地区青铜铸造业产生得早。3.就目前所知，早期铜鼓集中发现于云南中部偏西地区，云南楚雄大海波出土的一件铜鼓早于公元前7世纪，是国内外其他任何地区出土的铜鼓无法相比的。4.云南中部地区出土的铜鼓从早期到晚期自成序列，发展脉络清晰。而且早期铜鼓从当地出土的铜釜、陶釜和鼓腹双耳陶罐的形态上都可以找到渊源关系，证明是土生土长的。至于起源于越南北部说，那是20世纪初西方学者提出来的。在当时的历史条件下，他们所见的材料有限，所获铜鼓多来自越南，对中国的早期铜鼓又了解甚少，故误以为越南出土的玉缕铜鼓是最古的类型。有的越南学者在对待铜鼓起源问题上，产生了一种愈早愈好的倾向，声称越南北方是铜鼓的发源地，时间在公元前1500年左右。其理由据说是在越南发现的黑格尔I式铜鼓数量最多、分布最密、时代最古。这是站不住脚的。云南楚雄万家坝23号墓出土的铜鼓距今2640年，大大早于越南北方任何有确切C-14数据的铜鼓的年代。所以，我们不承认越南土地上出土的铜鼓是最古老的这一说法。

在这次会议上，有的同志详细论述了铜鼓起源地的问题。他认为，如果我们从探讨铜鼓起源的问题出发，可以在中南半岛上找到两个值得注意的区域。一是泰国东北的呵叻高原，这里有青铜时代的遗址——能诺他和班强；二是越南北部，这里有成系列发展的青铜文化，而早期铜器又发现较多。但是当我们细察中南半岛早期青铜文化的全部内容时，可以发现它们具有一些共同特点。首先，器物比较简单，主要是斧、矛、鱼钩、手镯等少数几种个人使用的工具或饰物。直至越南青铜文化的们丘期，不但没有可能作为铜鼓前身的铜釜，就是其他铜容器也甚为缺乏。其次，青铜器虽然已经使用，但是分布在被热带雨林隔离而显得相对孤立的若干村社之中，并未普遍推广，故而技术发展缓慢，青铜器使用的领域有限。最后，青铜的出现似乎没有在生产上或社会结构上引起巨大变革，所以在早期青铜文化的墓葬中均看不出显著的贫富分化，青铜本身也不用以制造权杖、祭器等表示特殊身份的器物。凡此种种都说明，至少在公元前500年以前，上述早期青铜器文化分布地区并不存在制造铜鼓的传统、技术条件和社会条件。

如果中南半岛北部的早期青铜器文化不太可能产生铜鼓，那么在早期铜鼓分布区域中，就只剩下最北部的中国云南省值得慎重考虑了。云南高原出土的铜鼓属于早期铜鼓中最原始的类型（Ia式），时代早于中南半岛所出铜鼓。创造这种乐器的本地濮僚系统的民族，其社会组织（出现了奴隶制剥削形态）和社会意识（信奉原始宗教）均与早期铜鼓的功能所反映者一致。加之云南存在着丰富的、易于利用的铜锡资源，所以铜鼓应起源于此。

云南楚雄万家坝23号墓所处的时代，大致相当于越南青铜文化的们丘期，但铸铜技术却比们丘期高超，具备了使用陶范铸造较大型容器的能力。此种技术很可能是从邻近内地的巴蜀传来的，而此种铸造技术却是创造铜鼓的必要前提。铜鼓自从铜釜分化出来而成为一种乐器以后，它本身即具有权威和财富的含义。所以，不论就其功能和价值来看，它都不可能是原始社会的产物，也不是普通的氏族成员所能制造或占有的，而是反映出社会上一种初步的阶级分化。楚雄万家坝墓葬反映出显著的贫富分化。在云南祥云大波那木椁铜棺墓中，出土了象征暴力的剑、钺、矛，象征财富的牺畜模型，象征祀典的铜鼓、芦笙、钟。尤其不能忽视的是棺内出有一铜杖，杖头铸成二豹相抱之状，这无疑是象征墓主特殊身份的权杖。正是这种社会，才构成了生产铜鼓及其所代表的意识形态的最好土壤。

综上所述，人们可以认为，铜鼓起源于云南高原并非偶然。这一地区的濮僚系统的民族本身的社会发展及其独特的宗教信仰，首先具备了一种生产铜鼓的要求。他们北连蜀中，接受了先进的铸造技术；地处云南，有丰富的铜锡资源；加以从遥远的古代开始，本地就流行一种易于向鼓形器发展的陶釜和铜釜。在这种种社会的、技术的、资源的条件综合下，铜鼓这一乐器终于在公元前7世纪或更早一点儿的时候被创造出来了。

还有的同志指出，早在20世纪30年代就有西方学者认为越南铜鼓技术是由中国传去的。20世纪50年代，越南史学家陈文甲发表了第一篇铜鼓研究文章《铜鼓与越南的奴隶占有制度》，他认为，古代铜鼓是华南少数民族和越南北方古代居民共有的文物，而越南的铸铜技术和铜鼓铸造都受到中国的影响。这些意见是公正的、符合事实的。

二、铜鼓的纹饰

铜鼓的纹饰多姿多彩，既有形象的生动画面，又有抽象的几何图案，为人们研究古代民族的精神文化和物质文化提供了珍贵资料。有的同志研究了铜鼓纹饰所反映的原始宗教崇拜情况。1. 太阳纹，是古代南方少数民族对太阳崇拜的表现。2. 云雷纹，基本特征是以连续的回旋形线条构成的几何图形，有的圆，有的方，圆的称云纹，方的称雷纹。云雷纹与古代西南少数民族对云、雷等自然现象的崇拜有关。3. 水波纹，采用河水波浪的形状作为花纹装饰，表现了古人对水的崇拜。4. 山形纹，滇桂系统早期的铜鼓，其鼓面和鼓身常见有山形图案化作花纹装饰，像几何中的等腰三角形，含有崇拜山的意义。

船纹是铜鼓的主要纹饰之一。铜鼓船纹代表何种意义，中外学者历来解释不同，归纳起来大致有如下几种：独木船、近代婆罗洲达亚克人超度灵魂的"黄金船"、海葬船、海船、竞渡船。在这次会议上，有的同志认为，铜鼓上的船纹代表着古代民族的捕鱼、交通、战争、竞渡、祭祀、游戏、航海等水上活动，因此，铜鼓船纹应分为渔船、交通船、战船、祭祀船、竞渡船、游戏船、海船等类型。

通过进一步的研究，有的同志认为，铜鼓船纹揭示了航海者的族属。铜鼓船纹显示出航海者属于百濮、百越两大族群。铜鼓的龙舟、断发文身和鹢首、船眼等纹饰，是百越族群的特征。铜鼓船纹的鹢首——鸟形船头，是古越人以鸟为图腾在航运工具上的体现。铜鼓船纹的奥秘——中国船眼，即几乎所有画有铜鼓纹饰的船头两旁，都有一双类似动物的眼睛，这也是古越人图腾崇拜的遗留。它是由蛇眼或鸟眼而后演变成为鲸眼的标志。铜鼓船纹人物的羽冠，是鸟图腾崇拜者的装饰，是百濮、百越族群共同具有的特征，属于同一文化丛。椎髻是百濮族群男子的统一发式，铜鼓羽人划舟者多有此种形象。

三、铜鼓与中原文化的关系及其在海外的传播

中国古代西南地区的铜鼓与中原地区的古代文化究竟有什么关系，是目前铜鼓研究中受到重视的一个问题。有的同志对这一问题发表了较详细的意见，认为：文献记载与考古发现表明，早在三千多年前的商代，西南地区与中原地区已有了交往和联系，青铜器已从中原传入；春秋时期，西南地区的青铜文化已经发展到较高水平；正是在这样的基础上，铜鼓产生了，即铜鼓是在古代西南地区青铜文化有了较高发展水平的基础上产生的。在云南楚雄万家坝墓葬出土的大量青铜器中，有些器物的形制与中原地区的铜器是相似的。这些器物与中原文化有着密切的甚或是渊源的关系，反映出这个时期西南地区与中原地区的联系和交往较以前更为密切了。万家坝M1铜鼓与6件编钟同时出土，M23铜鼓与4件铜铃同时出土，说明铜鼓具有礼器的性质。礼器铜鼓的产生，一方面与古代西南地区社会发展到军事民主制末期或阶级社会初期的社会需要相关，另一方面显然是仿效中原地区奴隶社会礼制的结果。钟、鼓相结合是中原文化礼制中乐制之雅乐最基本的部分，铜鼓与编钟或铃共出的情况正是中原文化的影响在器物的使用制度和社会意义上的反映。

庄蹻王滇带来了楚文化，与当地文化融合形成了古代的滇文化。云

南晋宁石寨山滇王家族墓地出土的铜鼓（石寨山式），鼓面上多饰有翔鹭纹，有的胸部饰以划船纹，腰部饰以羽人舞蹈纹。其翔鹭纹显然是受到中原鹭鼓制度的影响，划船纹则与长江以南地区自古以来流传的竞渡习俗有关，而羽人舞蹈纹又与中原地区的万舞颇为相似。从铸造工艺上看，云南解放后出土的汉代铜鼓，有的是用失蜡法铸造的，而这种技术显然也是从中原地区传入的。至于铸造铜鼓经常采用的夹垫合范铸造工艺，中原地区早在商周时期已经普遍应用，因此，更是由中原地区传入的。总之，我国西南地区自古与中原地区有着联系与交流，同属古代一个大的文化区域。作为西南地区青铜文化中一项重要内容的铜鼓，是在中原地区青铜文化的具体影响下产生的。铜鼓的发展清楚地体现出西南地区与中原地区联系日益密切，中原文化影响日益加深。

铜鼓曾经传播海外，研究此项问题，既涉及中外文化交流，又与我国古代航海有关。那么，铜鼓是怎样传到海外的呢？有的同志认为，铜鼓传播到海外的航路，应当是顺风顺流相送。定时的风向及航向，对人类文化的播迁有着决定性作用，尤其是在风帆时代。铜鼓传播海外的区域，恰与这一带季风洋流活动的规律一致。铜鼓随着善于航海的越、濮族群的迁徙而传布海外，即传播到东南亚、西南太平洋区域，形成了一条铜鼓文化传播带。

四、铜鼓的类型和铸造工艺

对铜鼓进行分类研究，是铜鼓研究中的重要环节。奥地利学者黑格尔在其1902年所著的《东南亚细亚古代金属鼓》一书中，首创四分法，后为外国学者所遵循，在我国也有很大影响。20世纪70年代以后，我国学者突破了黑格尔四分法的框框，多数同志倾向于寻求一些年代比较可靠、出土地点明确的铜鼓作为标准器，作为分型分式的根据。有的同志进一步主张以出土标准器的地名来命名，如把形态古朴、无纹饰或纹饰简单的原始形态类型的铜鼓命名为"万家坝类型"，把形制比较稳定、花纹比较繁茂而以写实的船纹、舞人纹为主要装饰的铜鼓命名为"石寨山类型"。我国的铜鼓可分为万家坝型、石寨山型、冷水冲型、遵义型、麻江型、北流型、灵山型和西盟型等8个类型。这里的每一个类型，犹如考古学上研究中原青铜器的"铜器群"，为铜鼓的分布、年代、族属等的分析提供了依据。在这次会议上，有的同志又提出了新的分类法，即把我国古代铜鼓分为三型九式：1.云南型——万家坝式、石寨山式、冷水冲式，2.两广型——北流式、灵山式、西盟式，3.川黔型——宜宾式、遵义式、麻江式。

对铜鼓铸造工艺的深入探讨，是这次会议的又一个重要方面。从事这方面科学研究的同志向大会做了内容丰富、观点新颖的报告。他们对100面广西、云南铜鼓进行成分分析及金相鉴定的结果表明：铜鼓的金属材料为纯铜、铜锡二元合金、铜锡铅三元合金；铜鼓均由铸造而成，个别纯铜及低锡青铜鼓有局部加工及退火过程；铜鼓的合金成分、金相组织随着类型、时代、分布地区、社会形态及冶铸技术的变化呈现一定规律性变化，反映了铜鼓起源、发展、传播的过程。他们还认为：1.泥范铸造是我国古老的传统方法，西南少数民族把泥范法和失蜡法结合使用，用蜡模做出铜鼓上的各种动物造型及精美的鼓耳，巧妙地使用各种浇注技艺，反映了西南少数民族冶铸技术的高超水平。2.铜鼓壁厚的变化趋势是面大于胸，胸大于腰，而腰小于足，鼓面厚度一般在3.5—5毫米，胸腰厚度多数在2.5—3.5毫米。这种设计比较合理，符合实用要求。鼓面加厚对于提高强度、承受反复打击、改善音响及美化装饰，都有必要。能铸造众多薄而大的鼓和鼓壁各部位厚度不同的铜鼓，表明西南少数民族在造型设计、合金配比及冶铸技术等方面具有十分丰富的实践经验。3.花纹制作方法灵活多样，综合运用。雕刻法用于复杂的花纹；印痕法用于各种几何图案，制作简便，效率高；滚压法制作的花纹比较少见，其法同样具有效率高、简便易行的优点。

五、铜鼓的音乐性能、美学原理和乐舞图案

关于铜鼓的音乐性能，有的同志认为，铜鼓属无调打击乐器，是一种颇具特色的民族乐器。它音量洪大、音色圆润，具有良好的音乐性能。其质地与构造，符合音响学的理论，具有一定的科学性。铜鼓的悬置方法，有正悬、正置、侧悬3种。从演奏的角度来看，以正悬法为佳。采用以盛

水器助音的方法，能使铜鼓音色更美。敲击方法以槌击为主，手拊次之，在某种特定的仪式中用钗击。铜鼓音色的可融性较强，能独为歌舞伴奏或参与多种类型的合奏，其器乐功用较为广泛。总之，历史悠久、富有民族特色和良好音乐性能的铜鼓，应当在音乐史上取得一定的地位。还有的同志指出，开展铜鼓音乐的研究，对认识铜鼓的铸造工艺和社会功能，对研究不同民族的文化，对研究南方少数民族文化与中原文化、楚文化的关系，都有着重要的意义。

有的同志运用黄金律对铜鼓造型的美学原理进行了探讨，选择给人以直观美感的铜鼓通高与面径、足径之比，按8个标准分式法进行抽样统计，再用黄金律进行比较。该同志认为，古代南方少数民族的艺术匠师们按照美的规律、艺术认识的规律和反映现实的规律，逐渐创作形成铜鼓这一特殊统一体。以至铜鼓在发展到一定的阶段后而具有了一定的规范，即铜鼓各部分合乎理想的匀称性、比例性。古代铜鼓的创作者，自始至终都在运用比例这一艺术手段进行着孜孜不倦的创作活动。这种创作活动同样存在着从低级到高级、从不规范到规范、从一般到典型的发展规律。

（原载于《思想战线》1984年第一期）

志宏意远　情深谊长

——《王连芳云南民族工作回忆》读后

　　王连芳同志是我们尊敬的老领导，也是一位功底扎实、学养宏厚、造诣深湛、成果丰硕的民族理论家。他的专著《民族工作回顾与展望》《云南民族问题理论与实践》《云南民族问题论文集》《云南民族问题探索》及其主编的《云南民族工作的实践和理论探讨》《马克思主义民族理论与中国解决民族问题的实践》，以无畏的探索精神、独到的学术观点、严密的理论架构、密切联系实际的学风，在民族理论界独树一帜、好评如潮、贡献巨大。现在，我们又读到连芳同志的新作《王连芳云南民族工作回忆》（以下简称《回忆》）。本书与前几部理论著作的体裁不同，风格迥异，写法新颖。它不是以理论和逻辑的强大力量征服人，而是以真挚的感情和形象化的叙述打动人。读罢全书，掩卷遐想，令人心潮难平。

一、战斗的历程，深切的怀念

　　民族问题是无产阶级革命事业总问题中的一个重要部分。民族问题解决得好坏，关系到多民族国家的兴衰成败，关系到人类社会的前途命运。冷战结束后，世界并不太平。几个大洲战火纷飞、社会动荡，究其原因，多与民族问题有关。中国作为一个民族众多的大国，却呈现各民族平等团结，民族地区经济发展、社会进步的局面，无疑是一个奇迹。中国民族工作的巨大成功，是中国共产党正确的民族政策的胜利，它凝聚着几代民族工作者的心血、汗水。《回忆》一书细致地介绍了毛泽东、刘少奇、周恩来、邓小平、彭真、宋任穷等老一辈无产阶级革命家对各民族的深切关怀。他们以战略家的眼光和恢宏气度，制定了正确的民族政策和具体的工作方针，为民族工作指明了方向，开辟了从胜利走向胜利的道路。《回忆》一书还以较多的篇幅，叙述云南省各级干部和民族工作者结合云南实际，坚定不移而又创造性地贯彻执行中央的路线、方针、政策，克服工作中一个又一个难题，战胜前进道路上一个又一个险关，不断开创民族工作新局面，保证边疆稳定，促进民族团结，推动各民族发展繁荣。细读全书，40多年的风风雨雨历历在目，老一辈民族工作者的音容笑貌、精神风骨，格外鲜明。连芳同志和来自祖国各地的革命者，为了兄弟民族的解放和幸福，不辞千辛万苦，不怕千难万险，踏遍千山万水，把一切都献给了边疆各族人民的事业。不少人长期扎根边疆，"献了青春献终身，献了终身献子孙"。更有的同志献出了宝贵的生命，长眠于民族地区的苍松翠柏之间。"青山处处埋忠骨，何必马革裹尸还？"《回忆》一书谋篇布局蕴含着绵绵思绪，字里行间浸透着悠悠深情，表达了他对战友们无尽的怀念，也表达了民族工作后来人对前辈们的怀念和崇敬之情。

二、深厚的感情，生动的教育

从1938年与回族战友们共同创立冀鲁边区回民救国联合会算起，连芳同志从事民族工作已61年，其间曾创建威震日寇、誉满中华的回民支队。20世纪50年代初，连芳同志来到云南，从此与云南各族人民风雨同舟，生死与共，战斗、生活了近半个世纪。《回忆》生动记录了连芳同志的斗争历程和心路历程，使我们对连芳同志为什么献身于党的民族工作有了更深入的理解。人们之所以决定献身于一种理想信念、一项工作事业，必然有感性和理性两方面的因素，往往是先有感性认识，然后升华为理性认识。读了连芳同志一系列的理论著作，我们钦佩他对马克思主义民族理论的准确把握和娴熟运用，正是对民族工作深刻的理性认识，使他献身边疆，矢志不渝。而当读完《回忆》以后，我们分明触摸到连芳同志对各族人民滚烫的热情和对三迤大地的深情眷恋。50年代初，云南边疆各族人民正处于前资本主义诸社会形态之中。原始社会末期的低下生产力和与之相应的极端贫困，奴隶制和农奴制对奴隶、农奴骇人听闻的折磨，封建地主对农民敲骨吸髓的超经济剥削，把各族人民推入灾难的深渊。《回忆》一书以耳闻目睹的事实，再现了各族人民的苦难。正是基于对深受苦难的各族人民的同情、对旧制度丑恶本质的认识和仇恨，连芳同志决心解民于倒悬、救民于冰炭，执着献身中华各民族的解放事业和民族团结进步事业。今天，当人们乘上先进的喷气式客机来到西双版纳，徘徊于生机勃勃的热带雨林中，陶醉于傣家人的轻歌曼舞中，有几个人知道这里在50年代以前是疟瘴疾病流行的瘴疠之区；有几个人知道早年农奴主不仅向农奴收取高额官租，而且杂派无奇不有：生育费（土司家生孩子，百姓要送钱和鸡蛋）、嫁娶费、袭职费、过节费、见官费（百姓见到官员要给钱）、睡觉费（土司和属官到寨子里睡觉的所谓"辛苦花费"）、脚步费（土司下寨子的辛苦费）、笔墨费、柴火费、洗犁耙费等。老百姓在封建领主的领地上生活，得"买水吃，买路走，买地住"，死后还要"买土盖脸"！今天，当人们来到神奇俊秀的滇西北高原，看着世外桃源般的雪山、草甸、湖泊、羊群，听着香格里拉、纳西古王国的迷人传说，当人们来到雄伟壮阔的哀牢山，欣赏哈尼山区"白云绕山间，梯田接青天"的美景，还有多少人知道当年农奴主对付群众的种种暴行？吊打、扛木枷、坐软板凳、丢阴洞、抽筋、挖眼以及用农奴头盖骨制作经器、酒杯，甚至还有更令人毛骨悚然的酷刑。这一切都已成为历史，但是历史是不能忘记的。今天的年轻人很少知道奴隶制、农奴制下发生的种种令人发指的罪行，这是一个重大的缺陷，应该及时补课。而连芳同志的《回忆》，正是最好的教材。补上这一课，将使我们的年轻人在对比中认识到只有社会主义才能救中国、发展中国，体会到生活在社会主义制度下的幸福。

三、历史的经验，深刻的教训

云南是我国世居少数民族种类最多的省份，做好民族工作具有事关全局的重大意义。如何才能做好云南民族工作呢？连芳同志与老一辈无产阶级革命家以及几代民族工作者，深入调查，不倦思索，勇于探索，勤于实践，善于总结，为后来人树立了楷模。《回忆》一书回顾了当年很多政策措施出台的背景和决策过程，给我们以深刻的启迪。其中最重要的启迪是：要做好云南民族工作，必须实事求是，一切从边疆民族地区的特殊实际出发，一切政策不能超越边疆民族的实际。这首先需要人们不畏艰险，深入实际，掌握第一手资料；运用马克思主义民族理论和中央制定的方针对材料进行梳理，准确认识地情民情；大胆提出切合边疆民族实际的特殊政策措施，切忌照抄照搬内地经验，切忌"一般化""一刀切"。解放初期，中国共产党对云南边疆民族的实际做出了科学的判断，针对不同民族社会性质不同、封建土司具有两面性、境外国民党残部和帝国主义势力伺机破坏、边疆民族地区生产力低下、亟须发展经济等特殊情况，制定了"慎重稳进"的方针。50年代初，邓小平主持西南局工作，他辩证地说："现在不搞阶级斗争，就叫阶级立场，搞阶级斗争，就不叫阶级立场。"时任中共云南省委书记的宋任穷同志提出，民族工作"宜缓不宜急，讲团结不讲斗争，反左不反右"。1950年，云南省政府发布《云南省人民政府关于加强民族团结，坚决剿匪，巩固国防的公告》，决定边疆民族地区不实行汉族地区的土地改革，有关民族内部的改革，完全由各族人民及其领袖协商解决。省委在推行民族区域自治制度时，安排各少数民族中进步的上层人士任县长、州长。这些措施团结了当时决定少数民族群众向背的上层人士，挫败了境外敌人的阴谋，稳定了边疆，极大地支持了内地的土地改革和经济建设。1953年末到1954年，连芳同志同战友们一道，在潞西县艰苦探索，首先提出在封建领主统治的傣族坝区实行"联合封建反封建"的和平协商土地改革方案。1953年8月，马曜同志在潞西县西山景颇族地区调查，结合民族工作队在瑞丽、陇川景颇族地区的实践，提出在阶级分化不明显、土地占有不集中的景颇族山区，不分土地，不划阶级，大力发展生产，解决某些环节的民主改革问题，直接过渡到社会主义。正是从民族地区的特殊实际出发，制定切合时宜的特殊政策，云南的边疆民族工作在1950—1956年7年间顺利开展，开创了第一个"黄金时期"。但是，从1956—1978年，云南民族工作遭受严重挫折。即使在"左"的思想占据主导地位的情况下，连芳同志仍然提出很多切合实际的主张。1958年"大跃进"运动兴起，到处都是头脑发热，连芳同志通过调查研究，十分冷静而又审慎、策略地提出，为了和内地有所区别而又与全国生产"大跃进"步骤协调起来，边疆生产最好叫"大前进"，而不叫"大跃进"。很多地方也与内地一样，脱离实际生产力水平，盲目变更生产关系。对此，连芳同志持怀疑态度，他内心翻腾着一句话：用棍子赶群众进天堂，必然走向反面。事实印证了这一预言。细读《回忆》一书，我们钦佩连芳同志的胆识和洞察力，更加深了对"实事求是马克思主义精髓"这一真理的认识。什么时候坚持实事求是，我们的事业就无往不胜；什么时候违背实事求是，我们的事业就寸步难行。《回忆》以确凿的事实和朴素的语言，为民族工作者上了生动的一课。

四、战士的本色，学者的风范

《回忆》一书的写作目的，是希望现在战斗在民族地区的同志们，能从作者的经历中，真实地窥见云南民族工作的全貌，感受其中体现的兢兢业业、扎扎实实和无私奉献的精神。作者似乎未考虑学术方面的追求。然而，民族学研究者不难发现，娓娓道来的故事蕴藏学术韵味，饱含感情的回忆独具学术价值，因为它们提供了民族学田野考察的珍贵资料。细细检索全书，至少提供了以下方面的资料：各民族的生产工具、交通工具、生产方式、政治制度、阶级关系、民族关系、风俗习惯、婚丧嫁娶、宗教信仰。这些材料都丰富了民族学的宝库。一个卓有建树的民族学家，必须长期生活在他研究的对象之中，从物质文化到精神文化，从观念信仰到民族性格，从衣食住行到生老病死，从四时劳作到节庆祭典，从内部关系到外部交往，从语言文字到音乐艺术，都必须全面研究。每个民族都是一部百科全书，真正读懂绝非易事。连芳同志在云南工作近半个世纪，足迹遍布边疆山水，朋友广交上层下层，欢乐与各民族共享，困难与各民族同担，真可谓肝胆相照、风雨同舟，相识相知、鱼水情深。《回忆》一书中提供的素材，即使是一些鲜为人知的，或者是一时无法理解和难以想象的，都是作者当时亲身经历、亲自操作和亲闻亲见的，因此是真实的、准确的、可靠的。连芳同志在民族地区的长期调查研究，其学风之踏实，与当今少数浮躁学者的所谓"调查研究"相较，大异其趣；其广度深度，与国内外杰出的人类学家相比，毫不逊色。在学问家中有两种类型：一种是皓首穷经、才高八斗、学富五车，面对青灯残卷，乐此不疲。他们具备范文澜先生提倡的"板凳要坐十年冷，文章不写半句空"的精神。这类学者以对文献典籍的娴熟见长。另一种学者则以田野考察取胜。他们走出书斋，在现实生活中摸爬滚打，对人间万象了若指掌，并对千姿百态、千变万化的社会现象进行由此及彼、由表及里的理论概括和抽象，从而建构自己的学术体系。连芳同志似乎接近后一类学者，但又有所不同。我想，他在投身革命时，完全是为着中国人民的解放事业而献身的。当他金戈铁马、斩断日寇魔爪之时，当他戎马倥偬、转战冀鲁大地之时，他的目的是赶走侵略者、消灭反动派、建立新中国，或许无暇有治学之想。当他率民族访问团把党的关怀带给苦难深重的边疆各族人民之时，当他长期担任云南民族工作的领导者，夙兴夜寐、日夜操劳之时，他的目的是如何实现边疆民族地区的经济发展、社会进步和各民族的大团结，或许未想过要成为民族理论的专家。然而，他最终成为一位富有创造力的民族理论家。从冲锋陷阵的战士，到运筹帷幄之中、决胜千里之外的领导者，再到著作丰富的民族理论家，这一成长道路给人的思索是很多的。我相信，认真总结其间的经验，揭示出规律，对于培养跨世纪的专家学者，造就一代不负时代使命的学术新人，将大有裨益。

（原载于《云南社会科学》2000年第2期）

厚积薄发　求真创新

—— 《马克思主义民族理论与中国解决民族问题的实践》评介

　　民族问题是一个重要的社会问题。在世界上任何一个多民族国家中，民族问题都不能孤立于社会之外，它必然是社会总问题中的一部分。100多年以前，马克思、恩格斯开始创立作为科学社会主义一个重要部分的民族理论，用辩证唯物主义和历史唯物主义观察、分析民族问题，科学地揭示了民族问题的实质，指导着一代代共产党人正确处理民族问题。中国共产党成立以来，把马克思主义民族理论同中国实际结合起来，在70多年的艰苦奋斗中，走过了一条曲折迂回而又成绩辉煌的道路。总结过去，开创未来，无论对前人还是对今人和未来，无论是在实践上还是在理论上，都是十分必要和重要的。近10多年来，理论界在这方面做了大量的工作，成果甚丰。王连芳同志主编的《马克思主义民族理论与中国解决民族问题的实践》是这一研究领域的最新成果，也是最富于创造性的学术成就之一。科学研究的生命在于创造，而创造性的成就绝非易事。任何细微的新发现，都凝聚着研究者的艰辛劳动，都必须植根于深厚的理论和实践的土壤之中。本书作者中有多年从事民族工作的领导同志，有长期潜心民族史、民族理论研究的社会科学工作者，有把毕生精力献给民族理论教学工作的老教授，还有思想敏锐的后起之秀，大家组成一个结构优化的强有力的写作群体。历经沧桑巨变，遍阅古今典籍，编写组的同志积累了丰富的实践经验，打牢了坚实的理论功底，坚持了正确的政治方向，发扬了无畏的创新精神，以一种高屋建瓴、俯瞰古今的气势进行写作，厚积薄发、求真创新正是建立在雄厚的理论、思想和实践的基础之上的。本书在民族理论研究领域中取得了一系列创造性的成就。这些成就可用三句话来概括：1. 科学地总结历史经验；2.大胆地探索马克思主义民族理论的一些重大问题；3.创造性地提出有中国特色社会主义的民族理论体系的构想。

一

中华民族是由56个民族组成的大家庭，中国从秦汉时就建立了统一的多民族国家。两千多年来，各民族共同创造了中华民族的历史与文化，也积累了丰富的处理民族问题的经验教训。中国古代虽然经历过多次统一与分裂时期，但统一始终是主导趋势。统一的多民族国家历经千难万劫、波谲云诡而发展壮大、凝聚力不减，其中奥秘值得探究。本书作者多年从事中国民族史研究，对浩如烟海的史籍提要钩玄，以马克思主义为指导，对中国古代民族政策做了宏观的梳理，找出其中可供借鉴之处。主要有：1.经济方面，把民族问题与发展民族地区的经济联系起来。2.政治方面，注重从俗而治，实行"修其教不易其俗，齐其政不易其宜"的政策。3.文化方面，对外开放，提倡各民族兼容并蓄、取长补短。4.军事方面，实行争取团结民族地区上层人物的"智慧政策"。

本书总结历史经验并未停留在古代社会，而是把研究重点放在近代中国社会，倾其主要精力研究中国共产党人如何把马克思主义民族理论运用于中国社会、解决中国民族问题。首先，对民主革命时期中国共产党解决中国民族问题的实践进行回顾。作者把这一阶段分为探索时期（1921年7月至1937年7月）和成熟时期（1937年7月至1949年9月）两个时期。在经历了艰苦曲折的探索后，中国共产党的民族政策日趋成熟。具体表现为：1.建立了民族工作机构，制定了有关条例规定，保证少数民族政治上当家作主。2.实行民族区域自治制度。依据党的六届六中全会精神，1941年5月1日公布的《陕甘宁边区政府施政纲领》中规定："依据民族平等原则，实行蒙回民族与汉族在政治经济上的平等权利，建立蒙、回民族自治区。"抗日战争和解放战争时期，先后在陕甘宁边区和山东、河北建立了民族自治区、乡，1947年5月成立了我国第一个省级少数民族自治区——内蒙古自治区。3.帮助少数民族发展生产和文化教育事业，改善人民的物质文化生活。4.培养少数民族干部。1937年，在中央党校开办民族班。

1940年8月，在陕北公学成立民族工作队，1941年6月，在此基础上成立民族部。1941年9月，又在民族部的基础上创办了延安民族学院。这所学院在抗日战争和解放战争期间培养了数百名具有共产主义觉悟的少数民族干部。5.在中国共产党领导下，组建了少数民族革命武装，为打败日本帝国主义、推翻国民党反动统治、建立人民当家作主的新中国做出巨大贡献。6.尊重少数民族的风俗习惯和宗教信仰。在党的六届六中全会报告和陕甘宁边区第一、第二届参议会通过的施政纲领中，均明文规定尊重少数民族的宗教信仰和风俗习惯。1940年7月，毛泽东、朱德发起成吉思汗夏季公祭纪念大会；1940年10月7日，陕甘宁边区修建的第一座清真寺在延安文化沟落成，毛泽东同志亲笔题写"清真寺"三个大字。7.团结一切爱国的民族宗教上层人士，建立爱国统一战线。抗日战争时期，党组织在争取团结少数民族中的王公贵族、活佛、上层喇嘛、阿訇、教长方面卓有成效，为抗日战争的最后胜利创造了条件。解放战争时期，党在土地改革中又根据不同民族地区的具体情况，实行特殊政策，保持了社会稳定。爱国民族统一战线的巩固和扩大，调动了各民族劳动人民和爱国的民族、宗教上层人士的积极性，促进了民族团结，维护了祖国统一，推动了民族地区的经济发展和社会进步。

新中国成立以后，中国共产党创造性地运用马克思主义民族理论，引导社会发展水平不同的各少数民族顺利地过渡到社会主义，实现了一场深刻的社会变革。紧接着又开展了大规模的社会主义建设，特别是在1978年实行改革开放政策以后，生产力突飞猛进，经济建设取得了举世瞩目的成就。这一历史进程是本书研究的重点。作者一方面充分肯定新中国成立以来特别是党的十一届三中全会以来的辉煌成就和成功经验，另一方面分析前进道路上由"左"倾错误造成的严重失误和惨痛教训。作者着重总结了3条：1.慎重稳进地实行社会改革，是实现少数民族彻底解放的必由之路。例如在土地改革时，考虑到各民族的具体情况和民族团结、边疆稳定的需要，采取了不同于汉族地区的特殊政策、方法、步骤，既坚持了革命的总目标，又从实际出发采取审慎的政策措施。在互助合作运动初期，也从各民族生产力水平的实际出发，先行试点，由小到大、由少到多、由低级到高级，逐步推开，得到各族群众的普遍拥护。后来受"左"的思想影响，脱离生产力水平，急躁冒进，"一步登天"，盲目变更生产关系，阻碍了生产力发展，造成民族关系紧张，甚至出现一些突发性事件，破坏了边疆稳定和民族团结。2. 社会主义改造完成，民族地区的主要矛盾已经不是阶级矛盾，而是各族人民日益增长的物质文化需要同民族地区落后的社会生产之间的矛盾；民族工作的主要任务就是要以经济建设为中心，大力发展社会生产力，积极促进民族地区经济社会迅速发展，最终达到各民族的共同富裕和繁荣发展。这是总结20世纪50年代后期直至1978年20余年教训得出的正确结论，是对新时期民族问题艰苦思索后做出的理论概括。3. 从各民族和民族地区的实际出发进行经济文化建设。实现社会主义现代化是各民族的共同目标，但由于各民族、民族地区之间的民族特点、社会经济结构、生产力水平、宗教信仰、政治觉悟、文化程度存在差异，因此，在进行物质文明和精神文明建设时都要从各民族的实际出发，分类指导，处理好共同性与特殊性的关系，切忌一般化、"一刀切"。要在各个方面采取切合各民族实际的特殊政策，解放和发展生产力，培养大批少数民族干部和各种科学技术、管理人才，经过几代人的努力，使民族地区赶上或接近发达地区水平。

中国共产党人解决民族问题的成功经验引起世人关注。当世界上不少国家和地区为民族矛盾和宗教纷争困扰时，民族众多的中国大地却呈现民族团结进步、发展繁荣的景象，对比是十分强烈的。这种对比给研究者提出了严肃的课题，也提供了丰富的材料和思考的天地。作为研究马克思主义民族理论的专著，本书对苏联在民族问题上的教训做了深刻透彻的分析。苏联解体是国际共产主义运动中一个惊心动魄的事变，国内日益严重的民族矛盾演变为激烈的民族冲突是酿成这一事变的一个重要原因。这一事变的发生，向人们提出了这样一个尖锐问题：马克思主义民族理论是不是正确，是不是还灵？本书对此做出了十分明确的回答："马克思主义民族理论是科学真理，当它与各国具体实践正确结合，是灵的管用的。前苏联在处理民族问题上的失败，绝不是证明马克思主义民族理论不灵，恰恰是背离马克思主义民族理论的结果。"这一结论是在深入研究之后得出的。本书作者从国内因素到国际因素，从经济体制到政治体制，从文化背景到历史背景，从理论失误到实践失误，对苏联在民族问题上的教训做了鞭辟入里的剖析，表现出对客观形势洞幽烛微的目光和熟练运用马克思主义民族理论分析问题的能力。

二

在对马克思主义民族理论的探索中，本书既坚持马克思主义民族理论的基本观点，又不用僵化的、绝对化的思维方式来理解这些观点，而是不断研究新情况、新问题，得出新的认识。例如：1. 关于斯大林的民族定义。多年来学术界对此争论迭出、聚讼纷纭、莫衷一是。本书立论鲜明，一方面指出斯大林定义的科学性，即这一定义揭示了民族最本质的特征，严格区分了民族之间以及民族和其他人们共同体的界限；另一方面又指出，对这个定义不能做机械的理解，不能要求所有民族都必须同时具备4个特征。这一看法持论公允，简明扼要。2. 关于殖民地问题的一个观点。在20世纪上半叶，时代的主题是战争与革命，马克思主义经典作家曾经把殖民地半殖民地民族的斗争都纳入社会主义革命范围。本书深入分析了时代的变化，指出在时代主题已变为和平与发展的新形势下，不能脱离实际地认为当前仍然是无产阶级社会主义革命的高潮时代，不能简单地把一切殖民地民族和第三世界国家的斗争都纳入社会主义革命的范围。3. 关于民族问题和阶级斗争。本书在总结我国民族工作深刻教训的基础上，特别强调在分析任何一个社会问题时，马克思主义理论的绝对要求，就是要把问题提到一定的历史范围之内。民族问题的实质，是由社会的主要矛盾及矛盾的主要方面所规定和制约的，它不是凝固不变而是生动可变的，在不同历史时期有不同的内容。在社会主义社会和资本主义社会，民族问题的实质迥然不同。"民族问题的实质是阶级问题"并非没有时间、地点、条件限制的普遍命题，它不适用于阶级矛盾不是主要矛盾的社会主义初级阶段。在我国社会主义初级阶段，民族问题的实质是解决民族地区贫穷落后的问题，要大力帮助少数民族发展经济，提高生产力，尽快赶上发达地区的水平。4. 关于民族自决权。本书首先提出，民族自决权或称分离权是马克思主义民族理论的一条重要原则，同时又分析革命导师提出这一原则的时代背景和具体针对性，明确指出这一原则不适用于解决中国革命胜利后的民族问题。这一观点的提出具有重要的现实意义，它为粉碎西方敌对势力对我国进行"分化""西化"的图谋、反对民族分裂主义、维护祖国统一，提供了理论支持。

在理论探索与建构方面，对马克思主义民族理论的一些基本观点进行新的研究，结合新的形势进行再认识，固然是理论工作的重要使命，但更重要的是在辩证唯物主义和历史唯物主义的指导下，对民族地区出现的新情况、新问题深入调查研究、探索规律，做出新的理论概括，再用其来指导各民族物质文明和精神文明建设的实践。本书有以下建树：

1. 指出民族地区存在的问题主要是：（1）民族地区经济落后且与发达地区差距逐渐扩大，同各民族发展意识日益强化形成反差。（2）民族区域自治法虽然颁布实施，但需要全面落实和进一步完善，以确保少数民族享有自治权。（3）在现代化建设中，如何在广泛学习、借鉴、吸收先进的外来文化的同时，继承和弘扬各民族优秀的传统文化，而不是阻碍和限制民族传统文化发展。（4）宗教问题与民族问题交织。由于宗教在民族地区具有群众性、民族性、长期性、复杂性和国际性等特点，因此，亟须慎重处理好宗教问题，引导宗教与社会主义相适应。民族地区存在的问题还可以列出很多，但上述问题无疑是主要的和重要的问题，找准了问题，就为正确解决问题创造了必要的前提。

2. 归纳出当前我国民族问题的基本特征，主要是：（1）转折性与延续性。随着民族地区主要矛盾和中心任务的转变，民族问题不再主要反映在政治上，而集中反映在经济权益上；但是，原有的某些民族问题，如历史上遗留下来的民族差距、民族偏见、民族隔阂和不同的宗教信仰、文化心理依然存在，成为引发当今民族问题的历史原因。（2）复杂性与集中性。在由计划经济体制向市场经济体制转轨的时期，民族问题表现在各方面，显得比较复杂；但又集中地反映在经济问题上。（3）非对抗性与对抗性。当前我国民族问题基本上属于人民内部矛盾，是非对抗性的，这一基本判断必须坚持；但也不能排除有的民族问题带有对抗性，这是国际敌对势力和国内一定范围的阶级斗争存在的反映。因此，又不能丧失警惕，必须严肃对待、果断处理。（4）地方性与全局性。我国各民族大杂居、小聚居的分布格局，使民族问题具有显著的地方性和区域性特点，对其他地方的影响有限。然而，随着社会主义市场经济体制的逐步建立和全国经济的一体化，少数民族和民族地区的发展与繁荣，直接影响到全国的发展与繁荣。因此，又要看到民族问题的全局性特点，处理问题时要有全局观念，要从大局出发。（5）潜隐性与突发性。民族问题是复杂的，它常常以潜隐的形式存在。改革和新旧体制转轨的过程，必然涉及各民族、各地区、各阶层的切身利益，产生新的矛盾。若这些矛盾与历史上遗留的潜在问题相结合，就容易激化甚至酿成突发性事件。特别是在交通、通信条件发达的今天，局部地区的问题往往传播快、影响面广。（6）长期性与阶段性。民族作为一个历史的范畴，其产生、发展和消亡是一个漫长的历史过程。民族问题的产生、发展和彻底解决也同样有一个十分长期的过程。但在不同的历史阶段，民族问题又有不同的内容和特点。在社会主义初级阶段，民族问题集中表现在经济方面。到21世纪中叶，当我国实现了"三步走"的战略目标，赶上中等发达国家水平，各民族达到共同富裕以后，民族问题又将有另外的内容和特点。（7）常见性与重要性。改革开放以来，是我国经济发展最快和最好的时期，也是党的民族政策执行得最好的时期，但这并不否定民族问题的常见性。民族问题关系到国家的统一、社会的稳定、经济的发展、国防的巩固、全民素质的提高和现代化建设的成功。这样，民族问题的重要性也就清晰地呈现在人们面前。以上关于我国民族问题基本特征的概括，学者们或许有不同的看法，但本书却以独特的思路给人以启迪，对决策者解决实际问题也大有裨益。

3.提出了建构有中国特色社会主义的民族理论系统的初步设想。本书认为这一建构可以分为3个部分：（1）基本理论。包括实事求是的原则、民族是一个历史范畴的原则、民族问题是社会总问题的一部分的原则、民族团结的原则、真正民族平等的原则等。（2）基本目标。实现各民族经济、政治、文化的繁荣。（3）基本保证。道德保证、政策和法律保证、党的领导与科学决策的保证等。

如何建构有中国特色社会主义的民族理论体系是一项有重大理论意义和现实意义的课题，本书的探讨仅是一个开端，还需要广大理论工作者和从事民族工作实践的同志共同努力、深入探索。

三

　　王连芳同志撰写的代绪论《民族的团结与发展是新时期民族工作的主题》是一篇匠心独具的文章。文章对马克思主义民族观核心和民族两重属性的思考，对民族联合与民族平等政策的联系和区别的辨析，对民族团结与发展是社会主义时期民族工作必须贯彻始终的主题的提出，对云南汉族的基本特点及其在民族团结事业上的主要作用的肯定，对社会主义市场经济体制下民族工作必须认真对待的两个问题的警示，都是王老多年来民族工作实践和艰苦理论探索的结晶，体现了理论联系实际的学风和求真务实的品格。在代绪论中，王老提出了一个很重要的观点，这就是：马克思主义民族观的核心是各民族的联合和团结。对于这一观点，有的同志持不同看法，认为马克思主义民族观的核心是民族平等。就此，代绪论分析了二者的区别与联系，指出实现民族平等的要求根源于无产阶级革命事业和团结斗争的利益，民族的联合和团结是由无产阶级"解放全人类"的历史命运所决定的，它具有贯彻始终的根本意义，不因民族问题在不同历史阶段内容和特点的变化而削减其根本意义，因而是马克思主义民族观的核心。而民族平等则是无产阶级实现民族联合和团结的最基本的政策原则，它虽然是贯彻始终的重要原则，但为着解决特定的历史阶段民族不平等、事实上不平等和市场经济条件下新的不平等问题，坚持民族平等原则则有更强的现实针对性。民族的联合和团结与民族平等，二者既有根本方向上的一致，又有性质范围的不同。一个是民族观的核心，一个是处理民族问题的基本原则。历史证明，各民族能否联合和团结，首先来自各民族的共同命运、共同目标和共同利益，来自共同奋斗中是否坚决执行民族平等政策，从来不是先平等后团结。明确了马克思主义民族观的核心是民族的联合和团结后，一系列的问题就易于认识和解决了。

　　代绪论主要提出了以下几个问题：1.各民族在族际关系上表现出的排他和联合两重属性。世界是一个由多民族组成的大家庭，任何民族都不可能孤立存在。族际交流、互助互利、相互联合，是民族的一个重要属性。这种联合属性的发挥，有利于各民族的发展和繁荣昌盛。同时，在民族形成发展的过程中，各民族成员对自己民族的自豪感和责任感不断增强，锤炼出一种深厚的民族感情。于是，相对的对内认同和对外排他就成为民族的又一重要属性。这种属性增强了各民族的凝聚力，但很容易使人们只着眼于本民族的具体利益。在阶级社会里，反动统治阶级为了自身利益利用这种属性来挑动民族间的对立、争斗以至民族战争，给各族人民带来无数灾难。我国社会主义制度建立以后，民族问题并未自然消失，它仍将长期存在。因此，警惕国内外敌对势力利用民族排他属性，反对大民族主义和地方民族主义，强调马克思主义民族观的核心——联合和团结，具有特殊的重要意义。2. "团结发展"是社会主义时期民族工作必须始终贯彻的主题。团结和发展互为因果、不可分割。在维护祖国统一、巩固边防、稳定社会和进行经济建设中，民族团结都处于首要地位。团结固则社会安、百业兴，团结亡则社会乱、百业衰。团结是发展的基础，团结也是发展的结果。以建设有中国特色社会主义理论为指导，促使各民族沿着"团结—发展—更团结—更发展"的道路不断进步，共同富裕的目标是完全可以达到的。3. 在建立社会主义市场经济体系的进程中，要处理好党和政府同欠发达民族地区农民之间的关系。云南民族问题主要仍然是有着民族特点的农民问题。在计划经济体制向社会主义市场经济体制转型过程中，过去对少数民族的一些特殊照顾政策措施已经失效或弱化。一些政府部门的扶贫力度减弱，经济开发中片面追求利润而损害少数民族的利益，工作中的"一刀切"做法等，扩大了民族之间、城乡之间、欠发达地区与发达地区之间的差距，使一些欠发达民族地区的农民对党和政府的政策产生疑虑以至不满。因此，充分考虑各民族的特殊实际，高度重视民族地区的脱贫问题，加大帮助贫困农民的力度，协调好各方面的利益，努力缩小差距，克服经济体制转型给欠发达民族地区带来的"阵痛"，是各级党委和政府必须高度重视和严肃对待的。对转型时期的民族问题如果有所疏忽或处理不当，很有可能诱发严重的民族问题。王老的这一忠告绝非危言耸听，它实在是一位老民族工作者的肺腑之言。

20世纪80年代，民族学界曾有人提出：有马克思主义指导，有世界上少有的丰富的民族学资料，有在科学的道路上攀登不畏艰苦的中国知识分子，中国民族学界应产生可称为《家庭、私有制和国家的起源》续篇的民族学巨著。很可惜，似乎还没有出现这样一部公认的巨著，人们怀疑近期内能否出现这样的巨著。《马克思主义民族理论与中国解决民族问题的实践》使我们看到了希望。应该相信，中国的民族理论工作者，特别是云南的民族理论工作者，一定能对中国丰富多彩的民族工作实践做出前无古人的理论抽象，写出无愧于时代、无愧于民族的马克思主义民族理论的鸿篇巨著，推动中华民族全面振兴，推动社会主义事业走向辉煌的未来。

（原载于《云南社会科学》1997年第1期）

后 记

　　1980年，中国社会科学院在全国招考研究人员。我报考先秦文学专业。考试科目有4科：1.政治。考马克思主义的三个组成部分和时事政治。2.外语。我选择英语。3.专业基础课。考先秦以后的中国文学史，包括秦汉文章、唐宋八大家散文、唐诗、宋词、元曲、明清小说等等。4.专业课。考先秦文学，包括先秦神话、先秦历史散文（《左传》《战国策》）、先秦诸子散文（《论语》《孟子》《庄子》《荀子》等）、先秦诗歌（《诗经》、"楚辞"等）。考试由中国社会科学院的专家命题，试卷寄至昆明，由云南省历史研究所组织考试。考完后，答卷寄回北京，由专家们阅批，最终由中国社会科学院决定是否录取。

　　我未受过正式的高等教育，但自幼热爱中国古典文学。1962年从昆明师范学校毕业后，被分配到呈贡县、宜良县、澄江县三县交界的山村小学任教。课余之时，在父亲和他的挚友李广平先生以及昆明师范学校的石问潮先生指导下，认真学习《古文观止》《唐诗三百首》《古代汉语》《古代散文选》等书籍，背诵古文、古诗词。"文化大革命"开始后，前几年购置的一百多本书几乎被扫"四旧"化为灰烬，仅剩下私藏的王力先生编著的《古代汉语》4册。之后，在随大流投入运动的同时，经常偷偷阅读、背诵古诗文。当时无任何功利的目的，纯属兴趣爱好。"批林批孔"时，乘势读了《论语》《孟子》《庄子》《韩非子》等经籍中的若干篇章，又抓住云南人民广播电台开办"英语广播讲座"的良机，跟随朱汝琦教授学习英语。还研读了艾思奇先生主编的《辩证唯物主义历史唯物主义》，于光远、苏星主编的《政治经济学：资本主义部分》。这种对学习的无功利目的的痴爱和坚守，得力于昆明师院附小、昆明第八中学、昆明师范学校诸位恩师的培养。

1980年10月，当我接到中国社会科学院发来的录取通知书时，激动兴奋的心情难以言表，想不到一个山旮旯出来的穷教书匠竟然可以进入社会科学研究的殿堂。多年艰苦努力结出了令人诧异的果实，是否如俗语所言"无心插柳柳成荫"呢？

根据录取通知书，我成为新成立的云南省社会科学院的研究人员。当时的省社科院处于筚路蓝缕、草创事业的阶段，院领导安排我参加《云南社会科学》的创办工作，承担民族学、历史学栏目的编辑任务。由此，我开始了民族学、历史学研究之路。这是一个全新的课题和磨炼，也是一个难得的机遇。进入省社科院之前，我曾于1978年考入云南大学夜大（今成人教育学院）汉语言文学专业学习，短短两年的业余学习使我受到了正规的高等教育，较为系统地学习了大学中文系的课程，知识水平、思维方法、分析能力都有了提高。其中，教授中国古代史的王玉笙先生给了我巨大的帮助和深刻的影响，他引导我树立了正确的治学精神和治学方法：做学问要甘于寂寞，不追求名利，不追随时尚，要专心致志、追求真理，要懂得范文澜、韩儒林等史学界前辈倡导的"板凳要坐十年冷，文章不写半句空"的精义所在；要尊重历史事实，详尽地占有材料，在科学的理论指导下引出正确的结论，绝不能预设一个论断，然后再去搜罗相关的史料来"论证"；做一门学问，应首先掌握这门学问登堂入室的钥匙，研究中国古代史，应掌握邓广铭先生提出的"四把钥匙"——职官制度、历史地理、年代学、目录学，这是研究中国古代历史入门的基本方法。王玉笙先生的教诲，不仅引导我走上研究历史的正道，也使我的治学生涯有了新的起点。王先生是我进入规范的学术研究的入门之师，更是我治学的终身之师。

《民族研究》是《云南社会科学》的重点栏目，这是由云南多民族的省情、云南省社会科学院的研究重点、云南经济社会发展的需要决定的，也是由云南社会科学界的学术资源和学术积累决定的。编辑部主任何锡科先生根据本部门人员的状况和工作需要，安排我担任《民族研究》栏目的责任编辑。此时，我对云南民族问题还一窍不通。为了尽快进入状态，从筹办杂志到正式创刊的半年多时间里，我找来有关云南民族问题的资料认真学习。为了扩大刊物影响，我遍访民族研究的专家学者，向他们约稿。

其中有中国社会科学院民族研究所的杨堃、牙含章、秋浦、詹承绪、吕光天、吕大吉先生，中央民族大学的林耀华、宋蜀华、吴恒先生，厦门大学人类学系的陈国强先生，中山大学人类学系的杨鹤书先生，四川省民族研究所的李绍明先生，云南大学历史系的方国瑜先生、江应樑先生、尤中先生、熊锡元先生，云南民族大学的汪宁生先生，云南师范大学的方龄贵先生，等等。诸位先生均为中国民族研究领域之巨擘和先行者。我登门求稿、求教，面获亲炙，受益终身。他们指点迷津，解疑释惑，使我对民族学的认识不断深化。如今诸位先生均已驾鹤西去，他们的学术思想、治学精神、高尚人格，我永世不忘。

对我影响最深的，是云南民族学院的老院长马曜先生。先生是中国共产党内成长起来的老一辈高级知识分子，是坚定的革命战士，是才华横溢的诗人，是在学术上提出创见的历史学家，是为民族工作和民族研究做出独特贡献的民族理论家，是培养了大量少数民族知识分子的民族教育家。马曜先生为《云南社会科学》撰稿较多，在学术界广受好评。我也因为负责编发先生稿件，常到先生府上受其耳提面命，并拜读先生的其他文章和著作，汲取了丰富的学术营养，在民族研究的领域进入新的境界。先生主编的《云南各族古代史略》，使我对云南二十几个民族的源和流，对云南各民族的历史发展脉络，有了清晰的认识。先生主编的《云南民族工作四十年》是我案头必备的参考书，使我对云南民族工作的历程、规律和党的民族政策有了正确的把握，在编辑《民族研究》栏目时有了底气。马曜先生与缪鸾和先生合著的《西双版纳份地制与西周井田制比较研究》使我看到一个运用三重论据法研究史学的范例。"天子失官，学在四夷""礼失求诸野"，在文献不足和考古资料不足的情况下，先生利用民族学资料解释古代社会，获得了巨大成功。先生首倡的"直接过渡"理论，是在深入扎实调查研究的基础上，运用马克思主义关于处于前资本主义阶段的国家和民族在一定条件下可以向社会主义过渡的理论，分析解决云南民族问题的重大贡献，体现了先生深厚的理论功力和卓越的学术胆识，给我以深刻的启迪和巨大的鼓励。先生爱才惜才，广罗精英；忠厚仁爱，宽以待人；是非分明，正直敢言；目光远大，襟怀广博。季羡林先生称马曜先生"道德文章并重""云南学界领袖群伦"。我对云南民族问题的研究是在马曜先生的引导、指点、鼓励、提携下逐步取得进展的。在编辑我的这本论文集、梳理个人研究历程、回首往事的时候，我无限感恩、怀念马曜先生。

为了做好《云南社会科学》杂志《民族研究》栏目的编辑工作，我也参与了一些研究工作，长期坚持在民族地区做田野考察。20世纪80年代，杜玉亭副院长派我和几位同志到墨江哈尼族自治县，对哈尼族、瑶族、布朗族进行调查；参加何耀华院长率领的团队，先后到通海县、路南彝族自治县完成中国社会科学院组织的《中国国情丛书·百县市经济社会调查》的《通海卷》《路南卷》的调查、编写工作，其中包括对彝族、蒙古族、傣族的调查；和编辑部蔡毅同志到个旧市沙甸区做回族调查。90年代，参加高发元副院长组织的云南回族乡镇调查，负责开远市大庄回族乡的调查和调查报告的撰写；奉和志强省长之命，对怒江傈僳族自治州的扶贫攻坚乡进行调查，主要对象是傈僳族、怒族、白族勒墨人、普米族的村寨；奉省委之命，率一个组到思茅地区几个边疆县调查，分析云南社会主义初级阶段低层次的特征；协助何耀华院长，参与省政府组织的"滇西北生物多样性保护行动计划"的调查研究工作，赴丽江市、迪庆藏族自治州、怒江傈僳族自治州，对"三江并流"地区各民族文化多样性与生物多样性的联系进行考察。进入21世纪以后，在镇沅彝族哈尼族拉祜族自治县担任巡视组长期间，对拉祜族支系苦聪人进行深入调查；担任省委宣传部组织的"当代云南少数民族简史丛书"编委会常务副主任兼编辑部主任，对彝族、回族、傣族、壮族、白族、苗族、瑶族、布依族、水族、阿昌族、景颇族、布朗族、蒙古族、满族、佤族村寨进行调查。这些田野考察，虽然十分艰苦，但却充满乐趣。我深受教育，从各民族创造的物质文明和精神文明中汲取了丰富的营养，为自己的研究工作和写作找到了源头活水。本书中所引用的数据均来自省和相关州市统计部门以及在实际调查中搜集到的材料。离开各族人民丰富多彩的实践，任何族理论都将失去根基而苍白无力。

新中国成立以来，云南民族地区的发展经历了曲折历程，发生了翻天覆地的变化，积累了宝贵的经验，为民族研究工作者提供了研究的沃土，奠定了发挥聪明才智的雄厚基础。党的十八大以来，以习近平同志为核心的党中央就民族工作做出一系列重大决策部署，推动我国民族团结进步事业取得了新的历史性成就。我国28个人口较少民族全部整族脱贫，一些新中国成立后"一步跨千年"进入社会主义社会的"直过民族"，又实现了从贫穷落后到全面小康的第二次历史跨越。全省各族人民正贯彻习近平的民族观，铸牢中华民族共同体意识，像石榴籽一样紧紧抱在一起，共同团结奋斗，共同发展繁荣，为实现中华民族伟大复兴而努力拼搏。这是一个伟大的时代。相信新一代的民族研究者一定能回应时代的召唤，不负各族人民的重托，在进行伟大斗争、建设伟大工程、推进伟大事业的丰富实践中，开创民族研究的新局面，写出民族研究的新华章！

2019.5